张东荪

(1886–1973)

著名哲学家、政治活动家、政论家、报人

中国民主社会党领袖之一，中国民主同盟中央常委、秘书长

张东荪年谱

左玉河 编著

群言出版社
Qunyan Press
·北京·

图书在版编目（CIP）数据

张东荪年谱 / 左玉河编著 .— 北京：群言出版社，2013.12
（民盟历史文献）
ISBN 978-7-80256-534-0

Ⅰ. ①张… Ⅱ. ①左… Ⅲ. ①张东荪（1886 ~ 1973）—年谱 Ⅳ. ① K825.4

中国版本图书馆 CIP 数据核字（2013）第 296108 号

出 版 人　范　芳
责任编辑　刘占凤
封面设计　群言艺术设计中心·胡蔓青

出版发行　群言出版社（Qunyan Press）
地　　址　北京市东城区东厂胡同北巷 1 号（100006）
网　　站　www.qypublish.com
电子信箱　qunyancbs@126.com
总 编 办　010-65265404　65138815
发 行 部　010-65263345　65220236
经　　销　全国新华书店
读者服务　010-65262436　65276609
法律顾问　北京市君泰律师事务所

印　　刷　北京画中画印刷有限公司
版　　次　2014 年 1 月第 1 版　2014 年 1 月第 1 次印刷
开　　本　880 × 1230　　1/32
印　　张　16.25
字　　数　335 千字
书　　号　ISBN 978-7-80256-534-0
定　　价　56.00 元

前言

中国民主同盟成立于1941年3月，正值抗日民族统一战线遭到国民党独裁统治破坏的危难之际。民盟以贯彻抗日主张、实践民主精神、尊重思想自由、提倡依法治国为政治纲领。民盟凝聚了当时绝大多数进步知识分子和社会精英，可谓群贤毕集。在不同的历史时期，黄炎培、张澜、沈钧儒、杨明轩、闻一多、李公朴、梁漱溟、史良、胡愈之、楚图南、吴晗、费孝通……这些民盟前辈精英们纵横捭阖、开阔放达，本着知识分子的人文良知和社会责任“奔走国是”，在政治、经济、军事、外交、教育、社会等领域都提出了明确的纲领和主张，将平等、民主、自由的思想播撒在中国的土地上。

在那苍黄翻覆、陵谷变迁的大时代，在那风云变幻、波澜壮阔的动荡岁月里，历史的浪潮将中国民主同盟，将有志于民族振兴的贤良才俊推上了风口浪尖，他们在改变中国命运的同时，也改变了自己的人生轨迹。他们为历史的进程，为国家富强、民族振兴和民主政治的进步做出了卓越的贡献；他们将自己的荣辱与民族存亡紧紧地联系在一起，为中国的民主、繁荣奋斗了一生，为后人留下了许多宝贵的精神财富；他们关于新民主主义社会的探索，至今仍具有巨大的影响和现实意义。

在和平盛世的今天，为了保存这珍贵的历史财富，为了让后人记住先辈们的独立之精神、自由之思想以及他们为国为民、励精图治的奋斗事迹，我们通过多年的精心准备和积累，出版了《民盟历史文献》丛书，这不仅仅是追忆往昔、缅怀先贤，也不仅仅是为了从学术研究的角度去厘清历史、臧否人物，更重要的是：通过回顾那段曲折的历史，传承民盟与中国共产党肝胆相照、荣辱与共的真挚感情；纪念民盟先贤为新中国做出的巨大贡献；呈现近现代中国社会的嬗变和进步知识分子的爱国情怀；同时也是为了民盟薪火相传、与时俱进的需要；为了让那些隽永传奇的人物和可歌可泣的历史再现后人的眼前。

路漫漫其修远兮，吾将上下而求索。《民盟历史文献》丛书的出版，是对先贤们多党合作历史的尊崇和传承。

《民盟历史文献》编委会

凡　例

一、本谱主要叙述谱主生平活动及思想情况。因谱主以著述为主，故本谱着力考察其著述情况并多节录其代表性文章内容，著作则以介绍撰作经过、内容提要及影响为主，以便把握谱主思想及其发展演变。

二、本谱为减少枝蔓，以记述谱主生平思想情况为主，相关背景时事及人物尽量简略；正文中的引文以注释方式标注，正文有说明引文出处者则不加注释；引文的标点符号保持原貌，无标点者由编者酌加。

三、本谱纪年采用公历，以阿拉伯数字标示；首列公元，次列清帝年号或民国纪年，再次列干支，最后纪谱主年岁，谱主年岁以周岁计算。1912 年前注明清皇帝年号，1912—1949 年注中华民国年号，1949 年后全用公元纪年（公历纪年后注明干支）。

四、本谱格式以时系事，大事编年与纪事本末两体并用；

为记述方便起见，对谱主及相关人物径称其名；每年之前撰简要题记，概述该年谱主活动及思想状况。

五、本谱按年、月、日先后编次；凡无日可考者系月，标明月份；无月可考者标明年份或称“是年”；或标明“年初”、“年底”、“是年春”、“是年夏”、“是年秋”、“是年冬”等；同日(月)有若干事项，则以▲依次标出，标明“同日”或“同月”。

目 录

1886年(光绪十二年　丙戌)　出生

1886年12月9日(光绪十二年十一月十四日),张上禾第四子张东荪出生。张东荪,原名张万田,字圣心,是张家"田"字辈。"东荪"后来他自己取的名字,意为:东甫公的孙子,表示对祖父为人与功业的敬仰。

张东荪系浙江省钱塘县人。钱塘县清代属杭州府。杭州府为浙江省省会,辖仁和(附郭,城北)、钱塘(附郭,城南)、海宁、富阳、余杭、临安、于潜、新城、昌化等9县。钱塘县与仁和县同驻杭州城(今杭州城区),同为府治。钱塘辖附郭和城南一带;仁和辖附郭和城北一带。1912年2月,两县合并改名杭县。1927年5月,划城区置杭州市。解放初,县治迁拱震桥。1958年裁县入杭州市及余杭县。

据张家保存下来的《增订张氏近世考》(后半本)记载,张氏12代以前为海宁陈家,后来过继给钱塘张家,从此便改姓张。对此,张尔田说:"张系海宁陈,明万历间,有讳世荣者育张,遂后之,始迁郡城,籍钱塘,为其县人。"张家世代以耕读传家,到第五世时,家族始显贵。"五传至映辰,以文学受知高宗纯皇帝,位终兵部右侍郎，督察院左都御史，族始大。”[①]第六世张云敖，在清代文界颇有名气。据邓之诚作《张君孟劬别传》称：“先世藻川侍郎始贵，侍郎子仲雅撰《选言胶言》，以文学显。”[②]杭县人夏循自作《张先生孟劬传》亦称：“清嘉道间有云敖先生，号简松，精选学者，其高祖也。”

张云敖有四子：即第七世张裴、张褒、张裕和张世均。张裴字眷三，号补梅，是云敖的长子，曾做过江苏嘉定县知县和江苏泰州知州，他有四子：开保、承保、之杲、之豫。三子张之杲，这便是张东荪的祖父，号东甫公，生于乾隆五十七年五月二十三日（1792 年 7 月 11 日），钱塘县附贡生，遵酌增常例，报捐知县，分发江苏。1830 年署华亭县知县，1832 年起先后任江苏嘉定、吴江、阳湖、长州、元和等县知县。1843 年升授泰州知州，任泰州知州达 10 年之久。1853 年，太平军先后攻陷江宁（南京）和扬州；1853 年 9 月，张之杲守卫泰州，积劳成疾，病死于任上。1857 年奉旨照军营立功，后积劳病故，例从优议恤，被清廷追赠道衔，赐祭葬恩，荫一子，以知县归部候选。1886 年，奉旨崇祀泰州名宦祠。遗著有《初日山房诗集》六卷和《泰州保卫记》一卷。

张之杲有三子：上运、上绶和上禾。张上运、上绶幼年夭折。仅存么子上禾，这便是张东荪的父亲。张上禾，字子盛，生于道光十九年三月十三日（1839 年 4 月 26 日），其幼年失母，聪颖好

---

① 张尔田：《先考灵表》，《遁堪文集》卷二。

② 邓之诚：《张君孟劬别传》，见卞孝萱等编：《民国人物碑传集》卷六，团结出版社，1995 年版，第 450—452 页。

学，“君生乳抱，失母。徇斋孺慕亢亢，熊角不侪凡，僮及长，益刮于学，出语惊”。[1] 当张之杲病逝时，上禾年仅 15 岁，补杭州府博士弟子。“屡逐群士秋贡。君文高不中，程辄踬。”他没有能够通过正常的科举取得功名，只好以父亲的军功候补知县；1969 年选授直隶昌黎县知县，此时年已 30 岁；1871 年调补博野县知县，“博野瘠邑，民悍，窝盗，名难治。君下车，擒大猾，县大惊。桀者挺劫官牙，君又擒之，一绳以法。愈治，则庀（治理）庠校，增膏廪，鹏习斋之学，淑人再积。”在任很有政绩；1874 年调署抚宁县知县，得遇李鸿章，李曾惊曰：“君儒者，乃此耶？”意欲提升，但由于其他官员的嫉妒和攻击而作罢。[2] 1881 年调补塞北万全县知县；1886 年调署内邱县知县。后又调任静海、获鹿知县。

张上禾的元配夫人为杨氏，福建城县人，娶进张家后不久病逝，年仅 25 岁，没有子女出；随后，上禾与江西万氏订婚，但未来得及迎娶，万氏便殇；接着续娶陈氏。陈氏为同里人顺天府府丞陈宝禾的女儿，山东候补盐大使陈璋的胞妹，在张上禾任昌黎、博野县知县期间，迎娶陈氏。1874 年 3 月 17 日，其长子张尔田（孟劬）生。后来又生有二子，均不满 2 岁即殇。

据笔者考证，张东荪既未生于原籍浙江杭县，也未生于江苏苏州，而是出生于其父刚刚赴新任的直隶内邱县。张东荪的童年时期是在直隶内邱、静海等地县衙中度过的。父亲当了一辈子县令，虽时时想进取，为政清廉，颇有政绩，并被曾国藩称为

---

① 张尔田：《先考灵表》，《遁堪文集》卷二。

② 张尔田：《先考灵表》，《遁堪文集》卷二。

"儒吏",也曾得晚清重臣李鸿章和王文韶的赏识,但由于清朝官场腐败,官员间相互倾轧,他失去了多次提升机会,一辈子只是一位郁郁不得志的低级官员。由于官场不得意,张上禾对于政事并不关注,喜欢诗文词赋,尤其在词学方面颇有造诣。

清朝地方官员薪俸低微,张家生活较为清贫。关于幼年在直隶内邱县衙的生活情景,张东荪后来向其嫡孙张饴慈讲:县衙脏得很,落满了鸟粪;他亲眼见,原告被告上来,不问话先打板子。张东荪曾好奇地问其父:为什么要这样?其父回答说:"刁民喜讼"。[①] 根据其父的经验,凡是喜欢打官司的没有几个良民,多是些刁民,上来先揍一顿,准没有错。

---

① 左玉河:《采访张饴慈记录》,1995 年 10 月 12 日。

1893年(光绪十九年　癸巳)　7岁

1月25日

张东荪母亲陈氏不幸病逝,年仅40岁。张上禾带着张尔田和张东荪从北方扶棺南下回籍,葬陈氏于浙江丁家山祖坟。张尔田与张东荪兄弟此次回原籍葬母,可能再没有随父回获鹿,而是留在钱塘原籍读书;张尔田担负起教育东荪的任务。

张东荪的长兄张尔田,字孟劬,自幼聪明,承袭家学。张尔田自幼受到家学训练,其《吴注梅村诗集题记》自述:"生平于国朝诗极耆梅村、渔洋二家,吴诗于先母帷中读之,故尤缠绵于心。集中名篇,略能背诵。"复记:"余年十五,从先君行箧探得吴诗《集览》旧椠本,爱玩永日。先母怜之,命恣所阅。生平治史,尤熟于明季故实,自兹始也。"①复云:"余髫辫诵定庵文慈母帷中,中间肴馔百家,整齐六籍,籀三千年史氏之简,与定庵涂辙,或合或否。"②说明母亲陈氏对张氏兄弟幼年始授教并影响甚大。

张尔田早年中举人,任刑部主事、知县等职。杭县人夏循自

---

① 王钟翰:《王钟翰清史论集》第4册,中华书局,2004年版,第2336页。

② 王钟翰:《王钟翰清史论集》第4册,中华书局,2004年版,第2338页。

作《张先生孟劬传》称:“先生生而敏慧,读书过目成诵。幼承家学,潜研文史,不事帖括。”张尔田在晚清以文史著称于时。邓之诚作《张君孟劬别传》称:“君少以辞章擅名,为文规摹六朝,诗逼似玉溪。从官直隶,以例监生入试北闱,被放,旋依例为刑部主事,改官江苏试用知府。”复称:“深思力学,无所师承,而卓然名家。少尝从武进屠寄、固始秦树声、长洲章钰学制艺文,比声名既盛,君所师者,或转欲师之,然君终身执弟子礼不改。”称赞张尔田“专心著作,于学无所不窥。”主要著作有《史微》八卷,《玉溪生年谱》四卷,《列朝后妃传》二卷,《蒙古源流笺证》八卷和《钱大昕学案》二卷。

张尔田年长张东荪12岁,母亲陈氏去世后,照顾和抚养张东荪的任务便落到张尔田身上。张尔田、张东荪兄弟二人,姐妹三人。张尔田个人婚姻颇不顺利,其妻为其舅陈少嘉的长女,算是亲表兄妹,可惜刚过门就病逝,年仅16岁;继娶潘氏,但一直没有子女。他性格忧郁,一生郁郁寡欢,但为人忠厚,颇有文士多愁善感之慨,对其弟东荪进行了严格的启蒙教育;在立言、立德等方面,为东荪树立了一个学问和道德的楷模。夏氏说:“先生幼而失恃,介弟东荪,年在髫龀,庭训之余,抚教并施,友于至笃。迨其授室,雍睦之称,遍于戚党……阃门内外,迄无间言。其刑于之化,孰能及之。至若接人以诚,苟属知交,咸生敬慕。其启迪后进,孜孜不倦。平生寡嗜欲,自奉约而与人厚。”[①]张尔田扶养幼弟东荪,兄弟两人情感甚笃,一直没有分家。

---

① 夏循自:《张先生孟劬传》(未刊)。

张家素以诗赋文章传家，张尔田以文史见长，在诗词方面有专长，据邓之诚说：他“诗八、九百首，皆不留底稿。门弟子辑文，得百余篇，厘为四卷，藏于家。诗仅存《槐居唱和》一卷，盖与之诚愤倭难而作也。晚岁喜填词，以写其幽忧忠爱之思，成《遁堪乐府》二卷，论者谓半塘、古微而外，未有能及之者也。”①

张东荪承继家学，自幼受到诗词歌赋方面的严格训练，在书法、吟诗、填词、作赋等方面均打下了坚实的基础。对于早年正统儒学教育的影响，张东荪晚年回忆：“我是旧社会中长大的，这个古老的衰朽的旧社会把封建传统就种植在我身上。我从小即读中国旧书。孔孟之道、中庸主义在我身上有深厚的根基，养成一种气质，总是以为清高最好。自命不凡，爱好名誉，有时自以为倔强就是有气节。对于别人总是瞧不起，有时到处滥用温情表示慷慨。但是他方面又有士为知己者死的心，只佩服心中真使我佩服的人，但不轻易佩服人。自己总以为我有一些长处，我要用我的长处来表现我自己。这实在是中国封建式的个人主义。封建的个人主义有时也与封建的民族本位思想相结合有狭隘的爱国观念。”②

---

① 邓之诚：《张君孟劬别传》，《民国人物碑传集》卷六，第 450—452 页。

② 《张东荪检讨底稿》（1952 年，未刊）。

1902年(光绪二十八年　壬寅)　16岁

张东荪在《思想与社会》序论中说:"著者有哲学兴趣是在十六岁的时候。当时读得佛书《大乘起信论》与《楞严经》,不禁手舞足蹈。"其所称16岁,当为1902年前后。

张东荪对佛学经典感兴趣,既与幼年丧母的经历有关,也与张尔田精通佛学有关系。张尔田不仅对文史、诗词有很高的造诣,而且对佛学也颇有研究。1895年左右,张尔田在北京与夏曾佑论学,就佛学问题进行过深入讨论:"若夫释典,夏氏自谓席大乘,先生则小乘。其所诠解注释之经,如《俱舍论》及《阿昆达摩讲疏》,苟非风慧,无由窥测。"[1]在张尔田潜心研习佛学经典的熏习下,张东荪逐渐对佛学产生了兴趣。

---

① 夏循自:《张先生孟劬传》(未刊)。

1904年(光绪三十年　甲辰)　18岁

张东荪研读佛学经典后,逐渐对哲学产生了兴趣,萌发了"非窥探宇宙的秘密、万物的根由不可"的痴心妄想。他回忆说:"我是十八岁读《楞严经》便起了哲学的兴味。平素曾有一种痴心妄想:以为非窥探宇宙的秘密、万物的根由不可。"[①]其所称18岁,当指1904年前后。

张东荪当时对于佛学经典研读的具体情况,现在无法详知,但从其后来对佛学思想的见解看,他的确对佛学经典下过一番苦功夫。他不仅为其所包含的深奥哲理所吸引,对其义理有所体悟,接受了佛学的宇宙观,而且也努力于佛家的"做工夫"以期修成正果,证得"真如"。因为在他看来,佛学与佛教是一回事,"我以为不做工夫而谈佛理不是真佛学"。[②] 这样,他由研习佛学经典便自然成为佛教的信徒。佛学义理不仅对张东荪当初从事哲学思考和研究起了启蒙作用,而且对其哲学思想产生较大影响,成为其哲学思想的重要来源。这在其提出的"架构论"宇宙

---

① 张东荪:《新哲学论丛》自序,上海商务印书馆,1929年8月。

② 张东荪:《读〈东西哲学及其文化〉》,《学灯》1922年3月19日。

观中有所体现。张氏认为,“架构论”的宇宙观“与佛教的宇宙观来比较却有许多相同的地方”。

张东荪晚年在对中国传统思想进行研究时,再次对佛学思想进行了系统疏理。他封笔前发表的两篇文章,恰恰是关于佛教思想的。1950 年,他在《燕京学报》第 38 期发表《中国哲学史上佛教思想之地位》,随后在《现代佛学》创刊号上发表《本无与性空》,均为颇见功力之文。

1905年(光绪三十一年　乙巳)　19岁

【张东荪与蓝公武一起官派留学日本,同住于东京本乡丸山新町三十七番地,入东京帝国大学哲学科学习。】

张东荪留日资格是获得哪个省的“官派”?可能有三种选择:一是直隶,其父在此为官一世,张东荪也出生于此,颇有可能;二是浙江省,此为其祖籍,幼年时期在此地受过家教;三是江苏省,此为张东荪祖父任官之地,亦为其社会关系密切之处,他幼年时期曾在这里生活过较长时间。张东荪在民国初年曾称自己为江苏人,①当是有原因的。挚友蓝公武、冯世德等均为江苏人,又是一起赴日留学,到东京后同住一处,蓝、张两家也是世交。故张东荪很有可能是江苏官派留日的。

张东荪赴日本留学,其兄张尔田填词送赠:“回首销魂地,芒西风雁声四塞,暮烟凝紫。乱后湖山秋笳贱,搀子三分变徵,问何日黄龙东指。满目车尘凭阑望,宛怔衫都是啼鹃泪。临歧斗酒须重醉,算连江沈沈夜雨,故人有几。煮海孤灯神州梦,两地

① 1913年7月,张东荪在《财政与道德》中说:“余江苏人,请就江苏而言。”

寸心而已。是男子休教情死，一纸沧浪残尽稿。待他年收拾扁舟里，三尺剑，向天际。”[1]对其留学日本寄予很大期望。

张东荪与蓝公武、冯世德到东京后，同住在东京本乡丸山新町三十七番地。张东荪留学日本入东京帝国大学哲学科专门攻读哲学，与此时信仰佛学颇有关系。他如饥似渴地学习西方的自然科学和西方哲学方面的知识，开始了一生中思想的巨大转变。本是佛教信徒的他，经常和蓝公武讨论生死问题，并到佛堂听“谛闲大师”讲佛，但接受西方自然科学和哲学后为之折服：“我在那时已略略领受西洋哲学的滋味，尤其对于心理学起了兴味。”故当蓝公武讲“大悟万物唯心的道理”时，张东荪开始用已掌握的自然科学对佛学进行反思，于是“便生了一个疑问：即佛教所谓解脱或涅的境界是否一种心理的变态。”他“心中颇想肯定此问题，只因学力太浅，没有得着充分的证据”而作罢。[2]

当时，在日本的中国新兴知识分子努力探索救国救民的真理，在当时形成了几股大的教育思潮：军国民教育、国民教育、实利主义教育和义务教育等等。张东荪等人赞同“教育救国”主张，积极宣传国民教育思想。

---

① 孟劬：《金缕曲·送东荪弟之日本》，《民权素》第5集，1915年3月22日出版。

② 张东荪：《出世思想与西洋哲学》，《东方杂志》第22卷18号，1925年9月25日。

1906 年(光绪三十二年　丙午)　20 岁

【张东荪与蓝公武、冯世德等人继续同住于东京本乡丸山新町三十七番地，就学于东京帝国大学哲学科，发起组织爱智会，创办《教育》杂志。他接受西方自然科学与西方哲学的熏陶，受到了西方心理学和逻辑学的训练，开始对许多哲学问题进行思考，并开始关注政局，接受以梁启超为代表的立宪派改良思想的影响。】

是年秋

张东荪与蓝公武、冯世德在日本东京发起组织“爱智会”。对于发起该会的缘由，张东荪等人认为:“中国近来学务虽似发达，至于学术尚在幼稚，此俗之所以不治而无由进于文明之域也”，为此必须发展国人的学术思想。其取名“爱智”，显然取古希腊“哲学(phelosoghy)”一词的本义。爱智会的性质，可从“记事”专栏中发表的《爱智会之成立》中窥得。其云:“今有冯张蓝三君，发起一爱智会，专以提倡国人学问为务，并欲会合东西哲人，共研究宇宙究竟人生究竟二大问题，以增进世运，划除俗污，俾大地山河，得光明庄严。世之怀救世之心者，盖表同情于是乎？”①

张东荪等人确定“爱智会”的宗旨是：“涅槃为心，道德为用，学问为器，利他为宗。”其方法是：“会合东西各国学者，研究高尚学问，尽人道，洗俗垢，使世界庄严洁净为旨归。”其入会的手续是：“凡东西各国之人，总之相同者均可入会为会友。但会员须经全体会员承认方可。”②

10 月 15 日

▲张东荪与蓝公武、冯世德以“爱智会”名义，在日本东京创办了《教育》杂志。

创刊号发表《爱智会出版部告白》：“教育杂志本为本会出版，但因外股甚多，是以划清界限，特创一教育杂志社以经理该社事务，今后一切交涉概与本会无涉，用特声明。”但在创刊号上的《社告》中却说：“本社事务所暂于日本东京本乡丸山新町三十七番地爱智会内，赐稿者请迳寄该处可也。凡经售本杂志者须按期结算，如上期未清者即停寄追算，乞为原谅。”可知《教育》杂志社与“爱智会”同在一处，并且是在张东荪、蓝公武等人所居住之所，主要由张东荪、蓝公武、冯世德三人负责。

该刊内容丰富，形式多样而活泼，每期约 120 页，每月 15 日发行。所辟栏目计有：社说，学说，科学，思潮，批评，记事，杂俎、文苑和回答。社说一栏为：“发扬本旨、痛斥时弊”；学说一栏以

---

① 《爱智会之成立》，《教育》杂志第 1 卷 1 号，1906 年 10 月。

② 《爱智会简章》，《教育》杂志第 1 卷 1 号，1906 年 10 月。

“阐明新理宏扬旧学”，计分10门：教育学、伦理学、心理学、哲学、佛教、国学、群学、名学、美学和生物学；科学一栏是“编辑各种科学高等讲义”；思潮一栏为“介绍当代崭新学说”；批评一栏为“扶导流俗”，分社会和图书二部；记事一栏是“报告东西学界之动静”；杂俎一栏是“选载趣味浓厚、思想高尚之小说等类”；文苑一栏刊载诗词；问答一栏解答“阅者怀疑”。

《教育》杂志在日本东京出版印刷，由上海四马路开明书店总经销。除发行国内，还销售香港、南洋、欧美、日本各地，在当时有一定的影响。《教育》杂志是了解张东荪在日本东京留学期间思想发展的窗口。张东荪在创刊号上发表了《心理学悬念》（与蓝公武合译）、《催眠心理学》（与蓝公武合编）、《杭州佛教公所》，并节译了达尔文的《物种由来》。

▲同日，张东荪、蓝公武和冯世德撰《教育》杂志《发刊辞》云：“慨夫世运不进，人间龌龊，机心日甚，公理沦亡。顾视宇内，恶氛弥天，优胜劣败之说，喧腾人口；弱肉强食之事，动触吾目；此首阳之所甘终，而尘寰之可弃也。惟是人为灵长良知本具道，虽式微大德犹存，是以不辞不文之讪，窃附匡正之心。洗垢穷理，志之所在；扬新阐旧，道之所从。特语言异殊，故首自国文，若融合东西别成新识，则私心之所愿，聊以卜之云尔。”表明其创办宗旨在于“匡正”公理，“融合东西别成新识”。这与“爱智会”宗旨颇为相似。

▲同日，《教育》杂志创刊号刊载张东荪与蓝公武合译的《心理学悬论》。该文第一篇《绪论》，讲心理学定义；第二章《感觉总论》。文前有张东荪所撰案语：“James 名 William，美国 Harvarard

大学心理教授也。其说风靡大陆，与德之 Wundt 并驾齐驱，治心理学者无不知之，不待赘述矣。其人今尚存，年已六十左右，所著 The principle of psychology 刻于一千八百九十年，全书二厚册，为其精华所在。后二年节其要为 Text-Book of Psychology 一书，约四百余页，即此本是也。日人福来氏曾译以日文，名《心理精义》。窃谓'精义'二字似不符原书命名之本，故以悬论易之。"

▲同日，该杂志《文苑》刊载张尔田（孟劬）撰《在平道中咏柳》、《客广平作》、《和漱六书怀》、《再和并示东荪弟》、《中秋踞废营望月》等 5 首。其中《再和并示东荪弟》云："一抟神禹芒芒土，百代炎黄赫赫孙。世界钟声惊梦寐，中原车辙莽埃尘。风吹海水龙蛇斗，木落空山鸟鼠蹲。髀骨消磨今老大，几人端拱问乾坤。"

▲同日，张东荪在《教育》杂志创刊号上撰《杭州佛教公所》云："佛教公所，其事是也。其所以为此事者，则非也。盖僧侣恐失寺产，藉此以保其岷私产办学务者；又藉此利用其资以助学费。故仅设小学二所，以为足塞责矣。殊不知天演公理，优者久存，劣者即亡。既无树立，焉能经久？万事皆然，宁独佛教？特佛理奥博，世界之光苟得大行，世必昌明。今之不振，实以义理已晦，沙门坠落耳。依愚见则以为宜先设一佛理研究会，请当世大德，主讲其间，以造就传道之人，弘扬佛法，使大地山河一旦得复庄严，庶不负佛祖之恩。"

11 月 15 日

▲张东荪等人创办的《教育》杂志第 2 号出版发行。张东荪在该号发表《真理篇》。该文系张东荪阅读西方各种哲学流派的

哲学思想，特别是关于认识问题的见解后所写的类似读书笔记性质的文章。他重点介绍了当时西方以詹姆士、席勒等人为代表的实用主义思潮，对实用主义的真理观进行了初步的理解和介绍。对认识论的许多基本概念，如“主观”、“认知”、“推理”、“思想”、“联想”、“注意”、“想象”、“意及情”等基本概念进行了介绍。从其内容分析可知，张东荪接触西方哲学之始便敏感地注意到西方自康德以来的认识论传统，对康德的“先天判断”、“悟性”等概念有所了解，但更关注实用主义的真理观。这是现今发现的张东荪关于哲学问题的第一篇文章，也是中国人介绍实用主义较早的文章。据其回忆：“我于宣统年间曾撰有一文，名曰《真理篇》，载友人冯世德蓝公武氏合办的《教育》杂志，现早散失无存了。我自撰那篇文章后，我自命为一个唯用论者。我十余年来时时咀嚼，觉其滋味正如橄榄一样，愈嚼愈有味了。”①

▲《教育》杂志仅出 2 期便停刊，但从中可以看出张东荪留日期间关注的是西方科学和西方哲学，在西方科学方面更关注于西方心理学。

---

① 张东荪：《唯用论在现代哲学上的真正地位》，《东方杂志》第 20 卷 15、16 号，1923 年 8 月 25 日、9 月 10 日。

1907年(光绪三十二年　丁未)　21岁

【张东荪与蓝公武、冯世德等人继续同住于东京本乡丸山新町三十七番地,就学于东京帝国大学哲学科。谛闲大师东游日本讲经说佛,张东荪通过蓝公武之介绍,与前来听讲的张君劢相识,并通过张君劢认识了梁启超,投身于清末立宪运动中。】

张东荪在日本留学期间阅读了近代欧洲启蒙思想家的许多著作,对于近代西方政治学和法学著作进行过一番涉猎。卢梭的《民约论》对他影响很大,确立了一生政治思想的基本方向。对于他在日本留学时期所受的近代教育对其思想的影响,张东荪晚年回忆:

"自从我学习欧美的学术以后,我喜欢西洋的哲学,以及他们的社会学等等。我尤其喜欢他们的自由主义。这样便与我本有的封建个人主义相结合,更形成一个极端的个人自由主义。喜欢自由散漫、独往独来,爱自己随便作主张。同时由于我的资产阶级出身,我虽是没有不动产(除书籍家具外也没有动产),但我的生活始终是资产阶级的生活。这个阶级的决定性使我对于古老封建的个人主义与所谓西方文化上的个人主义便结合在我身上生了根。……我的极端个人主义恰好与政治方面的旧民主相合，我遂从根底上就喜欢旧民主，因为旧民主是资产阶级的民主，在其中资产阶级与小资产阶级有自由，有剥削的自由。我是上层在资产阶级的人，我当然希望旧民主下的自由。正能发挥我的个人主义，同时由旧民主来维持资产阶级政权，对于我的生活享受方面不生影响。这是由阶级出身的限定性、同时由于我的封建式个人主义与所谓西方文化式的自由主义合并所产生的个人主义思想。"①

张东荪回忆自己留学日本时的政治态度："当清末造，不佞与三数友人，聚谈于东京，愤政治改革之无术，乃欲先从事于社会改良，即所谓 Social Reform 者，以为预备焉。惟政治改革，为功也速；社会改革，为功也迟；二者虽相助互为表里，然其成事之迟速，固不可同日而语也。"②

① 《张东荪检讨底稿》（1952 年，未刊）。

② 张东荪：《中国之社会问题》，《庸言》第 1 卷 16 号，1913 年 7 月 16 日。

1911年(宣统三年　辛亥)　25岁

【张东荪从日本东京帝国大学哲学科毕业回到北京,通过清廷组织的殿试并被授予"翰林";随后他发表第一篇政论性文章《论现今国民道德堕落之原因及其救治法》,武昌起义爆发后南下,参加南京临时政府。】

是年春

张东荪与其他留学生从日本学成回国,在北京太和殿面见宣统皇帝,进行殿试,被清廷授予翰林。张东荪的嫡孙张饴慈回忆:我祖父曾向我说过,他从日本回国后,到了北京,面见皇上。当我问他皇帝长的什么样时,他说,由人领着,进大殿后大家都跪着,密密麻麻一大片,当时的气氛感到很庄重,心里也很紧张,只是低着头趴着,哪还敢抬头看看皇帝长的什么模样。听完太监宣读完圣旨后,就又匆匆忙忙地退出去。后来才知道是宣统小皇帝。[①]

---

① 左玉河:《采访张饴慈记录》,1995年10月12日。

5月

张东荪在《东方杂志》8卷4号上发表了第一篇政论性文章——《论现今国民道德堕落之原因及其救治法》。此时《东方杂志》由杜亚泉(笔名"伧父")担任主笔,经过较大改进,该杂志逐渐成为文化界著名刊物。张东荪在该文中指出,国民道德堕落的原因有六种:人种倾轧;政治不良;经济困穷;教育荒谬;宗教纷杂;鸦片流毒。在对这六种原因逐项分析后,他指出,人种倾轧,经济困穷,教育荒谬,宗教纷杂与鸦片流毒等等,并不是导致道德堕落的最根本的原因,最根本的原因在于"政治不良"。他批评了那些封建卫道士者以为"革政不足以救亡,非改正人心不可"的荒谬观点,认为不从政治上谋图革新,要救济道德堕落,是痴人之谈。"夫人心之堕落,其由来者,政治有以司之,生计有以司之,教育有以司之,岂突然而成者耶?是故改革人心,必自政治经济教育始。而三者之中,尤推政治为先。"①

如何革新政治以救济道德?他提出的方法是:第一,欲振兴工业,必先"革农政"。"其法不外厘订田赋,减轻农家之负担;更正田主与佃夫之权利,使劣绅不能把持,小民得自由务业;奖励开垦,使所有废地,皆化为生产;改良耕耘之法,则田不受害而获乃益多。"第二,裁撤厘金,便利商业。即"裁厘以免害商以便交通。设税关以制限外货之骤入",保护民族工商业。第三,实行所谓"硬教育"。他把近代教育分为软教育与硬教育两种,"我国

---

① 圣心:《论现今国民道德堕落之原因及其救治法》,《东方杂志》第8卷4号,1911年5月。

旧教育本主干涉,以养成独立不挠之人格,即所谓硬教育是也”。风俗的侈靡,社会的腐败,必须靠硬教育加以矫正。他主张自幼稚园起,即重视德育,使儿童养成“善良之性,高尚之习”。张东荪自信地说:只要人人“自奋其力,不挠不屈”,“固不待概世之雄之出,而天下已将期于治”。①

在这篇政论性的文章中,张东荪虽主要讨论道德堕落及其救治问题,但已经认识到道德救治非托空言所能济事,必须从“改良政治”入手。这是与旧的封建卫道士们空谈“挽救人心”是不同的。他所提出的“救治之法”,如革农政、裁厘金、实行“硬教育”等,代表了新兴力量迫切要求发展经济的愿望。同时,张东荪不主张用革命方式根本“改良政治”,说明此时的张东荪基本是一个社会改良论者。

10 月

武昌起义爆发时,张东荪尚在北京。当他闻听武昌起义消息后立即准备南下。他乘船先到上海,经苏州到达南京。此时,孙中山在南京筹备建立中华民国临时政府。张东荪参加了南京临时政府,担任内务部秘书。他后来回忆:“辛亥那年八九月间我还在北平,一些主张革命的地下工作者,一听说武汉革命,于是纷纷南下,我也坐船到了上海。到南方后,临时政府在南京成立,孙中山就任临时大总统,我还在内务部当了一名小官。”②

---

① 圣心:《论现今国民道德堕落之原因及其救治法》,《东方杂志》第 8 卷 4 号,1911 年 5 月。

② 张东荪:《论真革命与假革命》,《展望》第 2 卷 24 期,1948 年 10 月。

1912年(民国元年　壬子)　26岁

【张东荪参加南京临时政府并任内务部秘书。政府北迁后离职,先到上海任《大共和日报》编辑,后为梁启超在天津主办的《庸言》撰稿,以评议政治的方式活跃于民初政治舞台。】

4月

南京临时政府北迁时,张东荪辞去内务部秘书,没有赴北京参加袁世凯政府,而是选择办报。他之所以作出这样的选择,乃是由于通过南京临时政府三个月的从政经历,他认定此时国家所急需的是必须有人在政治理论方面加以指导,加之自己的兴趣和才能不在做具体行政工作方面,而是在对政府、对民众进行指导上,即评议政治、启发人们的政治觉悟、对当政者施以监督和影响上。同时,张东荪对辛亥革命后政治改革所抱期望很高,而现实状况却使其感到有点失望,对同盟会在临时政府中的作为有些不满,在政见上出现不少分歧。这些便是导致张东荪不再"干政治",而选择"评政治"的原因。他后来追忆:"当时我感到命是革了,这个国家从别人的手里那到了自己我们的手里,但是不知怎么办好,就好象突然将清华大学校长让给我当而我当不了一样。我看了一下周围的人都不象在做事情的，于是没有几个月我就走了，我认为自己贡献的道路不在这里，还有其他的地方。南京临时政府解散后，大总统让给了袁世凯，临时政府的人每人拿着一张证明书就到北京去了。”①

张东荪在民初政坛上保持了相对独立的政治立场。孙中山邀他加入国民党，他没有同意；梁启超组织统一党，后改为进步党，他也没有参加，但许多老朋友如蓝公武、张君劢等均为进步党骨干，他的政治态度实际上与进步党相近。故他自认为同时是国民党和研究系的成员。他后来解释道：

“我本身虽始终是一个独立思想者，但却有一点特别的地方，就是从来不愿在行为方面无故与人立异。所以在辛亥革命的那一年曾参加孙中山先生所组织的南京政府。后来政府解散，大部分人都到北京参加袁世凯先生所组织的政府，我则不愿意参加。彼时孙中山先生组织国民党，把凡在南京任过事的人一律作为党员，我的名字亦在其列，但我亦未加承认。后来我的朋友以进步党人为多，且较密切，我却从未正式加入该党，亦向不与闻他们的党的活动。外间对我的这种不明白是我所知道的，但我亦并不希望人知。我以为一个人只要行心之所安就够了。”②

是年夏

张东荪帮助兄长张尔田刊印《史微》。张尔田于 1908 年撰著《史微》一书，分内外两篇，曾在上海刊印上篇 4 卷、附录 4 卷，

① 张东荪：《论真革命与假革命》，《展望》第 2 卷 24 期，1948 年 10 月。

② 张东荪：《理性与民主》序论，上海：商务印书馆，1946 年。

后经修改于1911年春在浙江刊印，但质量较差，张尔田颇不满意。1912年夏，张尔田对浙江刊印稿再作修改，由张东荪帮助刊印。该书刊印后在海内外影响甚大，日本西京帝国大学甚至将其列为必读书。该书后经张尔田修改定稿后于1926年再次刊印。

11 月

梁启超在天津创办以政论为主的综合性刊物《庸言》杂志。该刊先为半月刊，1914年改为月刊，同年6月停刊，最多时发行15000份，影响很大。栏目分建言、译述、艺林、杂录等5门。其刊名蕴涵“公正、信实”之意，它站在中间立场上既批评袁世凯，又批评国民党，实际上主要反映进步党人的意见。除梁启超之外，张东荪与吴贯因、梁启勋、蓝公武、黄远庸、林长民、林纾、张君劢、麦鼎华等为《庸言》杂志的主要撰稿者。“行心之所安”的独立性格，使张东荪力图站在较客观的立场上，阐述自己较独立的见解，俾对于国家政治有所增益。

民国初年的张东荪是以评议政治的方式参与政治的，并没有直接干政治。他曾对“干政治”与“评政治”作过区别：“前者作政论是为了政治的；后者却只是对于政治发言而并不去干。”又说：“评政治”就是要言自己所信仰的，说自己独立的真诚的话，即做到“心安理得”。其云：“因为若只限于评政治而不去干，则当然应该言其所信（不赞成暴政就反对；不赞成流血，就批评；用不着取巧）；有无左右夹攻，在所不计；即被夹攻，亦当甘之如饴。否则便不是由衷之言了。”①

---

① 张东荪：《我也谈梁任公辛亥以前的政论》，《自由评论》第19期，1936年4月。

1913年(民国二年　癸丑)　27岁

【张东荪在《庸言》杂志上先后发表《国会性质之疑问》、《论宪法的性质及其形式》、《余之民权观》、《论统治权总揽之有无》、《行政权消灭和行政权转移》和《行政裁判论》、《论普通裁判制度与行政裁判制度》、《中国之社会问题》、《关税救国论》、《内阁制之精神》、《法治国论》、《对抗论之价值》等政论文章,对当时重要的政治问题,如国会性质、主权性质、总统的连任、宪法的性质与制定、行政权与行政裁判、道德的堕落与补救、教育与财政等问题均进行了讨论。他在初涉政论之时,主要是对当时人们关注和讨论的问题进行评议,在批评中力图阐述自己独立的见解,确立了自己改良与共和的政治立场,所提出的许多观点为日后所坚持并发挥,许多见解不乏精辟和深刻之处。但这些评议多为就事论事,尚未形成较成熟的见解,对当时国家政治制度尚缺乏全盘构想。】

年初

张东荪回故里省亲,与苏州吴氏绍鸿结婚。此后,他除了有时在苏州居住外,基本上定居上海。吴绍鸿(1896—1988),又名吴慈鹤,是当时苏州四大名门家族之一——吴家的大家闺秀,当时吴家已经衰败。据吴氏对嫡孙张饴慈讲:跟你爷爷过了一辈子,始终担惊受怕。刚结婚时,有一天张东荪早晨出门,中午便拍来电报,说已到上海。[①] 张东荪与吴氏育有三子一女:1914 年 7 月 17 日,长子张宗炳出生于上海;1915 年 6 月 1 日,次子张宗燧出生浙江杭州;1917 年,三子张宗颖出生于上海;1935 年 1 月,女儿张宗烨出生于北平。

是年春

张东荪之兄张孟劬态度消极,对袁世凯统治十分悲观,其作《春感》云:"眼昏四海仍兵气,心似孤云为底忙;越客高吟动寥穴,吴天远色亟青苍。看花已恨春无主,止酒宁闻醉有乡;如此沧江坚一卧,何须季主卜行藏。"

张东荪则对袁世凯的统治抱有极大希望,在《和孟劬兄春感》中挥笔对曰:"栏前烟树孤鸿远,门外花枝乳燕忙;百二关河天漠漠,十三陵阙夜苍苍。朔方云气方成阵,人世羁愁漫有乡;但问遗编今在否,休怜吾道已深藏。"[②]

2 月 16 日

张东荪在《庸言》第 1 卷 6 号上发表《国会性质之疑问》,对国会性质作了考察,提出了自己的意见。后又发表《国会选举法之商榷》,对当时国民党人在国会性质问题上的见解提出了

---

① 左玉河:《采访张饴慈记录》,1995 年 10 月 12 日。

② 孟劬:《春感》;东荪:《和孟劬兄春感》;见《民权素》第 1 集,1914 年 4 月 25 日出版。

批评。

该文首先对国会为“统治主体说”和国会为“人民代表说”进行了批评,认为国会既非“统治主体”,又非“人民代表”,“不过国家之一机关耳”。[①] 国会性质与国会的权限有很大关系,故张东荪接着重点讨论了国会权限问题。国会权限包括三方面:一是固有权限,即受理吁请事件、立法事件、建立事件、建议事件、议定预算事件和外交咨询事件;二是附属权限,即监督行政事件(如质问弹劾等)和选举事务(如选举总统等);三是特别权限,即司法事项(如受人民控诉)和造法事项(如造宪法及修正等)。他认为,国会仅是立法机关,造法“不当附属于国会权限之内”。但《临时约法》及《国会组织法》中却规定国会有制定宪法的权限,是“荒谬”的。其结论为:“由此观之,是国会之职务,仅在制定宪法。果仅在宪法,吾人更复何疑?惜乎造是法者,以临时立法及监督事业界之,使之等于现在之参议院也。于此则为疑问之丛矣。”[②]这与进步党人的观点相似。

4 月 8 日

中华民国首届国会正式成立,其基本使命是制定宪法。对于宪法的性质与宪法的具体内容,时人进行激烈讨论。争论主要围绕宪法性质、总统连任与其职权、行政裁判与普通裁判以及《中华民国宪法草案》等问题展开。此后,张东荪撰有《论宪法的性质及其形式》、《余之民权观》、《论统治权总揽之有无》、《内阁

---

① 张东荪:《国会性质之疑问》,《庸言》第 1 卷 6 号,1913 年 2 月 16 日。

② 张东荪:《国会性质之疑问》,《庸言》第 1 卷 6 号,1913 年 2 月 16 日。

制之精神》、《行政裁判论》等文，重点对总统权限和地位、行政裁判等问题提出了自己的看法。

5月1日

张东荪在《庸言》第1卷11号上发表《论统治权总揽之有无》，坚持内阁制，反对总统制。该文比较了内阁制与总统制下"总统之地位"的区别，认为内阁制下的总统不是行政首长，行政首长为内阁总理，对于行政负完全责任，而总统则不负责。总统的权限"限于宪法的补充行为"，即不属于行政、立法、司法三者之内的权限，例如召集国会，宣布选举，及总统之就职等等。既然内阁制的总统，其作用在宪法的补充行为，则总统之权，便在于协调行政、立法、司法三者关系，"正在救济与连络之暂时作用一点而已，且同时使其不致专制，而又复收救济之效"。[①] 这与总统制下的总统是根本不同的。故他坚决主张实行内阁制，反对赋予总统实权，主张将行政权从总统转移至内阁。

5月16日

▲张东荪在《庸言》第1卷12号上发表《道德堕落之原因》。该文发挥了《论现今国民道德堕落之原因及其救治法》的观点，认为道德是对人的行为进行规范的。社会的规范有两种，一是自律的，即道德；一是他律的，即法律。道德堕落之原因，除了自律的规范失调外，还由于法律不全。所以"修正法律及整理执法机关，实今日振兴民德之要图。"开始从法治的角度讨论道德问题。

---

① 张东荪:《论统治权总揽之有无》,《庸言》第1卷11号,1913年5月1日。

▲同日，张东荪在《庸言》第1卷12号上发表《余之民权观》。该文从名学的观察、历史的观察、社会学的观察和法理学的观察四个方面阐述"民权"之含义，得出结论："民权之概念，由法理观之，至为狭小；自历史观之，全系无理性之反动；自社会学观之，乃彼条顿人种之特有思想，非吾中国所不可缺者也；自正名观之，除作国民之公权解外，不得牵涉其他。今之群言嚣嚣，以民权为藉口者，其亦三思吾言而一改之乎？则吾作此篇之希望也。"

7月1日

▲张东荪在《庸言》第1卷15号上发表《论普通裁判制度与行政裁判制度》。

行政裁判制度采用与否，是宪法上的重要问题。早在清末，章士钊曾在北京《帝国日报》及上海《民立报》上发表文章，加以论述，认为行政裁判，背乎法律平等之义，无采用的必要。张东荪反对章氏之论："余视章氏之说出世之初，即思以此一得之愚，与章氏商榷，且以乞教于海内明哲。徒以他种问题缠不去心，因迟迟至今。"张东荪在该文中介绍西方大陆法系与欧美法系的区别，主张采取大陆法系的行政裁判制度。他认为行政裁判的功用，在于对不法行政之救济，在于保护权利，在于对国家或自治体之不法行政申请取消或变更之判定，在于对于国家或自治体之行政作用之履行提出要求之决定，在于对私人公权存在与否请求确认之决定，在于对两当事者互相间为公法上争执时，请求确认其权利之决定，在于对行政官厅成自治体互相为权限争执之时，请求确认之决定。

行政裁判，属于行政范围？还是属于司法范围？他认为，中国应该师法奥日，采用独立之制。民法是用来处理个人与个人关系的，行政法则是处理国家与个人关系的。使行政机关行于法的管理之下，实行行政裁判制度，是法治国特有的现象。我国宜编制行政法规，由不同司法机关兼理其事。他反对由官吏组织“平政院”裁判行政案件的主张，并随后发表《行政权消灭和行政权转移》和《行政裁判论》，“以为行政法不可废而平政院（即行政裁判所）不宜设。”他自认为《行政裁判论》一文颇有新意，“为海内谈法律之士所未曾言者也”。[①] 直到914 年 6 月，他还在《中华杂志》上发表《行政法与平政院之讨论》，继续主张采用行政裁判制度，阐述关于该问题的主张。

▲同日，张东荪在《庸言》第 1 卷 15 号发表《余之孔教观》。

民国初年，康有为、陈焕章等人在上海成立孔教会，并创刊《孔教会杂志》，以宣传孔教为宗旨。进步党人如梁启超、蓝公武等均为发起人，张尔田也亦为该刊撰稿人之一。张尔田“晚尤笃信孔、孟，有犯之者，大声急呼以斥，虽亲旧，无稍假借。谓人心败坏至此，必有沧海横流之祸，屡有论述，归本礼教，欲为匡救。”[②]他赞同定孔教为国教，并在该刊第 8 号上发表《论孔教与东南兵祸之关系及一年来对于孔教诋毁者之心理》，把国家的安定与否与孔教联系起来，认为“国教定，吾人身家性命财产始有

---

① 张东荪：《行政法与平政院之讨论》，《中华杂志》第 1 卷 4、5 号，1914 年 6 月 1 日、16 日。

② 邓之诚：《张君孟劬别传》，《民国人物碑传集》卷六，第 450—452 页。

安定之一日,国教不定则争杀劫夺,大盗横行,小则乱于野,大则乱于朝”。张东荪受其兄长影响对孔教抱有极大同情。但张东荪毕竟接受了近代民主思想,虽然对道德问题非常重视,主张设法挽救道德堕落的状况,并对孔教抱有同情态度,但与那种主张恢复固有道德的论调不同,这种不同差别,集中体现在对待是否定孔教为“国教”问题上。张东荪在《余之孔教观》中,从理论上对陈焕章等人定孔教为“国教”的主张进行批评,并从宗教和哲学两方面对孔教进行了系统考察。虽然他承认“孔教所诠乃中国独有之文明,数千年之结晶,已自然的为国教矣”。但他反对定孔教为国教和祭孔等做法,认为这“无足为孔子增光,殆亦画蛇添足之类,无足取也”。[①]

7 月 16 日

▲张东荪在《庸言》第 1 卷 16 号发表《中国之社会问题》。

认识到:政治革命必须与社会革命同步,政治革命必须以政治革命为基础,方才会有成功。其云:“政治与社会互相因果,固吾人所熟知,然社会必持多数人以为进退,而政治则不必持多数人焉。是故政治之改革也易,而社会之改革者难。特改革易者,其恢复也亦易,故必待改革难者以继其后。夫如是,然后事倍而功半。是以于后进国,以国力发展社会,理之顺也。”[②]萌生了将社会与政治分开、以“国力发展社会”的思想。

张东荪认为,中国产业不发达,有八种原因:尚在手工时代

---

① 张东荪:《余之孔教观》,《庸言》第 1 卷 15 号,1913 年 7 月 1 日。

② 张东荪:《中国之社会问题》,《庸言》第 1 卷 16 号,1913 年 7 月 16 日。

未入资本时代,不利用机器,营业不自由,分化甚于合成,技术不发达,无工业教育,交通机关不备,保护主义未实行,关税不良。其中,外货倾销与租税不良是发展产业的最大障碍。所以,解决的办法也有二种。一是对外的方法:"行保护贸易主义,采关税政策,以排外货。改良租税及裁厘以通交通。"二是对内的方法:奖励投资,确立信用;破除旧日之同业组合改良技术,破除其顽固性;分化适度而奖励合成;创立大本营业(即大工场之类);改良农业,以供给原料。他认为,中国今日,尚未脱离手工制时代,"苟欲发达,则必使之入资本制之时代也。"他将发展经济的主体寄望于中国有志于实业者和地方政府的扶植,"吾之所以主张属于地方政府者,地方政府较私人资格为有信用,且较有能力,易于举事。"[①]地方政府应该在改良技术、奖励投资、提倡机器作业、改良农业,供给原料、启发自由竞争、树立模范等方面极力提倡。

▲同日,张东荪在《庸言》第1卷16号发表《财政与道德》。

张东荪看到民初"地方官吏携款私逃也,议员面颜争公费"等现象,认为"凡此正所以表示其无经手财政之道德。"为此专门撰写《财政与道德》一文,对民初政府官吏这种不讲道德之行为进行激烈抨击。他指出,财政最大的问题是财政不公开,没有预算,同时也无人有效监督财政的实施。他认为,"一国之人,哀莫大于无经手财务之道德。"以有此恶德,故一切事业均不发达也。此恶德所至,各地官吏皆视国税厅若利薮,致使"国与民两受其殃","国家之收入锐减,而私人之中饱无尽。"此恶德所至,漏税

① 张东荪:《中国之社会问题》,《庸言》第1卷16号,1913年7月16日。

现象十分普遍,“中国人之漏税,为世界之第一。”在此恶德影响下,人们一见财货,即思据为己有;一经手其事,即致账目不清。“上至政府,下至小民,皆不免于此弊”。由此,张东荪痛心疾首地呼吁说:“此种恶德一日不除,非仅国家之财政一日不能处理,国民之经济一日不能发达,且国家人种不久必趋于灭亡。”[1]然欲财政处理得当,经济能力发达,则必有经手财务之道德而始可。

8月1日

张东荪在《庸言》第1卷17号发表《乱后之经营》。

张氏对国民党发动的“二次革命”持反对态度,指责“乱党之罪,擢发难数”,并谩骂国民党人有“狼子野心”。但他作《乱后之经营》一文,主要是对袁世凯统治表示强烈不满,并提出了严厉的批评和忠告。他指出,造成“二次革命”的最重要原因,在于政府方面“用人不当,致受人以攻击之资”;“用金钱政策买收伟人,孰知狼子野心,反为其利用”。在于政党方面“大多数为官僚所利用”,“时发其作官热,引起一班激烈者之恶感”。在于军队方面,上自政府,下至军官,“均提倡金钱主义,一般军人只知金钱,不知纪律,不知服从”。故治疗之法,最重要者在于“政府当反躬自责,一改其金钱万能之迷信。亲君子远小人,以避物议”。同时,必须对全国军队进行整编,规定全国军事区域、军队数目及分配。他劝告袁政府不要徒恃武力,而要依法治国。其云:“此次内乱,全恃武力以镇压之,非根本之计也。吾所希望者,并以

---

① 张东荪:《财政与道德》,《庸言》第1卷16号,1913年7月16日。

法律之力(Richtskraft)治之,始可期长治久安耳。"①

民国初年,政党政治甚嚣尘上,各种政党蜂拥而起,仅民国初年成立的政党就达200多个。这些政党鱼目混珠,参差不齐,很多腐败官僚被拉入其中,致使很多政党有其名而无其实,成为官僚政客的聚集地,徒然增加无谓的政争。张东荪对此极为反感,赞成章士钊的"毁党造党"论,主张必须对当时的政党进行一番彻底的改造,才能适应共和制度下政党政治的要求。他在《乱后之经营》中除了对国民党进行带有谩骂性的责备外,还对当时国内的政党进行了激烈批评,认为政党不良是造成内乱的原因之一。改良的目的,使"党"与"私"断绝关系;改良的方法则有五条:一是党员之集合,以政见为标准,不以感情为去就;二是视政党为利用品之党员,拒而不纳;三是注重党德,不事无味之争执;四是组织党内监督机关,不使个人因党而逞其私欲;五是坚持在野主义。他强调:中国素无政党,现在政党刚刚建立,正是"政党之养气时代",非培养之不足树立。只有宣言在野,才能使腐败官僚无意加入,政党不致为官僚利用。他认为:"今日当务之急,在养成国民之政治常识及道德,而政党尤不宜首创恶例,以致政治常识及道德,未由而进也。"②处于"政党修养时代"的政党,断不可操切于进行,应该坚持在野主义。

8月16日

张东荪在《庸言》第1卷18号发表《关税救国论》,提出"关

① 张东荪:《乱后之经营》,《庸言》第1卷17号,1913年8月1日。

② 张东荪:《乱后之经营》,《庸言》第1卷17号,1913年8月1日。

税救国”主张。

民国初年的经济问题，是张东荪关注的重要问题之一。他先后在《庸言》上发表《财政与道德》、《中国之社会问题》、《关税救国论》和《预算制度论》等文，对当时财政混乱的状况提出了批评，提出了发展国民经济的“关税保护”主张。他在《关税救国论》中指出，20 年来，国民日益贫穷，工商凋敝，百货飞腾，物价腾贵，导致小民相率流为盗匪，破坏了社会正常的生活和生产秩序，导致了道德衰颓。同时，也使国民减少了对于国家财政的负担，国家之财源受到极大打击。而物价腾贵的根本原因，就在于政府不能保护关税。张东荪经过反复思考后认为，实行保护贸易主义，产业幼稚国家发展经济不不可少的。保护的输入税之税率，有国定税率、协定税率和国定协定税三类，中国的关税向来“全为外人作主，已失关税主权”，稍加变更便会牵及外交。唯一可行的是实行国定协定税，而这也是不易做到的。但保护关税是关系国家存亡的大事，只要“政府果能卧薪尝胆，或终有达目的之一日。否则，空具共和之美名，而永为他人之达冰场（Dumping field）。”①

是年秋

国会开始草制宪法后，吴贯因、梁启超和王宠惠等人分别草拟了自己的宪法草案，供国会宪法起草委员会参考。张东荪先后发表了《王氏宪法刍议之商榷》和《王氏宪法刍议之商榷补论》，提出了自己的看法：反对分权主义，主张国家主义。1913 年

---

① 张东荪：《关税救国论》，《庸言》第 1 卷 18 号，1913 年 8 月 16 日。

9月,《中华民国宪法草案》公布,立即引起人们的关注和激烈争论。这个宪法草案,确立了内阁制,较全面地反映了当时资产阶级的民主共和思想,是对袁世凯欲实行独裁专制统治的一大打击。故宪法草案披露后,袁世凯首先表示不满,怂恿各级行政官吏纷纷驳议,互不相让,从而演为宪法上激烈的争论。张东荪在这场关于宪法问题的争论中先后发表《内阁制之精神》、《国民之声》、《中华民国宪法草案略评》等文阐述自己的主张。

9月1日

张东荪在《庸言》第1卷19号上发表《内阁制之精神》,主张中国宜实行内阁制。

他重点讨论了内阁制的性质,认为:内阁在组织方面,内阁必由国会中有势力之政党组织,"内阁各员必由国会选出,总统任命不过表面形式而已。"在权力方面,"内阁为行政权之渊源,而实握此权,更无高权足以支配之。"在权限方面,内阁总理必由国会选出,总统始得任命;内阁阁员非辞职或违法不得自由罢免;内阁有拒绝副署之权;内阁会议,总统不得列席;用人行政,其实权必在内阁,总统不过为执行宪法的补充行为之机关;内阁为行政部主体,总统为执行宪法的补充行为之机关。他主张:"一、内阁总理由下院选出。二、内阁颁布阁令。三、用人权操诸内阁。"这样,方能使内阁操得实权,符合内阁制之精神,不再成为"非内阁制、非总统制之非牛非马政制"。[①]

① 张东荪:《内阁制之精神》,《庸言》第1卷19号,1913年9月1日。

9 月 16 日

▲张东荪在《庸言》第 1 卷第 20 号上发表《国民之声》，站在公正的立场上对非难宪法草案者给予批评。他认为在立法部与行政部因为宪法问题出现纷争时，必须设法解决，但不能用立法部或行政部的某一机关来作调停，因为“是非之间决不容有调停者，且宪法者，国家之宪法也，非立法部行政部各得而专者也。”所以，“必有一机关立于两者之背后，主持正义，以为公判，则始克免纷争之弊也。”而能担当此任者，唯有国民。他主张：“解决今日宪法上之纷争者，舍国民末由。”其具体的办法“唯有借用议院选举法选举国民议会，由大总统颁布日期，同时命令停止国会，静待国民议会之批认及修正可也。”①

▲同日，张东荪在《庸言》第 1 卷第 20 号上发表《中华民国宪法草案略评》，对宪法草案全文逐条评述，以为“统观全文，尚为周密，要之与约法不啻天壤之判也。”②表示赞同该宪法草案，回击北洋派政客对该宪法草案的攻击。

11 月 1 日

张东荪在《庸言》1 卷 23 号发表《司法问题与教育问题》，对民初司法和教育问题进行评述，列举了司法弊端及其治本、指标之策。他认为“司法必采道德主义，以造就人材为始，则与教育有极大之关系”。故由司法问题进而讨论教育问题，对教育腐败

---

① 张东荪：《国民之声》，《庸言》第 1 卷 20 号，1913 年 9 月 16 日。

② 张东荪：《中华民民国宪法草案略评》，《庸言》第 1 卷 20 号，1913 年 9 月 16 日。

的原因及其救治法亦作了分析。他认为,教育腐败的原因,一在教师,二在学风。改进之法应该是改造专门教师、改造师范教师并提倡德育;提出要重视国民教育和人才教育;主张采用“硬教育”。

11 月 16 日

▲张东荪在《庸言》第 1 卷第 24 号上发表《法治国论》。1913 年秋,《中华民国宪法草案》公布后,袁世凯藐视法律,怂恿一批官僚政客群起反对,甚至出现了变更国体的言论。这种现象引起了张东荪等人的警惕和批评。他在《法治国论》中提出,要防止野心家利用法制不严,恢复帝制。他警告说:“国体非可轻易变更,变更则小之国家损失元气,大之顷刻亡国。”认为“今日之中国决不得再有变更国体之举”。[①] 对那些主张复活君主专制的主张给予迎头痛击。

张东荪在《法治国论》中强调国家各机关行动必须以法律为准绳,决不允许“人民守法于下,而政府违法于上”的现象出现,认为“吾人欲进中国为法治国,不当仅求人民之守法,亦应求政府之守法矣。”为此,中国必须首先应有宪法,因为宪法是“法治国”最重要的标志。张东荪分析了民国成立以来的政治状况,认为,中国宜为法治国,其理由为:一是中国国体已经由君主改民主,政体也应由专制改为立宪,有宪法之国当为法治国;二是立宪为人类进化的趋向,世界各国均由专制国进入立宪国,并进而为法治国,中国也应如此;三是行人治而不行法治,外不足以图

① 张东荪:《法治国论》,《庸言》第 1 卷 24 号,1913 年 11 月 16 日。

存，内不足以自立，因为无法律规定各机关的权限，则难免争执隔阂之弊，轻者消耗国家元气。他警告说：全恃人治不恃法治，将会使枭雄“得籍共和之美名，以实行专制之私图”。中国历史上专制统治下所以会出现那么多内乱，就是由于法制不严，这样的教训值得汲取。张东荪比较了警察国与法治国的区别后，列举了法治国的四个特征：一是国家自行制限其国权之发动，且使其发动必由于一定之形式，此制限的形式，就是法律。二是人民之自由，皆以法律为范围；三是行政全受法律之拘束；四是国权之行动，必以法律形式出之故法律多多益善，使“公法发达”。[①]

▲同日，张东荪在《庸言》第1卷第24号上发表《对抗论之价值》。

梁启超提出政治上的“对抗论”后，张东荪对此非常关注，并大加赞赏。他认为，民国以来，政争不断，都是欲以一势力兼并其他势力，梁启超有感于此而提出对抗力，张东荪“以为诚今日救国之不二法门也”。但他认为梁并不了解“对抗”论的真谛，“惟细观近日梁任公所言所行，似于对抗之理，尚不得其三昧。”故作《对抗论之价值》，对其进行阐述。张东荪认为，政治上的对抗，来源于物理学和生物学上的对抗现象，对抗是宇宙间万物构成的原理，物理界和生物界都存在着对抗现象。这种对抗现象运用到政治方面，便成为政治上的对抗。政治上的对抗现象有两种，一是无形的对抗，也称自然的对抗，即“国家社会内各分子互相对峙，而使各不相犯”，其主要是通过一部分人士依靠其所

---

① 张东荪：《法治国论》，《庸言》第1卷24号，1913年11月16日。

代表的社会各要素，“以谋调和各要素之利益，不使政象趋于专制”的方式展现。二是有形对抗，也称“容许的对抗”，即“政见必有真负二面，遂生相反对之政党，此相反之政党，各标反对之政策以运行，彼此虽为政敌，而必互相尊重。”[1]西方近代国家的组织就是靠着这样的对抗原理。何以使中国在政治上也形成对抗现象？他提出了三原则：一是相反二势力不可使其中之一居于国家最高机关；二是对抗二势力和平竞争，不得动用武力；三是二势力之竞争在应限制在宪法之下。

① 张东荪：《对抗论之价值》，《庸言》第1卷24号，1913年11月16日。

1914年(民国三年　甲寅)　28岁

【1914年初,张东荪与谷钟秀等人在上海创办《正谊》杂志;4月,与丁佛言在北京创办《中华杂志》。张东荪在《正谊》上先后发表《内阁论》、《政治革命与社会革命》、《根本救国论》、《中国之将来与近世文明国立国之原则》等文,在《中华杂志》上发表《国民性与立法》、《用人与守法》、《美国宪法会议之大教训》等文,主张"社会与政治分离",提出了"多数政治"、"以议代政"主张,鼓吹法治国论。这些政论文章,一方面继续对当时政治上的许多问题进行讨论和评议,另一方面对袁世凯专制统治进行揭露和批驳。张东荪在评议政治时局、抨击袁氏专制统治、不断总结政治经和失败教训的过程中,声名鹊起,逐步形成了较为系统的政治主张,迅速成为民国初期著名的政论家。】

1月15日

▲张东荪与谷钟秀等人在上海创办《正谊》杂志(月刊),共出9号,到1915年6月15日停刊。它分论说、译述、纪载、艺文等栏目。张东荪、杨永泰、丁佛言、沈钧儒等为主要撰稿人。张东荪等人创办《正谊》杂志之目的,在于提倡正义,借社会正义的

力量来改良政治、改造社会。谷钟秀在《发刊词》云:“本杂志以促进政治之改良,培育社会之道德为宗旨”,“对于政府,希望其开诚心,布公道,刷新政治,纳入共和立宪之轨道;对于人民,希望其发展政治上之知识,并培育道德,渐移易今日之不良社会。”①

张东荪在《正谊解》中认为,“今日欲振兴社会,刷新政治,舍正谊莫由。”他将“正谊”诠释为:“正谊者,阴谋之降符也”;“阴谋之为物,唯正谊足以制之,此人心之理性的趋势,事实之自然的结果”;“正谊者,法律之保障也”;“正谊者,社会所由而立也,法律、政治皆须得社会之保障,故舍正谊莫由”;“正谊者,政治之救济也”;“正谊者,道德之源渊也”。其含义相当于通常的“正义”。故主张:“一、集合一部分清流人士,以为正谊之保持者。此部分人士坚持正谊,百折不挠,发为舆论以为社会之中坚;二、提倡正谊之言论,使正谊之观念深入人心,普及全国。”②

▲同日,张东荪在《正谊》1 卷 1 号、2 号上连载了长文《内阁论》,对内阁制作了进一步阐述,公开主张中国应该实行内阁制。其云:“内阁者,行政权之最高机关也。此机关为宪法所规定,故谓之为直接机关。盖三权分立,乃法治国之特征。立法之机关无阶级之可分,仅一国会而已;司法之最高机关为大理院;至于行政,则其最高之发动机关厥维内阁。”他强调,内阁有四个特征:即内阁会议、完全责任、阁令、拒绝副署权。他对那种“谓国

---

① 谷钟秀:《发刊词》,《正谊》第 1 卷 1 号,1914 年 1 月 15 日。

② 张东荪:《正谊解》,《正谊》第 1 卷 1 号,1914 年 1 月 15 日。

会专事捣乱，把除之而可"的献媚政府者，给予迎头痛击，坚信中国实行内阁制后出现的行政部与立法部的冲突，是由于"本为专制国无三权分立之现象"而造成的，是"本为帝政之国其行政部于数千百年以养成大权独揽、专制自为之习惯"所使然；故救济此弊唯有励行内阁制。他发挥了在《内阁制之精神》上的观点，对法治国的优点作了集中阐述。法治国是实行内阁制的前提，法治国就是"国权必由于法之形式而始可发动之为也"，国权包括立法权与执行权，立法的要求是"务使法之周密"。法治国的精神在于："行政必纳法律乎之中，其多受法律拘束一分，即法治之精神多表现一分也"，在于"行政行为必等于司法上判决，不问自身有益无益，必毅然行之"。现在中国仍非法治国，必须努力成为法治国。

中国应当励行法治的原因有六：一是可以使社会安定，即"国家行动循乎法律之规则，则无政治上之激变。人民服从法律而非屈服于强权，则其心帖然无反抗之思，则国可以常治久安。"二是可以国家发达，即"举国而掩命于法律之下，法律永存，则其国常治。法律可改进而不可全弃，则国家能逐渐发达而不生急变。"三是可以防止野心家专制，即"国家与人民之交涉，皆得其道，既以保障权利，复以防枭雄之自逞。"四是可以防止国家各机关滥用职权，即"国家内所以代表国权之机关，皆严分其权限，使不相越，然后居于各机关之自然人，始不能籍端以恣所欲为也。"五是可以制限人民的不法行为，即"无法之自由为法治所不许。"六是可以使国家各机关权利分配合理，防止专权，即"必以法律严密分配其权限者，所以使权力不趋于一点也。”[①]所以，张东荪主张行政裁判，将政府活动纳入法律的监督和惩治之下。

3月15日

张东荪在《正谊》第1卷3号上发表《中国共和制度之最后裁判》，对袁世凯假共和之名、行专制之实的做法进行了揭露和批评。他强调，共和实为善良的政体，其善良处在于：国民之文化进步而有自觉心，国民之能力得以自然发展，国民之各种利益得以调和。他尖锐地指出：“共和之弊不在共和而在共和有真伪之判耳。真共和则绝无弊之可言，伪共和其弊固有胜于专制者也。”[②]中国共和的前途决定于是搞真共和还是搞假共和。民智较低，固然易于导致伪共和，但只有提倡教育开发民智，消除伪共和而进于真共和，绝不能由伪共和倒退到专制。

是年春

章士钊有见于民初党争，在《甲寅》创刊号上发表《政本》一文，提出了“政本”论，随后发表《调和立国论》，进一步发挥前文主张。他在《政本》一文指出：“为政有本，本何在？曰：在有容。何为有容？曰：不好同恶异。”即在政治上必须容许对立面两方同时存在，这样才能互相监督，取长补短，促进政治进步。这与张东荪对抗论的观点不谋而合，而论述更加透彻，故张东荪对此十分赞赏，立即撰写《读章秋桐“政本”论》，发挥了“对抗论”的

---

① 张东荪：《内阁论》，《正谊》第1卷1号、2号，1914年1月15日、2月15日。

② 张东荪：《中国共和制度之最后裁判》，《正谊》第1卷3号，1914年3月15日。

主张。

4 月 15 日

▲张东荪在《正谊》1 卷 4 号上发表《读章秋桐“政本”论》。他认为，章氏的主张与自己的主张相同，“章君之所谓‘不好同恶异’与‘有容’正吾之所谓保持对抗也。”他认为章的主张“偏与内而忽于外”，因为“好同恶异之为恶德而摒禁之，此内的也，自律的也，必有外的，他律的同时并臻，然后始得以巩固所谓外的与他律的，即前言之对抗。”所以，好同恶异的恶德必须靠“对抗”来实现，“吾以为与其劝告欲人之同于己者，自敛其心，则毋宁劝告被人强迫而同于人者自振其气以为抵抗。”即“与其希望强有力者无好同恶异之念，则不如期望社会上各分子各要素各固守其政党之部分，保存固有之势力，维持平均之利益而不受外力之压迫为愈也。”他强调指出，“国家社会之进步，在调剂，不在统一；在竞争，不在专制；在活动，不在一定而不变也。”①

张东荪对于“对抗”论自视甚高，认为颇得近世西方先进国家政治进步的真谛。若照此进行，民国成立后的政治会慢慢走上正轨的。张东荪后来初追忆说：“捉摸近世文明国之根本意味者，有章秋桐之调和论及不佞之对抗论。不佞非敢自慢，实以为苟不及第二次革命以前，即保持对抗之局，维系至今，断无今日之黑暗可断言也。”对抗论并未能付诸实施的现实，使张东荪意识到，无论是政本论，还是对抗论，都是“社会上政治作用之理法，而非国家机关上政治作用之规律”，所以，“不佞今颇省悟，知

① 张东荪：《读章秋桐“政本”论》，《正谊》第 1 卷 4 号，1914 年 4 月 15 日。

泛言对抗与调和,而不从社会活气着想,终为无济耳。”①

▲同日,张东荪在《正谊》1卷4号上发表《政治革命与社会革命》。他指出,“政治革命若离社会革命而独立,则为全无意味。故政治革命已告成而社会革命方在进行中者,其功用隐微而不易见。”主张“政治革命必与社会革命同时而存在”,“社会革命者,政治革命之根本也,政治革命之后盾也。”中国政治革命所以未获成功,实在是由于“政治革命太速,社会革命太迟耳。”②所以,张东荪产生了分社会与政治为二、努力发达社会组织的思想。他后来的“政治与社会分离”论,就是有见于此而提出的。

4月16日

张东荪与丁佛言在北京创办《中华杂志》。该杂志是进步党的机关刊物,编辑人有李素、凌文渊、张东荪、汪馥言、杜师业、孙宸、胡家鑫、王常翰等人。到1915年1月共出版13号,栏目分论说、评论、中外大事、杂载等。其评论文章和报道涉及中外政治、经济、军事、外交、思想、文化的许多方面,反映了当时进步党对于国内外政局的立场和态度。张东荪在《中华杂志》上先后发表了《国民性与立法》、《用人与守法》、《美国宪法会议之大教训》、《公法私法之区别与行政法》等文章,鼓吹法治国论。

5月

张东荪专门从上海到北京,会晤丁佛言等人,除了商讨创办

① 张东荪:《中国之将来与近世文明国立国之原则》,《正谊》第1卷7号,1915年2月15日。

② 张东荪:《政治革命与社会革命》,《正谊》第1卷4号,1914年4月15日。

《中华杂志》事宜之外，他们重点交换了对政局的意见。这次赴京，对张东荪思想影响很大，他对袁世凯政府政治腐败、官僚平庸的状况有了体会，同时，更重要的是他真正看到了袁世凯专制的野心，基本打消了对袁世凯所抱的幻想，开始为中国共和的前途担忧。应该说，与大多数进步党人相比，张东荪对袁世凯本质的认识还是比较早的。他在京所吟的一诗中发出了"西山怪底多峥嵘，看尽人间更不平"的感叹；[①]也出现了"我欲渔樵相伴老，人间无复重贻忧"的消极情绪。[②] 但抱定"百年兴废属吾曹"的张东荪，并没有真正地悲观与消沉，而是积极努力，加以预防和抵制。故此后着力思考如何对付象袁世凯这样的野心家专权及如何铲除腐败的官僚政治两大问题。他所提出的"法治国论""对抗论"，主张实行"内阁制""地方制"，"多数政治"，"社会与政治分离"等等，其出发点均在于此。

《中华杂志》对袁世凯的独裁统治进行了抨击。与丁佛言不同，张东荪对袁世凯较少称颂，其批评言论之激烈，在当时是很突出的。有人说"深度要算丁佛言，激烈当数张东荪"。张东荪着力于如何缩小与限制袁世凯政府的权利，其办法是在中央应采用内阁制，缩小和剥夺总统实权；在地方应实行合乎联邦精神的地方制。

7 月 16 日

张东荪在《中华杂志》第 1 卷 7 号上发表《地方制之终极

---

① 东荪：《游陶然亭》，《民权素》第 4 集，1915 年 1 月 10 日出版。

② 东荪：《和张友栋题清凉山扫叶楼诗》，《民权素》第 4 集，1915 年 1 月 10 日出版。

观》。

早在清末，便有人主张中国应实行地方自治，采用联邦制。民国成立后，地方自治论调一度消沉。张东荪入京与丁佛言等人交换了对政局的意见后，感到为了制限袁世凯权限，除了中央实行内阁制外，地方上必须实行自治制度，以避免中央专制。为此，他率先在《中华杂志》上发表《地方制之终极观》，主张地方应采取发展自治精神的制度，“事无巨细由省自办”，同时亦管中央委任之事务，国家之立法不得违抗，并称：“吾以为中国欲图存且强，非采用英美派自治不为功也。”他认为，国家动乱和贫困的原因，就在于中央集权过多，实行地方自治，加强地方实权，削弱中央权力，不使它任意作恶。该文刊出后，丁佛言亦发表《民国国是论》表示支持，宣称：中国之国情，在地方而已，不改进省的制度，国家无从发展。他说：“除了今日各省之官僚政治，而地方得有自由发展也。”[①]主张采用美国联邦制。他们实际上均主张联邦制，只是并未用“联邦制”之名而已。章士钊在《甲寅》第4号上发表《学理上之联邦论》，推动了对该问题的讨论，并认为张东荪之所以不敢公开用“联邦论”的名义，是慑于舆论和政局的压迫。对此，张东荪后来作了《联邦论辩》，不同意章士钊的观点，解释了其中的原因。

9月1日

张东荪在《中华杂志》第1卷第8号发表《昵敌与第三者之责任》一文。

---

① 丁佛言：《民国国是论》，《中华杂志》第1卷8号，1914年8月1日。

张东荪意识到进步党人与国民党人内部互相攻击、而为袁世凯所利用时，便在《中华杂志》上发表了《泣血之言》、《自忏》、《匿敌与第三者之责任》等文，对自己民国以来的政治言论进行反思和检讨，呼吁人们消除政争，停止攻讦，进行自忏，相互宽容，避免被象袁世凯这样的野心家利用，并与破坏共和的野心家和官僚进行斗争。他在《匿敌与第三者之责任》中主张联合“第三者”，建立起足以与专制势力相抗衡的“政治对抗力”。他认为，进步党的失败关键在于本身过于松散，并未形成真正的对抗力。故首要问题乃如何建立一个真正有力量的政治团体。他意识到，“第三者”应寻求并扩大该派的社会基础，才能把组织“强健正当之对抗力”落到实处：“第三者可本其社会上固有相当之利益而结合为多数之团体，此诸团体复以国家之利益而以道义相联合。”只有把自身的力量建立在夯实的社会基础上，才能真正自立，“夫根据于社会，则其力自厚”。为此，张东荪提出把谋求地方自治作为“第三者”立身之本：“第三者有结合之必要，特其结合可依社会之自然趋势，而求表示地方自治之精神。”[①]

9 月 15 日

张东荪在《正谊》1 卷 5 号上发表《予之联邦组织论》。他认为，联邦制的精神，第一是“自治”，“自治者，国之命也，近世国家所以异于中古者，皆在自治，一切优美之代议制度皆由自治而出。”第二是“分权”，国权与邦权互相制衡，“邦若为恶，国足以干

---

① 张东荪：《昵敌与第三者之责任》，《中华杂志》第 1 卷第 8 号，1914 年 9 月 1 日

涉之，国若为恶，邦足以抵制之，二权调剂，政治得以发达焉。”中央与地方分权的界限何在？张东荪考察了加拿大、德意志等国的联邦制后，认为中国采用联邦制，不能采取美国、德国之制，宜采用加拿大之制：“窃以为中国果为联邦也，不宜师美，更不宜师德，尤不宜师瑞士，惟取加拿大之制而变通之可也。”[1]

12 月 15 日

张东荪在《正谊》第 1 卷第 6 号上发表《复辟论之评判》。

袁世凯在解散国会，颁布《中华民国约法》，破坏了民主共和政体后，开始进行复辟帝制活动，激起了一度拥袁的进步党人的强烈反对。坚持共和立场、对袁世凯政府猛烈抨击和揭露的张东荪，此时也投入了倒袁的时代洪流中。他在该文中公开声明：“不佞反对复辟之一人，夫不佞反对复辟固也，特不佞之确信大异于一班之反对复辟论者。”他提出三点供人们商榷：“一、心术与事实不可混同；二、国体与政体不可混同；三、人的罪恶与法的罪恶不可混同。”他对主张民主万能者与复辟帝制者各打五十大板：“主张民主为盲目之动作，而主张君主尤为盲人骑瞎马夜半临深池也。”认为“政府有限制与否，此即立宪与专制相区分之唯一标准也”，他指出，“专制者，私有国家之谓也，立宪者，公有国家之谓也。”他认为，“无论任何善良之法制，苟无洁白无私之人以运用之，其效必终不可睹也。”他驳斥了那种认为斤斤于恶政来源于法制不善的论调，指出，“主张复辟者，赞成君主制者也，以今日之中央权力言，又何尝不若君主制；各省之巡按，犹前清

---

① 张东荪：《予之联邦组织论》，《正谊》第 1 卷 5 号，1914 年 9 月 15 日。

之督抚，各道之道伊，犹前清之知府，县知事，亦犹知县也。中央之总次长，犹前清之尚侍，佥事参事，亦犹郎中主事等也。”正因如此，他得出结论：“不佞极端反对复辟者也，然对于今之维持现状的共和论者，亦不敢自堕人格，以为附和。”①

年底

张东荪闻讯美国实用主义的哲学家詹姆斯逝世的消息后，专门撰《吊美国乾母斯博士》，以示对这位哲学家的崇敬：“西风噩信惊残梦，孤烛零篇系吊思。千载是非今日定，百年辛苦几人知。伤心江海苍茫处，刻意人天寂寞时。帝网重重生世泪，中原犹赋大哀诗。”②

---

① 张东荪：《复辟论之评判》，《正谊》第1卷6号，1914年12月15日。

② 东荪：《吊美国乾母斯博士》，《民权素》第4集，1915年1月10日。

1915年(民国四年　乙卯)　29岁

【张东荪在上海继续以《正谊》、《中华杂志》、《甲寅》、《大中华》为舆论阵地,发表《根本救国论》、《中国之将来与近世文明国立国之原则》、《政治革命与社会革命》、《吾人之统一的主张》等大量政论文章,形成了以防止和铲除野心家和官僚政治为目的,以法治国论、对抗论、政治与社会分离论为基本原则,以中央采用内阁制、地方采用联邦制为主要框架,包括对军政、财政、教育等重大问题看法的一套政治思想。张东荪撰写《对于古博士国体论之质疑》,驳斥古德诺的谬论,抵制袁世凯复辟帝制的逆流。护国战争爆发后,张东荪与参与梁启超等人在上海策划的倒袁活动并主持《中华新报》,以舆论指导护国运动。】

1月

▲张东荪在《民权素》第4集上刊载《吊美国乾母斯博士》、《和张友栋题清凉山扫叶楼诗》及《游陶然亭》等诗词。《民权素》是1914年4月25日在上海创刊的文艺刊物,张东荪、张尔田兄弟在该刊上发表了一些旧体诗词。

《和张友栋题清凉山扫叶楼诗》云:"清凉山上百云浮,扫叶楼前淮水流；天下几人共哀乐，江南此日可遨游。当时文字张平子，异代山川孙仲谋；我欲渔樵相伴老，人间无复重贻忧。”

《游陶然亭》云：“雨后江亭快晚晴，与君携酒且闲行；荒台玉佰思天来，蔓草铜驼泣月明。不为兴亡留古寺，也因风雨卧孤城；西山怪底多峥嵘，看尽人间更不平。”

▲同月，张东荪在《中华杂志》2 卷 1 号上发表《就纯理论上讨论邦先存于国之理——答〈甲寅〉杂志秋桐君》。

2 月 15 日

▲张东荪在《正谊》第 1 卷 7 号上发表《根本救国论》，继续阐述地方制度。他认为，要真正实行多数政治，就必须“取地方分权之地方制”，具体而言就是：“利用省界之观念，使一省之利害得失，由一省之人以相召相感之精神，以处理之，于省建立多数政治。各省如此，全国始得多数政治也。”

▲同日，张东荪在《正谊》第 1 卷 7 号上发表《中国之将来与近世文明国立国之原则》。他认为，近世文明国立国的原则，在使政治与社会分离，发达社会，减少政府对社会的干预。他指出，“国之支柱也，恃国民之人格”，中国国民人格未发达，其原因在于“政治之摧残”，所以，“必政治与社会分离，使政治之干涉范围愈小，则社会之活动范围愈大，于是社会以自由竞争而得自然发展也。”[1]他强调，近世文明国所以振兴之故，在减少干涉之范围，而听人民之自由竞争，以得自然发展；政府干涉范围之减少，

---

① 张东荪：《中国之将来与近世文明国立国之原则》，《正谊》第 1 卷 7 号，1915 年 2 月 15 日。

“乃政治改良之初步也，而优良之对抗现象，即自此而出。”政治上的对抗，旨在养成“社会活气”和“社会生机”，近世文明国首从此点着眼，从而造成了西方社会“其事业乃较政府为多，万事皆不仰政府，而足以自动。”他的结论是：“中国国运之兴也，不在有万能之政府，而在有健全自由之社会；而健全自由之社会，惟由人民之人格优秀以成之；此优秀之人格，苟政府去其压制，使社会得以自由竞争，因而自然淘汰则可养成之也。易言之，中国之存亡，唯在人民人格之充实与健全。而此人格则由撤去干涉、而自由竞争，即得之矣。于诸自由之中，尤以思想自由及思想竞争为最也。”[①]政治与社会分离的界限何在？张东荪认为，分离的标准在于是否增进“社会活气”，“凡经济、教化、道德、地方事务、学术、技艺、信仰等，均划出政府管辖之外，政府绝对不与闻，不干涉，而听人民自由处理之是也。”[②]

3月22日

张东荪在《民权素》第5集上刊载诗词4首。

一是《九月有感》：“四野萧涑草已霜，行吟空负菊花觞。已古大地无归雁，向老中原唯夕阳。翻眼频多今日泪，只愁不见古人狂。西风无限登楼意，六合烟云共渺茫。”

二是《浣溪纱》：“万里西风欲暮秋，城笳起处独登楼，那堪醉眼看神州。此日生涯悲汉土，他年心事负吴钩，可怜回首两悠

---

① 张东荪：《中国之将来与近世文明国立国之原则》，《正谊》第1卷7号，1915年2月15日。

② 张东荪：《中国之将来与近世文明国立国之原则》，《正谊》第1卷7号，1915年2月15日。

悠。秋老深山落木多，中原回首意蹉跎，夕阳西下奈君何。高处凭栏低处笛，醒时乘泪醉时歌，依然风雪满关河。”

三是《书愤》：“山河失色诗犹在，骸骨成灰气未沦。放眼古今谁是智，到头天地孰为真。早知有我原无我，却自为人强做人。从此伤心不须语，生涯相看逐流尘。”

四是《送孙君之金陵》：“江头日落孤鸿远，吴下霜浓秋气高。世界为人何梦梦，中原无鹿亦嚣嚣。搛他歌哭千家醉，与子狂吟一日豪。郑重此言须记取，百年兴废属吾曹。”

4 月 15 日、6 月 15 日

张东荪在《正谊》第 1 卷 8、9 号上连载了长文《吾人之统一的主张》，总结了民国成立以来政治经验和教训，对民国以来自己的政治主张作了全面梳理，系统阐述了自己对于中国政治、经济、社会和教育等方面问题的主张。该文是一篇经过较长时间的思考而撰写的有代表性的文章。在该文中，张东荪将自己此前关于政治、经济和教育等各方面的见解作一整理和概括，基于中央采取内阁制、地方采取联邦制的基本政治框架，提出了关于军政、财政、教育等方面的“统一的”政治主张。写作的目的，显然是向世人表明自己对于中国当时若干重大问题的主张，而不至于引起误会。

首先，在军政方面，主张实行征兵制度，限制野心家的军权。他认为，防遏野心家必须从军权上着手，军人要“爱国而不爱主，知为国家之公仆而不为一系之私人”。在警政方面，他认为“今日警察于国于民皆有百害而无一利”，“现今虐政莫过于警察”，故坚决主张“根本废撤”，由各村各乡各市自练团练，以防盗捕贼。

其次,在财政方面,主张划定中央与地方财政范围。具体办法是:“以国民经济为财政之后盾,而析分为中央财政与省财政;田赋划归省有,而每年以各省富力之程度,决定交出若干款,以供给中央;其款额由议会以预算定之。”这样,一省财政,由一省人民自理,中央财政由各省为之稽察,为之供给,可以使野心家“自无所乘”,使官僚也不能“恃为盘踞之地”。

再次,在教育方面,主张改良教育现状,“分立大学区,合数省为一区,以此诸省之财力办一大学校。各省自立教育行政之机关,凡于省内一切教育事业,由彼以建立之,监督之。大学校之监督则由中央,而中央可设全国教育联合会等之组织体,以谋统一。至于教育宗旨,由议会议决。”

张东荪认识到野心家和官僚是危害民国政治进步的最大障碍。他在该文中猛烈抨击袁世凯及其官僚、政客的反动统治。认为官僚政治是“万恶之源”,是“野心家发生之基础”,也是“制造专制之根由也。”野心家正是利用官僚政治而推行专制统治的。故张东荪主张:“一、中国安身立命之道,在尽力充量以防遏野心家,苟不能使之皆归消灭亦必削其大权,迫入正轨。二、中国安身立命之道同时亦在尽力充量排斥官僚而不用,务使官治之范围愈小,民治之范围愈张,民有督视官僚之道。”

该文对内阁制也作了发挥,并将实行内阁制与防止像袁世凯那样的野心家专权联系起来。他认为中国实行内阁制有两种原因:一是迫使野心家入正轨,即:“吾国于最近期间必不能消灭所有之多数野心家而归之无有,必不得已,其惟迫之使入正轨而让出一大部分政权与吾民”，所以，中国最宜采取内阁制，二是由于民力不足以骤然建立善良政制，即：“欲于此幼稚之民力上建设完美之政制，必不可能，必不得已，其惟建筑基础以徐图发展民力”，这两点决定了中国“非行内阁制不可也”。如何在中央实行内阁制？张东荪提出了具体方案：一是内阁总理由下院票选；二是内阁各员由总理选任；三是不信任之决议，必两院各为多数；四是谴责之议决，两院得各别行之；五是中央大理院及各省高等厅法官之任命，必须上院之同意。

张东荪主张于地方制度用联邦制，其用意首先在于分散中央权力，防遏野心家专权并排斥官僚政治。他认为，采用地方分权的联邦制，其结果将会导致：一、中央之权不能压制地方，而地方得以自由发展；二、地方之权得徐徐逼迫中央，使入正当之轨道；三、地方自治，由于区域狭小利害杂陈，不致为野心家一人欺骗；四、便于实行议政，开发民智，以民执政；五、地方有充足基础，不致因政变动摇国本；六、地方真能忠顺中央，则能得真正统一；七、地方人民不致受中央之摧残。此外，他对各省与中央的权限做了规定：一，各省全县规定于国家之宪法，宪法之改正必得各省之同意；二，各省所立之法律，中央行政部有拒否权，但得国会之统一仍成法律；三，省长由各省自选，但不称职时，中央有撤任之权；四，以参事会为省之行政主部，省长为之主席，其任期与省议会相同，生长撤任时，参事会必同时更选；五，中央依国会之同意得解散省议会；六，地方厅高等厅由省自酌办，但法官由中央委任，中央仅设大理院，全国用一统之法律；七，省议会有弹劾省长之权，其审查权属于国会，省长去职，参事会亦同时更选；

八,省长及参事员皆由省议会选任。[①]

5月10日

张东荪在《甲寅》第1卷5号上发表《制治根本论》,对"多数政治"作了解释。其云:"所谓多数政治者,其标准乃不在是非谓多数人入乎政治之机关,实乃谓居政治机关之人,其执政必依于政治机关背后多数人之意思也。"多数政治的特征是:"一、国家之权力有制限,使国家与社会判而为二。凡人民有三大自由之保障,于社会上得以自由活动,相异之党派,互反之意见皆籍此而生,且得互相竞争于正当之轨道,不能以一而压服其他。其结果由调和而臻完善焉;二、多数人之意见于当局者之背后占有势力,得驱迫其入正当之途径,而不敢自逞与专擅也。其结果以议为政,则全国各派、各部分、各个人皆得差足自安而不致破裂也。"

张东荪将国会视为国民制限政府和监督行政的机关。按照他的设想,"议会足以制限政府,则人民于政府制限之下,得以自由活动,自然发展,徐徐引扬,一旦能力充足,则何种政治不可运用而致善哉!"他通过对西方议会的考察,认识到议会是"以议为政"之执行者。他分析说:"议会者自形式之法律而观,为国家之机关,自活动之政治而观,则为社会之缩型。"在议会中,聚集着国中各意见各党派各职业各势力各阶级,的"多数之人众","凡社会上各党派、各意见、各阶级、各职业,咸得其代表于此,以调

① 张东荪:《吾人之统一的主张》,《正谊》第1卷8号、9号,1915年4月15日、6月15日。

和之德，为讨论之举；以议之结果，为政之实施。”①这样，既能实现“多数政治”，又能得“以议为政”之实，国民得自由活动，社会得自然发展，政府得到有效的制限和监督，政治得以“流通日新”，中国便可渐次步入文明国家行列。

6月10日

张东荪在《甲寅》第1卷6号上发表《行政与政治》。他指出，近世政治的核心是反对专制主义，其办法就是励行法治、以法治国，以法律制限政府行为的范围，规定其活动之趋向。他还对袁世凯统治下的官僚政治进行了猛烈抨击，认为辛亥以来政局所以发展到不堪回首的地步，就在于官僚政治在作恶。其云：“自政府北移，政党朋兴，顾各政党复不能独立发展，欲求其势力之伸张也，必借重于官僚，于是各政党又皆自杀以去矣。凡此皆足证吾国之社会，官僚政治之社会也；吾国之国家，官僚政治之国家也。今日之一切黑暗，一切腐败，政府之妄为，人民之苦痛，皆自此推演而成。”他提出了必须“扑灭官僚政治”的主张：人民自治、以议代政；代表主义，舆论等民意机关；立法、司法来拘束行政而驱入正轨。即“惟在取惟民主义之政治”。具体办法为：“一方以人民自亲政事，是为自治；一方复取代表主义之精神，为之监督。有健全之舆论，以导于前；有充实之司法以救于后，民志既宣，民权亦固；有竞争而不相残，有调剂而无虞诈；凡为一事，避能充情尽量，使社会得其福，国家蒙其利。”②

---

① 东荪：《制治根本论》，《甲寅》第1卷5号，1915年5月10日。

② 东荪：《行政与政治》，《甲寅》第1卷6号，1915年6月10日。

6 月 15 日

张东荪在《正谊》第 1 卷 9 号上发表《名实与帝制》。此前,《时事新报》载袁世凯致冯国璋专电,中谓“外间遂疑我欲回复帝制,究之,总统制实行又与帝制何异?”张东荪读后颇感刺激,认为袁世凯假共和之名而行帝制之实,是对真正拥护共和者的莫大侮辱,乃作《名实与帝制》,对袁世凯假“共和”、真“帝制”的实质进行了无情揭露。他说:“自改变以来,共和之实质久已亡去,所存者‘共和’二字之空名耳。夫吾人何为辛亥之革命乎,必将曰反对帝制而已,愿今日乃竟行帝制之实,又曷为不反对乎。吾知必曰因共和二字未去耳,此朝三暮四之术也。朝三暮四众狙皆怒,朝四暮三众狙皆喜,名实未戏而喜怒为用,夫外揭共和之空名,而阴行帝政之实际,则又何异居帝王之名,以行独裁政治也。故吾以为质恶者宜用恶名,然后其恶始彰,不致为美名所遮巧避人之耳目,彼若以帝制揭出,不啻告人以前所行全为阴险与专制。”①

8 月

袁世凯授意其美国顾问古德诺发表《共和与君主论》,诬称中国民智低下,不适宜实行共和国体,为袁世凯复辟帝制大造舆论。8 月 14 日,杨度等人在袁世凯授意下组织“筹安会”,公开为帝制鼓吹。梁启超、谷钟秀、张东荪等人立即进行了反击。8 月 21 日,梁启超写成《异哉所谓国体问题》,于 8 月底在《京报》发表,各报竞相转载,打出反对帝制的旗号。张东荪随后撰写《对

---

① 东荪:《名实与帝制》,《正谊》第 1 卷 9 号,1915 年 6 月 15 日。

于古博士国体论之质疑》,对古德诺的谬论进行驳斥。

9月

张东荪在《神州日报》上发表《对于古博士国体论之质疑》,后为美国传教士李佳白所办的《尚贤堂纪事》第6期第9册转载。

他以进化论为思想武器,批驳了古德诺所谓从历史习惯、社会经济状况看中国"以君主制行之为易"的谬论。他指出:历史是时代精神的连续表现,历史习惯,缩存于人民心中,社会组织经济状态,无一而非人民意思之表征,历史在前进,人民有权力选择新的国体,"谓国民对于国体,无能有所选择,真谬论也"。针对古德诺所谓"教育未遍,民智卑下"的谬论,他诘难说:"一旦改君主,其国是否即得永宁?其民是否即得发展?内乱是否即可消灭?"他痛斥古德诺"立宪以君主行之为易,以共和行之则较难"的论调,"此语直不学无术者之言";作为美国博士,竟说华盛顿有帝制自为之心,更是"去事实尤远","直是谰言,殆欺吾国人耳"。所以,古德诺的论调"节节自相冲突,语语自相攻击"。[1]

9月15日

陈独秀在上海创办《青年杂志》(次年9月改名为《新青年》),发动了以传播西方民主与科学、反对中国旧文化为主要内容的新文化运动,产生了巨大影响。

---

① 张东荪:《对于古博士国体论之质疑》,《尚贤堂纪事》第6期第9册,1915年9月出版。

10 月 1 日

张东荪与汪馥炎、李剑农、杨端六等人在上海创办《新中华》，并集中精力对联邦制进行系统研究，以“圣心”为笔名在该刊上先后发表《联邦立国论》、《联邦之性质及其精神》、《联邦制度与宪法制定》、《具体之省制论》等文，并翻译了《耶律芮克联邦之公权论》、《美利坚各邦之宪法及精神》等文，积极介绍联邦制，全面讨论中国实行联邦制的诸多问题。他在《新中华》第 1 卷 1 号、2 号连载长文《联邦立国论》，对中国为什么要采用地方分权的联邦制问题作了详细解释。中国采用联邦制之原因为：一，“在合乎历史上之趋势”；二，“在明乎政力向背之理而为之分配”；三，“在能得真正之统一”；四，“在能启发人民之自治能力”；五，“在能建设一刚性宪法，且能维系此宪法，使其有效于实际”；六，“可得控制与平衡之道”；七，“在能矫正民主政治之流弊”。①

10 月 10 日

张东荪在《甲寅》1 卷 10 号上发表《吾人理想之制度与联邦》，确表示中央实行内阁制，地方实行联邦制，分权自治，以防中央行政之专横。在中央，于总统之下设责任内阁，仿澳洲之制；在地方，各省行政机关仿德意志联邦三自由市制，坚信“吾以为中国惟如斯之制度为宜”。

---

① 圣心：《联邦立国论》，《新中华》第 1 卷 1 号、2 号，1915 年 10 月 1 日，11 月 1 日。

11 月 6 日

张东荪在《中华新报》上发表《对于四国干涉之感言》。张东荪参与创办《中华新报》并担任主要撰稿人。他首先关心的是帝制运动对外交的影响。帝制运动转为实际行动后，引起列强的关注，袁氏政府频频受到警告。帝制运动与外交问题很快成为舆论关心的主要问题。10 月 28 日，日本联合英俄向北京政府提出劝告，强调中国若因更改国体发生变乱，将影响日本及远东地区和平，劝告袁世凯暂缓称帝。张东荪在《对于四国干涉之感言》中指出，列强之干涉“不于表示开始之际，而独于难下台之时”，是故意给袁世凯难堪，迫使之屈从，“此为四国之胜算而亦即吾国家因制造皇帝而召分割之第一步也”。

11 月 15 日

张东荪在《民权素》第 12 集刊载词《夜合花》。词云：“芭粉销金，尘香麝，一生花里幽期，芙蓉帏暖，鸳鸯可双栖。蝉随髻，露侵肌，这风怀无计怜伊。最消魂是长廊灯烬，和月眠迟。凭谁问，恼芳思，犹记红牙拍曲，白练题诗。文鸾废也，依然扇底。曾窥残蜡梦，峊回时剪绫难断情丝。向秋蛰畔，闲言几许，独自禁持。”

12 月 18 日

梁启超从天津南下到上海，住在上海静安寺，与在上海的蓝公武、黄溯初、吴贯因、黄炎培、张东荪等人积极策划倒袁活动。正是在此期间，张东荪第一次见到梁启超，以后来往频繁，引为同党，关系日渐密切。

12 月 25 日

蔡锷等人在云南率先起义,发动了护国战争。原本抵制革命暴力的张东荪公开为武力反袁辩护,称护国军为“共和军”,袁军为“叛军”。认为共和军所争者,乃在为“四万万同胞”争一线之生机,乃在于“人类之公理”。

1916年(民国五年　丙辰)　30岁

【护国战争爆发后,张东荪在上海积极投入梁启超领导的进步党人的反袁运动,一度受到袁世凯政府的通缉。他一方面主持《中华新报》猛烈抨击袁世凯的独裁统治评论时局,一面在《新中华》刊物上发表《国本》、《今后之政运观》等长篇政论文章,提出"贤人政治"的主张。当倒袁战争即将结束时,他敏感地意识到:鼓吹联邦制的目的本来是为了对付中央的野心家和地方的官僚政治,而袁世凯败亡后地方上出现了拥军割据的趋势,继续鼓吹地方分权的联邦制,则有被地方军阀利用之可能,故张东荪开始调整政治思路。他主张调和国会中研究系与国民党两大势力,致力于制定宪法工作,并发表《修改国会组织法及选举法私议》、《地方制草案的商榷书》、《宪法草案修正案商榷书》等文,力促宪法通过,使国家走上法制的轨道。张东荪目睹民初政坛乱象及政治运动的失败,对政治失去信心和希望,感到在军阀统治的局面下很难再通过评议政治、言语文字对政治产生实际的影响,开始将主要精力向文化运动转移。】

1 月 14 日

张东荪在《中华新报》上刊载《共和军之真精神》一文，公开为武力反袁辩护。他认为，此次反袁护国运动使原来关于建设共和的理想方案有了实践的机会，自信已找到“中华民国安身立命之所在”。他总结四年共和实践的教训以及自己思考的结果，“明其失败之由，推其修正之理”，提出两点：即“真正之民宪”与“采分治主义”。前者要求“政治开放”，让人民广泛参与到国家的制度建设中，从而在组织层面，使国家与人民有机结合起来，人民由国家而发展向善，国家由人民抑止为恶，实现真正的“民宪”。所谓的“采分治主义”，即是发展地方自治。张东荪说，“分治主义”有“百利而无一害”，而所谓“联邦制”与“地方自治”只是程度的差异，关键其精神都在“分治”。

1 月

张东荪发表在《新中华》第 1 卷第 4 期上发表《国本》，最早提出贤人政治主张。“贤人政治”的思想，张东荪早在民国初年便已经产生，但当时并没有公诸于众。“吾人蓄此思想于心者有年”，但直到 1916 年初，他才在《国本》一文中正式提出。认为，中国纯粹采取民主政治，是行不通的，因为人民的智力和道德不能有实质性增加，“吾民无立宪之道德”，在这种情况下，将国家托命于“此辈无立宪道德之庸众之手，则政治前途必不能有进步。”但如果纯粹实行议会政治，也是不行的，因为人民的知识和道德程度仍然不够。议会政治所需要三要素，如选举人互相信任、有冷静头脑、有理性判断等，中国一般民众并不具备。那么，适合中国国情的政治便是“贤人政治”。

所谓“贤人”，就是社会上“贤俊”之士，有知识有能力同时又有很高道德程度的人士，与它相对的是“庸众”。所谓贤人政治，就是使这些贤俊之士执掌政治，即“所有之贤者悉集于上，而不肖者安于下，且此贤者起而为国家之重心，社会之斗南，国家之大命即托于此一部分人士之手。”对于这种政治，张东荪说：“贤人政治者，由积极言，以国内一部分贤俊是而支掌政局；由消极言，一班人民对于贤俊，非惟不阻挠其活动，抑且敬服之，常能认识贤者，举以任事；由法度言，权力分立之形式具，凡立宪政治与民权制度无一不备，使所有之人于法制前，皆有发展其个性之平等机会；由社会言，则一班通常之人，必具有崇贤任能之德，虚衷顺从之性，一方面又常能辨别贤愚，凡贤者所为皆盾乎其后，俾其力厚而功伟；他方面则不为非分之争以停滞政治之进行，而召内部之分裂，此贤人政治之大概也。”①

可见，张东荪最初提出“贤人政治”，其动机是为解决如何使政治运作更合理、如何提高行政效率问题。在当时民众知识水平普遍不高的情况下，他反对实行彻底的民主政治，认为那样只会导致一批庸众执政，降低行政效率，带来政治的腐败和政府的无能。所以，只有将政治托付给那些“贤俊”之士，由他们来执掌政权，才会避免象袁世凯统治时期那样的腐败与无能。他主张“贤人政治”，是在坚持法律面前人人平等的前提下提出的，承认人人都有发展个性的平等机会，国家的主权仍然属于人民，只不过将政治的具体操作权交给少数“贤人”而已。

---

① 圣心：《国本》，《新中华》第1卷4号，1916年1月。

2 月 7 日

张东荪在《中华新报》上发表《为今之所谓联邦制者进一解》，反对地方实力派借联邦制搞军阀割据。当时冯国璋、朱瑞等人通电中央，主张联邦制，企图达到割据一方的目的。对此，张东荪予以强烈批驳，认为他们主张的联邦制"乃不外将军世袭永久占据一省"，是"化一君主而为数十君主，一专制政府而为数十专制政府"。若要建设真正的联邦制，冯、朱必须先"出死力以恢复共和"，推翻袁氏专制统治，组织真正的民宪，然后才有联邦制可言。

3 月 4 日

梁启超与蓝公武、黄溯初、吴贯因等人离沪赴广西，策动陆荣廷倒袁，张东荪继续留在上海进行舆论倒袁工作。他一度为袁世凯政府所通缉，避居上海租界。对于自己在反袁活动中的行为，张东荪后来回忆："到后来袁世凯要做皇帝推翻共和，反对的我也是一个，不能说有功，但可以说在反袁一幕中对得起自己的良心。"①

4 月

张东荪在《新中华》杂志第 1 卷 5 号发表《善后建设论》，在袁世凯复辟帝制败亡之际，总结民初政治教训。他认为，过去那种轻视法律、利用法律的观念必须铲除，在处理善后问题上，仍然坚决主张依法律程序来制裁袁世凯及其罪行，即组织特别法庭，公开审判袁世凯，重树法律的尊严，藉此机遇使国家走上法

---

① 张东荪：《论真革命与假革命》，《展望》第 2 卷 24 期，1948 年 10 月。

治轨道。他说："吾以为勿论届时袁逆或已逃遁海外，或已为乱兵所杀，或暴病而死，或遭暗杀，要当于国会开会之第一日，由两院各依《临时约法》第19条第21款，提出弹劾，通过后更依同法第41条组织特别法庭以审判之。"[①]表达了张东荪对中国走上法治轨道的渴望。

5月27日、28日　6月2日

张东荪在《中华新报》上连载《不党政治论》。在张东荪看来，民初的党争，更多是出于意气的无谓争斗，国民、进步两党在建设共和问题上，其实并无本质不同。反袁一役中，国民、进步两党人士既然能够破除成见，联合抗袁，让他看到破除党派藩篱，结束无谓纷争的希望。他在《中华新报》提出"不党主义"论，进一步阐述联合各派，共建共和的思想。他认为在国基未稳固时，应调和各方势力以避免激烈的权力之争和强势独占的局面。在未来组建国会机关以及制定宪法之时，若能以"不党主义"为基础，并以"公正"与法律作为相互关系的标准，调和新旧两派势力，同时避免国家大法被少数人操纵，便能实现国家的平稳过渡。

6月20日

张东荪在《中华新报》上发表《袁逆死后国民应秉之态度》。袁世凯败亡后，张东荪继续主张"贤人政治"，呼吁各党派携手，"集全国之人才，萃全国之思虑，而用于政治改良，为正当之竞争，无意气之纷扰，先巩固国基，次求建设，庶几中华民国从此臻臻日上矣。"

---

① 圣心：《善后建设论》，《新中华》杂志第1卷5号，1916年4月。

是年夏

按照原定研究计划,张东荪准备对联邦制的若干问题进行系统的讨论:一是联邦果为何物?即联邦的性质如何?他作有《联邦之性质及其精神》;二是中国采用联邦制的利若何?即中国是否宜采用联邦制?他作有《联邦立国论》;三是中国采用联邦后各省的组织情况,他拟作《具体之省制论》;四是采取联邦制后中央政府的组织,他拟作《中央政制论》;五是中央与各省其权限分配问题,拟作《中央与各省之权限分配》。① 但当《具体之省制论》刚发表一部分后,护国战争爆发,他积极投入反袁政治运动中,这些研究计划暂时搁下。当倒袁战争即将结束时,张东荪敏感地意识到:鼓吹联邦制的目的本来是为了对付中央的野心家和地方的官僚政治,而今袁世凯败亡,中央的野心家既倒,却在地方上出现了拥军割据的趋势,再鼓吹地方分权的联邦制,是否会被地方军阀利用?故此,他的思想发生了重大变化,对继续鼓吹联邦制度有所顾虑。这种变化集中体现在他撰写的《今后之政运观——守法与让德》中。

6 月

张东荪在《新中华》第 1 卷第 6 期上发表《今后之政运观——守法与让德》。他在该文中虽未放弃联邦制,但显然对继续鼓吹联邦制产生了极大顾虑。他通过对当时政局的观察和分析,认为:“此后之政治,必呈一群龙无首之象,演一地方割据之局,一切大权将丛集于多数之各省都督,此各省都督又将分派

---

① 圣心:《联邦之性质及其精神》,《新中华》第 1 卷 1 号,1915 年 10 月 10 日。

别，团为数党，一方自握兵符，号召本土，他方联络邻省，外树声援，于是庶政之兴废，恒视各都督之意向，以为依违之准绳。”在这种状态下，言论根本不足以对其产生影响，反而会为其所利用。如果继续倡导地方分权，实行地方制，正可以为各省都督所利用。正因如此，他对国家的前途感到十分忧虑。他描述自己此时心情说：“吾言至此，吾心滋惧。吾侪书生，徒发空言，固不足济事于万一，而师我者，方据为口实，又宁能无怖于心？”这或许是张东荪此后没有继续进行联邦制的讨论，不再极力鼓吹联邦制的重要原因。这样的政局使素来对中国共和前途抱有极大希望的张东荪，对于中国政治的前途感到悲观：“今日之中国，除此多数势力者自身顿觉，推诚相让，守法入轨之外，实无救亡之法。”[1]这是张东荪后来决意舍弃政论的原因。

是年秋

1916年8月之后，北京政府面临的主要问题是制定宪法和对德宣战问题。因为这些问题又与段琪瑞、黎元洪的矛盾、国民党与皖系军阀矛盾、研究系与国民党的矛盾交织在一起，从而形成了错综复杂的局面。掌握北京政府实权的段祺瑞与大总统黎元洪为争夺权利，围绕“参战”问题展开角逐。

在刚刚恢复的国会中，当时两个最大的政党是孙中山领导的国民党和梁启超领导的研究系（进步党演化而成）。由于国民党与进步党在民国初年政见不同，政治立场和态度也有差异，从

① 圣心：《今后之政运观——守法与让德》，《新中华》第1卷6期，1916年6月。

而两党相互攻击，存在着不少矛盾。张东荪认为，袁世凯败亡后，是制定和通过宪法的绝好机会，也是使中国尽快走上民主轨道的大好时机，所以，他极力主张孙中山领导的国民党与梁启超为首的研究系顾全大局，消除争端，进行合作，为在中国建立立宪共和的民主政体而共同努力。对此，他在晚年作诗说："我谓机莫失，政野宜重分。孙梁应携手，舆论可一新。彻底商国事，列为若干门。首要为选举，迄来皆非真。倘能易其辙，民治始立根。勿急入枢要，理力俱在群。蓝君（蓝公武）韪此议，游说共朝昏。"①

目睹民初政坛乱象及政治运动的失败，张东荪感到在军阀统治的局面下很难再通过评议政治、以言语文字对政治产生实际的影响。他在《今后之政运观——守法与让德》中说："国家庶政之兴废，恒视各都督之意向，以为依违之准绳。于此状态之下，倡分权，不能更益之也；倡集权，不能以削之也；倡联邦，不能为联邦也；倡统一，不能为统一也；倡法治，不能遽行也；倡议会大权，亦不能遽行也；倡军民分治，更不能遽行也。于是吾人于此必大大醒觉者，即须知中国此数年来之政变，皆未尝以言论为因果，实以历史上之因果为因果也。"②这样，张东荪对政治逐渐失去信心，开始将主要精力放在文化运动方面。

① 张东荪：《三叹事》，见《草间人语》（未刊）。

② 圣心：《今后之政运观——守法与让德》，《新中华》第1卷6号，1916年6月。

1917 年(民国六年　丁巳)　31 岁

【张东荪年初担任《时事新报》主笔后,一方面开始致力于文化运动,同时在政治上仍然着力调和国会中研究系与国民党两大势力。民国初期西方民主制度在中国尝试过程出现种种的弊端,及建立民主共和国理想破灭的现实刺激,使张东荪开始从民国初年主张立宪共和、赞同议会制度,转向向对议会制度怀疑和批判。11 月,他在《东方杂志》上发表长达 3 万多字的《贤人政治》,系统阐述了"贤人政治"的政治主张。"贤人政治"主张是建立民主共和政体异常困难的情况下,降低自己的政治要求,企图通过对"固有势力"的某些让步和妥协,换取一些"贤人俊士"参与政治而已。】

是年初

张东荪正式接替张君劢任《时事新报》主笔,开始致力于文化运动。

《时事新报》是 1911 年 5 月 18 日由著名出版家张元济、高梦旦等筹组创办,由《时事报》和《舆论日报》两个小报合并而成。《时事报》于 1907 年 12 月 5 日创刊于上海,主编汪剑秋;《舆论日报》于1908年创刊，为早年维新派的宣传机关。民国初年的《时事新报》，以编译中外报章、介绍西方资产阶级学术文化为主要内容。该报坚决反对袁世凯复辟，发表了许多倒袁文章。1915年黄群主持笔政时，与北京的《国民公报》相呼应，公布了当时袁世凯企图复辟帝制的一些密电，在当时舆论界声誉鹊起。梁启超称上海的《时事新报》为护国军时期"唯一之言论机关"。1916年4月，张君劢从欧洲回国，兼任《时事新报》主笔，讨袁态度坚决，言论也十分激烈，《时事新报》日益成为上海很有影响的报纸。年底，张君劢北上时，将此职交给了张东荪。

张东荪主编《时事新报》后，积极改善版面，亲自主持"论说"栏和"时评"栏，对国内外重大事件进行评述，表达研究系和张东荪对当时政治、经济和社会问题的见解。它成为张东荪议政、论政的主要舆论阵地。《时事新报》与北京的《国民公报》和《晨报》相呼应，成为梁启超领导的研究系在上海的主要喉舌和势力据点。张东荪经过艰苦努力，将它办成了"议论最真实，消息最灵通，材料最丰富，为人人必读之唯一大日报"，[①]在国内舆论界享有盛誉。

是年夏

张东荪在政治上仍然主张调和国会中研究系与国民党两大势力，但并不被两党要员重视。国会中的国民党与研究系议员在制定和通过宪法讨论时又进行无谓的争论，延误了许多良机。随着国会卷入"府院之争"，国会再次被解散，并带来了张勋复

① 《解放与改造》第2卷14号封页。

辟，致使宪法制定功亏一篑。张东荪痛心疾首，引为毕生可叹之事。他后来回忆：

“倒袁的时候，我以为这是个化除政争的好机会。因为到了那时，无论急进缓进，无论集权分权，无论总统制内阁制，而共同的敌人只是帝制。既有共同的敌人便须有联合的战线。联合战线一经组成，则党争便可化除。久而久之，养成一种联合的习惯或同盟的习惯。不料倒袁以后，各方面所得的教训却正是一个反面。他们不但不认与人合作为必要，却反而以为以前的排斥人家没有彻底，于是大家都想来一个彻底的排斥。”①

是年秋

张勋复辟失败后，段祺瑞掌握北京政府实权，决定对德宣战，编练“参战军”。但段祺瑞为首的皖系军阀只是借此扩大自己的军事势力，对外只是“宣而不战”，并未派兵赴欧参战。对此，张东荪进行了批评。他坚决主张应该派兵赴欧参战，一方面可以提高中国的国际地位，增强中国军队的战斗力，另一方面可以将北洋军阀的武装力量移向国外，避免内战。对此，他后来追忆说：“我曾持异议，力主是兵援。长函致宗兄（张国淦），力陈诸要端。诚以拥兵者，专为自相残。何以绝固势，驱之国际前。战术与战略，观摩得其全。器械与士气，旧习不再沿。归来成劲旅，非复私人专。军队无分裂，立国乃可言。”②张东荪的这个主张并没有为北京政府采纳，令其对现实政治更加失望。

---

① 张东荪：《党的问题》，《再生》第1卷3期，1932年7月20日。

② 张东荪：《三叹事》，见《草间人语》（未刊）。

11 月 15 日

张东荪在《东方杂志》第 14 卷第 11 号发表长达 3 万多字的《贤人政治》，进一步阐述了“贤人政治”的政治主张。

袁世凯帝制败亡后的政局，对张东荪刺激很大。他痛感北京政府政治的腐败和行政上的无能。此时，张东荪虽对政治也产生了厌倦情绪，并开始逐渐将注意力转向文化运动方面，但还是力图对腐败无能的政治加以补救。这样，张东荪经过认真的思考，公开怀疑与批评议会制度，提出了“贤人政治”的主张。他在解释写作该文的动机时说：“此篇乃著者十年来思想上之产物也。辛亥之岁，曾函告友人，与相辩难。其后以民权论之狂澜日高，不愿以此挑战。迨丙辰（1916 年），审国人已饱受苦痛之教训，破迷知返，遂稍稍揭橥其旨于杂志日报。虽多反响，而颇见赞成。以为此乃适当机会，可以讨论矣。”①

张东荪把政治思想上支配国家政治的根本原理，分为两大系列：一为庸众主义，即民主主义，二为贤能主义。他将庸众主义与贤能主义的区别概括为：庸众主义为多数决主义和代表主义，贤能主义为少数决主义和自由意思主义；庸众主义为平等主义和单调主义，而贤能主义为等级主义和复杂主义；庸众主义为非个性主义和齐进主义，而贤能主义为个性主义和率引主义或保育主义；庸众主义为个人本位主义和人民主义，而贤能主义为社会本位主义和国家主义；庸众主义为旧进化主义、功利主义和空想主义，而贤能主义为新进化主义、理性主义和历史主义。张

---

① 张东荪：《贤人政治》，《东方杂志》第 14 卷 11 号，1917 年 11 月 15 日。

东荪通过对近代所实行的“有限的庸众主义”的分析，对民国以来中国所实行的西方式议会政治提出了质疑和批评。他断定：“以近代采取平民政治之诸国之历史为证，则但见其弊，不见其利。”①

张东荪指出，由于“庸众主义”存在着种种弊端，19 世纪末到 20 世纪初，世界政治思潮发生了重大变化，庸众主义和平民政治遭到批评，出现了“平民政治之反动时代”，“贤能主义”成为新的世界性政治思潮。他认为，“一国政事之进行，恃贤能主义；而群众之安宁，则恃庸众主义。”故必须将两者调和好，用贤能主义提高政治效率，以庸众主义宣泄民意。中国目前的当务之急，一是如何“焕发其贤能”，二是如何“宁息其庸众”，处理好了两者的关系，便会达到“夫贤能导靳于上，群生安息于下”的理想政治。正是在这样的思路指导下，张东荪调和“庸众主义”与“贤能主义”，提出了“贤人政治”的具体政治主张：“以专职政治与议会政治并行是已”。②

如何实行“专职政治”？他提出，“专职政治之养成，第一在有一定阶级之官僚，第二在造精练之军队。”而这两件事，“又必恃国内本有之特别势力，本此固有势力加以改善，足以造成善良之兵队，亦足以陶育专职之社会。”这就是说，必须依靠国内已经形成的“本有之特别势力”，国家的兴亡，就寄托与此势力身上。此处所谓“固有势力”，显然是指当时执掌北京政权的北洋军阀

① 张东荪：《贤人政治》，《东方杂志》第 14 卷 11 号，1917 年 11 月 15 日。

② 张东荪：《贤人政治》，《东方杂志》第 14 卷 11 号，1917 年 11 月 15 日。

势力。他认为,此“固有势力”应为“政治的中心”,“贤人”应该聚集在它的周围。张东荪不主张推翻“固有势力”,认为“推倒固有势力,乃谬计之尤者也。”只主张用改良的方式对于“固有势力加”加以警告,促其醒悟,“力自振作,趋于日新”。张东荪认为,议会在法律上是国家的一个机关,但在政治上,应该成为宣达社会上各种意见、沟通民众与政府联系的不可缺少的机关,起一种“宣泄社会上各种意见之作用”。所以,他主张“议会之职守,在为社会陈情,使在上者与在下者常得沟通,而无隔阂。”使它成为“社会之缩型”的民意机关,而不能成为政治的中心,因为政治的中心在于“固有势力”,“即务使一等人物由固有势力继承而出。凡优秀之最者,悉入固有势力之系统下,为政治之中心”。议会的作用只是“为社会陈情”,最多也只能“以政治之镜鉴,补政治中心之不足”。正是由于议会变成了“为社会陈情”的民意机关,所以,议员便成为民众宣达意见的“委托者”,而不是政治上的“代表者”。这样,自然克服了过去“议会政治”的种种弊端。利用“议会”作为纯粹的民意机关来宣泄民意,利用“专职政治”提高政治运作的效率,将政治的中心由“议会”转移到“固有势力”,使贤人集中在“固有势力之系统下,为政治的中心”。① 这样,中国便成为“贤能导引于上,群生安息于下”的“最良国家”。

张东荪对议会政治的批评是相当激烈的,也的确发现了议会政治的种种弊端。从民国初年主张立宪共和,赞同议会制度,到对议会制度怀疑和批判,是张东荪政治思想的一个重大变化。

① 张东荪:《贤人政治》,《东方杂志》第14卷11号,1917年11月15日。

民国初期西方民主制度在中国尝试过程出现种种弊端，民主制在西方国家的破产，对北洋军阀势力的幻想，建立资产阶级民主共和国理想破灭的现实刺激，降低目标、委曲求全的资产阶级软弱性，成为张东荪提出“贤人政治”的主要原因。“贤人政治”的主张，是建立民主共和政体异常困难的情况下，降低自己的政治要求，企图通过对“固有势力”的某些让步和妥协，换取一些“贤人俊士”参与政治。“贤人政治”是以承认和保持人民的基本民主权利为前提的。他曾说：“政治上有格言曰：人民之政府，即为人民而设之政府，亦即人民而成之政府，此庸众主义之所诠也。而柏哲士易之，曰：人民之政府，即为人民而设之政府，亦即由人民之秀者而成之政府；此贤能主义之所诠也。二者之不同，仅限于此。”[①]张东荪并没有放弃民主主义的基本原则，只是感到要对近代的“议会政治”进行修改而已。他对“议会政治”的修正和补救，到1930年代便发展为所谓“修正的民主政治”。

① 张东荪：《贤人政治》，《东方杂志》第14卷11号，1917年11月15日。

1918年(民国七年　戊午)　32岁

【张东荪在上海主持《时事新报》并创办《时事新报》副刊《学灯》,发起成立学术团体新学会,翻译柏格森著《创化论》,标志着张东荪正式告别政治活动,开始致力于文化事业和文化运动。他为《学灯》副刊"讲坛"和"教育小言"栏目撰稿,在"讲坛"栏目连续发表《国人读书力之缺乏》、《贩卖外国书籍之必要》、《中西思想之绝对相反》、《说鬼》、《运命思想亡国论》、《运命思想余谈》、《论演说》、《论译书》、《论报纸》等文,讨论读书、译书、贩卖西书等问题;在"教育小言"栏目连续发表《职业教育》、《人格之感化》、《教育与生计》、《教育与教会》、《门户之见》、《竞争之风》、《教授留学》、《哲学与教育》、《文艺与教育》、《本栏之提倡》、《秦贺兰之思想》、《只崇洋却不模仿》、《模仿与文化》、《新与旧》、《人格与主张》等文,讨论当时的教育问题。这些文章内容充实,思想开明,给人以清新之感,受到广大青年欢迎。】

1月1日

从即日起,张东荪翻译的柏格森著《创化论》在上海《时事新报》上连载三个月之久,在思想文化界产生重大影响。除了评议政治的社说和时评栏外，张东荪主办的《时事新报》注意介绍西方各种新的社会和哲学学说。1919年，《创化论》纳入"尚志学会丛书"由商务印书馆出版。

2月

著名政论家汤化龙为张东荪翻译的《创化论》作序。汤化龙在《创化论·序》中将柏格森哲学作了概述："柏氏之学说，概而言之，为精灵一元论，而与自来以精神律于事物之论及精神与事物相调和之说异。复与事物律于精神之说亦异。"故此，他认为柏格森的学说，为中国人提供了除旧布新的"原动之力"，对于人类是开辟了一个新"生面"。汤氏为该书作序，其目的还是通过输入这种学说，影响中国人的思想。其云："故柏氏之书，囿于前哲之思想者不能读，无前者思想之研究者，亦不能读。焕发精神，正在其时，医我民族，尤无旁贷。……或者以柏氏之说，能补助哲学之乏论理性，与印度哲学之太消极性，而为东西思想接触之介，渐为东西文明贯通之渠，亦未可知也。"①

3月4日

为了更广泛地介绍新学说，指导和反映文化教育界情况，张东荪创刊了《时事新报》副刊《学灯》，致力于宣传新思潮。他在《学灯》创刊号上发表《学灯宣言》，阐述创办《学灯》的缘由。其云："方今社会为嫖赌之风所掩，政治为私欲之毒所中，吾侪几无一席之地可以容身。与其与人角逐，毋宁自辟天地，此学灯一栏之由立也。"这是他创办《学灯》的主要原因。他接着说明了《学

---

① 汤化龙：《创化论·序》，商务印书馆，1922年版，第4—5页。

灯》的宗旨:“一曰借以促进教育,灌输文化;二曰屏门户之见,广商权之资;三曰非为本报同人撰论之用,乃为社会学子立说之地。”[①]实际上,《学灯》创刊时,主要内容是评论学校教育和青年修养。在这三项创刊宗旨中,“屏门户之见”、“为社会学子立说之地”只是表示对待思想自由的态度,只有第一项“促进教育,灌输文化”,才是真正的宗旨。

《学灯》一开始便用白话发刊,风格与北京的《晨报》副刊相似。《学灯》开始每周一次,5月间每周二次,12月起每周三次,1919年1月起改为日刊,星期日休刊。从1921年5月10日起,《时事新报》增辟《文学旬刊》;1921年9月16日,又增辟《社会主义研究》旬刊。每逢这些副刊出版时,《学灯》就休刊。《学灯》的版式也几度改变。最初每期只占大半版,1919年2月起扩充为两版。1922年后改为4开4版的附张。从1924年10月开始,《文学》和《艺术》等副刊的第4版辟为《教育界》附刊,《学灯》的篇幅只占三版;1925年7月后更缩小为两版;但同年11月11日起,又与《教育界》合并为四版。

《学灯》最初由张东荪负责编辑。但他一面忙于撰写《时事新报》每天的社说和时评,一面编辑《学灯》,还要为《学灯》写大量的文章,故颇感劳累。不久,张东荪聘请匡僧主编《学灯》。1919年4月,匡僧因病辞职,张东荪请好友俞颂华(澹庐)负责。1920年后,张东荪以《时事新报》名义资助俞颂华与瞿秋白赴苏俄采访后,便聘请好友郭虞裳任主编。1920年1月起,张东荪请

---

① 东荪:《学灯宣言》,《时事新报》副刊《学灯》,1918年3月4日。

李石岑接任主编,直到1921年7月底。1922年2月,改由柯一岑负责,直到1923年初为止。此后徐六儿和郭梦良都担任过主编,张东荪也一度亲自主编《学灯》。

4月15日

张东荪刊《学灯》启事:"本栏征求下列各稿:一、征求学艺上之意见;二、征求教育上之意见;三、征求对于近来出版物之批评;四、征求对于全国各学校之批评;五、征求教育上之讽刺画,六、征求学生关于修养之实验。"张东荪同时刊载的《学灯》启事又说:"本栏征求全国中等以上学校调查报告(详述历史沿革及现在状况,如能将校长照片及校舍摄影附寄,尤所欢迎)。诸君如以平日参观所得,赐稿敝报者,无任欢迎。"可见,张东荪一再表示欢迎介绍各地中等以上学校的历史和现状、批评和揭露教育界的黑暗、讨论青年修养和教育理论的稿件,而且也的确大量发表了关于这些方面的文章。《学灯》前后开辟过"教育小言"、"教育研究"、"教育界消息"、"学校指南"、"学校消息"、"青年俱乐部"等专栏。直到1919年后,一般性的"思潮"栏才逐渐代替教育方面的言论而居主要地位,但有关教育界的报道和评论始终占有很大篇幅。

4月

张东荪发表《学灯》启事:"近来吾国教育弊端百出,如学制之荒谬,教员之堕落,学风之卑下,此外邪说披猖,道德陵夷,尤为伤心之象。苟有人焉,以铸鼎燃犀之笔,为之一一揭发,与纰缪之主义激战,以其文字投诸本报,当敬为披露,并愿以优厚之酬资,为定交之纪念。"可见,张东荪创办《学灯》初期是一个以教育为主题的刊物，主要是通过议论教育问题来灌输新文化。

3月到12月

张东荪亲自为“讲坛”和“教育小言”两个栏目撰稿，他在“讲坛”栏中连续发表了《国人读书力之缺乏》、《贩卖外国书籍之必要》、《中西思想之绝对相反》、《说鬼》、《运命思想亡国论》、《运命思想余谈》、《论演说》、《论译书》、《论报纸》等12篇《随感录》，讨论读书、译书、贩卖西书等问题；他在“教育小言”栏目中，他连续发表了《职业教育》、《人格之感化》、《教育与生计》、《教育与教会》、《门户之见》、《竞争之风》、《教授留学》《哲学与教育》、《文艺与教育》、《本栏之提倡》、《秦贺兰之思想》、《只崇洋却不模仿》、《模仿与文化》、《新与旧》、《人格与主张》等文章，讨论当时的教育问题。这些专门讨论教育问题的文章，与当时其他报纸相比，内容充实，思想开明，给人以清新之感，因而受到了广大青年的欢迎。

9月30日

张东荪在《学灯》上发表《本栏之提倡》，明确提出七项主张：“一、于教育主义，提倡道德感化之人格主义，以为职业教育之实用主义之辅助。二、于教育制度，反对抄袭的制度与反对固执不化的制度。三、于教育事情，揭穿各种教育流弊。四、于教师，主张改造以身作则之良教师，反对现在与恶社会同流合污之教师。五、于学风，主张改造活泼朴实之学风，反对现在萎靡不振之学风。六、于原有文化，主张尊重，而以科学解剖之。七、于西方文化，主张以科学与哲学调和而一并输入，排斥现在流行之浅薄科学论。"[1]

是年秋

张东荪与梁启超、蒋百里、张君劢等人发起成立学术团体——新学会。其宗旨是想从学术思想上谋根本的改造，以为新中国的基础。最初的参加者有梁启超、张东荪、张君劢、蒋方震、郭虞裳、余颂华等约20人。张东荪在《新学会宣言书》中，对该会情况及该杂志的性质和内容作了说明："我们现在创办这个'新学会'，就是抱定上文所说的两层意思。第一，我们现在承认国家的革新是没有取巧的捷径的，是必须经过那条思想革新的大路的。第二，我们承认学术思想的革新有一条捷径，那条捷径就是研究欧美先进国几百年来积聚所得的最后的结果，就是本会简章所说的'研究世界新思潮新学说'。我们的希望是研究世界最新的思潮，最新的学说，用来作为我们研究中国种种问题的参考材料，再尽我们的能力把这种学说传播出去，使全国的人都添无数参考印证的材料，使中华民国的思想有一些革新的动机，使中华民国的新生命有一个坚固的基础。"[2]

新学会成立后，按照梁启超的意思，应该努力筹备发行新的定期期刊。但不久梁启超、蒋百里等人欧游出国，新学会主要由留在上海的张东荪主持，筹办新刊物的工作自然由张东荪负责。

12月14日

张东荪在《时事新报》副刊《学灯》上发表《新与旧》，阐述其

---

① 《本栏之提倡》，《学灯》1918年9月30日。

② 张东荪：《新学会宣言书》，《解放与改造》第1卷1号，1919年9月1日。

输入新文化而不破坏旧文化的宗旨。其云:“我们若认定中国今天既需要新道德、新思想、新文艺,我们就该尽量充分的把他输入,不要与那旧道德、旧思想、旧文艺挑战,因为他自然而然会消灭的。”[1]他认为这种看法才是符合“新陈代谢”的道理的。在他看来,进行新文化运动,只需要单纯地输入新的思想,而不必去碰旧的思想,新思想进来多了,旧思想自己就会消灭。即积极努力于介绍和输入西方各种新思潮,但却不主张对旧思想进行攻击,极力回避新旧文化的冲突。这是张东荪对待中西文化的基本态度。这种态度贯穿其所办《学灯》的始终。

12 月 26 日

梁启超游欧前在上海与张东荪等研究系骨干会晤,商讨今后努力方向。梁启超后来回忆说:“是晚我们和张东荪、黄溯初谈了一个通宵,着实将从前迷梦的政治活动忏悔一番,相约以后决然舍弃,要从思想界尽些微力,这一席话要算我们朋辈中换了一个新生命了。”[2]从此,梁启超、张东荪等研究系正式告别了政治活动,开始致力于文化事业和文化运动。

---

① 张东荪:《新与旧》,《学灯》1918 年 12 月 14 日。

② 梁启超:《欧游心影录》,见《饮冰室合集·专集》之 23,北京:中华书局,1989 年版,第 39 页。

1919 年(民国八年　己未)　33 岁

【张东荪在上海继续主持《时事新报》及其副刊《学灯》,将《学灯》办成与民国日报的《觉悟》副刊、《晨报》副刊并称的五四时期的三大副刊。9 月 1 日,他创办《解放与改造》杂志,发表《第三种文明》、《为什么要讲社会主义》等文,本着顺应世界思想发展趋势的要求,积极介绍社会主义学说。本着“过激主义之稳健化”的目的,他将致力介绍的社会主义定位为“稳健”的社会主义。他在其主办的《时事新报》及其副刊《学灯》和《解放与改造》上,积极输入新思潮和新文化,探索中国社会的解放与改造。】

1 月 15 日

张东荪在《时事新报》上发表《世界共同之一问题》,讨论防治“过激主义”在中国传播问题。

所谓过激主义,指当时的“布尔什维主义”。在张东荪看来,列宁领导的布尔什维克党所实行的是一种激进的社会主义,它可以在俄国实行,但却不适合中国,因为中国缺乏这样的经济和社会基础,一旦传入中国并在中国勉强实行,将会贻害无穷。张东荪敏感地看到了十月革命后“布尔什维主义”在欧洲传播的事实，他说：“过激主义产于俄，传于德，今则浸浸而播至英法日矣，是过激主义亦如西班牙伤风症，流行于全球也。”对于过激主义之侵入，是断然拒之？还是极力压抑？张东荪认为，“盖完全拒绝之，为势既不能，完全承诺之，其果亦不良。则舍调和外无他策矣。”那么高明而正确的方法是：“当采纳其主义中之含有至理者，先行改良社会组织，使人民于经济上得相安，于心理上得其平。然后对于过激之谬说提起正确之舆论以宰制之，则其势必渐杀也。要之，一方面于经济制度社会组织先自改良，此为釜底抽薪。他方面于思想研究，致其精微明辨，则人民有反复之思维，能自辨是非，则感情之论不足以动之也。易言之，即过激主义之稳健化。”①

张东荪以其对于西方思潮的敏感，意识到社会主义思潮必然要影响中国；他鼓吹社会主义，主要是为了“防遏过激主义”；而防治之法，不是从正面阻止宣传社会主义学说，而是在中国介绍稳健的社会主义，即“过激主义之稳健化”。

1 月

傅斯年、罗家伦等北大学生创办《新潮》杂志，张东荪立即发表《新潮杂评》，对该刊输入新思潮的做法表示欢迎，希望它也能够像《学灯》那样，站在中立、稳妥的立场上，只做输入新思潮的工作，而不要像《新青年》那样向旧文化挑战。其云：“譬如一个瓶，藏满了旧空气，如要改为新空气，虽是终日拿这个瓶来摇动，

① 张东荪：《世界共同之一问题》，《时事新报》1919 年 1 月 15 日。

那旧空气依然不出来的。所以我们若认定中国今天既需要新道德、新思想、新文艺,我们就该尽量充分的把他输入,不要与那旧道德、旧思想、旧文艺挑战,因为他自然而然的会消灭的。”①

2 月

傅斯年所办《新潮》与《新青年》站在一起,主张一方面输入新思想,一面破坏旧思想。在《新潮》1 卷 2 期上,傅斯年作《破坏》一文,对张东荪只注意输入新思想与不破坏旧文化的观点进行了批评。其云:“中国是有历史文化的国家,在中国提倡新思想、新文艺、新道德,处处和旧有的冲突,实在有异常的困难,比不得在空气无所有的国家,容易提倡。所以我们应当一方面从创造新思想、新文艺、新道德著手,一方面应当发表破坏旧有的主张。这是势必处此的办法。”②傅斯年的批评,特别是骂张东荪的议论“竟是似是而非不通的很”,激起了张东荪的强烈不满,他立即在《时事新报》上发表时评《破坏与建设是一不是二》,对傅斯年的观点进行反驳。

3 月 1 日

傅斯年在《新潮》1 卷 3 期上发表《答〈时事新报〉记者》,很不客气地对张东荪进行批评。他说:“张先生是和北京大学惯作对头的,我们对他当然无所用其客气。”又说:“他一向对于《新青年》是痛骂的,至于痛骂的理由,无非说《新青年》骂人,居然以骂人两字,把《新青年》上建设的事业一笔勾销。即以张先生《白话

① 张东荪:《新潮杂评》,《时事新报》1919 年 1 月 21 日、22 日。

② 傅斯年:《破坏》,《新潮》第 1 卷 2 期,1919 年 2 月 1 日。

论》而论，其中各节，何尝不是《新青年》当年讨论过，现在实行的。”论战中双方显然都夹杂着有不少感情的因素。

3月20日

张东荪在遭到傅斯年的痛骂后，仍坚持其“不骂不破坏论”，拒绝与傅斯年进行过多的争论，仅在《时事新报》上发表《不骂主义之胜利》，坚持自己的观点。

傅斯年与张东荪之间的讨论，是新文化阵营内部激进派与稳健派的争论。张东荪对《新青年》激烈地反对旧文化、旧思想不能理解，更不能赞同。他认为，现在主要的任务是输入新思想，不是与旧思想进行论战，整日忙于论战，便会无暇做新文化的输入工作，并且引起旧思想的反对，从而人为地为新文化运动增加阻力。他着眼于长远的未来，着眼于新文化的建设，固然表明其一贯的温和、渐进的改良态度，与不敢与旧势力与旧思想作正面斗争的软弱性，但也的确是有其想法，是从新思想能否真正地在中国思想界扎下根来立论的。张东荪所谓的“瓶子与空气”的比喻，与傅斯年的“瓶子与水”的比喻相比较，似乎更有道理。因为思想是看不见的观念性的东西，不是实物，要抽出瓶中的旧空气，看来只输入新空气，不失为一种办法。通过与傅斯年的论战，可以看出张东荪在五四新文化运动中的立场：主张彻底输入新文化，进行思想启蒙，但不主张过多与旧文化进行争论，不愿进行过多的时论性的东西，应该说与《新青年》、《新潮》在实质上并无差异，所不同的只是激进与缓进、干预现实政治与单纯进行思想启蒙的区别。

4 月 28 日

张东荪在《学灯》上发表关于“社会主义”征文的启事，内容包括：赞成说、反对说和译述三部分，强调这些介绍社会主义的文章“总以朴实说理为限，但本报认为有碍治安者不为揭载”。本着顺应世界思想发展趋势的要求，张东荪积极介绍社会主义学说；本着“过激主义之稳健化”的目的，张东荪所致力介绍的社会主义必然是“稳健”的社会主义。

张东荪在其主办的《时事新报》及其副刊《学灯》和《解放与改造》上，发表了许多介绍社会主义的文章。仅 1919 年《学灯》上刊载的文章主要有：《劳动与资本》（7 月 25 日起转载《晨报》上的文章），《河上肇博士关于马克思之唯物史观的一考察》（12 月 6 日起），《马克思的唯物史观》（河上肇，5 月 19 日起），《社会主义之进化》（6 月 11 日起），《马克司社会主义之理论的体系》（8 月 5 日起）等长文；也发表了刘秉麟（南陔）的《社会党泰斗马格斯之学说》（5 月 12、13、14 日），《社会主义两大派之研究》（6 月 23、24 日），《社会改良与社会主义》（7 月 7、8 日）等。张东荪在《解放与改造》上，亲自撰写了《罗塞尔的“政治理想”》（1 卷 1 号）、《奥斯氏社会主义与庶民主义》、《为什么要讲社会主义》（1 卷 7 号）等文章，其中以《为什么要讲社会主义》最为著名。

5 月初

张东荪在《时事新报》上发表《政治上怀疑论之价值》，《民铎》6 号转载（5 月 15 日刊印）。这是张东荪阅读里斯丁逊的《政治与群众道德》后的感想。他认为，人类的进化是从怀疑开始的，怀疑是开人类思想的锁的钥匙，充分肯定“怀疑”的价值，并认定怀疑论在政治上比在一般科学上更重要。其云:“据我看来,政治上的一切主义只于消极方面有价值,如个人主义因为对于国家主义怀疑而出,但个人主义于他主张个人独立的积极方面,不及他反对国家权力的消极方面价值大。又如社会主义是因为对于个人主义怀疑而出;无政府主义是因为对于社会主义怀疑而出;我虽然都承认各主义于他的积极主张各有一部分理由,但是以为都不及各主义的反面说的消极理由来得强硬。可知这个怀疑是政治进化的要素,第一期是排除权力的拘束;第二期是消释固执的迷想,然后始能到大光明的彼岸呢。以上是泛论政治进化与怀疑的相关之理,现在请拿此理来观察中国,我觉得中国无一事可以乐观,独有这个怀疑的空气之漫延滋长,是不可悲观的。青年对于前辈怀疑;社会对于社会中枢怀疑;人民对于政府政客怀疑;政客对于军人怀疑;对于统一,对于护法固然已怀疑了,就是对于议和也是怀疑。对于食粮研究、对于国民制宪、固然是怀疑了。就是对于那反对国民制宪的与那反对食粮研究的,也是怀疑。这现在的中国大可名为‘怀疑时代’了。”

是年春夏

张东荪与游欧之梁启超、张君劢等人保持着密切联系,这在他们往来书信中有所反映。他在给张君劢等人的信中建议:“据荪妄测,此次欧会恐于我一无所得,所希望之种种,恐皆成泡影,设其事已非,似宜另打主意,否则人将以种种无稽之言相加也。最好将此中内幕彻底宣布,免致国内人生疑。至学校计画,尤望进行。又世界大势已趋于稳健的社会主义,公等于此种情形,请特别调查，并收集书籍，以便归国之用，未识以为然否。”[①]他建议正在欧洲游历的梁启超、张君劢等人注意研究欧洲社会主义问题。张东荪随后接到张君劢等人的回信后复函建议：“公等此行不可仅注意于和会，宜广考察战后之精神上物质上一切变态，对于目前之国事不可太热心，对于较远之计画不可不熟虑，否则专注于和会，和会了便无所得，未识以为然否。至于国内和议，大概可了，国会问题不外乎先行制宪，宪成解散南北两会耳。”[②]

6 月 17 日

张东荪在《学灯》上刊发启事：“本栏特别欢迎关于（一）社会问题、（二）劳动问题、（三）产业组合、（四）妇女问题以及其他社会改良问题之著作与译稿，倘蒙见投，凡本报认为可登者，当尽先披露。”《学灯》除了介绍新思潮和讨论教育问题外，还特别注意讨论人们关心的社会、劳动、妇女等问题，经常刊出《妇女》及《妇女评论》两个专栏，颇受时人欢迎。

经张东荪等人的努力，《时事新报》副刊《学灯》的影响迅速扩大，成为五四时期非常有影响的介绍新思潮的刊物。《学灯》与民国日报的《觉悟》副刊、《晨报》副刊，并称为五四时期的三大副刊。对于张东荪主笔《时事新报》和创办《学灯》的影响，俞颂华追忆说：“他办过《时事新报》、《解放与改造》杂志，对于介绍新思想是很有贡献的。在五四运动时读过他的报与杂志的人，

---

① 张东荪：《与君劢、子楷、百里、振飞四兄书》，丁文江、赵丰田编《梁启超年谱长编》，上海人民出版社，1983 年版，第 893 页。

② 张东荪：《与君劢、子楷、百里、振飞四兄书》，《梁启超年谱长编》，第 893 页。

想必还都肯为我这话作证。”①

9 月 1 日

张东荪与俞颂华等人以“新学会”的名义在上海创办了《解放与改造》杂志。

新学会成立后，按照梁启超的意思，应该努力筹备发行新的定期期刊。但很快当时梁启超、蒋百里等人欧游出国，新学会主要由在上海的张东荪主持，筹办新刊物的工作也自然由张东荪负责。张东荪在《解放与改造宣言》中，对创刊宗旨作了揭示。他在五四时期致力于介绍社会主义思潮，是基于他对世界思想发展趋势敏感而准确的把握上的。他指出，人类的文明可以分做三个时期，第一期文明是宗教的文明；第二期文明是个人主义与国家主义的文明；第三种文明是社会主义与世界主义的文明。由于第一次世界大战，第二种文明破产了，国家主义与资本主义已到了末日，不可再维持下去。于是，“这第三种文明，因为大战的缘故，方才出芽。”全世界“依第三种文明的原则来改造”，便成为世界历史发展的必然趋势。中国当务之急就是从事“文化运动”。具体而言就是“应该专从第三种文明去下培养工夫。要提倡互助的精神，要培植协同的性格，要养成自治的能力，要促通合群的道德。”②顺应世界思潮发展的趋势，介绍社会主义学说，从事“文化运动”，培植第三种文明的种子，成为张东荪努力的方向。

---

① 俞颂华：《论张东荪》，上海《人物杂志》第 2 年第 6 期，1947 年 6 月 20 日。

② 张东荪：《第三种文明》，《解放与改造》创刊号，1919 年 9 月 1 日。

《解放与改造》便是本着这个“文化运动”的主旨，致力于中国社会的解放与改造。张东荪在该刊上发表了一系列的文章，如《罗塞尔的“政治理想”》、《指导竞争与运动》、《中国知识阶级的解放与改造》、《奥斯氏社会主义与庶民主义》、《头目制度与包办制度之打破》、《为什么要讲社会主义》、《妇女问题杂评》、《青年之烦闷》、《职业自由的要求》、《评资本主义的办事方法》、《利害冲突背后的人性观冲突》等，集中讨论的问题主要有两项：一是介绍社会主义思潮，二是评议当时的社会问题，努力于社会改造的准备。

10 月 1 日

▲张东荪在《解放与改造》1 卷 3 期上发表《中国知识阶级的解放与改造》。解放知识阶级与改造知识阶级应采取三方面步骤：（一）人性改造：旧思想的解放，就是把个人本位的思思解放了；新道德的创造，就是养成献身的道德；（二）组合运动：就是结合成了一个大团体去做社会运动；（三）与劳动阶级合并：就是不分用脑用手，都认为劳动；同时使用脑的也得兼用手，用手的也得兼用脑。他强调：“所以我们希望劳动与知识混合，非先创立一个真正的知识阶级不可。真正的知识阶级就是有识无产的人——不是有识有产的人——而在社会上占一种地位的。”

▲同日，张东荪在《时事新报》上发表《突变与潜变》，批评章士钊的新旧思想调和论。

是年秋，章士钊在上海、杭州等地发表演讲，鼓吹新旧思想调和论，主张“物质上开新之局，或急于复旧，而道德上复旧，必甚于开新。”认为新旧思想应该调和，以达到“国粹不灭，欧化亦成"的目标。[①] 张东荪在《突变与潜变》中运用抵费里(Devrie)发明的"突变"论,作为反对移行说的科学依据,认为生物是依"潜变——突变"规律进化,并非章士钊所谓的移行。他批驳了移行说后接着指出,社会进化如生物进化一样,也处于"潜变——突变"中。

10月12日

张东荪在《时事新报》上发表《答章行严君》,继续批评章士钊的调和论。他详细界定了"调和"的内涵。认为:"调和有二个意思,一个是甲乙化合变为丙,一个是甲乙互让,"前者是自然现象,后者是人为的调停,章士钊的"调和"实际上是指人为的调停。他强调,新旧思想的真正调和是双方融合变成丙种新思想,它是按照自然的趋势而变化。根据这样的道理,他说明了当时新旧思想不能调和的原因。输入西方文化是"变的酝酿",然而"酝酿"是不能调和的,一经调和就把未成熟的新思想消灭了,所以,他指出:"我以为变后可以调和,而未变时的变因不能调和,调和变因便是消灭变化,也就是使变因不发效力,如甲乙调和成丙,必定先有甲,次有乙,现在乙还没有成熟,如何能调和呢?"现在中国处于新文化输入阶段,当务之急是准备变因、培育新机,即输入西方文化,而不是作人为调停工作。所以,张东荪认为"守旧论不足阻害新机,而调和论最危险",章士钊的调和论,实际上阻挡了新思想的传播和西方文明的输入。张东荪虽没有直接倡明"彻底输入西方文化"的文化观,但从他主张酝酿变因、培

---

① 章士钊:《新时代之青年》,《东方杂志》16卷11号,1919年11月。

植新机、确认中国现在是“潜变时代”等观点看，实际包含了这个意思。此后不久，在批评梁漱溟文化理论时，张东荪将“输入西方文化”的文化观全面展开。

11月1日

张东荪在《解放与改造》1卷5号上发表《头目制度与包身制度之打破》。次日晚，陈独秀当晚撰完《实行民治的基础》一文（后刊《新青年》7卷1号）后，看到张东荪撰写的《头目制度与包身制度的打破》，深表赞赏。该文案语云：“这篇文章刚做好寄到上海付印，就看见张东荪先生新做的《头目制度与包身制度的打破》，那篇文章（见《解放与改造》的一卷五号）说得很透彻，可以补我这篇文章的遗漏，读者务必要参看。我所主张的小组织好叫人人有直接参与权，似乎是打破一切寡头制度（头目包身制度自然包含在内）的根本方法；这种思想倘然能够成为事实，成为习惯，不但现在经济方面的恶制度可以扫除，就是将来较大的政治方面经济方面的大组织，自然也不会有寡头专制的事发生，真民治主义才会实现。我所主张的同业联合，也含着有‘两元的社会组织’的性质。”

12月1日

张东荪在《解放与改造》上发表《我们为什么要讲社会主义》。

他在这篇长篇对话体文章中，较全面地阐述了他所介绍的社会主义的内容。他发挥了在《第三种文明》中的观点，认为社会主义是一种“新文明”，他所以要在中国宣传社会主义，就是要顺应世界新文明发展的趋势。张东荪对马克思的社会主义作了自己的修正和发挥,提出了所谓"浑朴的社会主义"。他不满意马克思只注意社会物质生活上的改造的观点,认为社会主义的改造应该包括精神生活方面的改造在内。"因为单纯主张经济改造的社会主义一旦实行到实际上,便需要二个条件,一是非把个人的精神生活改造不可。二是非全地球的旧制度一齐推翻不可。"这样,社会主义便是从"唯物主义"移到"精神主义";从"一阶级主义"移到"全世界主义"。他断定:中国目前所采取的社会主义,便只能是一个"浑朴的趋向",而不能是具体的社会主义制度。

张东荪明白地宣布了自己努力介绍社会主义的动机和所要介绍的社会主义的主要内涵:"我们讲社会主义不是从物质方面破坏现在的制度入手,乃是从精神方面传播一种新思想、新道德、新人生观、新生活法入手,也就是先从打破现在社会上资本主义的习惯入手。不是对于中国问题做单独解决,乃是对于中国问题用解决全体人类问题的共通方法去解决他。不是对于中国前途的自然破坏去促进他,乃是预先指出将来所不能逃避的自然破坏起来了以后的建设方向。所以不是专讲未来而抛却现在,也不是专讲世界而忘记中国。"[①]中国现在所应努力的,只是朝着"社会主义"这个浑朴的趋向渐进,致力于文化运动,为将来采取社会主义的具体制度奠定基础,而不必进行具体的社会主义运动,更不应进行社会主义革命。可见,张东荪所宣传的社会

① 张东荪:《我们为甚么要讲社会主义?》,《解放与改造》第1卷7号,1919年12月1日。

主义，并不是马克思的社会主义，而是所谓“浑朴的社会主义”。这种“浑朴的社会主义”，表面上对马克思主义的观点的修正，而实际上是一种温和型的社会主义。

是年

张东荪翻译柏格森的名著《创化论》纳入“尚志学会”丛书，由上海商务印书馆出版。他在该书出版时写的《译言》中，除了介绍柏格森的生平事迹外，重点说明了三件事：一是名辞，二是体裁，三是所感。这部书的原著为法文，张氏不懂法文，故采用了美国密启尔的英译本，从英文直接翻译。该书当时已经有日本人金子、桂井两人翻译的日译本，故张氏从英译本直译，参照日译本。他在介绍西方各派学说时，偏重于把握其思想的真谛，而不是文字上的通畅。这便逐步形成了张氏介绍西方哲学的一个十分明显的特点：注重“义译”而不是“直译”；注重“阐释和解说”，而不局限于“贩卖”式的介绍；在介绍西方哲学思想时，总是根据自己的心得和体会加以阐述，从而使张氏对西方各派哲学有较深刻的领悟和较准确的把握，使其对西方哲学的介绍不仅具有一定的广度，而且具有很扎实的深度。这种介绍方式，是日后张东荪介绍西方哲学的主要方式，也张氏介绍西方哲学的特色所在。依据原著，务求弄通，有所体会和领悟，向哲学界介绍的是自己对于西方哲学家思想的理解，便于人们把握西方哲学的精义所在。

1920 年(民国九年　庚申)　34 岁

【张东荪在上海继续主持《时事新报》及其副刊《学灯》,并代理任中国公学校长。9 月 1 日,他和梁启超将《解放与改造》改组为《改造》并组织讲学会,继续输入各种新思潮并鼓吹社会主义。他虽然参与发起成立中国共产党,但因认定中国不具备建立无产阶级政党的经济和阶级基础,故反对组织共产党;他虽然宣传和介绍社会主义,但反对在目前实行社会主义运动,故与陈独秀等人产生较大分歧。他在陪同罗素到湖南演讲回到上海后,在《时事新报》上发表《由内地旅行而得之又一教训》的时评,引发了一场社会主义论战。他相继发表《现在与将来》等文,系统地论述了自己的总观点:用资本主义发展中国实业。】

是年春

共产国际代表吴庭斯基来华,在北京先会晤了李大钊,商讨了在中国建立共产党的事宜。由李大钊介绍,吴庭斯基来到上海,会晤了在上海的陈独秀。李负责在北方筹建共产主义小组,陈独秀负责在南方筹建共产主义小组。当时上海思想文化界介绍新思潮、鼓吹社会主义的著名期刊,有陈独秀主办的《新青年》,张东荪主办的《学灯》和《解放与改造》,沈玄庐主办的《民国日报》副刊《觉悟》及戴季陶主编的《星期评论》等。当时,吴庭斯基有意让陈独秀、张东荪、沈玄庐、戴季陶等人出面,利用他们在上海思想文化界和新闻界的广泛影响,联络一批激进的鼓吹社会主义的青年,发起成立中国共产党。张东荪与陈独秀、李达、茅盾(沈雁冰)、周佛海等人保持了较好的关系。故当陈独秀在上海筹备成立共产主义小组时,张东荪也被邀请参与。

3 月 5 日

梁启超等人从法国回到上海,与张东荪等人进行了多次商谈。按照梁启超在欧洲时的设想,他回国后主要从事张东荪已经在国内进行的"文化运动",并拟定办几项事业来推动:"一、中比贸易公司。二、中比轮船公司,此二事虽二而实一。三、月报及印刷所。四、大学。五、派留德学生。"[①]具体而言,就是创办中比公司,办好《时事新报》及其副刊《学灯》,接办中国公学,组织共学社和讲学社等学术社团。除了第一项外,张东荪参与了其他几项文化事业的兴办工作。

3 月

张东荪在《解放与改造》2 卷 5 号上发表《改造要全体谐和》,集中阐发自己渐进改良主张。他反对采取激进的革命方式实现社会的改造,只是主张社会的改造应该采取渐进的改良方式。他认为,社会改造实际上就是在"做一个社会的修整(social

---

① 张君劢:《致黄溯初书》,1920 年 1 月 12 日,《梁启超年谱长编》,第 896—898 页。

adjustmant)”的工作，应该分三步进行：“第一步须得使人人都知道社会非改造不可。第二步是须得使人人对于改造社会的全体方案都去绞脑想一想。第三步是须得把大家共同研究的结果做一个普遍的信念，然后大家一齐的向此猛进。”[①]张东荪所从事的“解放与改造”工作，就是依照这三步计划循序渐进地进行的。

4 月 15 日

张东荪在《解放与改造》发表《科学的平民化与学校的工厂化》，对社会主义者的民粹情结予以批评，为物质文明辩护，认为它本身是中性的，只看如何利用；决不能消灭它。其云：“由机器出产退到手工出产，由工厂退到个人造作，乃是不可能的。因为凡是充足欲望的东西，无论如何消灭不掉。机器出产比手工出产更能充足欲望，所以机器出产是消灭不掉的。根据这个理由，我对于反对物质文明的议论以为是不彻底。要晓得物质文明无论为害如何猛烈，同时提倡救济他的精神文明，也无论如何发展，而物质文明终是消灭不掉的，和减少不了的。……我相信从今天以后科学能够促进平民主义、社会主义，也和以前的助长霸国主一样。因此我们不要轻视物质文明，我敢预言将来无产阶级的普遍幸福还要从物质文明上得来呢。”

4 月

张东荪与梁启超等人在北京成立共学社。该社社址设在北京石达子庙，宗旨是“培养新人才，宣传新文化，开拓新政治”。主要工作为编辑新书，奖励名著，出版杂志，选送留学生。首脑

① 张东荪：《改造要全体谐和》，《解放与改造》第 2 卷 5 号，1920 年 3 月 1 日。

人物除梁启超外，有蒋方震、张君劢、张东荪等人。蔡元培、王敬芳、蒋梦麟、蓝公武、赵元任、张謇、胡汝麟、张元济、张嘉敖、丁文江、梁济善等社会名流均在发起人之列。该社成立评议会，徐新六、杨维新、吴统续、叶景莘、舒新城、杨适夷、陈敬第、傅铜等人为评议员。为保障经费来源，凡加入共学社者均在财力方面有所赞助。梁启超捐助 4000 元，王敬芳 3000 元，胡汝麟 2000 元，蓝公武等人各 1000 元。此外，富商穆藕初、聂云台等也有捐助。

共学社成立的主要目的，是专门组织翻译国外各种新思潮的著作。在它成立后，梁启超、张东荪等人便积极从事于这项译书工作，张东荪与蓝公武等人专门开列了所要编译新书的书目，并建议梁启超"先生事繁，宜另觅一人专办关于编书之事务。"而编译新书，也成为共学社最大的成就。经梁启超出面与商务印书馆主持人张元济接洽，商务印书馆负责印行的"共学社丛书"计分时代、教育、经济、通俗、文学、科学、哲学、哲人传记、史学、俄罗斯文学等十类，每类又包括许多种。据初步调查，1922 年即出版 40 余种，总计当不下百余种。他们选书的标准，"以浅近简明为主"，但"有特别需要之名著"，经过评议会决定者，亦可提请社员翻译出版。在社会学、哲学方面，出版了介绍克鲁泡特金的互助论、基尔特社会主义、马克思主义和无政府主义的书籍。

张东荪积极参与了共学社的组织活动，负责在上海吸收会员，并与梁启超以通信方式讨论《共学社章程》。这可以从 1920 年 4 月梁启超《与东荪兄书》中窥得："共学社章寄上（请以一份交菊生）。此间社员已有 20 人（原单外加入数人），沪上更得几人耶？编译书目已列单，请社员自认，汇齐当奉尘，顷读公致志先书，何忽悲观至是，然为道日损之说，却是切实受用，愿共勉之。”①

5月25日

张东荪致函梁启超讨论《解放与改造》改组问题。梁启超回国后，认为张东荪所办《解放与改造》虽然影响很大，但还是不够旗帜鲜明，便与张东荪商议改组杂志社，并让蒋百里与张东荪等人负责改组事宜。张东荪致函梁启超认为《解放与改造》杂志“改名称与改体裁，均有问题，非慎重出之不可。”②随后，张东荪与蒋百里积极进行改组杂志社筹备事宜，③议定《解放与改造》易名为《改造》，由过去的“新学会”主办，改为新成立的“共学社”主办。

4、5月间

张东荪参加了维经斯基和陈独秀召集的关于建立上海共产主义小组的秘密聚会。张东荪认为中国远远不具备实行共产主义的条件，更没有实行马克思主义的社会基础，故不赞同立即在中国建立共产党，进行社会主义的实际运动。这样，在参加了几

---

① 梁启超：《与东荪兄书》，1920年4月，《梁启超年谱长编》，第906页。

② 张东荪：《致任公先生书》，1920年5月25日，《梁启超年谱长编》，第910页。

③ 1920年6月28日，蒋百里致梁启超书，商杂志和派留学各事，其中有提及张东荪处：“接东荪来函，寄来杂志体例一纸（此纸请寄回），附奉。”（《梁启超年谱长编》，第911页。）7月30日，蒋百里致书梁启超，论《改造》杂志文章事，涉及张东荪处：“东荪昨有信来催稿也。”（《梁启超年谱长编》，第914页。）可见，两人为筹备《解放与改造》曾进行过认真讨论。

次秘密商谈后，张东荪便退出了建党的筹备工作。他后来回忆："在民国十三年光景，我和陈独秀先生来往甚多，彼时他们虽明知我是赞成社会主义，但在组织共产党的时候却不敢来约我，因为他们亦未尝不知我反对在这样工业未发达的中国鼓动阶级斗争的罢工与怠工。所以我始终是一个'非党派者'。"①

张东荪虽然参加了中国共产党的发起工作，但因认定中国根本就不具备建立无产阶级政党的经济和阶级基础，故反对组织共产党；他虽然宣传和介绍社会主义，但根本反对在目前便实行社会主义运动，故与陈独秀等马克思主义者在社会主义问题上的分歧很突出地暴露出来了。这样，张东荪很快便退出了上海共产主义小组的筹备工作，继续鼓吹其"温和型"的社会主义，从而加剧了与马克思主义者的思想冲突。张东荪退出了中国共产党的筹建工作，本已引起了那些倾向马克思主义的朋友们的不满，也表明张东荪与陈独秀等马克思主义者间关于社会主义的理解上有着巨大的分歧。

7 月

张东荪在与在欧洲的张君劢通信讨论基尔特社会主义。早在此之前，张东荪主编的《解放与改造》已刊出了许多宣传基尔特社会主义的文章，如 1 卷 3 号郭虞裳的《基尔特社会主义》，2 卷 10—11 号连载延陵的《廓尔的〈实业界的自治〉》2 卷 13 号上有献书译《基尔特主义的哲学原理》，2 卷 14 号上明权译《基尔特组合员的社会》，《改造》3 卷 6 号上连载延陵《基尔特解决法》和

---

① 张东荪：《理性与民主》序论，上海：商务印书馆，1946 年。

赤笑译《劳动与权力》,在稍后出版的3卷7号上有徐六儿的《基尔特社会主义研究》等。张东荪此时与张君劢的通讯中已经倾向于基尔特社会主义:"弟近来思想倾向于工会的社会主义原理。工会的社会主义(Guild socialism)之原理实兼收无治主义与工团主义(Anarchism and Syndicalism)一之长。"①但他并没有公开申明。只是到了社会主义论战的高潮时,张东荪才公开亮出了他的基尔特社会主义底牌。

张东荪在谈到自己今后的打算时,声明厌恶现实政治,不再谈论政治。其云:"弟对于政治,厌恶已深,以后暂不为政治性质的运动。将以译书著书报答于族众。即杂志与日报之言论事务亦颇思摆脱。将来如有教育事业可为者,弟愿追逐于当世诸公之后。或兄等为社会活动,弟则以教育为助。兄等对于旧势力为炮兵骑兵以事攻击,弟则愿守辎重,或作农夫,为诸公制造粮食也。"②

9月1日

梁启超与张东荪等人将《解放与改造》从3卷1号开始易名为《改造》。《改造》杂志由蒋百里负责主编。名称虽改,而其精神却与《解放与改造》相同。在梁启超、张东荪、蒋百里等人集体讨论所定的《发刊词》中,他们公开申明:要将社会主义的精神向"实际的方面"贯彻。此后,《改造》杂志积极宣传温和的社会主

---

① 君劢、东荪:《中国之前途:德国乎? 俄国乎?》,《解放与改造》第2卷14号,1920年7月15日。

② 君劢、东荪:《中国之前途:德国乎? 俄国乎?》,《解放与改造》第2卷14号,1920年7月15日。

义，主张社会改良。在随后张东荪、梁启超等人与陈独秀等马克思主义者的“社会主义论战”中，张东荪、梁启超、蒋百里等人在《改造》上发表了许多反驳马克思主义者的文章，积极鼓吹基尔特社会主义，成为研究系重要的舆论阵地。

▲是日，陈独秀在《新青年》8 卷 1 号上发表《谈政治》，将张东荪列入不谈政治者：“我们中国不谈政治的人很多，主张不谈政治的只有三派人：一是学界，张东荪先生和胡适先生可算是代表；一是商界，上海底总商会和各马路商界联合会可算是代表；一是无政府党人。前两派主张不谈政治是一时的不是永久的，是相对的不是绝对的；因为他们所以不谈政治，是受了争权夺利的冒牌的政治底刺激，并不是从根本上反对政治。后一派是从根本上绝对主张不应该有一切政治的组织，他们不但反对君主的贵族的政治和争权夺利的政治，就是民主着政治也要反对的。”张东荪不谈政治是暂时的，而是在积累力量、寻找机会。

9 月

张东荪与梁启超等人发起成立讲学社。梁启超、张君劢等人游欧期间，接触了西方各种新思想，也会晤了一些欧洲著名学者。他们感到，要提高中国学术思想的水平，促进中国社会和思想的解放与进步，必须彻底输入西方的思想。而输入的方式，除了编译西书、介绍西学外，最直接、最有效的方式是直接聘请西方学者到中国来讲学。于是，他们便力谋组织一个社会学术团体，专门做聘请外国著名学者来华讲学的工作。这个组织，便是 1920 年 9 月成立的讲学社。

讲学社名义上是私人学术团体。梁启超、张东荪等人在发起讲学社时,便决定不完全仰赖北京政府。它的经费来源除了教育部每年补助的2万元外,主要靠梁启超、张东荪等人向社会各界募捐所得。该社董事会主要由当时的社会名流、著名学者及与梁启超关系密切的原进步党人和研究系骨干组成,其中包括汪大燮、蔡元培、王宠惠、熊希龄、范源濂、蒋梦麟、王敬芳、张伯苓、严修、张謇、张元济、黄炎培、郭秉文、胡汝麟、林长民、陈小庄及梁启超等20多人。这些董事的捐款,是讲学社的主要资金来源。如罗素来华讲学的主要费用,就是由共学社和讲学社成员、研究系的骨干王敬芳、胡汝麟等人负担的。

9月5日

梁启超致函张东荪,说明讲学社的宗旨是邀请西方学者来华讲学,每年一人。其云:"一、组织一永久团体,名为讲学社,定每年聘名哲一人来华讲演。一、讲学社董事暂定以下诸人,伯唐、孑民、亮寿、秉三、仲仁、任公、静生、梦麟、搏沙、陈小庄(高师校长)、金仲蕃(清华校长)、张伯苓(南开校长),尚拟邀范孙、季直、菊生,尚未得本人同意,想必乐就也。一、经费政府每年补助二万元,以三年为期,此外零碎捐款亦已得万元有奇。"讲学会决定邀请英国哲学家罗素来华,张东荪等人在上海负责接待与组织工作。这在梁启超致张东荪的这封信中也有反映:"一、罗素所乘之船,改期10月12日乃到沪。一、讲演或先在南举行最佳,搏沙日内到沪,面罄一切。"①

此时梁启超在天津,本打算来上海迎接罗素,但忙于写作

① 梁启超:《致东荪兄书》,1920年9月5日,《梁启超年谱长编》,第919页。

《前清一代中国思想界之蜕变》,“一出游又恐中缀”,所以“决作罢矣”,便委托张东荪等人迎接罗素来华讲学。张东荪为此作了精心准备,特地聘请著名语言学家赵元任为翻译,并制定了罗素来华讲演的计划。

9 月 10 日

梁启超致函张东荪:“讲学社规约及董事名单寄上,请登报。第二年所聘之人,已由董事会决议为倭伊铿矣。”[①]在讲学社之前,北京大学已经聘请美国著名哲学家杜威在华讲学,并且有一年多了。第二年,杜威便名义上由讲学社续聘,成为讲学社聘请的第一位西方学者。讲学社聘请的西方学者,有英国哲学家罗素(1920—1921 年)、德国哲学家杜里舒(1922—1923 年)和印度著名文学家泰戈尔(1924 年 4 月至 5 月)。由于讲学社经费来源困难,而北京政府又未能继续拨款,1925 年后讲学社便无力再延聘西方学者来华。但按照梁启超、张君劢、张东荪等人的计划,他们拟邀请哲学家柏格森、倭伊铿、经济学家凯恩斯、自由主义者霍柏生等人,柏格森、霍柏生、倭伊铿、凯恩斯等人皆因故未能来华。

9 月

张东荪代理中国公学校长。五四时期,梁启超为首的研究系在上海有两个重要的文化据点,一是张东荪主持的《时事新报》社,二是张东荪代任校长的中国公学。

中国公学原为收容反对日本取缔留学生规则的归国学生而

---

① 梁启超:《致东荪兄书》,1920 年 9 月 10 日,《梁启超年谱长编》,第 920 页。

设,发起于1905年。民国成立后,南京临时政府要员孙文、黄兴等加入维持之列,筹款开校,并添招政、法、商专门科。1913年夏,二次革命爆发,校舍被革命军占据,学校被迫停课。二次革命后,公学董事会迁到北京,推汤化龙为董事长,王敬芳为校长,派刘星楠为总务干事。1915年,王敬芳与校董胡汝麟与河南福中公司商议,决定由福中公司每年捐助公学2万元。1919年春,中国公学借威海卫路德国人旧办小学校舍内开课。重集董事会,推熊希龄为会长,王家襄为副会长,王敬芳为校长,以李荫侬为事务长,刘秉麟为教务长,分代校长职务。议定开办商科专门及中学,翌年迁回本校。经过改组,公学董事会大部分是旧日的立宪派或进步党人物,中国公学便成为研究系在上海的一项文化事业。梁启超从欧洲归来到上海后,立即被公学请去演讲。此时校长王敬芳兼任河南福中煤矿公司的总经理,不能两头兼顾,刘秉麟留学英国,李荫侬辞职归蜀。梁启超立意要从事文化运动,正想以中国公学为推进文化事业的基地,有意接办中国公学。于是,王敬芳欲将校长一职让给梁启超。蒋百里认为,梁启超只宜教书,而不宜做校长;加上公学的财务非王敬芳支持不可。这样,本来跃跃欲试的梁启超只好变更办法,选派自己亲信者去主持。经过反复考虑,梁启超决定让张东荪出任教务长,代理校长;王敬芳挂着校长的名义,继续在财力上有所支持。

对于接办中国公学,张东荪的心理是很矛盾的。一方面,他认为这是研究系从事的文化运动非常重要的事业,也是早就人才、培植团体基础的工作,更是将自己对于教育制度上的新见解付诸实施的大好时机。所以,他颇想接办。但另一方面,他也有不少顾虑：一是因为自己主笔《时事新报》及其副刊《学灯》，并任《解放与改造》主编，办刊办报，事务繁忙，已经耗费巨大精力，没有太多的精力和时间顾及中国公学，心有余而力不足；二是由于中国公学经费来源不足，担心勉强为之，无法使自己的办学计划付诸实施。所以，张东荪尽管也想接办公学，但并没有立即应允。

1920 年 9 月 5 日，梁启超《致东荪兄书》，劝张东荪赶快就任中国公学校长："一、中国公学教务长望公决任勿疑，经费顷方有某方面可以进行，容续报。其办法则与百里所商讲座之说最妙。"①这样，张东荪才打消顾虑，复函梁启超，决定就职。梁启超立即复函表示赞同，并安慰张东荪是可以同时办好《时事新报》和中国公学的："公决任教务长，甚喜，惟同时摆脱报务，却可不必，挂名主持，大事乃过问，不碍事也。改大学今年已来不及，须矣来年暑假否，抑中途尚有改进之余地，请示复。"②

10 月

张东荪与蒋百里对中国公学的办学方针曾进行过认真讨论，确定办学方针。蒋百里在《与东荪吾兄书》中提出了自己的关于主办中国公学的意见：一、"万不可用'大学'二字，我辈谈教育亦须有一种特别精神，就是唤起人的研究心，不是仅仅贩卖货物，授人以学，如其一挂大学招牌，则内容无论如何，精神即为此二字掩住。"二、把主要精力放在创办高深学问的学府上，即"精"的方面，由学府而发生深入的影响。三、主张梁启超在学院中教

---

① 梁启超：《致东荪兄书》，1920 年 9 月 5 日，《梁启超年谱长编》，第 919 页。

② 梁启超：《致东荪兄书》，1920 年 9 月 10 日，《梁启超年谱长编》，第 920 页。

书，“把任公的活泼一个人格的研究精神做基础”，采用中国古代书院和近代英国式的讲座制。他说：“中国公学如其要扩充，早稻田、庆应都不足法，白鹿洞、诂经精舍倒大大的有可取的价值也。”①

张东荪在回复蒋百里的信中，认为在“办教育之决心”上，“来书所言，与荪意无大出入”，但在办学方针上，两人存在着一定分歧：一、张东荪不赞成蒋百里的讲座制。他说：“荪以为近代学术与古代学术不同，故近代教育与古代 Academic（讲学舍）不尽相同，故前言之讲座办法，实调和近世大学与古代讲学舍而具其微，若夫纯采讲学舍办法，在今日必不足号召，则学生来者稀也。”二、张东荪主张办学的目的在建党，应当以“一团人之人格为中心”，发挥团体的精神。“弟不赞成以任公一人之人格为中心，而以为应以‘一团人之人格为中心’，此团不限于吾辈固有之分子，但求志趣相同者足矣。”张东荪指出，“办学之目的有二：一曰对于学生，诚如公言，须精与普并进，而精则如沙里淘金，不必求多也。二曰对于教员，盖许多学者非设法养之不可，不然其学者之地位失矣，故以教员之方法而养人材，亦为办学之目的也。”②张东荪与蒋百里的观点，实际上与原先梁启超创办大学的计划是一致的，其分歧只是办学的规模和大小而已。张东荪与蒋百里经过反复讨论，确定中国公学的办学方针为：改制大学，

① 蒋百里：《与东荪吾兄书》，1920 年 10 月，《梁启超年谱长编》，第 924—925 页。

② 张东荪：《复百里书》，1920 年 10 月，《梁启超年谱长编》，第 925—926 页。

添办高中,兼顾高深和普通。

按照梁启超、张东荪的设想,他们想将中国公学办成与北京大学、东南大学鼎足而三的第一流大学。张东荪接办公学后,聘请国内优秀教授,积极进行教育制度上的改革,对学制大加改良,中学改用新制,商科升为大学。并在中学采用新的“三三制”,由好友舒新城主持。张东荪为代理校长期间,“课程内容逐渐改革,中学实行三三新制,商科亦分银行、会计、秘书、贸易各门讲授,以期实用。”①但张东荪主持中国公学遇到了两方面的困难:一是学生风潮,二是经费短缺。特别是经费不足,使其宏伟办学计划未能完全实施。

是年秋

梁启超、张东荪等人相约脱离了政治,并没有完全放弃组织政党的努力。梁启超、张东荪、蒋百里等人组织共学社、讲学社等学术团体,创办《解放与改造》、接办中国公学等,虽然是研究系从事文化运动的重要组成部分,但同时也是为了集合同志,以便形成未来政党的核心。研究系组党的努力,在梁启超与张东荪等人的通信中有反映。是年 8 月,吴佩孚通电全国企图召集国民会议共商国是,企图借此善后直皖战争,得到了北京、上海各地国民团体的积极响应。梁启超、张东荪等人试图打算组织国民制宪运动委员会,提倡国民制宪运动。梁启超与蒋百里、张东荪、蓝公武、黄群、傅佩青等通过书信对制宪事宜进行密集的讨

① 《中国公学图书馆募捐启》附有《史略》,《近代史资料》第 69 期,中国社会科学出版社,1988 年版,第 145 页。

论。梁启超致梁伯强、蒋百里等人书，酝酿国民制宪运动云："亮兄书悉，某电诚属孟浪，无怪诸公责备，成事不说，当谨戒其后耳。东荪来书呈訾，荪公为此说，读之一鼓舞，盖弟本主张积极进行也。草案拟即日著手，以天坛案作底子，加入新理想十数点，非难成也。但既成后，当用何法公开之，以求人署名耶？鄙意欲用两报馆名义，作为馆中征求学者意见，制此案凡赞成者，请通信列名，如此妥否？"①

张东荪回复梁启超云："得快示谨悉。前函所言本意在言论与运动并行，今得手示，知所见实同，所谓共事即运动是也，不有运动，有何可共，故言论非彻底不足以动人，而运动初不必高深，但有实效便足以动人也。国民公决一层，比较难办，而国民动议则易为之。既各为国民动议，当然不可用报馆名义，即由吾辈签名可也。求人同意，不必名流，但社会上确知有其人者（使人知非杜撰），皆可加入，一俟签名有万人，则提出求公决，必可惊撼社会也。若万人不易得，则先登报征求之，果宪法内容有新精神，吾知来者必多也。秉三何时返湘？最好湘省先开此例，则势益顺矣。荪病胃，几不能进食，困顿万分。"②张东荪此处所言之"此例"，指积极推动湖南自治，早日召开宪法。

按照张东荪的意思，应该先从事文化事业，培植社会基础，然后再组织团体；先组织团体，培植政治基础，然后再进一步组织政党。这在傅治致给张东荪通信中有反映。傅说："政治运动

① 梁启超：《致伯强、亮侪、季常诸公书》，《梁启超年谱长编》，第915页。

② 张东荪：《致任公先生书》，《梁启超年谱长编》，第915—916页。

须有基础，先生所谓非候青年团成立，不向一般国民说话，只即求基础之义，治始终笃信而主张之。”“故治欲问先生者，即先生所谓之青年团，将由何道以成立耶？前者所采之联络主义，可谓组织青年团之预备，不可谓组织青年团之办法也。至事业方面，则先生所提学校问题，最为切实，望任公摆脱政治之泛运动，全力从事于此事，社科不必多，惟教授须最高手，藏书楼须极完备，须有一种特别精神，特别色采，此为吾辈文化运动、社会事业、政治运动（间接关系）之重要基本，应早筹备。”①

10月4日

英国著名哲学家罗素应讲学社的邀请来华演讲，张东荪负责接待。梁启超致函张东荪：“本拟南下迎罗素……其实对罗素亦不必行亲迎礼也。顷促百里代行，惟赵君处最好能由南中要求彼往迎，能由公及黄任之、陈仲甫、沈信卿联名致一电与赵及金（清华学校）最妙，望速办。或约人费时日，则用上海学界同人名义发电亦可。”②但当罗素到达上海时，梁启超还是前往迎接。

10月13日

江苏省教育会、中华职业教育社、新教育共进社、中国公学、《时事新报》社、《申报》社和基督教救国会等七个团体，包括徐谦、陈独秀、杨端六、张东荪等数百人在上海为罗素设宴接风，盛况空前。张东荪对罗素来华抱有极大的期望，希望倾向温和的

① 傅治：《致东荪先生书》，1920年10月15日，《梁启超年谱长编》，第921—922页。

② 梁启超：《与东荪书》，1920年10月4日，《梁启超年谱长编》，第920页。

社会主义的罗素能够为中国指出一条光明的出路。

10月中下旬

张东荪陪同罗素先后在杭州、南京、长沙等地讲演。湖南经济的落后、官吏的横行等现实,给张东荪留下了非常深刻的印象。罗素在长沙时演讲《布尔什维克与世界政治》,认为社会主义优于资本主义,并终将代替资本主义制度。社会主义可使贫富两大阶级的人平等,可以免除战争,不再有劳逸不均和生活相差悬殊。罗素既为苏俄布尔什维克的经济模式辩护,又批评了布尔什维克的政治体制。毛泽东当时也在座,对罗素演讲题目尤感兴趣。但听完之后颇为失望,他致函在法国勤工俭学的蔡和森:"理论上说得通,事实上做不到。"

11月6日

张东荪回到上海后在《时事新报》上发表《由内地旅行而得之又一教训》的时评,引发了一场社会主义论战。

张东荪根据自己到内地的实际观察,认为"中国的唯一病症就是贫乏,中国真穷到极点了","中国人大多数都未经历过人的生活之滋味。"这样,中国所要努力的方向,应该是"使中国人从来未过过人的生活的,都得着人的生活,而不是欧美现成的甚么社会主义、甚么国家主义、甚么无政府主义、甚么多数派主义等等"。他引述了罗素、舒新城和陈筑山对中国问题的意见和感想后说出了自己的看法:"救中国只有一条路,一言以蔽之,就是增加富力。而增加富力就是开发实业。"[1]这是张东荪通过内地旅

① 张东荪:《由内地旅行而得之又一教训》,《时事新报》1920年11月6日。

行而得出的“很切实的”教训。故此，他劝告那些倾心于宣传社会主义者不要好高骛远，而应把重心放在实际上。

救中国的道路不是“空谈主义”，而是“开发实业”、“增加富力”，这既是张东荪自己得到的宝贵教训，是他对自己过去大讲社会主义的自我批评和忏悔；同时，也是对当时积极宣传社会主义学说的人们的忠告。这篇小文，表明张东荪的思想突然发生了转折，由大谈社会主义变为攻击社会主义，由大力宣传社会主义一下子变为发展实业。

尽管从张东荪思想发展的情况来看，张东荪提出这样的意见是顺理成章的，但如此公开地批评社会主义宣传活动，是那些正在积极为成立中国共产党进行筹备的马克思主义者所不能接受的。他们一致认为：张东荪的思想后退了，应该给予坚决的批评。更让社会主义者恼火的是，张东荪一度是高谈社会主义的人，现在突然不仅不谈了，反而认为谈社会主义是错误的，并批评社会主义者所进行的宣传工作，这是他们不能容忍的。故张东荪的文章刚发表，便受到马克思主义者的猛烈批评。

11 月 7 日

▲李达署名“江春”在《民国日报》副刊《觉悟》上发表《张东荪现原形》，斥责张东荪是个“无主义无定见的人”，只会“学时髦”，“说几句言不由衷的滑头话”。该文充满了对张东荪态度转变的愤恨和不满，对张东荪所谓增加富力、开发实业、使大家都过上人的生活的观点进行批评。但并没有太多的理论色彩，只是表明了马克思主义者的批评态度而已。

▲同日，陈望道在《民国日报》副刊《觉悟》上发表《评东荪

君底〈又一教训〉》,将张东荪的《我们为甚么要讲社会主义》与《又一教训》进行比较,用前者批评后者,对张东荪提出了一连串的质疑,认为张东荪的思想“转向”了,而《由内地旅行而得之又一教训》的时评“就是转向的宣言”。

11 月 8 日

邵力子在《觉悟》上发表《再评东荪君〈又一教训〉》,除了批评张东荪的观点之外,明确提出了马克思主义者与张东荪分歧的关键问题:“中国贫乏的原因在那里?谈论甚么社会主义等是否足为开发实业的障碍?”他不反对张东荪所说的“增加富力”与“开发实业”,而且也认为这是必要的,但认为问题的关键不在是否增加富力和开发实业,而在用什么方法去开发实业。邵力子对张东荪提出的用资本主义的方法开发实业的观点进行了激烈批评,说明只有社会主义方法开发实业后,才能使大家都能过上人的生活,否则只能造成更多的罪恶。其云:“现在中国穷到极点,和谈论社会主义毫不相干,谈论社会主义者也正急欲救穷;这种很浅显的道理,我敢断定东荪君也是很清楚的。”①

李、陈、邵三人对张东荪的批评,表明了马克思主义者的立场,使他们与张东荪关于社会主义问题的分歧公开化。他们所以要对张东荪进行批评,旨在坚持社会主义宣传的必要性,坚持只有社会主义能够救中国。

---

① 邵力子:《再评东荪君底〈又一教训〉》,《觉悟》1920 年 11 月 8 日。

11 月

▲张东荪致函高践四[1],集中阐述了中国贫困原因及其开发实业的主张。

他指出,中国今日之所急者乃在救贫,中国贫乏之由来有两大原因:一为远因,曰物产未开发。二为近因,曰外货之压迫。中国至今日所以愈加贫困之者,尤在近因。"盖中国民不聊生急有待于开发实业,而开发实业方法之最能速成者莫若资本主义。况外国资本势力已占优势,更进一层,易如反掌。一班贫民但求得目前之生活,遑论将来之利害。故吾知中国资本家倒后外国资本立即侵入,则一班贫民必欢迎之不暇也。可知问题不在中国资本家,苟中国物力不发展,外国资本主义不倒,则中国前途必不堪问。然二者互为因果,即外国资本主义不倒,则中国物力不易发达,中国物力不发达,则无丝毫抵抗外国资本主义之力。弟以为联络各国社会党谋颠覆世界的资本主义固为上策。"他认为,中国第一步当使社会上无此种求生不得之人,则始有抵抗能力。他日尽归类于资本劳动之两阶级,而有阶级战争,则进一步矣。故为救急起见,宜设法养成抵抗能力,则莫急于开发实业以增加物产,先救济物质生活。他最后指出:"故真正之劳农主义决不能实行。所可虑者,在此民不聊生之际,将有一种伪过激主义出现。弟觉今之青年大多数以感情上之刺激与经济上之压迫,已倾向于此主义,纵不甚了解,而已成一种空气。"[2]

---

① 高阳(1892—1943),字践四,江苏无锡人,近代著名乡村教育家。

② 张东荪:《答高践四书》,《新青年》第 8 卷 4 号,1920 年 12 月 1 日。

▲同月，张东荪撰写了《大家须切记罗素先生给我们的忠告》，一则补充说明他在上文中的意见，二则作为对李、陈、邵等人的答复。该文刊登在《新青年》8卷4期上。张东荪在该文中引述了罗素在“讲学会”的答辞中谈到的有关中国问题的话，“中国第一宜讲教育，使无知识的有知识，使有知识的更进一层。第二是开发实业救济物质生活。至于社会主义不妨迟迟。”根据罗素的话，张东荪提出了自己的意见：“我对于教育与实业两层自然是完全赞同，至于劳农主义，我以为不患他不实现，而只患他实现得太早，故很以罗素先生的话为然。”他呼吁大家应该切记罗素的话“而要去切实的实行”。①

12月1日

陈独秀在《新青年》8卷4号上开辟了“关于社会主义的讨论”专栏，刊出了讨论社会主义的文章和通信13篇。除了张、李、邵、陈上述四篇文章外，还有《正报》记者爱世先生的《“人的生活”训》，陈独秀致罗素先生的信，张东荪的《答高践四书》、《长期忍耐》、《再答颂华兄》、《我们与他们》，杨端六的《与罗素的谈话》，张东荪致陈独秀的信，以及陈独秀复张东荪底信等。“关于社会主义的讨论”专栏刊出后，马克思主义者与张东荪社会改良主义者关于社会主义的论战全面展开。

张东荪的《由内地旅行而得之又一教训》时评发表，引起陈独秀的关注。陈独秀致函张东荪，提出了两个问题：（一）社会的

---

① 张东荪：《大家须切记罗素先生给我们的忠告》，《新青年》第8卷4号，1920年12月1日。

工业有没有成立的可能性？（二）先生所谓在通商口岸与都会里得着“人的生活”的，到底有多少人，这班人属何阶级，他们是否掠夺他人之劳力以得此较好的生活？张东荪在回答陈独秀信中，认为中国的急务是发展实业，并公开提出了增加富力的方法：“我以为中国现在贫困到极点了，第一个急务就是增加富力。至于增加富力的方法，或用 Cooperation 或用资本主义，不妨各据当地的情势而定。”他将自己的意见归纳为四点：“一、我不相信以地域如此广大交通如此不便之中国，能实行一种主义。我以为中国以后总不外乎地方自决。二、勿论地方如何自决，而以中国民族的根性与时代的趋势，决不会产生强有力的地方政府。无强有力的政府，则劳农主义不能全部实行。三、中国物力太穷乏，而穷乏的原因不是纯由于资本主义。故救穷乏也不当专在打破资本主义一方面下工夫。四、但我深信外国资本主义是致中国贫乏的唯一原因。故倒外国资本主义是必要的。若以倒国内资本主义而为倒外国资本主义之手段，其间是否有密切的关系，我尚未敢断言。”①

张东荪的复信回避了陈独秀提出的两点问题，引起陈独秀不满：“先生来信对于我质问底这两要点没有回答一字，却把论点移到地方自决、物力穷乏、外国资本主义上去，我实在有点失望。”他在回复张东荪信中提出了自己的意见：“如果说中国贫穷极了，非增加富力不可，我们不反对这话；如果说增加富力非开发实业不可，我们也不反对这话；如果说开发实业非资本不可，

① 张东荪：《东荪先生致独秀底信》，《新青年》第8卷4号，1920年12月1日。

且非资本集中不可,我们不但不反对这话而且端端赞成;但如果说开发实业非资本主义不可,集中资本非资本家不可,我们便未免发笑。"因为资本和资本家是不同的。他接着向张东荪提出了三点质问:(一)同是中国人,何以政府及劳动阶级都不可靠,只有资本家可靠呢?(二)由资本主义渐渐发展国民的经济及改良劳动者的境遇以达到社会主义,这种方法在英、法、德、美等国可以办到,象中国这样知识幼稚的民族,若不取急进的 Revolution,时间上是否容我们渐进的 Evolution 呢?(三)既不赞成用革命手段集中资本来实行社会主义的生产制,而中国的资本家"向有不愿以财产充资本之习惯",那么"先生等所迷信的资本主义,仍是一个空中楼阁;而先生等又不欢迎外国资本主义,将以何法来开发中国底实业呢?"这三点是张东荪与陈独秀为代表的马克思主义者激烈争论的焦点问题。陈独秀对这些问题提出了马克思主义的见解:中国可以通过社会主义的方式开发实业,根本不可能用资本主义方式发展中国实业。他说:"所谓中国资本家都直接或间接是外国资本家底买办,只能够帮着外国资本家来掠夺中国人,只望他们发达起来能够抵制外国资本家,能够保全中国独立,再过一两世纪也没有希望。"①

12 月 15 日

为了答复陈独秀等马克思主义者的批评和质问,张东荪在《改造》3 卷 4 号上发表了《现在与将来》的长文。他折衷历史的自然阶段说与理想的人为创造说,调和性善的人生观与性恶的

① 陈独秀:《独秀复东荪先生底信》,《新青年》第 8 卷 4 号,1920 年 12 月 1 日。

人生观,系统地论述了自己的总观点:用资本主义发展中国实业。

张东荪在提出自己的主张之前,首先分析了中国社会的现状和发展的趋势,然后指出了中国所应走的道路。所以,他在《现在与将来》中主要回答三个问题:中国现状是什么?从现状的潜伏趋势里推测未来呈何状?我们的使命是什么?

第一,中国的现状是“四病”交加。中国社会存在着四种病症:大多数人民无知识,张东荪称其为“无知病”;大多数人民困于生计,因本来物产不丰,加以连年天灾人祸,以致愈贫,张东荪称其为“贫乏病”;自民国以来,连年内战,以致兵匪增多,张东荪称其为“兵匪病”;自前清以来,关税、外交完全失败,外国的国家主义与资本主义合而为一,以压倒中国,张东荪称其为“外力病”。“无知病”和“贫乏病”,使中国没有形成市民社会,工人、商人数量很少,都不成为有力的阶级,所有的只是处于愚昧状态的农民与人性变态的兵匪;“兵匪病”造成了军阀当道;“外力病”使中国全在外国经济力压服之下,国内民族产业不易发展。在这“四病”中,“无知病”和“贫乏病”是根本的,“外力病”对中国社会起了推波助澜作用,而“兵匪病”则是对中国社会危害最严重的病症,阻碍中国社会进步的主要障碍,也是目前需要解决的主要问题。

第二,关于中国未来发展的趋势,张东荪认为中国所走的道路只能是协社主义与资本主义并行的道路;资本主义是利在目前而害在将来。他在对中国社会发展的趋势进行观察后认为,在四病中,“兵匪病”是最严重的,但社会发展的趋向是军阀趋于分裂并日趋末路。他认为,打倒军阀只能用渐进的方式,而又必须依靠正在发展中的“中产阶级”——绅商阶级。财阀与“外力”合作而倒军阀,是一种缓慢发展的趋势。由于绅商阶级“在其迟迟而行的中途”,而“人民贫乏太甚,求食不得,不能久持,”故极有可能发生劳农主义。但因中国缺乏实现真正劳农主义的阶级、经济和社会基础,故这样的劳农主义必定是“伪劳农主义”。中国根本就没有有力的劳动阶级,也就谈不上组织无产阶级的政党。他认为,中国根本上就不具备实行“狄克推多”(无产阶级专政)的条件,因为:一、国中无人有狄克推多之资格。二、狄克推多不是自己一个人要做即可做的,必须有相当的拥戴者,方能压制反对者。中国劳动阶级为数极少,决不能为拥戴者,即拥戴亦无实力。三、中国民族的根本性虽有狄克推多的倾向,然仍有一个相反的倾向潜伏于其背后。近来加以民治的潮流与自由的呼声,此暗礁乃渐大,必有充足的能力阻狄克推多制之成立。四、近来的新趋势是分化,——由国治降为省治,由省治降为县治,——此趋势与狄克推多相反。五、中国向来没有强固的社会组织可供利用,无法提纲携领。故张东荪断言:“真的劳农制度决组织不成,而伪的劳农革命或可一度发生。”一旦伪的劳农革命发生,将会给中国造成严重的灾难。

第三,通过上述的分析,张东荪提出了解决中国社会问题的方案。中国现在既有贫乏病,则开发实业为唯一之要求。用什么方式来开发实业呢?张东荪的回答是明确的:不排除资本主义方式。他说:“虽开发实业不限于资本的企业,然在中国现状之下,真正的政治集权共产主义,如俄国劳农制度,决不能发生,则除了资本的企业以外,只有协社的企业。须知协社的企业既然可在资本主义下实行,便是与资本主义可以并行。协社主义既然不能驱逐资本主义,则资本主义以外外国势力的后盾与固有的基础,加以经济学上的原则,必定发展。所以在开发实业以裕民生的大要求下,我们虽可极力提倡协社,然而无法阻止资本主义的进行,这一点是须大注意的。”

采用资本主义发展实业,主要有四方面原因:一是用资本主义发展实业,对于“增加富力及于一班人民”都有好处,“不能说只有资本家得利而贫民丝毫无所增”;对于中国“求生不得”的人民来讲,“即使资本主义的企业发达,终是利在目前而害在将来。我们没有法子破坏他的缘故,亦就在他能利于目前。我们若在此时即破坏他,便是我们认题未清,”二是资产阶级是将来打倒军阀的主要力量,发展资本主义,就是顺应“绅商阶级”渐造的趋势,逐步增大其力量,渐渐地消灭军阀势力。他说:“我们对于军阀的推倒丝毫无能力,而能倒军阀的只有他们,因为他们乘着国内的要求与外国的势力,其来不可侮,而有制军阀死命之能力。”三是绅商阶级发展后,劳动阶级也随之壮大,为将来实行社会主义提供必要的基础。四是资本主义虽受到打击,但它是人类社会必经的一个历史阶段,加上世界范围内的社会主义运动未必会兴起,所以,资本主义生产方式仍会对中国产生极大影响,发展实业,非采取资本主义的方式不可。“在生产太缺乏的中国现状下,资本主义的机器生产,实是竞争中之第一优胜者,无论什么他都胜过去的。所以外国经济力能势如破竹而来,便是明证。加以各国共产主义的革命,在近数年内未必发生,则世界的资本主义未消灭一天,则中国一天势必顺着此轨而进。以上是说在开发实业的大要求下,资本主义、机器生产的工厂必日增一日,乃是不可抗的。这事不论我们愿意不愿意,愿意亦是如此,不愿意亦是如此,乃是一个自然的趋势。”

这四方面的原因,决定了中国要发展实业必须采用资本主义方式。张东荪告诫社会主义者说,目前最急要的问题是如何打倒军阀,发展实业。他强调说:“我们当有自知之明,我们无力打倒军阀而只能眼看军阀与绅商阶级的瓜代;我们无力阻止绅商阶级的发生,纵我们极力鼓吹劳农主义亦不过引起一个伪劳农革命。”他批评道:“现在中国就要实行社会主义,似乎太越阶了。”[①]而合宜于现在的,就是顺应造成绅商阶级的趋势,发展中国的资本主义。

① 张东荪:《现在与将来》,《改造》第3卷4号,1920年12月15日。

1921年(民国十年　辛酉)　35岁

【张东荪在上海继续主持《时事新报》及其副刊《学灯》,并代理任中国公学校长。他在社会主义论战中发表《一个申说》,并创办《时事新报》副刊《社会主义研究》,将鼓吹基尔特社会主义的同人集合起来,公开打出了"基尔特社会主义"的旗帜。张东荪主持中国公学后,邀请舒新城主持中学部,着力教育改革。11月间,中国公学发生风潮,张东荪、舒新城与王敬芳一起和平解决了公学的风波。】

1月1日

张东荪在《时事新报》副刊《学灯》上发表启事,对其体裁进行阐释。其云:

"默察一年来之成绩,虽于国语问题、家庭问题、乡村教育问题以及一切关于哲学文学科学之撰著与译述,不无涓滴之贡献,然尚多缺漏之处。同人等力求精进,除原定主义'为学术的根本研究'不易外,拟将原定体裁略为变更。今逐条叙述并说明如下。(一)评坛——此类文字,不求长冗,如有精彩,少至数十字亦佳。无论记者或读者对于各种社会问题或学理问题之意见,与对于新出杂志或丛书之批评，均可随时发表。（二）讲坛——登录当代名人讲演，为系统的记载，以便读者剪存。如演讲太泛或记录太拙者，恕不揭载。（三）研究——登载各种关于学术或社会问题之精密研究。（四）讨论——登载关于各种学术或社会问题如教育问题、妇女问题、新生活问题等之讨论。（五）译述——无论小说名剧或其他散著，皆所欢迎。但篇幅过长者不录，至多以三万字为限。投稿者须原文并寄。（六）科学丛谈——登录科学上最新颖之学说与实验谈。如投寄关于普通常识或抄集各科学教本之作，恕不揭载。（七）文艺——新体诗歌及其他艺术上之创作，均极欢迎。不限文言口语，一律揭载。但词气过鄙或太无意义者不录。又篇幅太长者不录。（八）教育状况——本门最欢迎关于欧美教育状况之投稿。至关于国内者，则尤欢迎投寄边省之教育状况。又叙述状况时，宜注重该地之特殊情形。如抄集各校章或教育条例充数，或意存标榜者，恕不揭载。（九）随笔——登录有关学术或修养之日记及随感录等，以篇幅短而富于警策语者为最佳。（十）青年俱乐部——登载青年自出心裁之文字。本栏接收外间投寄各稿，以此门为最多。中虽不乏杰制，然抄袭成文，或庶拾他人一字一句演为长篇者，亦复不少，此后此类著作不录。此外通讯来件等均可随时发表，但以有关学术或社会重要问题者为限。通讯中认为颇有价值但无须刊登者，或专函答复，或为投者转递。”

2月15日

▲张东荪应李石岑之邀在《民铎》2卷5期发表《论精神分析》一文，向中国知识界介绍弗洛伊德的精神分析理论。他指

出，弗洛伊德最大的功绩是在心理上确证“无意识”的存在，现代心理学关注的焦点集中于“无意识”研究。

▲同日，梁启超在《改造》3卷6号上发表《复张东荪书论社会主义运动》的长文，详细阐述他对社会主义问题的意见，对张东荪观点作了进一步的发挥。张东荪的《现在与将来》写好后，寄给在天津的梁启超征求意见。梁启超读后表示赞成，立即写了《复张东荪书论社会主义运动》的长文，详细阐述他对社会主义问题的意见，对张东荪观点作了进一步的发挥。从总体上看，梁启超的观点与张东荪互为表里：张东荪主张发展资本主义用以救穷，梁启超也强调“不能不奖励生产事业以图救死”；张东荪主张发展资本主义的同时必须注意劳动者利益，梁启超也强调“借资本阶级以养成劳动阶级”；张东荪认为中国工人阶级还很幼稚、劳资对立并不突出，梁启超则提出中国目前不是阶级对立问题，不是“有产”与“无产”问题，而是“有业”与“无业”的问题。他们都主张中国的当务之急是用资本主义方式发展实业。

▲同日，张东荪在《改造》3卷6号上发表了《一个申说》。《现在与将来》着重论述中国发展资本主义的倾向，虽然明确主张中国只能用资本主义来发展实业、社会主义是将来的事，但张东荪仍感到没有对为什么现在不能实行社会主义问题展开论述。所以，他撰写《一个申说》，“专说我们对于社会主义的态度应该如何”，阐发他对社会主义问题的意见。在该文中，张东荪重点阐发了两个观点：

首先，重申了所谓“始终固守的阶段说”：“我的阶段说是什么？简言之，资本主义必倒，而社会主义必兴”，但他强调，社会主义是一个未来的理想,最后的标的,而资本主义则有它目前的实际利益,故主张:“我们对于资本主义须把实际看得重些,而我们对于社会主义须把理想看得重些;我们对于资本主义须把切近的目前看得重些,而我们对于社会主义须把较远的未来看得重些。更换言之,我们要创造新社会主义不能不把他推得很远。”所谓“阶段论”的具体含义是:中国目前的前途有“共管”与“赤化”两条路,这两条路实际上都正向着一个方向——资本主义方向前进。这实际上是一个中国必经的“资本主义必兴”的阶段。他主张现在应该采用资本主义,将来实行社会主义。“我们对于社会主义总当认为最后的标的,宜努力随着各民族的共同研究去创造。”①

第二,社会主义必兴,但社会主义派别很多,究竟选择哪种社会主义?张东荪所理解的社会主义,不是具体的哪种社会主义,而是一种趋势;社会主义是一种正在发展中的学说,其中有“比较上最圆满的社会主义”。他公开主张:只有基尔特社会主义适合于中国。他将社会主义分为“学问上的社会主义”与“信仰上的社会主义”,信仰上的社会主义等于各种宗教本不需有真理为其根据,只是一种热烈的感情;学说上的社会主义则尚在“创造修改”之中。一般人往往把两个混谈,遂变成了一个学说与信仰相混合的社会主义,马克思主义实际上就是两者混合的产物。张东荪所推崇的,实际上就是所谓“学问上的社会主义”。他说:“我以为我们非把学理上的社会主义推进一步,换言之,即

① 张东荪:《一个申说》,《改造》第3卷6号,1921年2月15日。

不能创造出来一种更圆满的社会主义。”也就是“基尔特社会主义”。“不但基尔特社会主义如此,其他一切社会主义都是正在研究修正中。”[①]这是张东荪首次公开赞美基尔特社会主义是“比较上圆满的社会主义”。

至此,张东荪等人关于社会主义的见解已经基本形成:他虽然厌恶资本主义,但认为这是无法避免的,不能超越的历史阶段,故不能不加以采纳;社会主义虽然是他们欢迎的,但却不是目前要采纳的;马克思的社会主义仅是社会主义的一种,中国所要采纳的社会主义,不是马克思的社会主义,而是温和的社会主义。如果以前只是“浑朴的”社会主义倾向的话,此时,张东荪明白地将“基尔特社会主义”作为这种温和的社会主义的代表,并加以提倡。同时,他声明这种社会主义也是正在“修正”发展中的。这便为以后他“修正”并发展社会主义提供了理论基础。张东荪、梁启超等人的观点,立即引起了当时思想界的热烈讨论。研究系的骨干分子们对张东荪的观点纷纷表示同意,而马克思主义者则对张东荪、梁启超的观点进行了更加激烈的批评。

是年春

研究系的干将蓝公武、蒋百里、彭一湖、蓝公彦、费觉天等参加了社会主义讨论,支持张东荪的观点。蒋百里在《改造》上发表《我的社会主义讨论》(3 卷 6 号)和《社会主义怎样宣传》(4 卷 2 号)两文,指出:中国要实行社会主义,必须具备三个条件:工业能不能社会化,劳动者“精神上的自觉”和“能力上的锻炼”

---

① 张东荪:《一个申说》,《改造》第 3 卷 6 号,1921 年 2 月 15 日。

是否具备。所以社会主义在中国的实行是将来的事,目前是"怎样"宣传社会主义的问题。

彭一湖在《我对于张东荪和陈独秀两先生所争论的意见》(《改造》3卷6号)中认指出,张东荪的根本意见是先发展实业,再讲社会主义;陈独秀的根本意见是用革命手段,集中资本,来实行社会主义,发展实业。他公开表示赞成张东荪的意见。

5月

▲李达在《讨论社会主义并质梁任公》中,对梁启超的观点进行了分析和批判。他认为梁启超的观点集中起来有三点:一是"提倡资本主义,反对社会主义";二是"高唱爱国主义,排斥外国资本家";三是"提倡温情主义,主张社会政策"。李达明确提出了自己的主张:"就中国现状而论,国内新式生产机关绝少,在今日而言开发实业,最好莫如采用社会主义。"努力设法避去欧美资本制产业社会所生的一切恶果。[①] 他强调,劳动者没有祖国,所以要谋国际的团结,要扫灭全世界的资本主义,资产阶级温情主义的社会政策是不能达到社会主义的。

▲同月,傅铜(佩青)、吴康等人在北京发起"哲学社",创办《哲学》杂志。从哲学社通过的《简章》看,"哲学社"是五四以后第一个"以共同研究哲学为宗旨"的学术团体。它设立干事会,"凡有相当学力愿与本社共同研究哲学者,经本社社员介绍,干事会通过得为本社社员。"[②]傅铜、吴康、张毓桂、宗锡钧、杨震文

---

① 李达:《讨论社会主义并质梁任公》,《新青年》第9卷1号,1921年5月。

② 《哲学社简章》,《哲学》第1期,1921年5月。

等人，为该会的骨干成员。从笔者目前见到的《哲学》前5期刊物看，该刊以介绍及研究西方哲学为主，同时亦发表一些以西方哲学观念和方法研究中国哲学史的文章。它自豪地称："我国自开国以来未曾有过哲学杂志。现在有了。无论好不好，总是破天荒。"[①]"哲学社"成员并不多，《哲学》杂志的存在时间也不长，故并未在当时学术思想界产生太大反响。

6月

费觉天《关于社会主义运动致蓝志先生书》指出，社会主义讨论的关键问题，一是今日中产阶级在此军阀政治下，能否发达起来，自成资产阶级，而推翻军阀；二是要发展中国实业，是否必须经过资本阶级，还是可以越级而升，跳过资本主义阶段？他断言："社会主义是应当实行于今日的中国"。[②] 理由是：一是就社会主义本身而言，社会主义的目的不仅在讲求分配，而且注重生产，以社会主义方法发展实业，优于资本主义方法。二是从国情方面看，国内武人与国外资本阶级的压迫，中产阶级不仅不能发展变为资本阶级，且流为无产阶级，若欲救济，则除唤醒工农与中产阶级联合起来，一面以经济制军阀，一面实行国家生产以制外国资本家外，别无他法。三是就中国与国际方面而言，今日中国的一举一动，皆与世界相关系，欲问中国应否实行社会主义，当先问今日世界应否实行社会主义，况且今日中国既在受外国

---

① 《哲学杂志及哲学字典之绍介》，《哲学》第2期，1921年8月。

② 费觉天：《关于社会主义运动致蓝志先先生书》，《改造》第3卷10号，1921年6月。

资本家压迫，则早是已有资本主义，既有资本主义，则实行社会主义，便不能谓越阶。费觉天的观点，明显受李大钊观点的影响。但费仍认为社会主义的实行，不在今日，而在未来，“自不能妄为断定”。[1]

7月1日

陈独秀在《新青年》9卷3号上发表《社会主义批评》的演讲，集中论述了为什么要讲社会主义、为什么能讲社会主义、应讲什么样的社会主义三个问题，明确主张采取共产主义，反对德国式国家社会主义。他强调，救济中国断不能不发展实业，但采用在欧美已经造成实业界危机的资本主义来发展实业，未免太无谋了；中国全民族对于欧美各国是站在劳动的地位，只有劳动阶级胜利，才能救济中国的危机及不独立；欧战以来，资本制度已经大大动摇了，我们正应该联络各国的同志作国际的改造运动；在不完全破坏外资相当的利益范围以内，由国家立在资本家的地位经营国内产业及对外贸易，也必不能免绝对的干涉。

7月中旬

罗素离开北京经天津赴日本，临行前发表了《中国往自由之路》的演讲，向中国人提出建议，必须打破中国传统，必须以现代教育为长远之计，必须发展爱国主义，必须从政治改革入手，必须依靠一万果敢坚毅之士，俄国的方法适合于中国，国家社会主义为中国之出路，社会主义必须保护自由。罗素来华之初，张东

---

① 费觉天：《关于社会主义运动致蓝志先先生书》，《改造》第3卷10号，1921年6月。

荪对他非常崇拜，建议罗素实地去研究中国的同业公会，为中国出路提供意见。但罗素最后竟建议中国仿效苏俄走“国家社会主义”的道路，令张东荪非常不满。张东荪在发表《中国往自由之路》的同时专门写了一篇《后言》加以批评：“罗先生的这一篇《中国往自由之路》上有许多地方和他向来的主张相矛盾。”他指责罗素“自己的思想还未确定，如何能指导我们呢？”

是年夏

围绕着“社会主义”问题的论战仍在继续。社会主义者许新凯、施存统、蔡和森、周佛海、李季等人著文批评梁启超、张东荪的观点，阐述了马克思主义者的主张。许新凯先后发表了《今日中国社会究竟怎样的改造？》、《共产主义与基尔特社会主义》、《再论共产主义与基尔特社会主义》等文，对张东荪鼓吹的基尔特社会主义提出了批评。他认为基尔特社会主义，“在英国的特殊国情之下，或者若干年后，能以实现也未可知”，但“在中国，则是一定办不到”，应以“革命为第一步”，“打破资本家底国家，破坏资本家的帮手，解除资产阶级的武装，没收资本家的财产，以转付于全体劳工阶级的公共管理之下”，为达此目的必须实行无产阶级专政和权力集中的手段。[①] 施存统赞同许新凯的观点，认为张东荪主张基尔特主义是“主张资本主义底别名”，“因为主张基尔特社会主义的结果，势必要去赞助资本主义，延长资本主义

① 许新凯：《再论共产主义与基尔特社会主义》，《新青年》第 9 卷 6 号，1922 年 7 月 1 日。

的寿命,不然,不但无可食的东西,而且无食东西的‘蚕’。”①

8 月

梁启超致函张东荪,报告平津时局:“数年来天津极现活气,黄坡宅为中心,吾不愿直接参预(吾始终未列一次会),但事多与闻,捉刀之文不少。此等事于大局无甚裨益,但亦仍须鼓舞之,使助呐喊耳(讨厌问题已发生不少)。今最要者使湘与吴勿决裂,别致立诚、时若一书,请即交去,并望务以此意达湘军。”②

9 月

▲张东荪创办《时事新报》副刊《社会主义研究》,将鼓吹基尔特社会主义的同人集合起来,公开打出了“基尔特社会主义”的旗帜。他说:“我们怀抱基尔特社会主义的思想,竖起基尔特社会主义的旗帜,在《社会主义研究》发刊的第一天,宣言我们是基尔特社会主义者。”他认定:“我们信仰基尔特社会主义系出于我们的研究结果,我们信任基尔特社会主义确是民主主义思想的究极,而且是社会改造原理最彻底的一个。”他强调自己所理解的社会主义与马克思主义根本不同:“我们的目的是要根本改造社会全体;我们的要求既不是产业上的自由,又不是政治上的自由,我们实为着人类生活的根本原理而要求自由。”基于这种认识,他提出了所谓“职能的民主主义”。其原则为:“(一)公共生活组织的主要基础,一定要依着职能或职业为区别。(二)基

---

① 施存统:《读新凯先生底“共产主义与基尔特社会主义”》,《新青年》第 9 卷 6 号,1922 年 7 月 1 日。

② 梁启超:《与东荪书》,《梁启超年谱长编》,第 933—934 页。

尔特必为自治的。(三)基尔特必为分权的。若使不能避免近代社会高度的集权倾向,他们将成为万恶的官僚。"①这样,张东荪等人便沿着温和的社会主义思想发展,走上了一条"德国式"的渐进的社会改良道路。1932 年张东荪与张君劢组织国家社会党,提出"修正的民主政治"主张,实际上正是这种思想的继续和发展。

▲同月,梁启超《与东荪百里书》,论对时局态度:"庐山面目决不宜一闻,以致自污,前书已陈,吾最初即不主张复电,后伯唐言为仲仁计,不能不一敷衍,因拟一稿,交秉三商发,即前函所述是也。顷伯唐亦取消前议,不复发矣。仲仁非劝其自拔不可,一信请设法递去。近来报中颇有集矢于百里者,虽悠悠之口不必多管,但既非事实,何听其谣诼,今别为百里一书,若认为有等报洗刷之必要,则登之何如?"②

11 月

张东荪处理中国公学学潮。张东荪出长中国公学后不久便发生了学生风潮,不久即告平息。张东荪邀请在湖南办学的舒新城,至上海吴淞中国公学中学部(后改名中国公学附设吴淞中学)主持校务。舒新城着力改革当时教育制度,推行五年的能力分组制和选科制,倡导中学男女同校,并在吴淞中学试验美国柏克赫司特创始的道尔顿制。11 月间,中国公学再度发生风潮,张东荪、舒新城与王敬芳一起和平解决了公学的风波。这次风潮

---

① 同人:《宣言》,《时事新报》副刊《社会主义研究》,1921 年 9 月 16 日。

② 梁启超:《与东荪百里书》,《梁启超年谱长编》,第 936 页。

比上次严重并引起了梁启超的密切关注。

梁启超致函张东荪、蒋百里等人,主张将公学勉强办下去,不宜轻易放弃:"公学事现在解决程度未知如何,鄙意谓但使勉强可办得下去,则此校断不宜舍弃。搏沙无论如何总属我辈,有事可以商量,最多再闹风潮一两次,愈闹一次则阻力愈减一分,在吾辈持之以毅而已。新城所约诸贤,无论如何不可散去,因在他处别谋进展,其难亦正相等,天下岂有无风波之地耶?若公学万不能共事,只有自谋小基础之一法,然须稍宽假以时日,恐非明年暑假后不能成立也。受庆事进行未有消息,但在君谓恐不堪(稚齿望浅必起风潮云),百里谓如何?"①

中国公学风潮发生后,张东荪有意撤手,梁启超劝他"持之以毅",加上找不到更合适的人来替代,只好仍负其责。蒋百里向梁启超透露张东荪的困境:"公学与东荪两者都嫌目标太大,此后不能保其无意外,……东荪只能能安一日进行一日,将来南陔归来,必请其先担任商科一部,而后渐移于全部则甚佳矣。"②

12 月 1 日

张东荪在《民铎》3 卷 1 号上发表《柏格森哲学与罗素的批评》,批评罗素对柏格森的批评,进一步介绍西方非理性主义思潮。《民铎》3 卷 1 号为"柏格森号",刊载了严既澄的《柏格森传》、李石岑的《柏格森哲学之解释与批判》等 11 篇论文。作为

---

① 梁启超:《与百里东荪新城诸公书》,1921 年 11 月 19 日,《梁启超年谱长编》,第 938 页。

② 蒋百里:《致梁任公书》,11 月 26 日,《梁启超年谱长编》,第 940—941 页。

当时研究柏格森哲学的权威,张东荪撰写《柏格森哲学与罗素的批评》的目的,是纠正人们对柏格森哲学的误解,以便引导人们正确领会柏格森哲学的实质。他根据自己所理解的柏格森哲学,对罗素对柏格森的批评,提出了自己批评罗素观点的反批评,并借此对柏格森哲学作了进一步评述。张东荪根据柏氏对于时间的看法,对罗素断言柏格森反对“进化”,以及罗素反对“直觉”而宣称柏格森是神秘论者这两个问题,进行了较为深入的反驳,得出了这样的结论:“一、我对于罗素之柏氏哲学的总批评认为对于柏氏不生影响;二、我对于罗素之柏氏哲学的零碎批评认为有些对柏说很可矫正与补足;三、我以为罗、柏二人的学说相同处甚多,且重要点皆相同。”①从这篇文章中可知,张东荪已经不满足于简单地对西方哲学进行翻译介绍,开始大胆地根据自己对于西方哲学的理解,对西方哲学提出自己独立的批评和见解了。

① 张东荪:《柏格森哲学与罗素的批评》,《民铎》第3卷1号,1921年12月1日。

1922年(民国十一年　壬戌)　36岁

【张东荪在上海继续主持《时事新报》及其副刊《学灯》,发表《读〈东西文化及其哲学〉》,对梁漱溟的文化观进行批评,系统阐发了自己的中西文化观。他在中国公学风潮平息后继续改革教育制度,将中国公学改造为大学,同时筹办高中,兼顾两方面人才的培养。他负责大学部的筹备和改制,聘请舒新城、陈筑山先后主持高中部。他翻译出版了柏格森的代表作《物质与记忆》和英国基尔特社会主义者柯尔的名著《社会论》。】

1月6日

张东荪在《时事新报·社会主义研究》12号上发表《社会改造与政治的势力——答新凯君》,继续从理论上讨论英国基尔特社会主义问题。

1月

梁漱溟的《东西文化及其哲学》由上海商务印书馆出版。他在该书中把西方文化、中国文化和印度文化视为三种不同"路向"的文化,西方文化是"意欲向前"的路向,印度文化是"意欲向后"的路向,中国文化是"意欲自为调和持中为根本精神"的路向，三种文化平行发展，没有优劣之分。他比较了三种文化后认为，西方文化弊端显著，处于不得不向第二种路向转变中，人类文化将“由西洋态度变为中国态度”，未来文化是“中国文化的复兴”。由于梁漱溟是通过比较中、西、印文化后得出的结论，加之又是在第一次世界大战后西方文明危机四伏时提出的，所以，立即得到怀疑和反对新文化运动的人们的赞同。

3月19日

张东荪在《时事新报》副刊《学灯》上发表了《读〈东西文化及其哲学〉》，对梁漱溟的文化观进行批评，“在批评中指明批评者的立足点”。此立足点便是其“输入”论的文化观。该文可视为五四时期张东荪系统阐发中西文化观的代表作。

第一，批评梁漱溟研究文化的方法，用民族心理学的成果论证“民族特性”是可以改变的，为输入西方文化提供科学依据。他用美国学者郝金在《人性及其改造》中的研究成果来论证“人性可以改变”观点，得出了结论：“我们不必因民族有特别本能而就以为不能采用他族的文明了。”[①]即不同民族虽有其根性，但又有相通性，人类文化是可以沟通的，一个民族完全可以学习和采用他族的文化。这实际上暗示：中国虽然有自身的民族性，西洋民族亦有其民族性，但这决不能成为中国无法学习西方文明的依据；恰恰相反，由于不同文化可以沟通，中国必须输入、采用西洋文明来改变自身的民族性。

第二，批驳梁漱溟对西方文化发展趋势的错误观察，认为西

---

① 张东荪：《读〈东西文化及其哲学〉》，《学灯》1922年3月19日。

洋文明发展到更高阶段,中国更应输入和采用西方文明。梁漱溟断定,中国的自得其乐主义将代西洋向前奋进主义而兴。张东荪认为,梁的这个观察是错误的。从西方文明的变迁看,西方文化不但没有回到中国文化之路上来,反而进展到一个更高阶段:思想上,科学发展如故,新式机器层出不穷,功利思想仍然发达;哲学上,实用主义是讲淑世主义的,柏格森等思想有接近中国文化的倾向,但他们是主张动的,与孔子自得其乐主义绝不相同;社会上,现代最大的潮流是社会主义,它只是个人主义的反动,即由个人享乐主义转为社会享乐主义,并不是调节意欲。所以,无论从哪方面,都看不出西方文明向中国文化转变的趋势。西洋文明已由"个人逐物"进至"社会逐物"阶段;其"向前要求"的精神不但未变,而且更强烈了,只是其方法变得更进步了。面对西洋文明的新发展,中国更应摒弃"自得其乐"的文化,彻底输入西方文化,走西方奋进主义之路。

第三,批驳梁漱溟持中意欲的人生观,论证中国应采取西洋奋进主义的人生观。张东荪认为,只有西洋奋进主义的人生观,才是生活的正态。佛家"灭欲"的生活是一种变态,儒家的"持中意欲"也是勉强的,既不能减轻痛苦又不能满足意志。所以一旦与西洋物质文明相遇,"没有不立败的"。于是张东荪认为,"中国所应采取的自然是除去物欲争逐的奋进主义,换言之,即淑世主义。"所谓淑世主义,就是"一方面虽不控制'欲'而他方面却极力扩充'爱'。妙在调和众欲而成大欲,即是不使个人福利相抵牾而成人类的大福利。换言之,即使自利与利他各得其所并合在一起以发展到极高度。这种生活完全是奋进的而不是持中的。”[①]所以，西方淑世主义生活观必然代替中国“制欲”的生活观，中国理应“彻底输入”并采纳。这是张东荪主张“输入西方文化”的重要依据。

第四，批评梁漱溟“重提中国原有的态度”，断定西方文明已取得世界文化的地位，中国必须采用西方文化。他除了用民族心理学的成果论证“民族根性是可以改变”的观点外，还为输入西方文化提供了一条十分重要的根据：西方文明已大部分处于世界文化的地位，代表世界文化发展的方向。他说：“我们须知西洋文化实在已不仅是西洋的了，已大部分取得世界文化的地位。”“西洋文化既是大部分上含有世界文化的要素，则我们采取西洋文化便不是直抄他族的东西。”[②]于是，中国输入并采用西方文化的问题，已转变成中国采纳世界文化的问题。中西文化的关系不仅仅是东西两个民族文化的关系，而是地方性文化与世界性文化的关系，是世界文化主流与次流的关系。这样，他实际上把中国学习西方文化的问题，提到了中国应走向世界、迈向现代化的高度，突破了狭隘的东西文化民族性、地域性观念。

张东荪的“西洋文化大部分取得世界文化的地位”、“大部分上含有世界文化的要素”的观点，不仅体现了张东荪对西方文明认识的深刻，而且标志着近代中国人士对西方文化认识的飞跃。杜亚泉、梁漱溟等人坚持认为，东西文化是“性质之别”，根本不

---

① 张东荪：《读〈东西文化及其哲学〉》，《学灯》1922 年 3 月 19 日。

② 张东荪：《读〈东西文化及其哲学〉》，《学灯》1922 年 3 月 19 日。

承认西洋文明在总体上比中国文化优越；陈独秀、胡适等人新文化运动的领导者对中西文化差异问题的认识，也比较模糊。李大钊在《东西文明根本之异点》中虽提出了“世界新文明”概念，但与张东荪所谓“世界文化”的含义并不同；同时，他强调的是“东西民族文化差异”，即地域性差异，实际上与杜亚泉的文化观颇为相似。胡适在《读梁漱溟先生的〈东西文化及其哲学〉》中，强调中西文化是“古今之别”，侧重于从纵向的“迟速”、“先后”立论，也未从横向上认识到中西文化乃“世界文化”与“地方文化”差异。张东荪承认“古今之别”，但又承认“民族根性”对中国输入和采用西方文化的巨大影响。他说：“我也相信一个民族有他由历史而来的根性，断不是一旦要采取外来的文化而就能立刻办到的。并且外来的文化充分灌入以后，固有的根性也不会消灭，必仍杂然呈露于其间，所以总不免有些变态。”①

在张东荪看来，由于民族特性是可以改变的、西方文明经过“危机”进至更高阶段、西洋淑世主义是人类生活的正态，更因为西方文明已大部分取得世界文化的地位、大部分含有世界文化的要素，中国不仅能够、而且必须输入和采用西方文化。正因西方文明是“世界文化”，所以，中国学习和采用这种文化“便不是直抄他族的东西乃是吸收人类公同的东西。”这是五四时期张东荪对中西文化的基本态度和根本观点。

4 月 10 日

张东荪在《时事新报》上发表《对于中国共产派及其反对者

---

① 张东荪：《读〈东西文化及其哲学〉》，《学灯》1922 年 3 月 19 日。

的忠告》。张东荪对共产主义持貌似公正客观的态度，主张政府划一块“试验区”，让共产党进行共产主义试验，使共产党尝试失败而自行取消共产主义。他对于热心共产主义的朋友忠告说：“一、我们虽则不赞成共产主义，并且对于一切共产主义的运动也都不赞成。不过只有一点是我们所赞成的，就是划定一个区域去试验一试验。二、这个划定区域必须与现在社会十分隔离，所以依我想起来，以广东海中的琼崖岛为最宜。三、但取这个地方来试验时对于土地须给价，对于私有资本须赔偿。”他站在旁观地位向共产主义与其反对者双方忠告后，声明自己的主张：“至于我个人的意见，当然是不赞成共产主义，我是信服基尔特主义之一人，不过我以为基尔特主义在中国要实现为期更远，第一步须为原理的宣传，这种宣传是很平和的，第二步是择业试验，也和共产主义的必须择地试验差不多。”①

6 月 1 日

张东荪致函梁启超，除论时局情形与同人应持态度外，并及中国公学事：“公政治兴会如何？荪鼓动公政治兴会诚该打，近得消息知前途黑暗不下丁囊口，吾辈速掩旗息鼓为要。黄坡复位必见事实，其来路不正固不待言，而暗中黎派已预存钳制直系之心，将来必重演黎、段之故事。此间旧国会议员早已置制宪于脑后，而专心于阁员之分配。五、六年之旧戏，行将重演，吾辈宜避而远之。惟两报生命发生问题，公须约同人切实一商。中国

---

① 张东荪：《对于中国共产派及其反对者的忠告》，《时事新报》1922 年 4 月 10 日。

公学董事会宜速开，君劢之校长须于6月25日以前通过，不然不及发教员之聘书也。”①

在社会主义论战的中，张东荪再次表示了自己脱离政治、从事文化教育事业的意向：以后“决不为政论，亦不为社会运动，颇思静观世变也”；②又说：“至于我个人，此后拟研究哲学。只希望将来由上面所谓我们者造成新社会后，做一个分子，尽相当的义务。”③在随后的较长时间内，张东荪将其主要精力放在“研究哲学”和“译书著书”和教书上，对于时局基本上抱一种“静待”的态度，只想从文化教育方面培植中国政治的根基。然而，“好为政论”的他也常常有意识无意识地接触政治，即坚持民主主义和社会改良立场，对现实社会和政治不断进行评议。当第二次直奉战后，张东荪还一度鼓励梁启超关注时局变化，只是很快看到研究系不可能有所作为才作罢。

6月10日

▲梁启超回复张东荪等人商讨时局问题并及《晨报》、中国公学等事：“时局如奕（羿）棋，吾侪旁观者惟有叹息。东荪来书前热后冷，此间人正复尔尔。但使国宪能成，新选举能现，吾侪正非无活动余地，但恐今尚非时耳。前星期清华课毕，一昨返津寓。初不愿见熟人，因幼山督责，亦曾一面黄坡，向彼有所忠告（但不关吾党事），彼固似能领受，然将来实行如何，不敢言也。

---

① 张东荪：《致任公先生书》1922年6月1日，《梁启超年谱长编》，第957—958页。

② 张东荪：《答高践四书》，《新青年》第8卷4号，1920年12月1日。

③ 张东荪：《现在与将来》，《改造》第3卷4号，1920年12月15日。

余最着急者为报馆生命。昨晤壬三述南京往返函意，想尊处已往接洽耶？此着甚要，且事机易逸，望速进行。在都时亦曾以此事商公权，似不易办到。银行自身凡百收缩，固是一因，然《晨报》之不留余地，亦是一因。平心而论，既发生关系，不惟不辩护而反挤之，亦足使彼方当时者为难也。此路非绝望，但须稍俟耳。（大约沪京两处当分别设法，京较难也。）校建筑事，抟沙已托人向福公司总理商担保。两种办法不审已径函尊处否？"①

▲同日，梁启超《致东荪足下书》，论对时局态度："唱告调事，与亮才商，似觉不必，事实上既不因此而发生效力，而目前先自取狼狈，非计也，望暂缓之。两三月后时局或有意外之大变化，迥非一般人拟议所能及者，今暂取沈静态度可耳。"②

6 月 23 日

张东荪在《时事新报》副刊《学灯》上发表《思想问题》，对五四以来的中西文化观进行思考。他说："我确信思想是可以竞赛的，但不可有垄断的意思。比如我传播我的思想自然是要求人家赞成，但并不是不许他种思想与之并存。以我的观测，觉得现在中国人往往把思想比赛认为思想垄断。……照上所说，大家若知道现在确有思想问题，则应整军经武把不绝如缕的新思想重新整理地提出来。说到这里对于东西文化却不能附属地说几句了。我们固可以大擂大吹提倡西方化，但我们却须明白西方

---

① 梁启超：《与溯初、东荪、君劢三兄书》，1922 年 6 月 10 日，《梁启超年谱长编》，第 958—959 页。

② 梁启超：《致东荪足下书》，1922 年 6 月，《梁启超年谱长编》，第 959 页。

化是决不能整个儿地搬到中国。换言之，即决不能把中国人完全变为西洋人。然则我们应当如何？对于这个问题我也很有些意见，可惜不是这个短篇所能容，只好下次再说罢。”①此后数年，由于张东荪关注于哲学问题并忙于参加科学与人生观论战，并未公开发表“下次再说罢”的文章。

6 月 30 日

张东荪《致任公先生书》，报告《时事新报》经济状况并询问北方政情：“报馆经费已得亮伎报告，仅有三月之粮，唯此时即闭门亦万无此办法。日前与溯初、云雷、放园会商，先行节流，已大裁员，即荪亦捐所入之一部分，于是每月省去五百元光景，尚不足两千，或可支持至年底亦未可知。《晨报》近状如何，近来忽大攻击中行，未识是何作用。闻伯英、志先有另谋组织之说，想其进行未必顺利也。”②

9 月 10 日

张东荪在《东方杂志》19 卷 17 号上发表《新实在论的论理主义》，开始向中国思想界系统介绍新实在论。次年 12 月，张东荪在《东方杂志》上发表了上文的姊妹篇《新实在论的研究》，进一步全面介绍新实在论的学说。张东荪后来将这两篇文章合并，略加修改，以《新实在论》为名，收入《新哲学论丛》中。张东荪对于新实在论曾给以特别的关注，并对其“外在关系说”进行了批

---

① 张东荪：《思想问题》，《学灯》1922 年 6 月 23 日。

② 张东荪：《致任公先生书》，1922 年 6 月 30 日。丁文江、赵丰田：《梁启超年谱长编》，第 960 页。

判性的吸收。张东荪根据自己的研究和理解，对新实在论的性质作了准确的概括："一、新实在论主张宇宙是多元的，在多元间自有多种的关系，这种关系的普遍不由心理所创造，所以新实在论是论理主义。二、新实在论主张这些关系的形式不尽在认识中，即不认识而这些关系依然存在，所以新实在论（是）非经验主义。三、新实在论主张认识作用只是关系之一种，这种关系初非普遍的必然的，乃是占全宇宙之一部分罢了，所以新实在论不以为研究思想即是窥破宇宙的神秘。四、新实在论认宇宙是已成的而不是创造的，不过所谓已成的却是多样的，不是单纯的罢了。……五、新实在论主张认识的对象即是实物，不是其物的影象，但他们以为实在不尽在知识中，尚有未被知的东西，他们又以为论理的各种法则都不是绝对真理，而只是设准，所以不是十分崇尚理知。"①

9 月 17 日

陈独秀与张东荪通信，继续讨论社会主义问题，双方观点均发生了微妙变化。

在社会主义论战中，陈独秀等人所暴露的问题是：在中国这样一个无产阶级力量弱小、资本主义没有充分发展、经济和社会落后、军阀横行、帝国主义压迫日益严重的国度里，如何才能实行社会主义？如何才能用社会主义方式发展实业？这场论战后，陈独秀等人开始重视对中国国情问题的研究，开始关注现实的政治和社会问题，开始考虑如何在中国具体地进行社会主义

---

① 张东荪：《新哲学论丛》，商务印书馆，1929 年 8 月版，第 239—240 页。

革命。中共“二大”制定了最低纲领和最高纲领，提出了“打倒军阀”、“驱逐帝国主义”和“建立统一的民主共和国”三大纲领，确立了目前所进行的革命是“民主革命”，而不是“社会主义革命”；认为发展实业不需要资本主义，但可以用国家社会主义，或国家资本主义方式。这样，张东荪与陈独秀都调整了自己的政治视角，双方的意见虽未根本改变，但都丰富发展了。这种变化，在他们1922年9月的通信中得到体现。

陈独秀致函张东荪：“发展中国实业，只有国家社会主义与私人资本主义两个途径。先生前文是否主张资本主义的发达实业，姑且不论，惟除了国家社会主义（其初只是国家资本主义，再进一步才能到国家社会主义），只有走私人资本主义这条路，决不是合作主义能够使中国实业充分发展的。鄙意所谓国家社会主义，决非建设在现状之上，亦非由国家包办一切大小工商业，马上就要禁绝一切私人企业。所谓国家经营的大小工商业，亦不必全集在中央，省管及市管方法（都算是公有），亦可斟酌情形定之。不知先生对此方法有所怀疑否？真的民治主义的政制能否在中国完全实现，弟万分怀疑；因为此时中国资产阶级的力量与无产阶级同一幼稚，这是不可否认的事实。今后的进步，必然是两阶级平行进步，而世界的趋势能否容民主的政制占领长时代而不生急进的变化，乃是一个问题。弟亦以为必经过这个时代，但无很强大的力量，而且不久必生他种变化，先生以为如何？”①

张东荪答复陈独秀时，欢迎并赞同中共提出的“打倒军阀割

① 陈独秀、张东荪：《联省自治与国家社会主义》，《学灯》1922年9月17日。

据”与“抵抗帝国主义”口号，认为这些主张“实在与我的私见相合”。其云：“先生树起‘打倒军阀割据’与‘抵抗帝国主义’两面大旗，标明‘平和’‘统一’(若不做单解)‘自由’‘独立’四个真义，实在与我的私见相合。我亦感到现在人们对于中国的病症没有看得十分明白。所以开出来的药方是不很对症。先生反对联省自治，有许多地方是我所同意的。……我前函上说我对于国家社会主义有些怀疑，就因我以为产业的开发不是少数人所能干的，无论如何宪能的中央政府，在这样广大的地面上很难创办实业；势必分权给各省各市，然而这个省这个市非举民治之实不可，换言之，即必先具有真正代表民意的议事机关。照这样说，先生的国家社会主义以我的真正民治主义为前提，先生何以对于民治主义反有怀疑呢？先生所虑一层，却也不错，友人丁佛言就说过，君主立宪的戏没有唱完，而民主革命的戏又出台了；民主主义的戏没有唱完，而社会主义的戏又出台了。据我的冷眼观察，将来必定是军阀没有打倒，而资产阶级与劳动阶级先打得头破血淋。中国的事情大抵是如此。先生说民治主义未能完全实现，我也有此忧虑。不过军阀不打倒，劳动阶级即把资本阶级完全打败，也是不相干的，还不是仍在十八层地狱里么？至于合作主义，我以为也是自然的趋势。若国家社会主义在初期只能是国家资本主义，则私人资本主义仍在流行，则消费合作究竟能收回一部分的剩余价值，也是好的。所以我们对于合作主义应得极力鼓吹，但须知解决产业问题却不能专靠这个。”[①]

---

① 陈独秀、张东荪：《联省自治与国家社会主义》，《学灯》1922年9月17日。

10 月 1 日

梁启超在天津致函张东荪，询问著述情形及杂志报纸文章各事，并敦促张东荪为其即将在沪出版的《梁任公学术讲演集》撰序："归后尚未一通讯（亦未得公书也），因方埋头于一、二种著述，百事俱废，公当恕我。百里索《改造》稿，无以应，无已只有取三年前讲稿未印者《孔子学案》聊以塞责。谨别包邮上。双十节报中文恐来不及，公能饶吾耶？前所交之《讲演集》已付印否？公曾作序否？"①

梁启超随后再次致函张东荪，托他在沪出版《梁任公学术讲演集》并约请写序。其云："本年来讲演稿 13 篇，拟汇印《学术讲演集》，并要求公作一篇序，写公对于我个人及对于我这半年来所劳作的实感，非要公恭维，或者活人格的感化说出来，于青年有益也。内中五篇（另包）未登本报者请登后乃交去。又《教育与政治》一篇亦未登；若公欲登，亦请抽出，登后乃寄。敬上东荪。（实不过此半年内所讲之小半数耳，尚有清华、高师及南开暑期所讲四个题目，经数月或数旬才完者，稿尚倍此。）"②

是年秋

张东荪在中国公学风潮平息后继续改革教育制度，将中国公学改造为大学，同时筹办高中，兼顾两方面人才的培养。张东荪自己负责大学部的筹备和改制，张君劢自国外回到上海，张东荪因为事务繁忙，便推举张君劢为筹办大学主任。中学部原由

---

① 梁启超：《致东荪足下书》，《梁启超年谱长编》，第 963—964 页。

② 梁启超：《与东荪书》，《梁启超年谱长编》，第 970—971 页。

舒新城负责，后因舒新城推行的新学制受到部分师生的抵制，舒氏被迫辞职。1922 年秋，恰值陈筑山从美国学成回到上海，张东荪立即邀请他主持公学高中部。由于经费短缺，张东荪只做到了改制专科及添设高中。“首将原有专门商科提高程度，改升大学。1923 年夏，“以商科大学来学者日盛，势不得不力图扩充，又因添办高级中学，吴淞校舍实不敷用，故将商大迁移上海。”①

中国公学在改制过程中遇到的最大的困难是经费短缺。中国公学的经费，除了王敬芳每年从福中公司拨予的 2 万元外，并无其他经费来源。张东荪、梁启超等希望得到北洋政府所发行民国元年公债 200 万元的利息（每年 16 万元）为经费，但却迟迟未能实现。梁启超除一面与王敬芳向政府交涉拨公债利息补助外，同时发起募捐。私人的捐助虽有所得，但为数并不多，根本无法满足办学需要。

在这种情况下，张东荪内受学生风潮刺激，外受经费短缺困扰，处境十分艰难，勉力维持。对于向北京政府交涉的情形，后来曾任中国公学校长的胡适说：“民国 11 年，常务董事会呈准政府依据元年国务会议原案，拨元年六厘公债 100 万元为补助金。此款由财政部于民国 12 年及 13 年，曾先后拨给整理公债票 40 万元。此项债票未经指定的款付息，故在市场上几于全无价值。后经王敬芳先生等呈准财政部领到第一期至第九期的利息二万元，以供偿还积欠及扩充图书馆之用。第十期以下应付利息，也

---

① 《中国公学图书馆募捐启》后面附有《史略》。《近代史资料》第 69 期，145 页。

会由公学呈请财政部，指定在福中总公司每年缴纳统税照十万元项下分四期缴纳，每期六千元，每年计二万四千元。此案虽经财政部公函（十四年财字二五五六号）照准，但不久河南即成战区，福中矿务停顿，不但不能由矿税项下发款付息，连每年二万五的助款也完全停止了。”①

是年

张东荪与吴献书合译的柯尔名著《社会论》，由上海商务印书馆出版。张东荪撰《译例》云：“一、本书系 G. D. Cole 所著，原名 Social Theory，乃系基尔特社会主义关于政治方面之惟一著述。柯尔曾以卢骚之《民约论》②翻为英文，故此书思想亦多脱胎于卢骚。1920 年初版，伦敦 Methuen 公司出版也。二、译者鉴于时下翻译界之侧重直译以致语句生涩，义理费解，乃另辟一径，务求明白显壑。初由献书起稿，务求不漏原意，次由东荪改纂，务求语句明瞭。三、特有声明者，原书中亦有一二小句以其不重要而删去；原注甚多，则仅留其有关系者而已。”

---

① 胡适：《校史》，《吴淞月刊》第 3 期，1929 年 9 月 15 日。

② 即卢梭的《契约论》。

1923年(民国十二年　癸亥)　37岁

【张东荪继续主持《时事新报》及其副刊《学灯》,并先后发表《这是甲》、《知识之本性》、《批导的实在论》等文,着力介绍西方哲学思潮。科学与人生观论战开始后,他除了撰写发表《劳而无功》一文外,还在主持的《学灯》上刊载了梁启超的《关于玄学与科学论战之"战时国际公法"》和《人生观与科学》、孙伏园的《玄学科学论战杂话》、林宰平的《读丁在君先生的"玄学与科学"》、张君劢的《科学之评价》等文并加了按语,推动科学与人生观论战,站在张君劢一边对丁文江的观点进行辩驳。】

1月10日

张东荪在《东方杂志》20卷1号上发表《这是甲——我对哲学上的一个愚见》,表明张东荪已经不满足于一般性的介绍及评述西方哲学,而是力图阐发自己对于哲学问题的看法。这篇文章可以视为张东荪提出所谓"新哲学"的最初尝试的标志。

张东荪首先提出了研究哲学必须从"认识论"问题入手的见解。他认为,不研究哲学则已,如果研究哲学,必须以研究一些"古怪问题"为出发点;这些古怪问题,就是问"这是甲"究竟是什么。这个问题是研究哲学应该首先注意的,这便决定了哲学研究必然从讨论认识如何能够成立的问题入手,而不是讨论宇宙观和人生观问题入手。

讨论“这是甲”,实际上要解决两重问题:一是“这”如何变为“何”,即讨论认识的由来问题;二是“这”变为“何”是否具有必然性,即讨论认识的“规范”问题。为此,张东荪首先从讨论经验的构成入手,对经验主义、实用主义、新实在论和康德先验认识论在认识问题上的观点逐一作了分析,认为这些观点对于解决认识的由来和是否具有必然性问题的解决,具有启发性意义。正是在综合这些哲学流派观点的基础上,张东荪对“这”变为“何”问题提出了一个“较圆满的解答”。这个答案就是他提出的“思想即生活”的命题:“理想与生活是合一的;认识与价值是合一的。”张东荪将这种主张称为“客观的理想论”或“唯用的合理论”。这个结论显然是综合实用主义和柏格森生命哲学的观点而来。他说:“据我所见,‘这是甲’就是赤裸的‘这’变为分别已起的‘何’,这个分化便是柏格森所谓的‘生命冲动’。”他认为,“这”变为“何”是“生命冲动”的根本方式,“生命的发展只是这变为何,而思想的发展亦只是这变为何。所以生命的发展其自身本即是思想,思想的成立其自身即是生命。”生命与思想合一,“这是甲”的方式进一步演化,就是自同律的“甲是甲”。他接受了新康德主义的观点,认为这种甲是甲的自同律乃是价值的根本,宇宙的开展即是理想的价值化。既然宇宙的开展只是理想的价值化,真理便不是相对的,但也决非存在一个“绝对的真理”。张东荪接受了实用主义的观点,认为真理的标准是“效用”,

即“价值”。这样,他便得出了“认识与价值是合一的”结论。①

张东荪在《这是甲》中开始综合经验主义、实用主义、新实在论、康德先验论及柏格森生命哲学的观点,以唯用论为基础,以讨论认识问题为起点和核心,初步提出了所谓“客观的理想论”的见解。这种见解,是后来张东荪提出的“主客交互作用”说的基础。

2 月

张东荪在《教育杂志》15 卷 4 号上发表《知识之本性》,作为《这是甲》的姊妹篇,进一步讨论认识问题,同时在《东方杂志》20 卷 3 号发表《批导的实在论》,介绍了美国新兴起批判实在论思潮,并对该学说进行了评价。这篇文章,后来改名为《批判的实在论》,收入 1929 年出版的《新哲学论丛》中。在分析了批判实在论的观点后,张东荪指出:“批判的实在论的贡献不能算很小:第一是知觉的非写实性;第二是知觉内容的独立。”

2 月 2 日

梁启超致函张东荪,讨论时局态度与创办文化学院之事。

2 月 14 日

张君劢在清华大学作了题为《人生观》的演讲。张君劢认为人生观的特点是主观的、直觉的、综合的、自由意志的、单一的,“惟其有此五点,故科学无论如何发达,而人生观问题之解决,决非科学所能为力,惟赖诸人类之自身而已。”这篇演讲在《清华周刊》272 期发表后,素以拥护科学为职志的地质学家丁文江认为,

---

① 张东荪:《这是甲》,《东方杂志》第 20 卷 1 号,1923 年 1 月 10 日。

这是玄学对科学的一次进攻，对树立科学的权威有害处，因此立即对张君劢的观点进行批评，正如张君劢所言："读我文后，勃然大怒曰，诚如君言，科学而不能支配人生，则科学复有何用？"①

3月18日

鉴于《时事新报》经费困难，梁启超复函张东荪等人提议对其增资改组，或者考虑将它出售。张东荪与陈敬第、黄群等随后商议增资改组，继续维持《时事新报》。梁启超云："放园南归，对于《时事新报》问题，此间之意见及进行办法，想已详达。现在情形除此亦别无办法，想诸公皆所赞同也。受主正着手交涉，有无效果殊不敢知。惟不管能售与否，周刊之改组此时便当预备。鄙意须由东荪负全部编辑之责（放园主张用我名义，亦无不可，但事实上须东荪总揽耳。），每周出三张，第一张政谈及中外政治之纪载（经济状况及其他杂件），由东荪、君劢主任。第二张即学灯变相（学行及教育事项），由我主任。第三张文艺，请志摩主任。若能鼓起兴致办去，必有异彩。现在请东荪即行计画，先编一预算。"②

4月11日

张东荪在《学灯》5卷11号刊载《张东荪复琴勋》信，说明自己今后的研究计划：进行哲学研究，创立一个新人生观，以救济中国青年。其云："近来人们对于'求'字很知下工夫了，但对于

---

① 张君劢：《再论人生观与科学并答丁在君》，见《科学与人生观》，上海亚东图书馆，1923年。

② 梁启超：《与叔同、溯初、东荪、君劢诸公书》，1923年3月18日。《梁启超年谱长编》，第990—991页。

'得'字尚欠体会。所谓'得'乃是悠然自得的意思,也是万物静观皆自得的'得'。因为这个缘故,我很想从哲学方面立一个人生观以救济现在一班前途茫茫的青年。这种人生观必不能象印度的苦行;也不能象孔老的随缘;更不能象功利主义的逐欲,我想另做'做人论'一篇现在不详说了。我以为必知有精神上的使命方可以讲奋斗。不然奋斗便无意义。"

4月15日

张东荪在《时事新报》副刊《学灯》上刊载《再启杨汉公函》云:"昔谭浏阳谓淫念即杀欲,公尝欲为名言。吾国之文化在作人,西洋之文化在吃饭,斯不可尽亡我而从人致师道之扫地也。"

4月12日

丁文江作《玄学与科学——评张君劢的〈人生观〉》,发表在《努力周报》48期和49期上;接着,张君劢作《再论人生观与科学并答丁在君》发表在《晨报副刊》上。这样,关于科学与人生观问题的大论战便开始了。梁启超随后发表《关于玄学科学论战之"战时国际公法"》,提出论战应将问题集中一下,不要牵涉太大,或在枝节问题上纠缠;同时措词要庄重恳挚,不可有嘲笑或骂语。他作了《人生观与科学》,站在张君劢一边;胡适也于5月11日作《孙行者与张君劢》,站在丁文江一边。这样便形成了科学派与玄学派的对垒。这场论战所争论的核心问题是:科学能不能解决人生观问题。张君劢认为科学不能解决,主旨是要批评"科学万能"论。在科学派看来,这种批评只会有阻于人们对科学的信仰和科学知识的传播。因此,胡、丁等人自然要起而维护

“科学”的神圣和尊严，对梁、张进行反击。胡适在《科学与人生观·序》上说：“我们当这个时候，增苦科学的提倡不够，正苦科学的教育不发达，正苦科学的势力还不能扫除那迷漫全国的乌烟瘴气，不料还有名流学者出来高唱‘欧洲科学破产’的喊声，出来把欧洲文化破产的罪名归到科学身上，出来菲薄科学，历数科学家的人生观的罪状，不要科学在人生观上发生影响！信仰科学的人看了这种现状，能不发愁吗？能不大声疾呼出来替科学辩护吗？”[①]

是年春夏

时任《时事新报》主笔的张东荪，对哲学问题颇感兴趣，密切关注科学与人生观论战的动向。胡适、丁文江主持的《努力周报》，发表了许多支持丁而反对张的文章。张东荪本其“打报不平”的性格，立即在《学灯》上组织了一批反击科学派的文章，与《努力周报》对阵。对此，他稍后解释说：科玄论战，“其事起于张君劢论人生观而有轻蔑科学之言。丁在君起而维护之。一方以为科学不能解决人生，故人生观不能统一。他方以为凡人生无不可入科学，故终可得一定于一尊之科学的人生观。丁在君之维护科学，是也；乃因维护科学之故而侵犯哲学，痛诋玄学为无赖鬼。于是爱哲学者，如屠孝实等，为之抱不平焉。余亦即其中之一人。”[②]

---

① 胡适：《科学与人生观·序》，《科学与人生观》，上海亚东图书馆，1923年。

② 张东荪：《科学与哲学》，《东方杂志》第22卷2号，1925年1月25日。

是年夏

张东荪在《时事新报》及其副刊《学灯》上除刊载了梁启超的《关于玄学与科学论战之“战时国际公法”》和《人生观与科学》外，还发表了孙伏园的《玄学科学论战杂话》，并为梁、孙两文写了编后按，借此表示自己的观点和态度。随后，又刊载了林宰平写的一篇反击丁文江的重头文章——《读丁在君先生的“玄学与科学”》，并加了按语。但他“继而一想，按语总不十分畅达。因此我把按语拿来改编，”便成一篇，以《劳而无功》为题于6月19日在《学灯》上发表。此后，张东荪又在《学灯》上刊载了陆志韦的《“死狗”的心理学》，署名“穆”的《旁观者言》，颂皋的《玄学上之问题》和张君劢的《科学之评价》等论战文章，进一步推动了这场论战的进行。

这场论战，其核心问题应当是“科学的人生观”是什么、科学能否解决人生观问题。但论战开始后，主要围绕着后者展开，而对什么是科学，什么是玄学，什么是科学的人生观等基本问题没有界定，故论战很快便陷入混战中，围绕一些次要和枝节问题进行争论。论战开始后，孙伏园在《玄学科学论战杂话》中便向论战双方提出：“我以为现在两方都还没有注意到首先应该注意的三个问题，就是：玄学是什么？科学是什么？人生观是什么？”建议两方对这三个名词给予界定。张东荪认为这是个好的意见，在篇后按语中加以肯定，称“这真可谓独具只眼”，“我本来久想对于双方提出这个忠告，只因懒于动笔，以致未果。”张东荪对“玄学”、“哲学”和“科学”进行了初步的界定：“玄学是狭义的哲学”，科学在哲学之外。基于以前丁张两人论战，均未对科学、玄学和人生观等基本问题作界定，张东荪向双方提出忠告："就是奉劝两位把这次笔战认为等于运动会的预赛，而不算为正赛。这种预赛即此而止，不再进行。于是重整旗鼓，开始正赛。否则照这样下来，实不能不为两位惜了。"①

梁启超在《人生观与科学》中，对"人生"、"人生观"和"科学"作了自己的界定，提出了自己的看法："人生问题，有大部分是可以——而且必要用科学方法来解决的。却有一小部分——或者还是最重要的部分是超科学的。"张东荪刊载了此文后，也加了《东荪按》，不同意丁文江对科学的界定。丁文江将科学定义为科学方法，"科学的方法不外将世界的事实分起类来，求他们的秩序。……凡是事实都可以用科学方法研究，都可以变做科学"。张东荪根据自己的理解，对科学作了新界定："科学乃是对于杂乱无章的经验以求其中的'不变的关系'。这个即名为法式或法则（即许是暂定的）。"他对于丁搞不清玄学与科学的定义表示失望说："以科学的大忠臣的丁先生，其攻击玄学，未尝对于玄学下明切的定义，诚有可原，乃对于科学亦不能使我们满意，便不能不有些失望了。"②

6月9日

张东荪在《时事新报》上发表《劳而无功——评丁在君先生口中的科学》一文，赞成林宰平《读丁在君先生的"玄学与科

---

① 张东荪：《玄学科学论战杂话·东荪按》，《科学与人生观》，上海亚东图书馆，1923年。

② 张东荪：《人生观与科学·东荪按》，《科学与人生观》，上海亚东图书馆，1923年。

学"》一文的观点。他说:林宰平的文章"把我的文章十分之九都抢了去了。对于丁先生所应当说的话十分之九既被林先生道破了,我今天所所只是一些余义。"在这篇文章中,张东荪提出对丁文江的三点批评:"(甲)我认为丁先生不是真正拿科学来攻击玄学,而只是采取自己性质相近的一种哲学学说而攻击与自己性质相远的那种哲学学说。(乙)我认为丁先生对于科学的真正性质没有说明白。(丙)我认为丁先生对于科学,与汉学的考证混为一谈,这样宣传科学是有害无益的。"①他认为丁文江的观点是采取了詹姆士、马赫的经验论观点,其对科学的解释也是不圆满的。

6 月 25 日

张东荪在《东方杂志》20 卷 12 号上发表《谁能救中国》,公开声称救中国者唯有培养知识阶级不怕死的壮烈精神。怎样救中国? 这是张东荪思考近 20 年的大问题。他自述云:"当其始,以为关键在乎法制:有善法则中国便可转弱为强。后来事实继出,一一为之否认。"他描述道:自晚清以迄现在,爱国之士对于救国所下的方剂实不下几十种,如清末的立宪,民国的共和,与现在的省宪。当初一说出,大家以为此乃起死回生之圣药;迨投药以后,而国家的病状如故。于是使我们晓得此等主张不过主持论坛者自炫之具。故今日中国决非理论之宣传,方案之拟议所能救济。他的结论是:"一、民族的衰亡以知识阶级的堕落为先河;二、中国今天确是知识阶级已衰颓了;三、欲救中国不外培

① 张东荪:《劳而无功》,《学灯》1923 年 6 月 9 日。

养知识阶级的不怕死的壮烈精神。”[1]

8 月

张东荪在《东方杂志》20 卷 15、16 号上连载长文《唯用论在现代哲学上的真正地位》。这篇文章，后来略经删改，以《唯用论》为名，收入 1929 年出版的《新哲学论丛》中。

他在该文中系统考察了实用主义产生发展和演变的历程，不仅对杜威的观点作了阐述，而且对詹姆斯和席勒的哲学思想也作了阐述；不仅介绍了实用主义的方法论，而且介绍了实用主义的本体论和认识论。他认为，认识论是“唯用论根本上所托命的，极精微深奥，读起来可令人一击三叹”；方法论是由这种认识论而演成的一种态度；本体论则只是这种认识论的一个延伸而已。所以，张东荪首先着重对该派哲学的认识论作了介绍和分析，然后再对其方法论和本体论进行阐述。这显然与胡适介绍的实用主义是不同的。他根据自己对实用主义的理解和把握，对实用主义哲学的要点作了画龙点睛式的概括：一、唯用论认为唯一的存在只是经验，主观、客观与心物都是经验以内并由经验而分化的；二、经验的原始材料（即所谓所与）只是混沌，这种混沌并没有绝对客观的实在性，乃是真伪杂淆的；三、对于所与而加工，便是把所与拉进内在而为内在的存在，所以对于所与愈加工，便是使其愈真，愈真便是愈实在。真理是正在发展的，本体也处于发展中的；四、宇宙的本体就在经验本身，我们的自我实现就是宇宙的圆满化；五、我们的自我实现就

---

① 张东荪：《谁能救中国》，《东方杂志》第 20 卷 12 号，1923 年 6 月 25 日。

是即知即行、即智即情；六、心既然是即知即行，所以不是体而只是用；七、真即是实在，则伪便是非实在。真伪只是一个价值化的历程。

9月底

张君劢应江苏省省长韩国钧的聘请从北京抵上海，与张东荪、瞿菊农等人创办吴淞自治学院（后改为国立政治大学），张君劢出长吴淞自治学院，陈筑山任中国公学代理校长，将原有商科专门提高程度，改升大学。张东荪与张君劢等人在上海讨论过组织政党问题，认为首先创办理想杂志，集合同志，为日后组建政党做好准备。据张君劢夫人王世瑛遗稿《君劢先生之言行》披露：1923年张君劢的日记上说："与东荪筑山庭锐振铎等十余人，商量办一理想杂志，以唯心史观为中心概念，再提起组党问题。以东荪为主干，六几为编辑。欲为吾国思想界，成一新分野。"①

年底

亚东图书馆将发表在《努力周报》和《学灯》及其它报刊上的科学与人生观论战文章收集起来，编为《科学与人生观》，并请陈独秀和胡适两人作序。陈独秀站在唯物史观的立场上对这场论战作了批评；胡适则站在科学派的立场上对论战进行评述，从而将科学与人生观论战推向高潮。张东荪素来对于这些哲学问题感兴趣，关于论战双方的文章，他几乎都进行了研究。他后来追

---

① 王世瑛遗稿：《君劢先生之言行》，见《张君劢传记资料》（七），台北：天一出版社，1979年。

忆说:“论到我个人,我对于这种讨论本来特别感兴味,因为他们所讨论的问题都是我向来想解决而未能解决的,并且是我现在正在努力从事的。”①

① 张东荪:《科学与哲学》,上海商务印书馆,1924 年版,第 1—2 页。

1924 年(民国十三年　甲子)　38 岁

【参加科学与玄学论战,加深了张东荪对哲学的兴趣,他对科学与哲学的关系继续进行思考,撰著的《科学与哲学——从我的观点批评科玄论战》由商务印书馆出版。是年春,张东荪辞去《时事新报》主笔,主持中国公学,聘请知名教授,增添图书设备,提倡自由研究的学风,取得了突出成就。】

1 月 10 日

张东荪在《东方杂志》21 卷 1 号上发表《中国政制问题》,站在局外人立场上评议中国宪政,怀疑西方代议制的价值。张东荪在民初坚决主张议会制度,但经历了民初宪政的幻灭,他对中国实行议会制度的前景持悲观怀疑态度。在他看来,“在中国厌恶国会与蔑视议员已成了普遍的心理与有力的舆论”,“中国议会制度因国会议员的无耻与省议员的无耻已经在舆论上破坏完了”。他认为代议制不符合中国实际:“须知政制好像衣服”,要先把身体养胖了,不然光制宽大衣服无用。“以代议制为例,必先有对于实际问题的自觉民意,然后方能有真正的代表。中国人民既尚未有这种自觉”,“议员因为人民没有意思,倒是军阀有意思”,“可见社会尚未到适合代议制的程度。在这种状态下徒然改为代议制,亦必无用。”故他主张放弃中国现实中的代议制,另谋适合中国国情的民主制度。

是年春

张东荪辞去《时事新报》总主笔,第二次主持中国公学。中国公学废除代理校长,改设学长,仍以张东荪任之,协助校长总揽全校大政。同年夏,董事会推张东荪任商科学长,陈筑山先生专办高中。“十三年夏,陈筑山以病不克常川到沪兼顾商大,商准董事会,推张东荪任商大学长,陈筑山专办高中。”[①]这是张东荪第二次主持中国公学,直到 1927 年公学被国民党接办为止。针对中国公学经费困难,张东荪与陈筑山致函梁启超,促其尽力与政府交涉付予公债利息。

3 月 27 日

张东荪主持中国公学,经费上始终面临严重困难。张东荪致函梁启超,商讨积极募集中国公学基金之事:“任公先生:筑山因公学分淞、沪两校,精力不及兼顾,屡与荪商,欲荪任沪校,即专办商科是也。筑山为此提议,已多至四次,皆为荪所拒,惟近来荪意亦颇动,盖公学生命即在六万一事。此事若成,不但可办,且可办得格外出色,彼时吾辈在南方,左有自治学院,右有中公大学部,自可与北大、东南鼎足而立。否则若六万无着,则并现有之局面亦不能维持。故此事前提即全在六万一事。尚望先

① 《中国公学图书馆募捐启》后面附有《史略》,《近代史资料》第 69 期,第 145 页。

生以全力进行，非仅公学生死关系，实吾辈事业生死关系也。如何之处，尚祈赐复。”①

3 月 28 日

陈筑山亦致函梁启超，请速谋中国公学公债保息之事：“公学债务，转瞬到期，下年计划又将开始，公债保息一节，与公学生命极有攸关，尚望先生格外鼎力早期成就。若能成功，暑假后拟与东荪合力各任一部，前途发展实大有望，祈与搏兄力图之。暑期讲演前承许诺，望再赐讲题，以便汇印。讲时至长只烦先生一周，谅能拔冗。今年准备印刷廿周年纪念册，亦望赐以鸿文。”②

4 月 3 日

张东荪致函梁启超，言海外人士对本党感情状况，并请努力募集中国公学基金事：“前上一函，谅已达览，顷又与颂华（新自德归）、井羊（井羊系虞裳之妹婿，其人研究经济极深，对我辈尤有密切之感情）谈，知海外饱学之士，与吾辈表同情者甚多，（且南陔、虞裳不久即归，非有事业则必皆去而之他。）吾辈苟有事业，便可团结不散。且以后救国之道，不在空言，必须于社会上占有不摇之势力，故此后吾辈生死存亡关键，即在能否充分吸收新人物与开发事业。荪意，上海方面有自治学院、中国公学与《时事新报》，三者皆能充分发展，则吾辈在南中社会上之根基已不为小。故荪对于中国公学年息六万一事，认为十二分重要。盖此事若成，有许多人物可罗致也。前函所言即为此事。尚望

① 张东荪：《致任公先生书》，《梁启超年谱长编》，第 1011 页。

② 陈筑山：《致任公先生书》，《梁启超年谱长编》，第 1011 页。

先生函约搏沙(如能亲向叔鲁一催,岂不更妙),以全力为之,苟有眉目,荪即拟来京一行,面陈一切计画。如何之处,盼即立复,至祷至祷。”①

4月4日

陈筑山《致任公先生书》,论本党对国事方针与中国公学基金问题:“日来与东荪聚谈校事,同时并及吾辈对于国家之将来。觉今日有一至大之方针为吾辈不可轻易看过者,即将来的社会中心势力,非托与学者与商人之团结不可,外此运用劳工,鼓动农民,都不过是时髦书生的见解,非徒无益,而且有害。所谓学者与商人的团结,只重在中心势力之造成,所执的何种主义另是一问题。吾辈今日之责任当以经济的智识指导经济界的人们。果有正确的知识,热诚的指导,安能与崇拜列宁偶像的团体相对立。而吾人今日欲扎硬营以备将来打死仗,非将公学基础建筑坚固,徐图扩张,网罗经济的人才不可。现在留欧学生专就经济学养极丰归来者,已不乏人,多不满于某党的主义,而有厚望于吾辈者。筑与东荪深谈数次,觉得公债保息事,不但为公学生死之关头,而亦我辈对于国家前途所怀抱之成败。如兹事固成,下年商科范围拟扩为经济科,不知先生以为然否?保息事,极望先生出死力与商叔鲁,否则终成泡影,下学年公学便不知如何维持。东荪拟不久来京,就商此事。搏沙返京否?极念。”②

① 张东荪:《致任公先生书》,《梁启超年谱长编》,第1012—1013页。

② 陈筑山:《致任公先生书》,《梁启超年谱长编》,第1013页。

4 月 23 日

梁启超会同王敬芳与财政总长王克敏交涉，一无所得，气愤而归，《致东荪筑山两兄书》说："日来因赶编讲义，每日埋头脑于其间，百事俱废，得来书，日日欲复，日日阁置，明日须入京（因太戈尔来），姑先草复数语。公学保息，依现在情形，恐难办到（往后希望亦甚少），吾为此事及报馆事与叔鲁曾三度言之（公学暑校事，现时亦难回答，因内人之病，西医早宣告不治，现亦无甚起色，恐夏间决不能离家南下）。毫无着实结果，搏沙为公学事几与彼挥拳矣。仰面求人，总不足恃，徒怄气，奈何！报事除却向商界设法外，恐亦无办法（能得商务按月给广告费若干，其余各银行公司一百几十凑凑，不知有办法否？请与溯初切实一商），前面与放园言，想及商务馆，恐亦是一相情愿耳。此信虽复，等于不复，奈何。"[①]筹集经费困窘至此，张东荪主持中国公学的困难更可想而知。

10 月 12 日

张东荪在《时事新报》副刊"学灯"发表为张君劢《国内战争六讲》所写的《跋》。

是年秋

江浙战争爆发，浙军占用中国公学吴淞校舍，高中遂停办一年。战争结束后，张东荪积极推动公学的各项工作。中国公学是梁启超、张东荪为首的研究系在上海的重要文化据点，梁启超

---

① 梁启超：《致东荪筑山两兄书》，1924 年 4 月 23 日，《梁启超年谱长编》，第 1017 页。

等人力图将它办成研究系在南方的大本营，所以尽管遇到了经费和学生风潮等各方面的困难，研究系并不愿放弃它。张东荪聘请俞颂华到中国公学担任教务主任兼教授，所聘其他教授均是30岁左右即已学有专长、备受学生欢迎者。

是年

张东荪通过对科学与人生观涉及问题的深入思考和潜心研究，撰著《科学与哲学》一书并由商务印书馆出版。在这部仅五万余字的小书中，张东荪重点阐述的是科学与哲学各自的性质和范围，目的是进一步论证两者有着不同的性质和范围，人生观问题并不是科学所解决的范围，而恰恰是哲学所能解决的。他将该书内容归纳为："余于书中所斤斤言之者即在科学之性质一点；其次则为哲学之性质。以为今之扬科学之大旗往来于闹市者，实未尝真知科学之为何物。"①

张东荪在该书中首先对吴稚晖自然主义的宇宙观和"物欲横流的人生观"进行了严厉的批评。他认为，科学与人生观的论战，由丁文江的实在论到后来吴稚晖的唯物论，不是进步与发展，乃是退化与堕落。张东荪对科学与哲学的性质和范围进行了阐述。他坚持在《劳而无功》上给科学的定义：科学乃是对于杂乱无章的经验求其中的比较不变的关系。哲学与科学的不同处在于："我以为科学好象芭蕉一样，一层一层皮叶长大起来，自然一天一天厚肥了。而哲学则是对于已成的芭蕉一层一层剥下来。所以科学是顺进的，哲学是逆进的；科学是经验的堆积与知

① 张东荪：《科学与哲学》，《东方杂志》第22卷2号，1925年1月25日。

识的开拓，而哲学则由开拓而逆探其原始，由堆积而返窥其起点。所以从哲学以观科学，便知道科学不是摹写世界，乃是改造或创造世界。”①

张东荪认为将科学的成果拿来作为构造宇宙观和人生观的依据，正是自然主义和唯物论的弊端，唯物论批评唯心论的依据也正在此。他坚持认为，近代的唯心论与古代的唯心论已经不同了。他解释说：“须知近代哲学已将追求一个终极的实体(entity)或实质(substance)为宇宙根源或万有元素的思想抛弃完了。不在一个东西中求一个东西为其，以为这种思想大部分是错误的，非解放不可。所以唯心论的心并不是指实体或实质而言，乃仍不妨指作用(function)。”他认为：“近代唯心派哲学是专从知识作用的一个小孔中穿出去得着一个柳暗花明又一村。所以和批评的自然主义以及唯物论等不相同，因为这些自命为科学的哲学，都是把科学研究所得的结果拿来构成他们的宇宙观。”但由于科学的进步是无限的，其所得出的结果也是发展的，所以，张东荪的结论是：“所以我说科学的哲学不是真正的哲学。真正的哲学即拿科学本身来批评，即从科学所由成的知识而逆探宇宙的根本。”正是从这个意义上，张东荪将唯物论比喻为“近视眼的哲学，”而将唯心论比喻为“远视眼的哲学”。② 也正因如此，他坦白地将自己的哲学意见命名为“存疑的唯心论”，认为自己的“存疑的唯心论”与丁文江所谓“存疑的唯心论”是根本不

① 张东荪：《科学与哲学》，上海商务印书馆，1924 年 6 月，第 67 页。

② 张东荪：《科学与哲学》，上海商务印书馆，1924 年 6 月，第 71—72 页。

同的。

科学与玄学论战,张东荪初步阐发了自己的哲学见解,特别注重讨论科学与哲学的关系。通过对科学与哲学关系的论述,张东荪划定了科学与哲学各自的范围,阐明了两者不同的性质,旨在说明科学与哲学有着不同的性质和研究范围,科学再发达,也不可能代替和包办哲学,哲学应有其生存和发展的一席之地。不仅如此,他认为科学是有其价值的:"不但不因唯心而诋毁科学,却反而因为唯心乃认科学本身即是一个大理想的实现,且是一个最有价值的精神活动。科学不是描写外界的实在,乃是本于知识所固有的创造性,来改造世界。"①

这个结论正确与否还可以再讨论,但张东荪依此努力协调科学与哲学的关系,划定了两者的地位,在科学主义弥漫的时代,为哲学的生存和发展作了有力的论证,其意义是巨大的。从某种意义上说,这场科学与玄学的论战,实际上是要在中国思想文化界摆正科学与哲学关系和地位的争论,张东荪所以参战,并在激烈的论战中不断发表自己的见解,着力论证科学与哲学的关系,固然是他这个当时有"哲学癖"者要"打抱不平",而实际上也有为中国近现代哲学的生存和发展争取合法地位的意思。如果将张东荪此次参加论战的动机与30年代挑起唯物辩证法论战的动机作一比较,更可看出许多相似之处。如果说科学与玄学论战是中国近代资产阶级学术思想内部的争论,主旨是要从科学主义的潮流中争得"纯粹哲学"的地位,那么,20世纪30年代,

---

① 张东荪:《科学与哲学》,上海商务印书馆,1924年6月,第101—102页。

当马克思主义哲学闯入哲学领域,并对以往的“纯粹的哲学”进行空前规模批判时,中国现代哲学也同样面临着生存和发展问题,对西方哲学十分推崇的张东荪,再次“挺身而出”,起而应对非难和攻击,维护所谓“纯粹的哲学”,也就再自然不过了。

1925年(民国十四年　乙丑)　39岁

【张东荪继续主持中国公学,并将商科从上海迁回吴淞,但因缺乏必要的办学经费,其创办一流"社会科学大学"的目标未能实现。10月,张君劢在吴淞创办的自治学院改组为国立政治大学,他受聘为该校哲学教授。他除了翻译发表《科学与哲学》外,还发表《甘地动机与马克思动机》、《出世思想与西洋哲学》等文。】

是年春

张东荪将商科从上海迁回吴淞,"同时延约海外名彦,计画添设哲学、政治、经济诸系,期于一二年间陆续开办,酌采伦敦大学之经济政治学院之精神,取其志在谙习实务者,得自由以窥得学理。且此制得随时放大,自成专科,应时代之要求而有新课之增设也。"[1]张东荪雄心勃勃,拟仿照伦敦经济学院制度,将中国公学办成中国第一流的社会科学大学。

张东荪特别注意两方面,一是聘请好的教授,二是丰富图

---

① 《近代史资料》第69期,第128—129页。

书，搞好图书馆的建设。他认为，大学最重要的有两点：一是有好的师资，二是有丰富的藏书。为将公学办成国内一流大学，他在当时经费比较困难的条件下，着力从这两方面下手。

在聘请教授方面：张东荪广延名师，不拘年龄，不分党派及政治背景，凡是学有专长者，都大胆聘用。他主持中国公学期间，聘请余颂华、刘秉麟、徐广德、高践四、郭德华、陈其鹿、陈伯庄、童瑗逊、李祖虞、金侣琴、余颂华、郭传治、霍俪白、陆鼎揆、傅子馀、章经芳、郭颂馀、岑德彰、谢冠生、黎纯良、黎照寰等20多位教授。

在丰富图书方面，张东荪主要将有限的经费投入到图书馆的建设中。《王敬芳请中华教育文化基金董事会拨款函稿》对张东荪力主兴办公学图书馆的情况及1925年左右中国公学图书馆情况作了说明："夫图书馆之设立，有附于学校中者，有独立者。独立者固可供人浏览，使一班人皆得亲版籍；而附于学校者，则可供师生专门之研究。二者功用虽异，而性质实同。前者趣旨在博，后者目的为专，其于文化之贡献，实不得谓后者较前者为不切要也。敝校有鉴于此，以为学校当为研究学问左所，非徒传习而已，遂于一九二二年将旧有图书馆力事扩充，并颁行特别捐图书：凡教职员薪水每月五十元者抽一元，百元者抽三元，二百元者抽八元，学生每学期须缴三元，共计年可得约四千五百年。加以向各处募捐，自去岁实行后，所藏西书已由一千余进至三千余种以上。中文书除原有一千余种外，近得陈嘉庚先生认捐《四库全书》一部，一俟出版即可送来。”①

按照张东荪和王敬芳等人的设想，公学要在5年内建设成一个专门图书馆，“不仅供本校师生研钻之用，且可供校外关心经济问题者之用。盖若敝校图书馆此类书报独多而且备，则凡欲研究此问题者必相率而来，届时敝校即将此图书馆公开也。”由于公学经费有限，王敬芳便曾向中华教育文化基金董事会申请拨款，“除已自筹得五千元左右外，敢请贵会拨助每年八千元，以十年为期。”②

然而，由于缺乏必要的经费，张东荪创办一流“社会科学大学”的努力，显得异常艰难，他的这个办学目标，并未能够实现。张东荪早就意识到，要办好公学，必须在经费上给以保障，所以，当他再次主持公学时，便与陈筑山致函梁启超和王敬芳，期望得到经费上的保障。梁启超、王敬芳为了筹集经费，四处活动，其艰难远超过张东荪第一次主持中国公学时。对此，王敬芳在1931年《致胡适函》中说：“民国十二、三年间，中国公学大学部与中学部分立在上海与吴淞两处，因此费用浩繁。当时由张君东荪、陈君筑山分担两部分的主任，函电交驰，催为筹款。我当那个时候，还有挪借的力量，除托上海福中公司向浙江兴业银行、升和煤号各代公学借款数千元外，又在北方向各方挪借之款约有四、五万元，内有陕西督军刘镇华君捐给梁任公先生之文化

① 《王敬芳请中华教育文化基金董事会拨款函稿》(1926年6月4日)，《近代史资料》第69期，第61—63页。

② 《王敬芳请中华教育文化基金董事会拨款函稿》(1926年6月4日)，《近代史资料》第69期，第61—63页。

学院一万元，文化学院未办成，此款由公学借用。”[①]这些借款，勉强维持着公学的正常运行。正是利用这些有限的经费，张东荪除了将中国公学的商科扩大外，还办起了中国文学、政治经济学、哲学等系，扩大了公学的规模和影响。梁启超评价中国公学在教育方面的成就说，在此10余年，“毕业学生数千人，或留学欧美，或服务社会，成绩称优越。”[②]俞颂华说：“他也办过中国公学，他办学时候，据我所知道，有两大特色：一是毫无党派成见，专门聘请好的教授；一是积极充实图书设备，提倡自由研究的学风。这话是在那时中公毕业及读书的校友都能负责证明的。所可惜的，那时经费有限，而且他主持校政的事件亦不够长。”[③]

3月25日

张东荪在《东方杂志》22卷6号发表《联邦论辩》，解释自己将注意力由政治转移到思想文化方面的原因。他说：“我近来久不作讨论政治的文字，因为精神集中于他方面，所以无暇及此。”即转移到哲学和文化方面。他又说：“我也不愿再讨论此类政治问题，因为政治究竟是一件实施的问题，若所谈与所主张均不能见诸实行，而实际反相距渐远，则谈时安能有兴味呢？我所以不愿论到政治，纯因现实状态不成样子，完全离了轨道。若所言不求切于实际，便是在脑中自造一乌托邦，当然不算讨论政治。可

---

① 《近代史资料》第69期，第164—165页。

② 转引自张朋园：《梁启超与民国政治》，台湾：食货出版有限公司，1981年版，第174—175页。

③ 俞颂华：《论张东荪》，上海《人物杂志》第2年第6期，1947年6月20日。

见现在中国的政治真是无法讨论了。”①这是张东荪不愿再评议政治的主要原因。

5 月 10 日

张东荪在《东方杂志》22 卷 9、10 号上连载长文《席勒唯用派哲学之自由论按语》。

6 月 27 日

张东荪在北京《晨报》上发表《甘地动机与马克思动机》。

9 月 25 日

张东荪在《东方杂志》22 卷 18 号上发表《出世思想与西洋哲学》。

张东荪自称在日本留学时接受了西方自然科学和哲学并为之折服:“我在那时已略略领受西洋哲学的滋味,尤其对于心理学起了兴味。”故当蓝公武讲“大悟万物唯心的道理”时,张东荪开始用已掌握的西方自然科学对佛学思想进行反思,于是“便生了一个疑问:即佛教所谓解脱或涅槃的境界是否一种心理的变态。”当时,他“心中颇想肯定此问题,只因学力太浅,没有得着充分的证据”而作罢。②

他在这篇文章中,用西方哲学和科学(心理学)对出世思想作了分析,对西洋文化的理性主义格外推崇。他得出结论:“所以我主张提倡淑世思想,以振其委靡之气。然提倡淑世思想便

---

① 张东荪:《联邦论辩》,《东方杂志》第 22 卷 6 号,1925 年 3 月 25 日。

② 张东荪:《出世思想与西洋哲学》,《东方杂志》第 22 卷 18 号,1925 年 9 月 25 日。

不能不大大输入希腊文化。因为人类文化大别为五，就是埃及文化、希腊文化、希伯来文化、印度文化、中国文化。埃及文化久已亡了，无从批评。希伯来文化具有禁欲性质，亦是一种似是而非的出世思想。中国文化当以道家为代表，孔子亦是大部分承其余绪。中国道家思想以任天为原则，最排斥的是人为，所以可名为顺世思想。因此我以为希伯来文化无足取，惟希腊文化苟得而发挥光大之，可以变为世界文化。且要救目前中国，亦唯有充分输入这种文化；使理性主义大倡，则中国的前途或有几分希望了。”

10月

张东荪、张君劢在上海吴淞创设的“国立自治学院”，奉北洋政府教育总长章士钊之命，改名为“国立政治大学”，张君劢任校长。该校是“五卅”运动后从上海圣约翰大学推出的部分爱国师生为基础，由张君劢与张东荪等人在江浙军阀孙传方的资助下在上海吴淞创设的。王世瑛遗稿《君劢先生之言行》记载：1925年，“自治学院奉令于十月四日改为国立政治大学，由沪移吴淞新校址。先生任校长。先生于每周一晨作唯物史观之批评并担任英伦政治一课。时张东荪、罗文干、金井羊、瞿菊农、陈伯庆、张孟劬、陆鼎揆、吴国桢、刘英士、岑住彰、金国宝、叶元龙、潘光旦等先生均任教授。”

1926年(民国十五年　丙寅)　40岁

【张东荪继续在上海国立政治大学任哲学教授,着力于哲学研究和中西文化研究。他声明:“输入西方文明不是决无问题。这是我愿促起讨论文明问题的人们注意的。至于我个人的意见,虽则仍主张彻底输入西洋思想,然对于畸形状态却以为亦非有一种补救之法不可。”他在《东方杂志》上先后发表了《初学哲学之一参考》、《由自利的我到自制的我》、《兽性问题》和《西方文明与中国》等文,探讨补救中国社会畸形状态之法。】

1月10日

张东荪在《东方杂志》23卷1号上发表《初学哲学之一参考》阐述了自己的中西文化观。其云:“要起中国的沉疴非彻底输入西方文化不可。所谓输入西方文化自然是指科学而言,然而输入科学却非先改变做人的态度不为功。所以输入科学而求其彻底,则非把科学的祖宗充分输入不可。科学的祖宗非他,西洋哲学便是。……我们介绍科学不求彻底则已,如其要彻底,则非充分介绍哲学不可。”①

2月10日

张东荪在《东方杂志》上发表《由自利的我到自制的我》,提出了化欲主义的人生观。

他经过对中国社会现状的“实地察看”后断定:西方文明输入中国后,中国社会出现了严重的“畸形状态”。他分析说:“中国的传统道德传说已早成为具文,只是一个空壳,没有实际的力量。并且社会上所流行的风俗渐渐变得与传统的道德观念不甚相干了。降至今日,所谓礼教除名称外,其实质与现代社会几乎完全无关。……我因名此为‘礼教的蒸腾’。我相信礼教的蒸腾在西方物质文明输入以前。所以物质文明一来便好象飞入干柴,立即烧起来了。”礼教本是担负“挽”之责任的力量,其内容的蒸腾,标志着它早已丧失了“挽”的功能。这样,便自然造成西方文明进来后中国社会“推”“挽”失调、并导致中国社会的“畸形状态”。中国社会的畸形状态是“理智初开”时的必然结果,理智初开时的流弊,实际上是由利己思想造成的。他说:“利己主义乃是半自觉时所起的一种病症。换言之,即这个过渡期间所必现的畸形。”中国社会的“畸形状态”,就是由小我发觉到大我发现、由理智初开到理智成熟这一过渡时期必然出现的病症。由这种分析,张东荪找到了一条“补救”途径:进一步开发理智。他公开声明:“我以为救中国只有提倡理智主义,充分开发知识。”

---

① 张东荪:《初学哲学之一参考》,《东方杂志》第23卷1号,1926年1月10日。下同。

此处的“救”，当指“补救”，即用“理智主义”补救中国社会的畸形状态。他断言：“凡是因知识开化而产生的恶果只有由知识更开化一层始足以疗之。断不能因噎废食，将知识淹灭而倒退到无知识。所以凡是因理智开发而产生的恶劣影响，只有把理智再进一步开发方能为之救济。”他顺理成章地得出结论：补救中国社会畸形状态，只有提倡理智主义。

提倡理智主义，所对付的实际上是“人欲”问题，他进而提出了“化欲主义”的人生观：“我主张以理智利导情感，就是使情感跟着理智走。情感而能为理智所导引，则情感同时亦得满足。所以我这种主张既不是纵欲主义，又不是绝欲主义，亦不是节欲主义，乃是化欲主义。”他解释说：“所谓化欲主义就是把下等本能升移到高尚方面去，使其亦得满足。”[①]张东荪实际上向当时思想界提出了一个现实的问题：如何在中国建立“新道德”的问题。他提倡“理智主义”生活，正是五四后建立新道德观的一种尝试。

是年春

张东荪到北京协和医院探望病中的梁启超，劝他重新干政，为建立民主政治而努力，但受到梁氏婉言拒绝。此事对张东荪思想刺激颇大，思考良多。他后来伤感地说：“中国之始终未能走上民主轨道，可以说就是因为没有人肯作民主主义的殉道者。”

3月15日

张东荪为陈兼善（达夫）撰《进化论纲要》作序。该书直到

---

① 《由自利的我到自制的我》，《东方杂志》第23卷3号。

1933 年由商务印书馆出版。陈兼善早在张东荪主持《时事新报》副刊《学灯》时就向《学灯》投稿,后被张东荪延聘至中国公学任教。陈氏在十年研读进化论的基础上撰写了《进化论纲要》,请对西方哲学熟悉的张东荪为该书作序。张东荪在《序言》中首先回顾了自己与陈兼善交往的情况,充分肯定进化论对中国学术界的影响。他说:

“我自研究哲学以来,同时即注意于进化学说,于达尔文以后之新主张,尤为注意。间尝深慨于中国出版界,绝少讨论进化学理的著作。七八年前达夫兄有稿件投赠《时事新报·学灯》,我见而奇之,遂与订交。此后同办学于淞滨,达夫于教授外,始终不忘其学问上的趣味,见新书辄购买,与我有同癖。尝告我中国有《天演论》出版以来,竟没有第二部书出现,诚可谓学术界之大耻,故有编纂此书之志。我每闻自欧美归者言,欧美各国以浅显文字说明高深学理之通俗书籍,皆出于专门家老教授之手。因为以高深文字说明高深学理固难。而以浅易文字说明高深学理尤难,苟非于此道三折肱,断不能将高深学理化为浅易文字。达夫兄虽不足当专门学者之誉,然精研十年,以其所得转介绍于国人,必有裨益于我国之学术界。且进化思想之宜普遍的灌输,不特在知识饥荒的中国为然,即欧美亦似有此需要。……须知达尔文主义只是进化论中之一种学说,绝对不能代表进化论全体。达尔文主义,可以动摇,可以修改,或竟可以全废,而进化论却是依然无损。进化论自身可以有进化,而达尔文主义却不能有进化。在学术界对于进化的概念,尚欠明了,又何况其它呢?所以达夫此书实有速编纂、速出版的必要了。”

8月10日

张东荪在《东方杂志》23卷第15号上发表《兽性问题》。该文是对《由自私的我到自制的我》一文的续篇。他在该文中继续阐述化欲主义人生观:"所谓化欲主义就是把下等本能升移到高尚方面去,使其亦得满足。至于升移本能的方法,当然有赖于修养,诚如法人鲍顿因(c. Baudouin)所说,我们今天的科学进步,对于本能升高的法则,尚远不能如物理学的计算电流与热力那样有把握。解心术的学者止能靠助本人的自动。所以升高本能仍以本人自动的努力为原则。而教育的劝掖亦有力。总之,这些方法的讨论虽很重要,然以非本篇的主旨,我请另篇详论罢。本篇的目的在告诉中国目前的浅薄思想界,使他们知道以往的制欲固然不见得很好;而现在的绝欲却是大害。须知于两者以外尚有一种化欲的可能。"

12月25日

张东荪在《东方杂志》上发表《西方文明与中国》,集中阐述了其对中西文化的看法。

张东荪从分析西洋文明构成入手,揭示中国社会畸形状态形成的现实原因。近代西洋文明是由希腊文明和希伯来宗教文明构成,希腊文明是主知主义,以为人生缺憾可由知识补足,于是,便有利用厚生的一切设施;希伯来宗教文明对西方社会日常生活产生重大影响。社会要进步必须利用厚生,要利用厚生又必须"率欲望而前进",即"利用厚生却又非以个人思想为推动力不可",这是社会进步的推动力;但单靠"推动力"也不行,必须设法抑制个人欲望的膨胀,使人们获得"灵魂"上的安慰。所以,必须妥善处理好“推”与“挽”的关系，解决“增进人生的福利使其在个人方面的与在群体方面的相调和”这个难以解决的大问题，才能使一个文明稳步前进，不至于陷入“畸形状态”。近代西洋文明之所以得到平稳发展，其秘密就在于处理好了推与挽的关系。“所以西洋有希腊文明以推之，又有宗教文明以挽之。在这一推一挽之间，他们得了进步又得了安慰。”①这是张东荪研究西方文明发展史而得出的十分精辟、带有规律性结论。

文明的发展需要“推”也需要“挽”，而西洋文明输入中国后却出现了“推”“挽”失调的情况，这是造成中国社会“畸形状态”的根本原因。从晚清以来，中国输入的西方文化，主要是“奋进主义”的近代西方文化，尤其是五四时期，中国先进分子致力于“促进厚生”、确立“个人思想”为本位，趋向于“沿着生活本来的趋势以奋进”的道路。然而，在“挽”之方面，中国却发生了大问题。其主要表现在：中国固有文化“已不能担负这个‘挽’的责任了；于是只有‘推’，这势必至于推车撞壁。”中国固有文化之所以不能为中国人“促进厚生”提供精神上的安慰，主要是因为中国固有文明大部分于无形中“腾化”了。所以，他明白地提出：“须知西洋文明之输入既排山倒海而来，是阻挡不住的，即反抗亦是百分之九十九无效的。所以我们正不必引为毒害的妖言，特辞然而辟之。”②

---

① 《西方文明与中国》，《东方杂志》第23卷24号。

② 张东荪：《西方文明与中国》，《东方杂志》第23卷24号，1926年12月25日。

1927 年(民国十六年　丁卯)　41 岁

【国民党进占上海后,因张君劢、张东荪等长期追随梁启超反对国民党,被国民党视为进步党的“余孽”,加上他们拒绝执行国民党要求各学校念“总理遗嘱”的命令,故张君劢主持的国立政治大学被国民党接收,该校图书被中央政治大学接收,张东荪被目为“学阀”受到国民党政府的通缉。张东荪会同瞿菊农、黄子通等人创办中国第一家专门哲学刊物《哲学评论》,并一度担任东南大学哲学教授,在《哲学评论》上发表《因果律与数理》、《名相与条理》、《全体主义与进化》等文,着力于西方哲学的翻译介绍和研究工作。】

2 月 10 日

张东荪在《东方杂志》24 卷 3 号上发表《名相与条理——唯理派思想之来历极其分析》一文,通过介绍介绍西方理性主义,讨论共相和因果问题,在认识论上初步形成了“主客交互作用说”。

4 月

北伐军进占上海。由于研究系一贯的反对国民党的立场,在上海的研究系分子受到蒋介石的通缉，张东荪也被目为"学阀"，在通缉之列，他被迫逃到外国租界中躲避。对此，他后来说："国民党北伐至长江，任之先生与余皆被目为学阀，加以通缉者，不止一次。彼时所谓学阀，即指反对一党专政之民主思想者而言。"①接着，张东荪主持的中国公学被国民党接收；《时事新报》通过改组也脱离了研究系控制；张君劢在上海吴淞创办的国立政治大学被国民党解散。这样，梁启超、张东荪等人在上海苦心经营的文化事业遭到严重摧残。

张东荪有鉴于国民党专制统治下言论不得自由，报纸不能再说自己的话了，便彻底脱离了报界而转入学界。他后来解释说："我之所以脱离报界就因为民国 16 年以后报纸完全变为他人的喉舌不能说自己的话了。"②

4 月 30 日

张东荪与瞿世英（菊农）、黄子通、林宰平（志钧）经过一段时间筹备，在北京创办了中国第一个哲学研究的专业刊物——《哲学评论》，为中国哲学界进行哲学研究提供了必要的研究和争鸣的园地。在创办之初，该刊约请金岳霖、冯友兰、张申府、许地山等 30 多位哲学专家为撰稿人，在当时学界产生了较大影响。到 30 年代初，在《哲学评论》周围，逐渐积聚了一批以介绍西方哲学和研究中西哲学问题为共同趋向的知名学者，逐渐演化成"聚餐

---

① 张东荪：《民主化的机关管理 · 序》，香港《国讯》第 1 卷 3 期，1947 年 11 月 10 日。

② 张东荪：《思想与社会》序论，上海商务印书馆，1946 年。

会”的形式。

张东荪在《哲学评论》创刊号上发表长文《因果律与数理》。随后,张东荪在《哲学评论》上先后发表《全体主义与进化》(译文)、《休谟哲学与近代思潮》、《快乐论:其历史及其分析》、《严肃主义:其历史及其批评》、《将来之哲学》等有分量的论文,在介绍西方哲学的同时开始创建新哲学体系。

11 月 6 日

张东荪撰写《新创化论》,该文刊载于 1928 年 1 月 10 日出版的《东方杂志》25 卷第 1 号上。

他指出,创化论可以就拿柏格森的《创化论》一书为代表;而新创化沦则是一种思潮,是由英国生物学家穆耿化论为代表的欧美多位哲学家共同主持其说。新创化论实较以前的各种进化论都为精巧周密,“第一,是尽收创化论的长处而不抛弃旧式进化论(如斯宾塞等)的长处;第二,是尽收唯心论的长处,而不抛弃唯物论的长处;第三,是尽收多元论的长处,而不抛弃一元论的长处;第四,是尽收机械论的长处,而不抛弃自由论的长处;第五,总之,是尽收哲学(即玄学或形而上学)的长处,而不背科学的事实,亦不与宗教相抵触。总之,新创化论颇具匠心,与其说他有多大的创见不如说他是偏于调和。但是这种调和却可以说在最近的思想界中是最巧妙的,亦可以说是最成功的。”

12 月

伍宪子致函梁启超,向梁启超报告他从天津到上海后,联络张东荪、张君劢等人组织团体的情况:“君劢、东荪晤谈数回。君劢对于虚总部办法极不赞成,渠意总部非集权不可,若各团分头活动，其活动之结果，必不能打成一片，等于各个分立，而总部徒拥虚名，指挥必不灵动。渠意仍请兄草定宣言总纲及组织法，毅然断然行之，不必征求各方面意见，俟宣言总纲组织法草定后，各方面愿意来者即加入，不愿意者不勉强，以兄为主事乃易成。若彼一意见，此一主义，商量复商量，再待半年必无成立希望云云。君励此言，极的当，谨转告，希卓裁。”①

① 伍宪子:《与任公书》,《梁启超年谱长编》,第1159页。

1928年(民国十七年　戊辰)　42岁

【张东荪主持了《哲学评论》第一个专号《休谟专号》,并先后发表《宇宙观与人生观》、《休谟哲学与近代思潮》、《快乐论:其历史及其分析》等文。是年秋,他受聘担任上海私立光华大学教授兼文学院院长,讲授《伦理学》、《现代哲学》等课程。张东荪在世界书局出版《人生观ABC》一书,继续阐述"主智的、创造的、化欲的"人生观。】

4月10日、25日

张东荪在《东方杂志》25卷7、8号上连载《宇宙观与人生观——我所献议的一种》,系统阐述了"新哲学"体系。

张东荪在较深入地研究新实在论、实用主义和康德哲学,尤其在接受"层创进化"论的基础上,将先前发表的《这是甲》与《知识之本性》合并后略作修改,撰成《宇宙观与人生观——我所献议的一种》,较系统地对自己所要建构的"新哲学"作了纲领性的概述。对于写作此文的目的,他解释说:"我久想作一篇人生观,藉人生问题说明我所见的宇宙;而无奈我自知学识还是不够,所以迟迟未敢下笔。今天姑放胆来说,却有二因:第一,是因为近来西洋哲学上新起了一派,名曰层创的进化论(emergent evolution),其说颇给我不少助力。第二,是因为我要藉此来整理我自己的思想。”①

这篇文章是张东荪多年对哲学问题思索和研究的结晶,也是他在介绍和领会西方哲学基础上建构新哲学体系的初步尝试,基本上形成了所谓“新哲学”体系的雏形。

张东荪依据架构论和层创进化的宇宙观,提出了所谓“主智的”人生观:“著者相信把人生完全托付与理智乃是最相宜的人生观。所谓完全托付理智就是凡事必以理智为指导。理智以为可则可之,以为不可则不做。”理智可以改造理智,我们理想的生活便是开发理智,不断改造人性。“主智的”人生观同时又是“创造的”人生观:“由素朴人而自己改造以成文化人,而对于文化又不断地在那里改造……其人是智明更切一层,主宰更强一层,圆活更大一层,自由更甚一层,所以这种人生观又是创造的人生观。”他认为人类的欲望是无法禁绝的,但也是不能放纵的,只能化解和转移。他主张“对于人欲从积极方面是必须把它移到高尚地方去发泄,从消极方面是必须得最小限度的满足。”这便是张所谓积极方面的“化欲”论和消极方面的“最小限度的满足”论。所谓“化欲”论,就是以理智引导情感,使情感跟着理智走。“所谓化欲主义就是把下等本能升移到高尚方面去,使其亦得满足。”所谓“最小限度的满足”论是指最小限度地满足人们的基本欲望。他说:“虽则吃东西,但不必吃好东西;穿衣服但不必穿美

① 张东荪:《宇宙观与人生观》,《东方杂志》第25卷7、8号,1928年4月。

衣服;住房子不必住大房子;要老婆但不必终日跳舞讲恋爱。这便是我的最小限度满足论。”①

张东荪提出的“主智的”人生观,不仅强调理智对人生的指导作用,而且强调人生应该奋发向上,有所创造,故又称为“创造的”人生观。同时,他主张对于人欲只能一方面移欲,一方面给予最小限度的满足,因此它又称为“化欲的”人生观。他尽管又将它称为“乐天的”、“自然的”、“无我的”人生观,但根本上是“主智的”和“创造的”人生观。张东荪抬高理性、贬抑人欲,与宋明理学“存天理、灭人欲”的观点有形似之处。但“主智的”人生观以层创进化论的宇宙观为哲学基础,将人生的目的归于“把自己弄得更文化些”,强调人生的价值在于“其人对于宇宙人生的进化上所贡献的影响大小广狭”,因而主张人生应该是向上奋进的、创造的,这些都是合理的、进步的,充满了近代理性主义、个人主义、创造主义精神。

6月30日

张东荪主持《哲学评论》第一个专号《休谟专号》,并发表《休谟哲学与近代思潮》一文。

在《哲学评论》准备出版第一个纪念专号时,张东荪毅然决定选择近代哲学家休谟,致力介绍这位富于怀疑精神的近代哲学家。有人对于出版“休谟专号”表示疑议,曾问:西方大哲学家多得很,如亚里士多德、康德等,何以《哲学评论》刚刚问世,独独

---

① 张东荪:《宇宙观与人生观——我所献议的一种》,《东方杂志》第25卷第7、8期。

挑出休谟作为第一个专号呢？张东荪断然回答：社会上有些不懂哲学的人，总把那些怪诞不经的事情放在哲学中，以致使不少人把哲学与这些东西混为一谈。哲学的第一步必须揭穿常识的矛盾与浑昧，只有驳倒了常识，方能消除人们对于哲学的误解，进入哲学的奥堂。近代哲学中笛卡儿提出的“普遍怀疑”原则，是揭穿常识矛盾与浑昧工作的开始。对此，他指出：“我想哲学评论第一提出休谟来或许即有见于此。认为哲学的入门当以拔开常识为着手。”他认为，哲学不过是一种精神，即俗话说的“追根问底”的精神，“凡事必追究到最后的根底，而不有遗留。”这种精神实际上是一种方法；而在精神中有建设的，也有破坏的，康德属于前者，休谟属于后者。“虽一建设一破坏，在哲学潮流的全体上是始终相待相成与相辅相合，而不可分散的，然而就这种追根究底的精神来看，却是破坏方面比较上表现得更明显些。所以为示例的便利计，先拿休谟比拿康德来得好些。”①

是年夏

张东荪为徐蔚南主编、由世界书局出版的“ABC 丛书”撰写了四部介绍西方哲学的小册子。关于出版这套丛书的目的，徐氏在《ABC 丛书发刊旨趣》中解释说：一是“要把各种学术通俗起来，普遍起来，使人人都有获得各种学术的机会，使人人都能找到各种学术的门径。”该丛书是“通俗的大学教育”，是“新智识的泉源”。二是“要使中学生大学生得到一部有系统的优良的教科

① 张东荪：《休谟哲学与近代思潮》，《哲学评论》第 2 卷第 1 号，1928 年 6 月 30 日。

书或参考书。”该丛书是“讲堂里实用的教本”，是“学生必办的参考书”。其特点在于“非常浅显而且有味”，属于通俗的介绍性读物。这套丛书，虽为通俗读物，但却邀请了当时国内知名的科学家、文学家、艺术家和有关专家来分头撰写。它分为科学、文学、哲学等类，张东荪承担的是哲学类的四种著作：《人生观ABC》、《精神分析学ABC》、《哲学ABC》和《西洋哲学史ABC》。

7月

张东荪在世界书局出版了《人生观ABC》，继续阐述《由自利的我到自制的我》、《兽性问题》等文中提出的“主智的、创造的、化欲的”人生观。

《人生观ABC》主要以层创进化论的宇宙观为根据评论各种人生观，阐述自己对人生问题的看法，对《新哲学论丛》中所提出的“主智”的人生观作了进一步发挥。张东荪最关注的是如何对付“兽性复起的问题”，而其解决办法就是以理智来改造文化，以文化来陶冶人性，务使已压抑已淘汰的野性兽性不致再抬头起来。他说：

“我的意思仍主张提高文化，醇化人性。详言之，即以理智来改造文化，以文化来陶冶人性，务使已压抑已淘汰的野性兽性不致再抬头起来。因此我不主张反对中国的礼教。我虽承认礼教已失了现实的效力，我亦不赞成照原样恢复起来。不过我总以为礼教于社会没有害处。将来另有新的文化起来虽说不定，然亦决不必尽推翻礼教。二者没有冲突。换言之，即将来有新文化而对于礼教亦不必采革命态度。这是我的意见。至于有人高呼‘礼教吃人’，我以为这是由于他们认为礼教阻碍他们野性的出现。其实造祸于人群，他们的人欲横流的人生观较诸礼教要厉害百倍。他们看见一个女子为了守节而死，便大骂礼教杀人。其实为了自由恋爱而死的比守节而死的要加十倍以上。所以礼教的问题已经不成问题。而当前的问题乃是野性复起的问题。这个问题不仅中国为然，实导源于国外。我名此为禽兽主义”。①

张东荪的基本认识是：中国传统礼教已失去了现实的效力，已不对现实社会发生影响，所以它对社会并无害处，与将来创建新的文化也无冲突，所以不必反对；正因礼教已不成问题，而成问题的是“野性复起”即“人欲横流”问题，所以，要采取对付“野性”“人欲”的有效办法加以解决。解决的有效办法，就是“主智的创造的化欲的”人生观，就是对付“人欲”、“野性复发”的办法。礼教既然不能担当对付“人欲”之任务，就应以与它相通的以“理智化欲”之法解决。

12 月 30 日

张东荪在《哲学评论》2 卷 3 期上发表《快乐论：其历史及其分析》，并为自己的论文集《新哲学论丛》撰写《自序》。

张东荪有意将多年撰写并公开发表的有关哲学论文编辑成册，以《新哲学论丛》为名交付商务印书馆刊印。为此，他撰写《自序》详述自己从事哲学研究之历程及心得。其云：

“我是十八岁读《楞严经》便起了哲学的兴味。平素尝有一种疑心妄想：以为非窥探宇宙的秘密，万物的根元不可。于是习

① 张东荪：《人生观 ABC》，上海世界书局，1928 年 7 月版，第 67—68 页。

作冥想。中间虽有几年动了救国的念头，从事研究政治。然而始终没有抛弃这个痴心。近十余年间更不断地翻阅哲学新著。每有所阅，辄取其要点达成一篇。积而久之，居然亦有好多篇。友人怂恿刊集，我终觉得尚须有待。现在现代哲学（Contemporary philosophy）为教课，乃知前此零星论文未尝不可供学子研究当代思潮的参考，所以才敢把他汇集起来，刊为单行本。……本书总算是著者近数年来的成绩，但我对于此却不敢自引为满足。其故实由于我选择的任务太难了。近来中国学者有一个大毛病就是不肯向难的地方去进攻。他们总是想向容易的地方去尝试。所以他们易于成功。至于我则最喜欢向难处研求。愈难愈要追求。所以我终免不了失败。因此我自知我在哲学的创造上是一个失败者，然或许是一个很光荣的失败者，比他们的成功还要光荣。我想到此，我不能不以失败自慰自豪了。”

张东荪初步建构的“新哲学”体系，是以认识论为起点和中心，包括宇宙观和人生观在内的一套哲学体系。他通过对于认识问题的讨论，提出了“主客交互作用”的认识论；通过阐述“主客交互作用”说，他提出了“架构主义”和“层创进化”的宇宙观；以“层创进化”的宇宙观为基础，他提出了“主智的”、“创造的”、“化欲的”人生观。这套“新哲学”体系，是五四以后中国哲学界创建现代哲学体系的最初尝试，表明中国的哲学家已经不满足于介绍西方哲学，而是开始在接受和把握西方哲学的基础上，进行中国现代哲学的大胆建构。对此，当时的人们几乎有着一致的看法。就连他的批评者叶青也承认：“中国在‘五四’时代才开始其古代哲学底否定，现在固然没有坚强的近代体系，然而已在建设之中了。作这种企图的,首先要算张东荪。……如果我们说梁启超和陈独秀是中国近代哲学的启蒙运动者,那末张东荪就是中国近代哲学底系统的建立人。”[①]

① 叶青:《张东荪哲学批判·序言》,上海辛垦书店,1934年4月版,第1—2页。

1929年(民国十八年　己巳)　43岁

【张东荪继续在上海私立光华大学任教,在上海世界书局出版《哲学ABC》、《精神分析学ABC》两书,并发表《现代哲学鸟瞰》、《严肃主义:其历史及其批评》等文。他集其十余年对于西方哲学介绍和研究过程中所著的论文而编成《新哲学论丛》,由商务印书馆是年8月出版。他在该著中提出“主客交互作用说”,循着康德的方向以认识论为哲学体系的起点,并由认识论导出宇宙论,再由宇宙论引出人生观,建构起自己的“新哲学”体系。】

1月19日

梁启超在北平协和医院逝世。上海知识界在静安寺为梁启超举行公祭,陈散原、张菊生主祭,陈叔通、李拔可等分任招待。张东荪、张孟劬兄弟前往祭奠并撰挽联:“本方寸间不容已愿轮,为先哲后续千灯,学通中外古今,言满天下,智过于师,万口争传大王路。是历史上有关系人物,更升平津平张三世,身阅坏空成住,知惟春秋,罪惟春秋,泣尽心血,一生肯作宁磬儿。”

梁启超逝世后,组织新党的遗愿遂由张东荪和张君劢肩负。

国民党实行“训政”，坚持独裁专制，引起了部分自由主义知识分子的强烈不满。张东荪追述说：“到国民党北伐，我们都曾寄以莫大希望，希望能够从此由本质上来一个全盘的改革，不久这个希望就变成失望。首先看见了第一步是清共，第二步就是一党训政，从民主的眼光来看，一党训政是违反民主的。”①为了抵制国民党的一党独裁专制，组建民主主义政党的任务提到了日程。张东荪与尚在海外的张君劢联系，决定在国内酝酿筹备组党事宜。

年初

张东荪所撰《哲学 ABC》由世界书局出版，系统阐述其“架构主义”宇宙观。

《哲学 ABC》的前三章主要对哲学作一般的介绍和阐述，最后部分进一步阐明了自己在《新哲学论丛》中提出的“架构论”和“层创进化”的宇宙观。其宇宙观主要内容为：

第一，宇宙只是空架的结构。他认为，包罗万象的整个宇宙从无机物到生物、心理现象，无一具有实质，都只是由种种关系组成的空架的结构：“我们的这个宇宙乃是无数架构互相套合互相交织而成的一个总架构；其中无数的架构间又时常由缔结的样式不同而突然创生出新种类来，这个新种类架构的创出，我们名之曰进化。……所谓总架构只是许多架构的互相重叠的总和而言，至于是否形成一个固定的总体，现在尚不敢速断。……我觉得若空间不是绝对的，而是一个架构，则时间便为这个架构中

① 张东荪：《论真革命与假革命》，《展望》第 2 卷 24 期，1948 年 10 月 30 日。

的一个柱子。”[①]

第二，宇宙架构的层创进化。他认为，“进化”必须同时具有两种规定性：一是要有新种类从原有架构中突然创生出来，二是这些先后创生出来的新种类必须表现为一个从低级到高级的过程。新种类的创生是指一个架构复杂至某种程度会突然添上一些新的成分，使原有的架构突然变成一个新的架构。宇宙从物质到生命再到心灵的突创，就是如此。他说：“我们从‘物’的结构而进化到‘生’的结构，从‘生’的结构而进化到‘心’的结构来看，其间显然有些特点。就是物的互相依靠不及生的互相依靠来得紧；物的互相交感不及生的互相交感来得切；物的通力合作不及生的通力合作来得大；至于‘生’之与‘心’亦是如此。换言之，即由物到生，由生到心，这显然的三级，其所以为增进的缘故即在通体合作的性质增加一级，其综合统御的范围增大一层，其活络自主的程度增进一步。”[②]可见，张东荪所谓的“层创进化”，不仅指原有架构时常因缔结样式不同而突创出新种类，而且还必须是一个从简单疏散到复杂紧密，由机械呆板到通力合作并不断向前发展的过程。

张东荪的“架构”论和“层创进化”的宇宙观，其合理之处在于承认宇宙是一个从低级到高级的发展过程。其关于一个架构复杂至某种程度便会突然创生出新种类的观点，包含有量变引起质变的合理倾向；但其否认宇宙的客观实在性，则带有明显的

① 张东荪：《哲学 ABC》，上海世界书局，1929 年版，第 104—105 页。
② 张东荪：《哲学 ABC》，上海世界书局，1929 年版，第 108—109 页。

唯心论色彩。

5 月

张东荪所撰《精神分析学 ABC》由世界书局出版。

20 世纪初期,两种新学术在世界上流行,一是爱因斯坦的相对论,一是弗洛伊德的精神分析学。中国人对于相对论已经注意且进行了介绍,但却对精神分析学并未给于足够的重视,张东荪撰写该书目的,就是为了“补此缺憾”。他认为自己介绍精神分析学,“就是旨在使中国想学心理学的人知道于正宗心理学以外,尚有这样的一种新心理学;于静的心理学以外,还有这样动的心理学。同时使他们知道欧美学术界不是仅为唯物一派的思想所垄断,更同时使他们知道欧美学者虽发见人欲的原始性质,却并没有主张人应率欲而横冲直撞。”他呼吁:“凡青年对于现在中国的放纵的文艺有厌恶的心的,读读吾书!”①

《精神分析学 ABC》是中国学术界介绍精神分析学较有代表性的著作,也是一篇较全面、较公允的介绍文字。它的特点在于:不仅系统地介绍了这一学说的发展过程,而且叙述了欧美学者对于这种学说的不同评价,在此基础上,张东荪根据自己的研究体会,对精神分析学作了自己独立的评价。对于精神分析学说,张东荪主要接受了其对待“欲望”问题的所谓“化欲说”。他认为,这种精神分析学,对于我们是有用的,其用处就是如何处理欲望问题。他评价说:“如果能人人懂了精神分析学,必能各自返观自己。把自己心中的活动加以分析,知道那几个是欲念,

---

① 张东荪:《精神分析学 ABC · 自序》,世界书局,1929 年 5 月版。

那几个是理智。于是自己明白了自己的性格,便可顺着性格,渐改其方向而提高之。所以作父母的不可不懂精神分析学;青年人不可不懂精神分析学。这便是我所以冒昧地著述此书的区区之意了。”①

张东荪是站在理性主义的立场上介绍精神分析学的,其目的在于如何解决人欲问题,他的化欲主义的人生观便直接受精神分析学的影响。对于弗罗伊德的性欲学说,张东荪仅仅作了原则性的阐述,并未作过分详细的介绍,因为他担心“说起来太秽”,会出现一些反作用。

6 月 15 日

张东荪为《现代哲学鸟瞰》撰写《题记》。该文刊于 9 月 10 日出版的《东方杂志》26 卷 17 期。其云:“本篇的目的是在告诉已经学过哲学史的人们以现代哲学的概况,或许对于他们自己研究哲学时有些帮助,可以说是一种类乎目录学的知识。有了这种知识,至少对于新出版的书籍可以定一个购买与否的标准。”

张东荪在该文中介绍了英美法德意五国的现代哲学流派,最后阐述了自己对中西哲学与文化的主张:“我相信西方的科学要输入中国,必须把把西方的哲学亦同时近进来。因为在思想上哲学始终站在与科学合作的地位。虽有时矫正科学而与科学家争吵,却并不是想要打倒科学。至于有人主张中国现代可以只要科学而不要哲学,这未免太不知哲学的性质了。我们只须

---

① 张东荪:《精神分析学 ABC》,世界书局,1929 年 5 月版,第 100 页。

一读科学史,便见有许多哲学家的姓名是见于科学史上的,可见哲学往往作科学的领导。因此我以为居今天而介绍西方哲学思想,对于中国前途决不是无益的事。”

8 月

张东荪集其十余年对于西方哲学介绍和研究过程中所著的论文而编成《新哲学论丛》,由商务印书馆出版。《新哲学论丛》收入文章 13 篇:(1)《一个雏形的哲学》(附《一个雏形的人生观》);(2)《共理与殊事》;(3)《因果与函数》;(4)《唯用论》;(5)《新实在论》;(6)《批判的实在论》;(7)《感相论》;(8)《相对论的哲学》(附《卡氏的“科学与哲学”》;(9)《层创的进化论》;(10)《批评罗素对伯格森的批评》;(11)《休漠哲学与近代思潮》;(12)《出世思想与西洋哲学》;(13)《由自利的假我到移欲的真我》。其中前 3 篇是作者本人的见解和主张;第 4 篇到 11 篇是批判地叙述现代西方哲学;最后两篇是作者对社会历史和人生的论述。此文集的出版标志着张东荪“新哲学”的问世。

该书是张东荪融合西方各家哲学,尤其是新康德主义、新实在论、新创化论、柏格森主义等派学说,自成一种包括宇宙观、认识论和人生观的“新哲学”体系。在该著中,张东荪开始从认识论的角度立论,提出“主客交互作用说”,作为哲学体系的基础。这个“主客交互作用”的认识论,是张东荪在综合康德主义和实用主义基础上,本着认识论与本体论一致的基点上讨论了物、生、心的关系而提出的。他说:“因此我主张我们对于外界的认识,不是摄影乃是先以自己的格式吸取外界的材料,然后再变化自己的格式以应付客观的实际,于是格式愈变化而愈复杂,其与客观的对象相交织乃亦愈密。”概括而言，就是认识一方面是“以先天的格式左右后天的经验”，另一方面是“以后天的经验改良先天的格式”，[①]从而形成主观（格式）与客观（经验）交互作用的逐层展开的过程。

张东荪创建的“新哲学”体系深受康德哲学影响。他一反那种从本体论或宇宙观出发建构哲学体系的传统，而循着康德的方向以认识论为哲学体系的起点，并由认识论导出宇宙论，再由宇宙论引出人生观。《新哲学论丛》收录的第一篇论文《一个雏形的哲学》及《一个雏形的人生观》，就是按照这一逻辑路径构造的。不仅如此，张东荪哲学研究的重心和核心，在较长时间内也集中在认识论方面。对于他的“方法论上的认识论主义”，他后来解释说：“于此所谓方法亦就是指居首而言，以认识论居首为方法。但这样的方法却发生很重大的结果。就是势必致于以认识论代替了形而上学。这一点在哲学史上可以说是康德的最大功绩。”[②]张东荪的“多元认识论”虽来源于康德，但却不限于康德，同时吸收了唯用论、新实在论等西方哲学流派的观点。他自己曾宣称：“我的思想来源总括言之是怀特海一流的实在论，与康德的先验哲学，以及路易斯与希勒一流的唯用主义。”[③]

---

① 张东荪：《新哲学论丛》，上海商务印书馆，1929 年 8 月版，第 21 页。

② 张东荪：《多元认识论重述》，《张菊生先生七十生日纪念论文集》，上海商务印书馆，1937 年 1 月版，第 97 页。

③ 张东荪：《条理范畴与设准》，《哲学评论》第 4 卷第 3—4 期合刊，1931 年 12 月出版。

10 月

燕京大学哲学系约《哲学评论》社在燕大召开第一次年会，美国哈佛大学哲学系主任吴兹教授、博晨光教授、清华大学校长罗家伦均到会宣读论文。张东荪向这次年会提交《将来之哲学》一文，《哲学评论》社同人也宣读论文，其中比较重要的有金岳霖的《知觉现象》、冯友兰的《孟子哲学》、黄子通的《论归纳》、瞿菊农的《盘化与层化》、罗根泽的《庄子哲学》等。瞿菊农将这些论文在《哲学评论》3 卷 2 期以"年会论文号"形式集中发表，在学术界产生一定影响。

12 月 17 日

张东荪撰完《新有鬼论与新无鬼论》。该文刊于次年 3 月 10 日出版的《东方杂志》第 27 卷 5 号。张东荪在该文中讨论了人的灵魂及精神现象的存在问题。他申明在心身问题上不采取唯物论的见解，而在哲学上比较偏于唯心论。其得出的结论是："一、我们不可不承认幽灵学会所查究的事件不是伪造的。二、根据上述的一条，则我们至少限度必须有一种现象，此种现象即身体死后心灵尚能余存若干时日。三、我们既承认上述的现象，则我们不能不求说明。向来以为精神不死，在未入身体以前，久已自己存在。我则以为此说对于上述现象有所添增，其实上述现象并不证明此理，亦不须此理为其说明。四、既不须有灵魂的先在说，则我们唯有赤裸裸地只承认精神于身体死后能为短期间的余留存在。五、对于这个余留存在其特点必是(1)不能永久，仍须消灭；(2)不是精神的全部而是精神的一部分。六、根据此说，则我们可以说这种精神的余存于人类文化没有多大的关系，因为人类的文化断乎不能不能建筑在这个上头。七、凡是古代宗教想从这一点上求出路的，其结果不过是神道教，藉果报以维持现世的道德，而于真正的精神不死的问题没有切实的贡献。换言之，即宗教自身变为维持道德的工具，而于生死的问题没有关系了。”

1930 年(民国十九年　庚午)　44 岁

【上海私立光华大学发生学潮,教育部次长陈布雷停止罗隆基在该校教授之聘,张东荪、潘光旦辞职抗议。是年秋,张东荪应燕京大学校长司徒雷登之邀,赴北平就任燕京大学哲学系教授,兄长张尔田同时受聘于该校,教授中国历史。张东荪在燕京大学先后讲授《现代哲学》、《价值哲学》、《康德哲学》、《知识学》、《民主哲学》、《中国哲学史》等课程。他发表《新有鬼论与新无鬼论》、《哲学不是什么》、《将来之哲学》等文,在上海世界书局出版《西洋哲学史 ABC》。】

3 月

张东荪在《哲学评论》3 卷 2 期上发表《将来之哲学》,对哲学的生存问题进行探讨,批评胡适提出的哲学消灭论。该文是张东荪在上海大同大学的讲演稿基础上修改而成。胡适此前在上海大同大学演讲"哲学之将来",后还在苏州青年会讲演过一次。为了反驳胡适的观点,张东荪以"将来之哲学"为题作演讲。

他在该文《附识》解释说:"这篇文章是我在上海大同大学的讲演。然当时所讲实不及此三分之一。因为当时未能把我的主张中重要各点都能说出，所以现在重加编纂，加以扩充，遂成此篇。但在未赴大同大学以前，我曾允黄子通先生为《哲学评论》作一文，在燕京大学开学时宣读。我所想到题目就是此篇。无奈仅作了一半，而期已届了。所以只好留为大同大学讲演之用。现在稍加整理，仍送交《哲评》，这便是本篇的颠末。”

他得出的结论是：“一、科学与哲学自身都有变化：不过科学的变化似乎颇有接近于哲学的样子，而哲学的变化却始终未曾波及其中心。二、所以科学有方法，而哲学有立场。科学在方法上比较固定，而哲学在立场上比较不移。三、哲学在表面上好像亦趋近于科学了，但这乃是哲学有些采纳科学的方法，而与立场无关。四、所以我们可以说晚近以来科学之接近于哲学是由于概念有变化；哲学之接近于科学则是由于方法有变化。五、虽则哲学亦渐渐接近于科学，却决不是为科学所吞没。六、凡主张只须有科学而不须有哲学的人在我看来都是不明白晚近科学性质与哲学性质的人。”

8 月

张东荪的《西洋哲学史 ABC》由上海世界书局出版。该书虽名为“西洋哲学史”，实际上只是关于西方哲学史的上册，即主要介绍希腊哲学各个时期及欧洲中古哲学，没有涉及西方近代以后的哲学流派。他在撰写这部西方哲学史时，在体裁上采取了的态度是：一、“本书止注重思想之新形式（new type）”，只限于叙述在哲学史上有贡献的“新说”；二、“本书不限于哲学思想，其有科学思想而与哲学相关则不能不列入”；三、“本书限于叙述哲学，而对于宗教一概不提。于是把希腊哲学而紧接近世哲学，将中古哲学略去。因为著者认定中古哲学不是哲学,而止是宗教。”①

该书共分八章:第一章为“序论”,主要说明何为哲学史,及该书的体裁;第二章到第七章,主要介绍了希腊哲学从初期到末期各派哲学,计有“希腊哲学初期各派”、“希腊哲学二期各派”、“唯物论与感觉主义”、“苏格拉地与柏拉图”、“亚里斯多德”、“希腊哲学末期各派”等章。第八章名为“中古哲学几个要点”,扼要介绍了欧洲中世纪哲学上的贡献。

张东荪对该书的学术价值也非常看重。他曾为该书写下一段《例言》说:“我撰此书有几点堪以自信的:一、叙述各思想家之学说完全根据其原著,无原著的则根据其零星语录,绝对不依靠任何哲学史。如有错误,自愿任咎。二、体裁之编制亦完全出于著者之特创。三、专讲各人对于人类思想之堆积上有所新贡献。这样的注眼点亦为向来史家所无。四、其中译语多有著者按中国习用的言语为之,力避抄袭日本人所译的不通名词。我虽则仍以人或学派为单位,而其背后思想之大流却是一贯而不断。”②

《西洋哲学史 ABC》,仅仅介绍了从希腊哲学到中古哲学变化演进的历程,按照张东荪的想法,应该继续介绍西方近代哲学和现代哲学各家各派的思想。他在《哲学》一书及 1934 出版的《现代哲学》中,继续按照自己对于哲学史的理解,向中国思想界介绍了他所理解、接受的西方现代哲学,并对各派哲学在西方哲

① 张东荪:《西洋哲学史 ABC》,世界书局,1930 年 8 月版,第 7 页。

② 张东荪:《西洋哲学史 ABC · 例言》,世界书局,1930 年 8 月版。

学史上的贡献作了精到的评价。

是年秋

因光华大学发生学潮,教育部次长陈布雷以部令停止罗隆基在该校教授之聘,为中国私立大学史上奉部令开除教授的首开记录。原在光华大学授课的张东荪、潘光旦亦辞职,以示抗议。张东荪应燕京大学校长司徒雷登之邀,赴北平就任燕京大学哲学系教授,兄长张尔田同时受聘于该校,教授中国历史。张东荪到燕京大学哲学系任教后,与在北平的研究系骨干胡石青、王敬芳、汤住心(芗铭)等人酝酿发起中国宪政党。

11 月 20 日

张东荪在《哲学月刊》3 卷 1 期上发表《哲学不是什么》一文,批评胡适因推崇科学而提出的"取消哲学"的意见。他的这个演讲首先是在协和小礼堂演讲,后又于 11 月 1 日在北京逸仙堂演讲。刘仲礼对这次演讲作了详细笔记,后经张东荪审阅成文,在《哲学月刊》上发表。

张东荪声明,胡适讲哲学是什么,是从正面说的,自己今天讲哲学不是什么,并非与他争论,乃是要从反面解释哲学。近来一般人对哲学的批评,主要有三个理由:一、说哲学先有,而科学在后。现今各种科学渐渐进步,而哲学本身就无形中消灭了。二、说哲学是个人随便的意见,所以各人不同;科学是一种公式,所以人人所见是一致的。三、现在的哲学乃是古代的科学。因为古代哲学家的推想,往往就是后来科学的结果,但是科学却比那推想精确的多,故有了科学后就无须要哲学。这些理由为胡适所持,故张东荪对这三条理由逐个批驳,阐述哲学无法取消的理由。一、知识的研究之所以有分类是为了便利,研究的对象不是分开的,是整个的。科学是研究分开的知识,哲学是研究整全的知识。二、知识的确切不确切,只有程度,没有意见和知识的严格分别。科学与哲学也只是程度上的分别而已。三、科学未尝不受哲学的暗示,哲学未尝不可帮助科学的进行,科学与哲学是不能完全分离的。

他最后指出:"一方面高呼打倒哲学,他方面宣传科学方法,实在是一种矛盾。总之我的话,不是替哲学辩护,果真哲学要寿终,我一个也无能为力。我乃是希望你们听众,各人都须有一个分析的头脑,对于张东荪所说的哲学不倒,你们也须得分析一下,不要完全相信;对于胡适之所说的哲学要死,也须得分析一下,不要完全信他的话!"

12 月

张东荪在《大公报·社会科学》专栏发表《哲学与科学》一文,继续阐述哲学与科学的关系,捍卫"纯粹哲学"的生存。

1931 年(民国二十年　辛未)　45 岁

【张东荪继续在燕京大学任教。张东荪了解到现代哲学研究的趋向大体是集中于价值论的研究,尤其是以价值论来吸收伦理学”,故将其介绍西方哲学的重心逐渐集中于对西方伦理哲学和价值论方面,并撰成《道德哲学》讲稿,由中华书局出版,提出了“文化”的道德观。他发表《哲学之误解》、《我亦谈谈辩证法的唯物论》、《全国动员与学哲学的人们》、《苏格拉底以前之希腊哲学》、《哲学与科学》、《苏格拉底之道德论》、《柏拉图与苏格拉底事迹考》、《条理范畴与设准》等文,并在上海世界书局出版《哲学》一书。】

1 月

▲张东荪以层创进化论为指导,综合和折衷西方各种伦理学流派,对道德现象和道德问题进行了系统探讨,撰写了《道德哲学》一书,由中华书局出版,形成了独特的道德哲学体系。

从 20 年代后期开始,张东荪将其介绍西方哲学的重心逐渐集中于对西方伦理哲学和价值论方面。张东荪“根据原著提取需要”、“藉问题之迭变以明思想之变化”、“根据阅读数十种西洋伦理学名著的结果”，撰成了《道德哲学》讲稿。他两易其稿，并在光华大学作讲义“以为试验”。同时将部分内容在《哲学评论》上发表，以征求各方意见。《道德哲学》由中华书局 1931 年 1 月出版。

《道德哲学》共分序论、快乐论与功利论、克己论与直觉论、厌世论与自立论、同情论与进化论、完全论与自我实现论、结合论与结论等七章。在该著中，张东荪对从苏格拉底、亚里斯多德直到近代哈特曼、冯特等西方伦理学史上的各家学说，进行了独到的分析和详细阐述。同时，他在详细介绍西方各种道德流派基础上，提出了自己基于冯特为代表的综合派伦理学理论之上的见解，即“文化”的道德观，形成了较系统的道德哲学（伦理学）体系。当时有人介绍说：“本书共七章，以浅显之文字，阐深之学理，述自然主义与理性主义两大思潮内之十派，每派因互相调和而有进步。著者系以思想之型式，藉明思想之进化；而以个人独创之主张，殿于各派之后。书中精彩之处，在叙述之显明，评判之精当，为中国从来所未有。”[①]该著出版后，在学术界引起很大反响，曾多次再版。贺麟曾评论此著说：“这本书内容相当充实，其性质有似关于西洋伦理思想的读书报告。”[②]因张东荪是从文化的角度，将道德置于人类进化的文化层面上考察，并且“用文化做目标去解决道德的问题”，故其道德观称为“文化”的道德观。

所谓道德哲学，又称道德学、伦理学、人生哲学。张东荪将

---

① 光华大学哲学会著：《哲学研究》封底，中华书局，1931 年 1 月版。

② 贺麟：《当代中国哲学》，重庆胜利出版社，1945 年版，第 28 页。

它的内容界定为:"(1)以自然科学态度研究道德观;(2)以哲学的批评态度,分析道德问题;(3)以玄学的揣测态度,说明道德基础;(4)以实用的技术态度,指示人生所以教人之抽象普遍原理。"①他认为,自然科学在研究道德现象上可见其长,但只能以观察去研究道德现象;哲学可以比观察深一步的加以批评和分析,但却不能说明道德的基础何在,只能就观察的问题上去分析及批评,而说明道德之基础,只能用揣测的方法去研究。道德现象、道德问题与道德基础构成的道德体系是道德哲学的核心。但它们并不能作为人生的普遍原则,而只有靠实用的技术来指示人生所以做人的抽象原则。可见,道德哲学不仅是"学",即关于道德现象、道德问题与道德基础的研究,而且也是"术",即用实用的技术使道德指导实际的人生。道德哲学便是亦学亦术的综合学问。

根据这种定义,张东荪将以往道德学分成10个派别,即快乐论与功利论,克已论与直觉论、厌世论与自立论、同情论与进化论、完全论与自我实现论。同时,他将人生哲学的派别如厌世论、解脱论也列入道德哲学。他认为,这十种派别都有缺陷,较理想的是德国心理学家翁德(今译冯特)代表的综合论。该派把个人心理与民族心理、社会心理相结合,形成以"文化解释道德"的文化哲学。张东荪主要根据翁德综合派理论,从道德的位置、道德的进化、道德的性质、道德的性格等方面阐述其"文化"的道德观。他的道德哲学体系,概括而言就是:从层创进化论出发,

① 张东荪:《道德哲学》,上海中华书局,1931年版,第13页。

认为道德来源于“超越界”，由生活之目的在于超越而推出文化层，用以说明道德在文化层中的地位；由文化常有所不足或缺陷，人类也常有所堕落而分析道德的性质，认为道德具有“创造”（伸张）与“拘束”（抑禁）两方面特性，接着他阐明道德与个人之关系，认为道德的性格是由文化和个人无廪合力而成的；正因人是栖息于文化层的，而且文化进化是无穷的，所以道德进化也是无穷的。其哲学体系的重心是将道德置于文化及文化进化中考察，并且用文化做目标解决道德问题。也正是从这个意义上，张东荪的道德哲学可简称为“文化”的道德观。

5 月

张东荪将《哲学 ABC》与《西洋哲学史 ABC》两书合并，并且加以增补，著成《哲学》一书，由世界书局出版。该书共分三编：

第一编为《哲学概论》，主要说明哲学的性质，目的是要让不知哲学的人读了以后也可以明白哲学是什么。该编基本上是 1929 年出版的《哲学 ABC》的内容，其中又分三章，即“哲学是什么”、“哲学与科学”和“哲学上各种学说的型式”。

第二编为《上古中古哲学史》，主要介绍了希腊各派哲学和中古哲学，目的在于说明西方哲学发展演进的历程。该编基本上是 1930 年 8 月出版的《西洋哲学史 ABC》的内容，各章的篇目及文字与《西洋哲学史 ABC》一样，是张东荪研读西方哲学家的原著撰写的、颇具创见的介绍希腊哲学的文字。

第三编为《近世哲学史》，主要介绍了西方近代哲学发展演变的过程，该编共分八章：第一章概述近世哲学的特色，第二章介绍培根和笛卡儿的哲学，第三章介绍霍布士、斯宾诺莎和莱布尼茨的哲学,第四章介绍洛克、贝克莱和休谟的哲学,第五章介绍康德哲学,第六章介绍黑格尔和叔本华的哲学,第七章介绍斯宾塞、洛志和伯拉德来的哲学,第八章概要介绍了西方现代哲学的情况。最后,附录有《怎样读哲学书》。张东荪在撰写第三编时,本来还想如同撰写《西洋哲学史 ABC》那样,在研读了各哲学家的原著后来撰述,但由于近代哲学家的著述很多,不是一朝一夕所能读完,加上他又急于将《哲学》一书完成,便未能如愿,该书参考了西方哲学史家如费露(K. Fischerh)、赫甫定(Hoffding)和维伯(Weber)所著的哲学史著作。

他本来还想对西方现代哲学进行详细介绍,但因为篇幅所限,也没有如愿以偿,只好将现代西方哲学作为第三编中的一章作了非常简单的概述。对于西方现代哲学,张东荪后来专门作了详细介绍,这便是1934年出版的《现代哲学》。这部《哲学》对当时学术界影响较大,成为大学学生哲学入门书。北大学生罗荣渠在1947年8月25日的日记中评述:"张东荪著《哲学》一书,一编为《哲学概论》,二、三编为《哲学史》,简赅扼要为其长,亦为其短,然对入门者实为一本难得的好书,附录《怎样读哲学》一文,有所拟最低限度应读书籍目录。"①

是年夏

张东荪将自己在燕京大学讲授伦理学的讲义底稿整理成《伦理学纲要》。

张东荪就任燕京大学哲学系教授,仍然讲授伦理学。与在

---

① 罗荣渠:《北大岁月》,商务印书馆,2006年版,第164页。

光华大学讲授伦理学一样，张东荪感到，把伦理思想史与伦理学概论结合起来讲，是一种很好的方法。因此，他在燕京大学所讲授的伦理学，主要是西方各派伦理思想，即西洋伦理思想史，而所用的参考讲义，便是在上海光华大学时的讲稿，即《道德哲学》。此时，他的好友舒新城在中华书局着手主编一套中学生使用的参考丛书，这便是《中华百科丛书》。舒新城约请张东荪撰写一部介绍西方伦理学方面的通俗著作。1931 年暑假时，张东荪将自己在燕京大学讲授伦理学的讲义底稿略加整理，由张东荪口述、长子张宗炳执笔，写成了《伦理学纲要》(1933 年由中华书局出版)。

在该著中，张东荪主要对西方古代和近代各种流派的伦理思想进行介绍和阐述。全书共分 11 章：第一章主要阐述伦理学的定义，将伦理学定义为："(1)拿自然科学的态度去研究道德的现象；(2)以实用的技术去指示人们所以做人之普遍的抽象的原则；(3)以玄学的态度去说明道德的基础；(4)以哲学的批评态度去分析道德问题的一种学问。"[①]这种观点，与他在《道德哲学》中为"道德哲学"所下的定义是相同的。与《道德哲学》一样，张东荪将西方伦理思想也分为 10 派，从第二章到第十一章，他分别对西方伦理思想史上有代表性的 10 种流派，即伊壁鸠鲁的快乐论，边沁的功利论，希腊犬园学派和斯多亚学派的苦行论，希腊的直觉论，柏拉图的解脱论，康德的超越论，斯宾塞的进化论，亚里斯多德的完全论及格林的自我实现论等，都进行了系统介绍和深

---

① 张东荪：《伦理学纲要》，中华书局，1936 年 1 月版，第 4 页。

刻评述。

是年秋

张东荪挑起30年代著名的唯物辩证法论战。

张东荪挑起“唯物辩证法论战”，除了对马克思主义哲学的传播阻击、不满马克思主义者的机械应用外，更重要的原因是：有鉴于马克思主义侵入哲学界，威胁到“纯粹哲学”的生存，为了捍卫所谓“纯粹哲学”的神圣殿堂，张东荪起而阻击。他在《十年来之哲学界》中说：“辩证法唯物论只是历史理论与社会理论，而不是哲学；换言之，即决不能取哲学而代之。”①他认为，目前哲学真是到了一个生死存亡的关头。“因此我个人以为马克思主义之突起于人类思想界是一件绝应注意的事。质言之，即等于一个关。若是不能渡过，则不仅哲学从此葬送，即其他高深思想（如高等数学一类）亦同受影响。所以哲学到了今天却是遇着了一个难关。”在“纯粹哲学”遇到“难关”之时，致力于研究“纯粹哲学”的人们，当然有责任捍卫“纯粹哲学的生存”。被公认为中国“新唯心派首领”的张东荪，便率先起来挑起“唯物辩证法论战”，充当了这场论战的主将。

9月18日

张东荪在《大公报》副刊《现代思潮》上发表《我亦谈谈辩证法的唯物论》，对马克思主义哲学的基石“物质”及“物质之变化”两个核心概念进行非难。他认为，辩证唯物主义只是抛弃了

---

① 张东荪：《十年来之哲学界》，《光华大学》半月刊第3卷9、10期，1935年6、7月。

霍布士一流的唯物论,而转到自然主义、实在论的经验论的进化论,“其内容毫无新颖,所有的都是欧美已经早有过的”。他指责唯物论者“主张的内容”是一种偏见,声明“我愿意诚诚恳恳向倾向俄国的人们说一句话:就是如其以感情为出发点,我们决不再多说一个字;倘使真正愿以理论与天下相见,我个人很愿意来共同分析。”[①]向马克思主义者提出了挑战,揭开了30年代唯物辩证法论战的序幕。

9月

因张东荪的介绍,燕京大学校务长司徒雷登致电正在德国耶纳大学任教的张君劢,邀请他回国任燕大哲学教授。张携妻儿起程东归,途经莫斯科时,小住月余,考察苏联第一个五年计划的实施情况,直到“九一八”事变前一天,他才回到北平,旋即正式接受燕京大学的聘请,讲授黑格尔哲学。

10月

张东荪与张君劢发起筹备“再生社”,重新关注现实政治,积极主张抗日救亡,反对国民党的独裁统治。

张东荪对国民党在“训政”期间一党独裁,剥夺人民自由权利及“党外无党”的做法十分反感。“九一八事变”后,国民党对内顽固坚持独裁和内战政策,对外实行所谓“攘内外必先安内”政策,激起张东荪的极大愤慨,使其无法安心于书斋中的哲学思索,故加紧筹备组建新党。张东荪与张君劢“承继了研究系的余

---

① 张东荪:《我亦谈谈辩证法的唯物论》,《大公报》副刊《现代思潮》第3期,1931年9月18日。

绪，在北方保持了一部分势力，主要的基础是大学教授、学者、‘下野名流’”，[①]在北平组织“再生社”，筹备创办《再生》杂志，为组织政党作准备。

据张君劢的夫人王世瑛女士回忆，“先是张东荪、胡石青、汤住心、王抟沙、徐君勉、陈博生等先生，先后在北平汤胡两寓，洽谈组织宪政党，并将政纲党章拟定初稿，以待先生返国再作决定。先生返国平与诸先生晤会后，谓宪政党字样太旧，不如改称国家社会党，众皆赞同，于是由先生及东荪、住心、石青先生四人，正式发起，筹组中国国家社会党。”[②]

关于组织国家社会党、重新关注和评议政治的动机，张东荪后来回忆：“至于九一八事变以后，忽然和张君劢先生组织国家社会党乃纯是为了国民党的‘党外无党’一句话而激成。我即相信民主主义，当然是反对一党专政。国民党不许另外有党存在，我们民主主义者便不能不另立一个党，以表明我们的思想是自由的。目的不过如此。当时张君劢先生曾与我明白相约，说他日如国民党有一天放弃了一党专政，我们的党便自动宣言解散”。[③]

10 月 16 日

张东荪在《大公报》“现代思潮”栏目发表《全国动员与学哲学的人们》。“九一八”事变后，为了抗击日本侵略，张东荪主张

---

① 李家襄：《“国社”“民社”骨肉团圆》，上海《新民报》晚刊，1946 年 8 月 27 日。

② 王世瑛遗稿：《君劢先生之言行》（一、二），见《张君劢传记资料》（七），台北：天一出版社，1979 年。

③ 张东荪：《理性与民主》序论，上海商务印书馆，1946 年版，第 5 页。

全国动员，就是全国的人都直接间接参加战事。作为从事抽象理论思维的学哲学的人们，除了像德国哲学家费希特那样直接参战，抗击外侮，也可以像黑格尔那样以理论思辨为复兴民族提供智慧。

11 月

张东荪在为《近世西洋哲学史纲要》所作的序言中，表露出对西方以知识论为研究对象局限性的不满，产生了将哲学研究扩大到文化领域的思想萌芽。他说：

“我近来意见亦有些转变，以为我们研究哲学不可愈研究愈趋于狭小，好像钻牛角尖一样，愈进愈小……我们不可专向那些太专门的问题去下工夫，再详言之，就是我们不可专向认识论或名学来研究，反之，我们实在应得愈研究愈广阔。……乃是说我们应得以文化全体为目的，为对象。我们对于文化须下一个全体的解释。所以我们同时研究认识论上的专门问题，同时须把认识论来作文化全体的解释的基础。我们同时研究名学上细微程式，同时必须把名学来作一个太阳看待：使这个太阳的光能普照到一切的东西上。所以我近来自己觉得颇受了黑格尔的影响，就是我很赞成他那种把哲学史当作文化史看待的主张。且不仅哲学史自身就是哲学，并且哲学史自身就是整个儿的文化。所以我们研究哲学应当愈研究愈广阔。对于全部文化寻得一个统一的意义与整全的解释，这便是我们所努力的了。”①

---

① 张东荪、姚璋：《近世西洋哲学史纲要 · 张序》，中华书局，1935 年版，第 3—4 页。

这段文字，与其说是为中国哲学界指出发展的方向，还不如说是他自己以后要努力的方向。此时的张东荪已经开始意识到近代以来以知识论为研究核心的局限性，力图将哲学史、哲学包括名学放在整个的文化背景上考察。用文化来说明知识、来考察知识的性质和功用，正是30年代中后期张东荪在哲学上努力的方向。

12 月

张东荪在《哲学评论》4卷2、3、4期上发表《条理范畴与设准》一文，初步提出了“多元认识论”观点。他后来自述说：

“在这篇文章中，我提出一个认识论上的主张。我自信这个主张是前人所未言。因为中国哲学向来不注重知识问题。在中国以前自是没有像我这样的主张本不待言。然即在外国，以我所知，亦没有和我一样的议论。我虽不敢说是创见，然至少我可以自白确有些是我自己想出来的。不过我所创造的地方不在于其中那一点是由我作古，而在于把那些相关的各点综合在一起便成了一个从前未有过的整个儿东西。换言之，即我此说之所以为新不在其中的任何一部分，而只在于各部分间的配置与综合。因为综合是新的，所以其所得的结果亦可说是新的。”①

张东荪不仅说明了该主张是自己的创见，而且说明这种主张的特点所在，即它是在综合西方哲学认识论问题上各种流派主张的基础上而提出的新见解，就所讨论的问题而言，是西方哲

① 张东荪：《多元认识论重述》，《张菊生先生七十生日纪念论文集》，上海商务印书馆，1937年1月，第95—96页。

学上古老的问题，即近代哲学始终讨论的重点问题；就讨论的各种具体观点来讲，是过去认识论上诸多主张都曾讨论过的。在这些地方并不能看出张东荪有什么创见，但其创见处在于“把那些相关的各点综合在一起便成了一个从前未有过的整个儿东西”。这种将各部分间重新“配置与综合”的结果，便成为一种新的认识论见解：“即我此说之所以为新不在其中的任何一部分而只在于各部分间的配置与综合。因为综合是新的，所以其所得的结果亦可说是新的。”这样看来，张东荪是一个比较成功的“折衷论者”。他既反对把能知吸收于所知内或把所知归并于能知中的“一元论”观点，又反对把两者简单对立起来的“二元论”观点，也反对康德的感性、知性、理性层层递进主张，创立新的认识论观点，提出了“多元认识论”思想。

1932年(民国二十一年　壬申)　46岁

【张东荪继续任教于燕京大学,一度兼任清华大学文学院哲学系讲师。他一方面继续研究认识论问题,将《条理范畴与设准》一文章加以修改补充,以《认识论的多元论》为名,在《大陆杂志》上发表,公开提出了“认识论的多元主义”,并由上海新月书店出版《现代伦理学》;一面继续批评唯物辩证法和唯物史观。严重的民族危机使他无法安心于书斋中的哲学思索。5月20日,张东荪与张君劢等人在北平组织再生社,创办《再生》杂志,起草国家社会党政治宣言《我们所要说的话》,全面阐述了“修正的民主政治”主张。他在《再生》杂志上发表《党的问题》《阶级问题》《为国家计与为国民党计》《国民无罪——评国民党内的宪政论》等文,对国民党的“训政”理论、国民党统治的种种弊政及国民党内外反动政策进行猛烈抨击。】

是年春

1931年2月,叶青创办《二十世纪》,树起“批判”的旗帜,对胡适、张东荪为代表的资产阶级“纯粹哲学”进行了猛烈的抨击。在该刊第3期上,叶青发表《张东荪哲学批判》一文,开始对张东荪建立的“新哲学”体系进行了严厉的批判和驳斥。如何批判张东荪？叶青自称：“讲到我所使用的方法，那完全是科学的。并且一切论据，均以科学为依归。虽则在哲学上，我是以自己所宗的去批判张东荪；但我之宗它，因为它是真理，并非为它而宗。既然我之宗它是服从真理，没有派系主义底思想，所以我底批判不出于派系底偏见，而是站在真理底立场，与错误的思想奋斗。因此，我在这里所干的，不是派系底企图而是真理底努力。”①而实际上，他是用歪曲了的马克思主义哲学来批判张东荪，是用自己所谓的“新物质论”、“哲学消灭论”等来批判张东荪，根本没有“科学”可言，更谈不上“服从真理”。

4月1日

陈伯达在上海《研究》第1期上发表《批判者之批判——驳张东荪的〈我亦谈谈辩证法的唯物论〉》，对张东荪《我亦谈谈辩证法的唯物论》一文进行批判。他指出，张氏根本混淆了哲学上的分野，不仅不理解什么是唯物辩证法，而且连唯物论、唯心论等俄国哲学的基本概念也不懂；他认为在张氏混淆认识论上的唯物论与唯心论，“不仅是徒劳而无功，简直是十足证明学者头脑之贫困而已。”他批评张氏将唯物论误解为经验论的观点，认为张根本未把辩证法与机械唯物论了解清楚，对唯物辩证法的基本内涵也未弄懂，认为辩证法的唯物论决不是什么经验论，它由自然科学以及社会事实证明是惟一的科学的方法论，表示要严阵以待一切思想上的反动者之进攻。

---

① 叶青：《张东荪哲学批判》序言，上海辛垦书店，1934年4月15日。

4月16日

张东荪和张君劢等人在北平北海内的松坡图书馆秘密集会,发起成立再生社。罗文干、诸青来、陆叙百、罗隆基、黄任之父子、胡子笏、万武等人相率加入,创办《再生》月刊,由张君劢负责主编。张东荪与张君劢、胡石青等人反复商议,决定由张东荪执笔草拟《我们所要说的话》和国家社会党的“九十八条政纲”。他们决定在政党正式成立前,先组织再生社,创办《再生》杂志,作为国家社会党的喉舌。

张东荪为《再生》杂志起草了《简则》。其云:“我中华民族国家经内忧外患已濒绝地,维在此断续之际未尝不潜伏有复生之潮流与运动。本杂志愿代表此精神,以具体方案谋真正建设,指出新途径与国人共商榷。”故将新创办的刊物定名为《再生》。该刊宗旨为:“拟一方面根据历史之教训,他方面博征世界之通例,提出另一新方案,以为唯循此途可致中华民族于复生。此方案包括政治经济教育思想于一全盘计画之中。使经济政治教育思想各为此一大系统之一方面。不仅政治制度与经济情形合而为一,抑且教育方针亦与之如两齿轮之相衔接,最后更有一根本思想为其基础。”①

《再生》杂志体裁分为论说、思潮、文艺、通讯、书评、杂载等栏目,主要撰稿人除了张东荪、张君劢外,有罗隆基、胡石青、诸青来、潘光旦、王造时、全增嘏、吴文藻、李正刚、金井羊、余颂华、胡子笏、梁实秋、陆鼎揆、陈博生、黄方刚、瞿世英等人。

---

① 张东荪:《再生杂志简则》(手稿)。

5 月 20 日

▲张东荪在《再生》杂志创刊号上刊载南庶熙的《与二十世纪记者谈谈哲学》并加上《东荪附识》，作为对叶青挑战的答复。叶青在发表《张东荪哲学批判》后，期望张东荪能够与他正面讨论，进而展开一场大规模的对张东荪哲学的批判运动。但张东荪并没有接战，因为在他看来，叶青是一个不懂哲学却想诬蔑哲学的人，其观点根本不值一驳。《东荪附识》解释说：

"所以读者千万不可误会以为南先生为我个人辩护。其实南先生只是为哲学而辩护。对于不懂哲学而想污蔑哲学的人有所辩白。从这一点上讲，我以为这正是我们的工作。我本来想抽出工夫对于二十世纪杂志上所主张的正面议论加以检讨。而总是没有充分的时间。只好俟诸异日了。"①

▲同日，张东荪与张君劢等人在北平创办了《再生》杂志。张东荪在创刊号上，发表了自己执笔起草并经张君劢、胡石青等人讨论审定的国家社会党政治宣言《我们所要说的话》（该文于1938 年 4 月重新印发时，改称为《中国国家社会党宣言》），全面阐述了"修正的民主政治"主张。他指出，中国正面临着一个转机时期，其当务之急是使民族复兴。要能使中华民族复兴必须有下列条件：有一个极大的智慧；是全民心坎中的要求；有由渐而扩大的信用；有最后而决不轻易使用的实力。他集中这个"大智慧"，提出了一套以"修正的民主政治"为核心，包括政治、经济、教育等方面内容的政治主张。

---

① 张东荪：《东荪附识》，《再生》创刊号，1932 年 5 月 20 日。

首先，消除人们对民主政治的误会，提出“修正的民主政治”。张东荪认为，旧民主在中国实施过程中暴露出许多弊端，因而人们对它产生了怀疑，发生了动摇，这是可以理解的。然而，决不能因噎废食，放弃民主政治。这是因为一方面人们对民主政治发生了“大误会”，另一方面民主政治是可以修正的。张东荪首先提出了其解决旧民主政治所存弊端的总原则：妥善解决好进步、公平与自由的关系。依据这样的总原则，张东荪对于普通民主政治作三方面修正：(1)依照民主政治的精神，“有见于党派捭阖之有碍于国家大计一端”，对两党政治作修正。中国不具备两党政治的条件，那么在形式上即便是一党执政，只要其精神上合乎民主原则和精神，也并不是不可以。(2)依据人性差异的事实，提出专家政治。他主张在坚持民主政治的原则下，解决普通民主政治中所存在的行政效率不高的问题，做到行政上的“专门化、稳定化、敏活化与统一化”。(3)依照行政更加有效率的要求，对普通民主政治的“三权分立”政体进行修正。他对“三权分立”政体的修正之处在于：“我们在精神上赞成平衡与钳制之原则；但以为宜由司法任之；至于行政与立法虽可合一，然仍须有相当制限。”①

正是基于这样的修正，张东荪在《九十八条政纲》中，规定了政治制度的要点为：国民代表会议行使国家主权，中央议会为一院制，中央行政院由中央议会选出行政委员若干名组织，行政诉讼隶归司法范围并且检察官可以自行检举起诉，设立全国经济

---

① 记者(张东荪)：《我们所要说的话》，《再生》创刊号，1932年5月20日。

议会作为全国经济计划的咨询与建设机关,议会选举以普选为原则,但同时规定专家应取得最低限度的代表名额,厉行保障与征戒法,另定官吏纳贿舞弊惩处法等。

“修正的民主政治”的基本精神是:“必须建立一种政治制度在原则上完全合乎民主政治的精神;在实施上必须使党派的纵操作用不能有所凭籍。于是这种政制,在平时,不拘两党或多党都能运用,即假定无党亦可运用;而在紧急时候立刻可以集中全民的意思与力量,不分党派。我们相信这样的制度不是不能创造的。倘使成立,则民主政治的弊病便减去殆尽了。并且说得极端一些,在这种制度下,万一只有一党,表面上或许有点类似一党专政,而实际上却依然是民意政治。因为这个硕果仅存的党必定是真正民意的表示。所以我们心目中的修正的民主政治一方面固是既打破多党的纷争,又防止一党的专擅;而在他方面他对于多党或一党的事实上存在亦未尝矫揉造作加以不容许。总之,修正之道只在一方面须遵从其自然,而他方面须设法矫正其过甚。”经过这样的修正,张东荪自认为使“民主政治由空想的而趋于科学的”,因此他又将其命名为“科学的民主政治”。①

其次,调和资本主义与国家社会主义,实行“混合经济”。在张东荪看来,中国发展经济的道路,实际上宜采取西方自由资本主义方式与苏联国家资本主义方式的“全盘计划的混合经济”。其要点为:“我们根据大量增加生产的需要,按出身有效

① 记者(张东荪):《我们所要说的话》,《再生》创刊号,1932 年 5 月 20 日。

的方法，而把国家资本的经济与私营的经济以及合作的经济制定一个相当的比例，在统一计划之下进行。”即国家经济、私营经济与合作经济同时存在，在国家计划的指导下，发展中国的资本主义经济。他相信，目前中国最先要设法解决的问题就是贫穷，“只有采取这样的国家社会主义方式办法。”他认为，计划经济实在是人类的一条新路，有百利而无一害；所可惜的只在于执行的人们恐怕要流于专制，以致妨害大家的自由权。如果能把自由亦设法参纳于其中，“真可以说是世界上最完美的制度了”。如何将两者调和起来？他的意见是：国家对于产业只有全盘计划权，至于经营管理的公务人员不妨即为所委托的同行公会的“行员”，即国家以自定的大计划而从事于开发或整理各项产业，但不需有大批官吏为之经营，仅托付职业团体的各行公会便可以了。

最后，实施计划教育，保留思想自由。张东荪对于教育方面的主张为：“我们的教育必定是有计划的教育；所谓‘有计划的’是指政治经济等统隶于一个计划之下，从政治而言，可以说是有计划的政治制度与运用；从经济言，可以说是有计划的经济分配与发展；所以从教育言，当然是有计划的教育方针与施设。”实行“计划教育”，一是必须人人都受教育，实施强迫教育；二是实行不受经济的限制，即实行免费教育；三是做到生产机能的普遍化，把所有的小中各级学校都与其所在地的产业发生联络，使所有学生同时接触生产，且于毕业习得生产技能。四是军事训练的普遍化，其目的在养成民族自觉心与军人生活的习惯。公民教育必须与军事教育合一。务使人人就主动方面都成为良好的公民,作国家主人;而从受动方面,都成为良好的军人,服从命令。实行有计划的教育,并不侵害学术独立和思想自由。他坚持认为,“政治上效率的提高与社会上自由的开放不但无抵触与矛盾并却正相助相成。因为我们虽则很爱护政治的效率,但我们却更爱护思想的自由。以为无政治的效率则行政失其意义,但倘无思想的自由,则国家失其灵魂。所以思想自由是人民的根本。纵使两者即有冲突,我们亦断乎不可牺牲自由而迁就效率。”所以,张东荪主张为政治效率增高起见,政府权力当然宜于集中,但集中的限度是以行政为界,断不容侵犯到社会上去,把人民的自由亦受管辖。正因如此,在提出“修正的民主政治”后,张东荪反复强调:“我们的意思以为必须做到恰正与他们相反:即政权务求其统一,行政务求其集中,而社会务使其自由,思想务听其解放。”①

总之,张东荪依据“确定平等基础”、“保持个性自由”、“力求效能增进”三个基本原则,提出了一套名为“修正的民主政治”的政治、经济、教育方面的主张。张东荪将其概括为:“我们于政治是把根据效率的科学与个性差别的科学以与站在平等的民治主义调和为一;于经济是把易于造产的集产主义与宜于分配的普产主义以及侧重自治的行会主义调和为一;于教育是把淑世主义与自由主义调和为一;然后三方面再总综合之,成一整个儿的。”②

---

① 记者(张东荪):《我们所要说的话》,《再生》创刊号,1932 年 5 月 20 日。

② 记者(张东荪):《我们所要说的话》,《再生》创刊号,1932 年 5 月 20 日。

如何在中国实行这种“修正的民主政治”？张东荪提出了两条原则：一是要大大地提倡对外的军备，提高军人的人格，使他们有一条光明的路可走；二是须以全国的力量反对内战，同时大减常备军额；由人民自办民团来维持社会秩序，这样既可使土匪绝迹，又可消除军阀。他说：“我们所应努力的是：(一)如何使现在祸国殃民的军队变为救国卫国保民的工具；(二)如何制定一个国防大计以与经济计划教育方针打成一片。”正是基于这种考虑，张东荪在《九十八条政纲》中提出了具体的解决办法：一、减少常备兵额，化兵为农工，给予土地或职业；并试行征兵制度。二、设立中央军政机关，以统一制度编制训练并调遣全国军队。三、依国防计划定驻兵地点；并扩充兵工厂使军事制造与普通工业有相当的联络。四、国家规定条例优待军人，但现役军人于军职外不得兼任何官职；军人一切行动应对于普通法庭负责；对于政治不得以通电或宣言或公开谈话发表其意见。五、除中央政府依宪法规定许可外，任何军人不得宣布戒严。六、奖励人民自卫组织之民团；并另定治匪条例，以加重刑罚为要点。

张东荪提出的“修正的民主政治”，既代表了张东荪自己的政治思想，又是国家社会党的政治宣言，集中反映了30年代在西方民主政治受到普遍怀疑的背景下，中国民主主义者既不愿走苏联社会主义道路、又反对走法西斯主义道路，而企图走一条折衷资本主义与社会主义、民主主义与共产主义的新路的迫切要求。张东荪在民主主义在全世界受到怀疑的情况下毅然坚持民主政治，并对其弊病进行“修正”，这种努力是值得肯定的。

6月20日

张东荪在《再生》第1卷2期上发表《生产计划与生产动员》,除了对唯物史观进行批评外,着重对国民党一党专政理论进行抨击。

国民党坚持一党专政的理论依据是所谓“训政”理论。孙中山在《建国大纲》中把建国步骤分为三个时期,一是军政时期,指革命以后实行军政府执政;二是训政时期,对人民进行训练,准备实行宪政;三是宪政时期,制定宪法,组织民主政府。1928年10月,国民政府颁布《训政纲领》;1931年6月,又颁布《训政时期约法》,规定:训政时间为6年,到1935年结束;训政期间,由国民党独揽统治权,训练人民行使选举、罢免、创制、复决四种政治权利;人民只有服从国民党才能享受公民权利;国民党可在必要时对人民的集会、结社、言论、出版等自由权利加以限制。由此可见,国民党的训政实际上就是借“训政”之名,行国民党一党专政之实。张东荪坚持民主主义立场,抨击国民党的专制独裁,便首先将矛头对准了其“训政”理论。该文指出,国民党与北洋军阀一样,也是一个军阀与官僚集团,“国民党秉政以来,说得尤其动听,凡好听的话几乎没有一件是他们没有说过的。但他们的行为与他们的说话完全是南辕北辙。可见以后不谋改造则已;否则必须出支票,使受者得现款。”①

7月20日

张东荪在《再生》第1卷3期发表《党的问题》,对国民党内

① 张东荪:《生产计划与生产动员》,《再生》第1卷2期,1932年6月20日。

外政策进行抨击。

国民党实行训政的借口,就是人民知识能力不够,必须靠国民党来训练。张东荪从理论上对其进行了严厉批驳。他尖锐地批评说:国民党清党反共以后,“政府以前只知自私自利、把军队作为自家的工具,把国库作为自家的私产,把人民当作奴隶。于是全国离心,已成分崩离析之象。”以致于“共的势力在社会上在实力上只有增而无减。”国民党的内战政策给日本入侵提供了有利时机,使之得以乘虚而入。对于一个这样腐败无能的政党,张东荪进行了激烈的批评,但同时又给它指出了出路。这个出路就是:必须顺应民意,改变自身性质,调整内外方针。

第一,国民党目前要想自救,只有一条路,就是“把国民党所有的军队(尤其关系深的军队,不妨把杂牌军队暂时除外)与所有的党员都立刻站在和十九路军在上海时的同地位便行了。”即进行抗战,以抗日的名义统一国民党,赢得人民的信赖的支持。他说:“我敢说如其国民党全党都和十九路军一样,则全国的人民,无论其中有多少反党的人们,都得跟着走。即连共产党虽心中不愿意,亦没有法子不跟不走。”

第二,在政党问题上,放弃排斥异己的政策,实现各党派联合抗日。张东荪认为,解决党争的办法只能是:比赛和合作。比赛就是竞争:竞争就是看谁真能为民众谋福利,得民众的欢心,取民众的同情。在非常时期只有各派合作。

第三,国民党必须把国家的制度与党的组织区分开来,不能“以党代国”。他强调,党的决议不能直接作为国家的法律,必须经过国家机关通过;党的机关不能规定在国家的制度中,“务使党的机关不规定在国家的法律上而不与国家的机关混成一个系统。”

第四,国民党必须放弃“世界革命”理论,进行民族革命。他坚决反对进行所谓“世界革命”,认为这个理论“是共产主义所专有的,必定立于国际主义方可采用。若是以民族自救为立场,实无采取此说的必要。”国民党的出路就是首先将其一套不适合中国实际的理论加以整顿,“而必须自身先变化其性质。换言之,即必须把他的血中所存的共产主义要素完完全全抽干净了方可。如此方可对付内忧外患的国难。”

所以,国民党的出路不是各派如何与它合作的问题,“乃是国民党如何自己改变方针的问题。”国民党要想有出路,要想“应付目前的难局”,必须解决好目前急迫的问题,如“对日的问题如何得一个出路”、“如何把武力置在政治力之下的问题”、“如何社会得安定的问题”、“如何生产的问题”等等。前一个问题是对外,后三个是对内。张东荪提出了自己对于国民党的期望:应该站在民族主义立场上,“必先维护自己国家的独立与民族的生存,”“必须改压制人民而为联合人民;改独力支撑而为全国一致的对付。”①

8 月 20 日

张东荪在《再生》1 卷 4 期上发表《阶级问题》,集中阐述了批评马克思主义阶级和阶级斗争、无产阶级专政理论的观点。

张东荪在挑起“唯物辩证法论战”的同时,也对唯物史观进

① 张东荪:《党的问题》,《再生》第 1 卷 3 期,1932 年 7 月 20 日。

行了批评。他对唯物史观的批评,集中在对唯物史观的基本范畴和原理——如阶级和阶级斗争学说、无产阶级专政理论核心问题——的非难上。他认为,“阶级”、“阶级斗争”、“无产阶级专政”、五种“社会形态”等等,便是马克思的“硬性的范畴”、“固定的格式”和“普遍的程序”。他解释撰写《阶级问题》宗旨说:“本篇所要讨论的是在于阶级与政治的关系。尤其是在中国的社会情形上。在这个自然亦须要稍稍讨论到新创造派的小资产政治的主张与时代公论派的民族资本家政治的主张。并且还想藉此说明共产派阶级斗争说的矛盾。”主要内容包括:

第一,张东荪对马克思的阶级概念进行了分析。他认为,马克思所谓的“阶级”一词,“是一个极不清楚的概念”,对马克思的“一部人类史乃是一部阶级斗争史”观点加以批评,认为阶级的分野是随着社会进化而来,有阶级的时候却未必尽是斗争。所以“马克斯的议论是经不起细分析细研究的”。

第二,对于马克思“社会形态理论”,张东荪认为它并不适合中国国情。他指出,中国的社会情形很复杂,它既不是封建社会,又不是资本主义前期,所以决不能把马克思发明的“五种社会形态”的公式机械地运用到中国来。他断定:“马克斯一流的历史公式,至多亦不过是欧洲各国的落实的共相,而决不能当作一个普遍的范畴,亦完全适用于我们东方。”[①]他并不反对阶级的存在,但反对马克思将社会上的阶级明确分为“无产阶级”和“资产阶级”。他坚持认为:“马克斯派的历史定命论并不是真有见

① 张东荪:《阶级问题》,《再生》第1卷4期,1932年8月20日。

于历史是有固定的历程,乃只是为了使无产阶级起信心起见而硬说如此。”它只是“战略”而不是“学理”,“马克斯派的一切理论大部分是为战略而设。只可理论而屈就战略,决不会为了真理而牺牲策术。”①

第三,分析中国社会阶级情况,断定中国远未到实行无产阶级专政、建立共产党的阶段。张东荪分析了中国社会的阶级状况,断定:“中国的社会阶级都具有些东方色彩”。中国的阶级是以职业划分的,种田的是农人;做各种工艺的是工人;业贸迁的是商。这三大类阶级中所余剩下来的,张东荪称它为“余剩阶级”。中国政治所以成为一治一乱之局,其缘故就在于:治是由于这些余剩者大部分有了出路;乱即是由于制造这一类余剩者而使之加多。余剩者愈加多遂愈乱得厉害。

第四,区分阶级意识与阶级利益,论证中国无产阶级意识远未发达,反对无产阶级专政。张东荪认为,阶级利益与阶级意识是不同的,阶级利益是一个阶级普遍而又共同的利害,阶级自觉则比较复杂,决不是有了阶级利益,便有阶级意识和阶级的自觉。他强调,想以一个阶级来建立政权,决不能仅根据阶级利害,而必须诉诸阶级意识。他说:“中国的任何阶级,资产阶级也罢,小资产阶级也罢,无产阶级也罢,都还没有到造成阶级意识的程度,至于我所说的余剩者乃是人自为战之徒,不成为一个阶级,更谈不到阶级自觉了!”根据这个分析,张东荪断定:“我们对于政治的主张不必建立在任何一个阶级上。这是第一点的意

① 张东荪:《阶级问题》,《再生》第1卷4期,1932年8月20日。

思。还有第二点是：我们必须注重于所有的各阶级。这句话的涵义就是说：我们必不可建立在上述所谓余剩者（流氓）之上。”①

8 月

张东荪撰《现代伦理学》由上海新月书店出版。张东荪在《伦理学纲要》中主要介绍了西方古代和近代伦理思想，而对于现代西方各种伦理思想则没有涉及。为此，他撰写了《现代伦理学》一书，继续介绍西方各种伦理学流派，并进一步发挥了自己在《伦理学纲要》中的观点。在他看来，现代伦理学，“就是叙述现代的各种伦理思想与学说”，伦理学的对象是道德价值。② 作为《伦理学纲要》的续篇，《现代伦理学》则是主要对现代（1860年以后）西方各种伦理学流派作了详细介绍。该书共分 14 章，分别对介绍了席其维克（Sidgwick，代表作为《伦理学之方法》）之直觉的功利主义，伯辣德来（Bradley，代表作为《伦理学研究》）的自我实现主义，斯宾塞（代表作为《伦理学原理》）的进化主义，格林（Green，代表作为《伦理学序论》）之大自觉说，马谛脑（Martinea，代表作为《伦理学说之各型》）的良心说，盖育（Geyau）的生力充溢说，翁特（Wundt）的文化主义，赫胥黎的“人道制胜天行说”，穆亚（Moore）的新实在论的伦理学，许濮朗溘（Spranger）的“生活基型说”，克鲁泡特金的互助的伦理学及马克思的伦理学。最后，在第十四章中，张东荪阐述了自己所主张的“综合伦理学”。从该书的体例上看，它与《道德哲学》是一样的，

① 张东荪：《阶级问题》，《再生》第 1 卷 4 期，1932 年 8 月 20 日。

② 张东荪：《现代伦理学》，上海新月书店，1932 年 8 月出版，第 1 页。

都是在详细而全面介绍西方各种伦理学流派的基础上,阐发自己的伦理学主张。

9 月

张东荪在青年会所设的读书互助会演讲会上演讲《辩证法的各种问题》,继续批评唯物辩证法。

张东荪对辩证法从五个方面进行诘难:第一,辩证法是一个方法呢?还是一个行历呢?或是二者兼而有之呢?张东荪认为,柏拉图、亚里士多德都把辩证法当作一个“方法”,黑格尔将它视为一个“行历”,即“逻辑上的历程”,马克思的辩证法只是历程或行历,含有几分时间性。张东荪认为“这便是马克思误解黑格尔的所在了,亦可以说马克思把黑格尔的原义改坏了”。第二,辩证的行历是否与进化相同?张东荪指出,马克思主义者将历程视为进化的,“实在是表示他们自身的无知识”。在他看来,进化与辩证是对立的,“有辩证即无进化,有进化即无辩证”。第三,辩证的现象是否普遍的?黑格尔的意思是一个思想的法则,马克思将它改为“存在”的法则。他指责马克思主义者将物理上的阳电与阴电、日与月、黑与白等视为辩证的现象,是“头脑混淆”,脑子“糊涂到万分”的标志。第四,正之后有反,是否正为因,而以反为果呢?张东荪断定:黑格尔的正反合是同时存在,没有先后,而马克思的正反合之间有前后可言。“所以黑格尔是真以辩证为行历;而马克思是辩证无名而因果律其实。”第五,辩证法自身是不是亦具有“内在的矛盾”,亦是由于有相反者相争而始生?他诘难说:“倘使辩证法不如此,则世界至少便有一个东西是不含有内的矛盾的了。则世界上至少有这个辩证法是不相反而相成的。"①

张东荪认为马克思主义者对辩证法的实质并不了解,"实在是不思之甚"。故他非常自负地扬言:"老实说,我们若为使思想进步起见,首先便应把这些混淆的东西加以剖解。但这乃是哲学家的工作,决不是社会革命家的工作。所以别的问题我们可以不谈,而论到辩证法是甚么似乎非请教研究哲学的人们不可。"②

▲同月,张东荪将《条理范畴与设准》一文章加以修改补充,以《认识论的多元论》为名,在《大陆杂志》1 卷 3、4、5 期上发表,公开提出了"认识论的多元主义"。多元认识论是张东荪长期思考和研究后提出来的关于认识问题的主张。对于这一主张,张东荪自视甚高,认为它是过去哲学家们没有提出过的,具有一定创见性。谢幼伟在《多元的认识论质疑》中指出:"张东荪先生治西洋哲学甚久,用力亦最勤。于西洋哲学之各家学说,几于无所不窥。"他称赞张东荪的《多元的认识论》"虽不能谓为张先生之成熟作品,然在我国则可谓绝无仅有者矣",认为张东荪"实我国最有希望之哲学家"。③

10 月 20 日

张东荪在《再生》杂志 1 卷 6 期上发表《为国家计与为国民党计》,解释严厉批评国民党的原因。

---

① 张东荪:《辩证法的各种问题》,《再生》第 1 卷 5 期,1932 年 9 月 20 日。

② 张东荪:《辩证法的各种问题》,《再生》第 1 卷 5 期,1932 年 9 月 20 日。

③ 谢幼伟:《多元的认识论质疑》,见《张东荪的多元认识论及其批评》,世界书局,1936 年 5 月版,第 184 页。

张东荪虽然对共产主义进行了批评，但其重心在于对国民党的独裁统治和对日妥协政策的猛烈抨击上。这些批评和抨击基本上是站在抗日和民主的立场上进行的；批评和抨击的目的主要是促使国共两党改变政策，共同抵抗日本的侵略。所以，张东荪对共产主义进行的非难和批评主要是集中在“理论”上，对国民党进行的猛烈抨击主要集中在国民党的“行动”上。他在解释为什么要抨击国民党时说：“老实说，我们是党外的人，本来不能有所论列，并且亦不愿管此闲事。无奈国民党与国家的关系太密切了。他的一举一动都足以使国家蒙极大的影响。我今天来说几句话原是想使国家的损失少因国民党而加重，人民的痛苦少因国民党而延长，如此罢了。”正因如此，张东荪对国民党一方面进行抨击，另一方面期望它能够转变政策、结束训政走上抗日民主道路。然而，国民党不愿自动地放弃一党专政、实行宪政的事实，使张东荪意识到：必须另起炉灶，造成一个新的势力，打开一个新的局面，方能有路可走。他说：“我以为国民党各派应得各自堂堂正正拿出政纲与政策来，与全国人共见。不要只是躲在空空洞洞的三民主义背后，专想拿武力来摆布。”①

10 月

熊十力的《新唯识论》出版。张东荪接到赠书后立即认真研读，对该书所阐发的观点极为称赞，并对“新唯识论”予以很高评价：“以我所见，熊十力的《新唯识论》不失为近年来的一部奇书。

---

① 张东荪：《为国家计与为国民党计》，《再生》第 1 卷 6 期，1932 年 10 月 20 日。

书内所主张亦许为我们所不赞同，然而其为好学深思的结果，则不容否认。”①

他还填一首《金缕曲》送给熊氏：

“熊子今传矣。制新论，融通空有，直阐本体。譬似众沤同归海，一切随消随起。正翕辟，生生不已。唯识旧师须修改，会连山，方见功能理。儒与释，究何异。年来我亦求诸已。检吾躬，摒除习气，幸余有几？只愧二三相知者，世论悠悠安计？养活泼自家心地。永忆获麟千载叹，愿天长，此义无终闭。初读罢，杂悲喜！”②

熊十力在建构“新唯识论”的哲学体系时，曾与张东荪、林宰平等人进行过反复磋商和论辩。关于张东荪与熊十力30年代学术交往的情况，当时与熊十力同在北大任教的钱穆回忆：

“于其时又识张孟劬及东荪兄弟，两人皆在燕大任教，而其家则住马大人胡同西口第一宅。时余亦住马大人胡同，相距五宅之遥。十力常偕余与彼兄弟相晤，或在公园中，或在其家。十力好与东荪相聚谈哲理时事，余则与孟劬谈经史旧学。在公园茶桌旁，则四人各移椅分坐两处。在其家，则余坐孟劬书斋，而东荪则邀十力更进至别院东荪书斋中，如是以为常。”③

11月20日

张东荪在《再生》第1卷第7期发表《民主与专政是不相容

---

① 张东荪：《十年来之哲学界》，《光华大学半月刊》，第3卷9—10期合刊。

② 张东荪：《金缕曲——读〈新唯识论〉》，转引自郭齐勇《天地间一个读书人·熊十力传》，上海文艺出版社，1994年11月版，第69—79页。

③ 钱穆：《八十忆双亲·师友杂忆》，三联书店，1998年9月版，第181页。

的么》,讨论民主与专政的关系问题。他说:“须知民主政治本来是一种精神,本不限予那一种制度,英国虽有君主,但英国是民主政治的国家,中国现在虽无君主,然而依然不是民生政治。”他认为:“以自由平等的民主政治为制度,而于非常时期,使其集中力量,由一个强有力的政府来牵导民众。其精神和专政差不多,这并不是不可能的。”张东荪区分了“法律上的专政”与“道德上的专政”,并试图在制度运用上说明民主与专政可以调和,他将“修正的民主政治”作为超越民主与独裁的第三条道路,因为它既没有确立法律上的专政,但在运用上却具有了专政的优点:“修正的民主政治就是在特别紧急的时期,必须使民主政治在法律制度上毫无改更,而在实际运用上可与专政同其性质。”①

在张东荪看来,所谓的专政只是在运用的层面上,不能在法律上加以规定。而且“法律上的专政”和“道德上的专政”所面对的对象是不同的,对于国家来说,只能是民主;对于各党党内来说,只能是专政。他认为专政的好处在于:国家是统一的;政府是有力量的;有计划便能见诸事实;绝没有捣乱与纷扰以及无政府状态。修正的民主政治主张道德上(精神上)的专政而不主张法律上(制度上)的专政。

12 月 20 日

张东荪在《再生》1 卷 8 期发表《国民无罪——评国民党内的

---

① 东荪:《民主与专政是不相容的么?》,《再生》第 1 卷第 7 期,1932 年 11 月 20 日。

宪政论》，继续揭露国民党训政理论的虚伪性。

他指出，国民党的一党专政虽然来自苏联，但却与俄国的一党专政根本上完全不同。苏联实行一党专政的理由尚可说能以自圆，至于国民党实行一党专制的理由是所谓训政，"则并自圆其说都不能办到"。他尖锐地说：国民党所谓的训政，完全是骗人欺人；国民党实行训政的结果，显然是失败的，"以事实来说，不训犹可，一训而失东三省；二训而增加国债数倍于北洋军阀时代；三训而赤匪遍地，农村成为普遍的破产。"①所以，必须尽快结束训政，实施宪政。

实行宪政的障碍究竟在哪里？就在于"国内有特殊势力"的操纵与利用，这个"特殊势力"就是国民党。他说："中国自辛亥以来始终未上政治轨道，并不是因为在人民方面有何不足，实在是只因为有了特殊的恶势力不愿受宪法与法律的拘束。又是这个恶势力就是政府，又是政府利用这一类的恶势力。"所以，中国要真正走上宪政道路，必须让国民党放弃操纵与利用的企图，将国民党的活动置于"宪法与法律的拘束"之下。既然宪政的障碍在军阀的割据，官僚的贪婪，武人的跋扈，那么"宪政的不能立刻实行，政治的不能上轨，国民是不负其咎的。"他指出，倘使国民党真有诚心以逐渐推行宪政，便应尽快拟定如何扫除宪政的障碍的步骤，例如如何统一军队、如何统一财政、如何打倒贪婪、如何确立文官制度、如何严守预算、如何审核决

① 张东荪：《国民无罪——评国民党内的宪政论》，《再生》第1卷8期，1932年12月20日。

算、如何建立地方制度等等;否则,便证明国民党“并不想真以政权还诸国民,他们依然想造成十六年以前的那种假宪政来骗人。”[①]

① 张东荪:《国民无罪——评国民党内的宪政论》,《再生》第1卷8期,1932年12月20日。

1933年(民国二十二年　癸酉)　47岁

【张东荪继续在燕京大学哲学系任教。他在《教训》一文中对国民党对日妥协方针进行批驳,强烈要求结束训政,实行宪政,还政于民。他发表《动的逻辑是可能的么》等文,继续对唯物辩证法进行诘难。张东荪改译的《柏拉图对话集六种》(初为张师竹译)在商务印书馆出版,他在译序中说:柏拉图之书在西方为经典,正如中国有《十三经》也。张东荪20多年未曾潜心阅读中国旧籍,容庚以《燕京学报》向他约稿,他乃详读诸子典籍并用西洋哲学的眼光重新审视老庄思想,撰《从西洋哲学观点看老庄》刊载于《燕京学报》第16期。】

年初

张君劢被迫辞去了燕京大学的教职。"一·二八"事变后,张君劢南下赴上海前线慰问爱国官兵并实地考察战情。他回到北平后,在燕京大学作"一·二八"淞沪之战的公开演讲,报告十九路军英勇抗敌的事迹以及他上海之行的感想,引起国民党当局不满。张君劢被迫辞去燕大教授职务,移居北平石板房甲23号,专心编辑《再生》月刊并负责国社党日常事务。他在《再生》

月刊上发表多篇文章,并经常到各地演讲。

1月20日

张东荪与孙宝刚在《再生》1卷9期上发表《民主与专制的讨论》的文章。

张东荪的《民主与专政是不相容的么》发表后,孙宝刚不赞同他的观点,撰文讨论民主与专政关系问题。张东荪将孙宝刚的文章在《再生》杂志刊载并作了回应。他在《东荪按》中,将孙宝刚的意见归纳为四点:一,孙先生认民主政治的精神与专政的精神根本不同。二,认为我所说的道德上的专政不能称为专政。三,认为民主政治之长处不在治安之长久。四,认为政党内必须施行民治,所以绝大多数的政党便等于绝大多数的民意。张东荪逐条作了答复并得出结论:"孙先生与我的意见并无冲突。我所主张的只在于表明民主政治可和强有力的政权施设无矛盾。因为政治是离不了经济的,经济方面我们既主张计划经济,则要实行这种计划,自必须有一个强有力量的政权不可。欧美人往往讨论民治与领袖之关系,他们都承认伟大的领袖与民治精神并无冲突。我的意思亦是如此。"

2月20日

张东荪在《再生》1卷10期上发表《中性子的发见是否有助于唯物论》。他对物理学上新发现的"中性子"研究后得出结论:"中性子的发见对于唯物论有利与否的问题完全不能成立,因为这个问题本身是出于一种误会。我们还可以说得明显些:即如果新物理学有利于唯物论,则必是在中性子未发见以前已经有利了。倘使新物理学有不利于唯物论,则中性子虽发见,而这个不利的情形依然丝毫无改。”

3月20日

张东荪在《再生》1卷11期上发表《教训》一文，对国民党统治进行批驳。

面对日本的进攻，国民党当局本该立刻决定对日最后态度：和或战。但国民党当局只是忙于内争，根本就没有将日本入侵当回事。国民党不仅不承认自己的无能和软弱，反而将签订《塘沽协定》称为停战言和，这引起了张东荪的极大愤慨。他指出：“现在的停战不是和，乃是城下之盟，乃是屈服，乃是战败的自然结果。”如果国民党决定最后的态度是战，就必须把全国的力量动员起来抗日，既不能把日本侵略当成地方问题看待，更不能仅派遣少量军队来应付。张东荪坚决主张“战”而不是“抵抗”。他认为，所谓“战”是指以全国力量来拼而言；所谓“抵抗”是指以局部力量来抵御而言。面对凶恶的日本侵略者，必须以全国的力量去抵御才是正当办法。而国民党当局却与此相反：“他们高标一方面抵抗一方面交涉的政策，于是说，不能战所以抵抗，不能和所以交涉。”这种政策既不足给日本以教训，遏止其侵华野心，又为日本所轻视，更惹得日本人愤怒而愈骄横。所以，摆在中国当局面前的只有两种选择：一是不与决裂，二是拼命到底。而国民党不战不和的态度是“惹是招非”的“掀起虎须”政策，不但“不足以制虎，结果反为虎所害”。

张东荪认为，要抗日，必须改良国民党的弊政，使国民党改变内外政策。改革政治的出路，就是结束训政，实行真正的宪政，废除国民党一党专政。而要做到这一点，又必须停止内战，共同对外。其云："一个国家，其政治愈专制，一旦有了外患，其政府要想去对付，因人民平日不信任的缘故，决不会有结果，势必演成革命。所以外患临头，在政治修明的国家立刻可变为举国一致；而在专制虐民的国家必反而引起革命。"中国今后的出路在哪里？在于将中国变为一个民主国家。他痛心地指出，这样的民主国家是根本不能依靠国民党来建设，必须依靠一个"新势力"："我敢郑重告诉大家说，以后的出路只看中国能不能有一个新势力，这个新势力出来必须把一切旧势力恶势力而廓清之。"就是依靠这个新势力，将中国变成一个民主国家，使人民与政府的利害一致。他自信地说："只要有一个健全的主体，政府诚心为国，人民的利害与当局一致，则倘不能战即可走和的路。或和或战总可有一条路走。"又强调："因为今天的中国已成了一个啼笑皆非之局，因此必须另起炉灶，造成一个新的势力。打开一个新的局面，方能有路可走。"①

4 月

张东荪与商务印书馆联系，帮助燕京大学历史系教授邓之诚出版《中国通史讲义》。商务印书馆同意出版该书并委托张东荪告知邓之诚。邓之诚将在燕京大学的讲义进行认真删改，并加写了《中国通史叙论》。8 月 11 日，张东荪再到邓之诚家，告知商务印书馆催促赶快交稿，欲速印该书。② 该书本年由商务印书

① 张东荪：《教训》，《再生》第 1 卷 11 期，1933 年 3 月 20 日。

② 王钟翰：《邓之诚师〈五石斋日记选钞〉》，《王钟翰清史论集》第 4 册，中华书局 2004 年版，第 2434—2435 页。

馆刊行，次年10月改名《中华二千年史》（上、中册）仍由商务印书馆再版。

6月20日

张东荪在《再生》2卷2号上发表《讨论道德根本问题——答素痴先生》。该文原载《益世报》“世界思潮”副刊，张东荪觉得所讨论的问题具有永久价值，故在《再生》杂志转载发表。他在转载该文时专门撰写一段按语：“……我的意思是想藉这个道德哲学根本问题的讨论，证明我前此主张道德对于救国是必须的条件但不是充足的。有些人不明此义，遂主张道德可以救国。倘使他们能知道道德是什么，便会知道这个只是一个必须而非充足的了。人人都知道，现在讨论学术不容易，一开口不引起误会，便闹成意气。但我知道素痴先生①是一个饱学之士，必受过西方人治学的训练，所以我愿意和他讨论。”

9月25日

张东荪在《新中华》1卷18号上发表《动的逻辑是可能的么》，进一步从逻辑学角度攻击辩证法，认为“辩证法在自身确实有种种不可解的难题与难关”。它“在人类思想史上学术史上成了过时的古董，只好陈列在博物馆中了”。该文发表后，叶青立即在《新中华》上发表了《动的逻辑是可能的！》一文，对张东荪的观点进行反驳和批判。

12月5日

张东荪在《正风》半月刊1卷2号发表《关于名学之性质》。

---

① 即张荫麟（1905—1942），号素痴，历史学家。

12 月

邓云特（即邓拓）在《新中华》1 卷 23 期上发表《形式逻辑还是唯物辩证法》，对张东荪的观点进行了批判。针对张东荪对唯物辩证法的攻击，邓云特指出，唯物辩证法是自然、人类社会和思维的一般规律的一般运动和发展的法则，它是从诸现实的历史运动变化的诸现象中获得的，"一切本来是对立统一的，矛盾的运动与变化的，因循发展的。一切事物绝对不是'不可测'的"，"主观律只是已认识了的客观律。问题只在于这已认识了的主观律是否符合于外界事物的运动变化的规律（客观存在的规律），是否能把握事物的真象。如果能够，这就是主观律与客观律的一致，这就是科学的真理。"①

---

① 邓云特：《形式逻辑还是唯物辩证法》，《新中华》第 1 卷 23 期，1933 年 12 月。

1934年(民国二十三年　甲戌)　48岁

【张东荪继续在燕京大学任教。他先后发表《哲学是有党派的吗》、《思想的论坛上几个时髦问题》、《唯物辩证法之总检讨》等文并主编《唯物辩证法论战》,对唯物辩证法进行全面批驳,将唯物辩证法论战推向高潮。他主编“哲学丛书”(共16册),全面介绍西洋哲学,并将撰著的《价值哲学》、《现代哲学》及《认识论》三书纳入该丛书,由上海世界书局出版。他与张君劢等人正式成立中国国家社会党,继续坚持既不赞同中共革命理论,又反对国民党一党独裁的立场。】

3月

叶青将自己批判张东荪的文章集中起来,加以补充,使之系统化,编成一部巨著《张东荪哲学批判》(上海辛垦书店出版),对张东荪的哲学思想进行系统批判。

鉴于张东荪在较长时间里不直接回答自己的挑战,叶青于3月19日撰写《给张东荪一封公开的信》,将它附录在《张东荪哲学批判》之后,连同该书一起寄给正在燕京大学哲学系任教的张东荪,力图激起张东荪的应战。叶青在信中说:“东荪先生,对不住，我批评了你。但所以如此的，是为着真理；不得不然。此外我与你并没有私仇私怨，一定要找着你闹。这一点，想来你是明白的吧。我虽然批评了你，但你亦可批评我。因为你之有权利批判我，正同我之有权利批判你一样。”

但张东荪却在很长时间内没有对叶青进行“反批评”，叶青认为是由于两种原因：（一）无话答复，只好以默藏拙；（二）摆出有名学者的臭架子，不加理睬。他以胜利者的姿态，向张东荪下了“战书”：“对于这些，你如果以为然，很可以牺牲你底官家学者之尊严，出马应战。倘然你仅是暗地指使一些同派人出来，只要你不怕出丑，我是没有甚么的。你们打我的堆拳，我并不惧怯。反之，我还要告诉你，不要像你在‘科玄论战’中那样，不战在真理底立场，以‘不欢喜锦上添花而只欢喜雪中送炭’之故，去帮助张君劢说话。真理是冷酷的，铁面无私。我们底眼中应该是只见理不见人。我批判你的书，已经给你寄一份到燕京大学来了。请你在收到之后，从头至尾看一遍，因为就是发表过的也有添加之处。从今天起，我就静候着你底答复了。”①

5 月

张东荪在《光华大学半月刊》2 卷 7 期上发表《哲学是有党派的吗》，坚决反对哲学的党派性，认为学术上的争论只是“竞”而不争，与党争迥然不同，故哲学是不能有党派的。他强调：“无自由思想即无哲学。使‘哲学’二字与‘党派’二字联缀成一句，即

① 叶青：《给张东荪一封公开的信》，《张东荪哲学批判》附录，上海辛垦书店，1934 年 4 月。

等于取消哲学而只留党派。这种在党派之下的哲学虽名为哲学，而其实并不是哲学。老实说哲学家所要说的都是他自己心坎里的话。至于一犬吠影，百犬吠声，这不是哲学家的勾当。我奉劝一班时髦朋友：你们要主义就主义罢，要革命就革命罢，不要硬把哲学亦拖下水去。至于不愿意哲学亦尽可以把他置之不问。因为哲学对你们的'共'与'革'总是采中立的态度。他既不为有产者辩护，亦不替无产者助威。在哲学看来，这些有产无产的问题是属于社会科学，他管不着。"①

6 月

张东荪在《新中华》第 2 卷第 10 期、11 期连载了《思想的论坛上几个时髦问题》，对《动的逻辑是可能的么》一文中的观点展开论述。他具体列举了"辩证法能代替同一律么？""相反是矛盾吗？""凡变化都是消留吗？"等 6 个问题，进一步攻击辩证法。他的总结论是："不但辩证法不能代替思想律的同一律，并且辩证法若要变成言语来表现时（以言语来表明辩证法是真理时），还得托命于思想律的同一律。"针对马克思主义者把"相反"视为"矛盾"的看法，他提出了反驳："辩证法的人们对于这一点始终弄不清楚。总是主张凡相反都是矛盾。这显然是误会了逻辑上的'矛盾'意义。矛盾只是逻辑上的概念，决不可移到别的地方。"他认为，凡变化并不都是消留（aufheben），即"奥伏赫被"，"奥伏赫被在方法上是不能用的，并且又是不必用的。须知这只

① 张东荪：《哲学是有党派的吗》，《光华大学半月刊》第 2 卷 7 期，1934 年 5 月。

是黑格尔的特别把戏，他人决不能胡乱借用。”①

6 月 25 日

张东荪撰写 3 万多字的长文《唯物辩证法之总检讨》，对唯物辩证法进行全面批驳。

张东荪收到叶青的挑战书信后，无法不正面回答叶青的挑战。他一面组织反对唯物辩证法的人撰写反击文章，并将反对唯物辩证法的文章汇集起来编为《唯物辩证法论战》，一面将自己反对唯物辩证法的观点系统化，撰写了 3 万多字的长文《唯物辩证法之总检讨》。

张东荪在文中将自己多年来反对马克思主义哲学的观点系统化，集中地阐述了在“唯物辩证法论战”中自己的观点。这些观点可以集中概括为：一、他认为马克思主义哲学并没有什么新的意义，只不过是把黑格尔的辩证法“颠倒了一下”，“马克思辩证法所以错误到不可救药，其原因一半在于黑格尔本身。换言之，即黑格尔本身就有错误和糊涂处；马克思不过再加一些新的错误罢了。”②其目的是抹煞马克思辩证法与黑格尔辩证法的本质区别，借以否定马克思主义哲学的灵魂。二、认为辩证现象并不是天下万物所共有的，所谓辩证法的“变”只是“逻辑的变，而不是空间的变、时间的变与事物的变”。三、认为马克思主义哲学的“否定之否定”规律是一种“历史定命论”，反对用它来解释

---

① 张东荪：《思想的论坛上几个时髦问题》，《新中华》第 10、11 期，1934 年 5 月 25 日、6 月 10 日。

② 张东荪：《唯物辩证法之总检讨》，见《唯物辩证法论战》，北平民友书店，1934 年 10 月版，第 144 页。

人类历史发展。四、认为世界上不存在辩证法所说的“矛盾”，否认对立统一规律是辩证法的核心。他认为“对待”、“负面”和“矛盾”三词的含义是不同的，对待是指有对偶的东西相待而存，负面是指除了这个东西本身外其余的一切，矛盾是指两个命题不能同时皆真而言。“矛盾”与“斗争”的含义也不同，而黑格尔、马克思的错误就在于“把矛盾又一转变而成为‘斗争’的意思了”。[①]

6 月 29 日

张东荪撰写《唯物辩证法论战》“弁言”，说明主持编辑《唯物辩证法论战》一书的情况。其云：“第一点是本集的编成并不是一个预计的计划。最初只想把已成的各篇刊为单行本。后来加入的渐渐多了，竟有了好几篇新作。所以本书成为现在的体裁，只是由于著者各人的兴会。上编都是新作的，除傅统先君一文外，余皆以交稿先后为次第；下编则已见各杂志。尚有周辅成君一篇，因已印单行本，故未采取（他日我们兴会又来了，或加入新朋友，再刊续集亦未可知）。第二点是本书既名曰《论战》，则理应登载正反双方的主张。无如赞成唯物辩证法的书籍现在大有满坑满谷之势，而反对论除散见于各杂志外，从无专书。所以本书虽名曰论战而实际仅登载反对一方面之论著。读者如欲看赞成一方面的书籍，不妨照本书第一篇中所列的唯物辩证法文献去购读。第三点是本书专对唯物辩证法作反对的批评。乃只限于所谓赤色哲学，而绝非对于共产主义全体而言。因为本书

① 张东荪：《唯物辩证法之总检讨》，见《唯物辩证法论战》第 172 页。

著者数人可以说差不多都是赞成社会主义的。倘共产主义一辞与社会主义有一部分相同,亦可以说在某种意义上是不反对共产主义。第四点是本书只限于消极方面。即对于唯物辩证法作破坏的批评。至于我们诸人在哲学上是否有一个共同主张,换言之,即在积极方面是否同隶于一个哲学的主义之下,则非所计。或许我们所见有相同的地方,然而亦尽管是各行其是。因为只限于编成此书,我们是合作的。至于哲学上的主张与相信,我们仍本各人自由分歧发展的原则做去,决不有任何联带关系。第五点是本书现由民友书局刊行,纯系一种委托。除印刷一事而外,无任何关系,惟因周天放先生的介绍,故对周先生特申谢意。”

是年夏

张东荪为上海世界书局主编了一套介绍西方哲学的大型丛书——《哲学丛书》。对于主编这套丛书的原因,张东荪在《哲学丛书缘起》中解释说:“我们相信中国必须充分吸收西方文化,而西方文化之总汇不能不推哲学。所以西方文化之输入不能不以哲学为先导。为此我们主张在盛大欢迎西方科学的时候决不能不把哲学加以排斥或拒绝。”又说:“我们又相信苟其对于任何问题要下一番研究工夫,必须先养成一种批判精的神。哲学对于这一点能操练我们脑筋的却亦不下于科学。”张东荪的这些观点,进一步发挥了《初学哲学之一参考》中的思想,目的是为了批评当时流行的唯科学主义。他最后说:“因此发刊这部哲学丛书,想把西方文化泉渊的哲学为真面目的介绍,同时对于将来的如何形成一个新文化亦想略略加以指示。”①

哲学丛书分上、下两卷。上卷共8种，各册“可当哲学概论读”，包括《哲学与近代科学》(张东荪校、张抱横著，专述哲学的性质及与科学的关系，尤注重现代科学之哲学化)、《名学及其发展》(瞿世英著)、《认识论》(张东荪著)、《形而上学》(瞿世英著)、《进化哲学》(瞿世英著)、《价值哲学》(张东荪著)、《道德学》(黄方刚著)、《美学》(李安宅著)等。下卷各册“可当哲学史或哲学代表思想读”，包括《柏拉图》(张东荪校、严群著)、《亚里斯多德》(严群著)、《笛卡尔斯宾挪沙与莱伯尼兹》(施友忠著)、《洛克巴克莱与休谟》(张东荪校阅、郭本道著)、《康德》(南庶熙著)、《黑格尔》(张东荪校、郭本道著)、《现代哲学》(张东荪著)、《中国思想》(蒋维乔校、杨大膺著)等8册。从这套丛书的编目可以看出，张东荪对西方哲学发展过程中各个时期的哲学思想都力图作全面的介绍。他在主编这套丛书时除了亲自改译《柏拉图对话六种》(原由张师竹译)外，还将严群所著的介绍希腊哲学的两部著作《柏拉图》、《亚里士多德伦理思想》和范寿康著《亚里士多德》收入“哲学丛书”中出版。

张东荪对西方近代哲学格外重视，并将张抱横著《哲学与近代科学》、施友忠著《笛卡尔斯宾挪沙与莱伯尼兹》、南庶熙著《康德》、郭本道著《洛克巴克莱与休谟》和《黑格尔》等收入其主编的“哲学丛书”中。他还亲自为张抱横著《哲学与近代科学》及郭

---

① 张东荪:《哲学丛书缘起》，见《价值哲学》封页，世界书局，1934年版7月版。

道本撰洛克巴克莱与休谟》和《黑格尔》作了校阅工作。

7 月

▲张东荪根据自己在燕京大学的讲义，由高名凯根据笔记整理而成的《价值哲学》，由世界书局出版。张东荪在该著中进一步介绍了西洋伦理学，内容包括“新知觉论派的穆尔”、“亚里山大论著第三性”，“奥国学派（上）”、“奥国学派（下）”和“欧本之调和论的价值论”等5章。在该著序言中，张东荪把哲学史视为探寻人类“连接不断”的“思想线索”，并用本体论——认识论——价值论来贯穿人类哲学史。张东荪通过研读西方现代哲学，了解到“现代哲学研究的趋向大体是集中于价值论的研究，尤其是以价值论来吸收伦理学”。[①]

▲同月，张东荪所撰《现代哲学》由世界书局出版。30年代初，张东荪在燕京大学哲学系开设“现代哲学”课程，其所依据的稿本，就是在《哲学》第三编第八章的内容。但在讲课中，他又根据自己对西方现代哲学各派的研读和理解，对这部分内容作了很大的补充。他的学生许宝揆听课时作了详细的笔记。张东荪根据许氏的笔记及自己的理解，将它加以整理，以《现代哲学》为名，纳入“哲学丛书”由世界书局出版。在《现代哲学》一书中，张东荪对现代哲学的派别及主要理论作了简要概述。

全书分7章，第一章讲实验主义，介绍实验主义之代表人物詹姆士、杜威、雪勒。实验主义者把一切知识推到直接知识，再推到“于生物有用”这一点上，以“用”为衡量“真”的标准。此外

① 张东荪：《价值哲学》序，上海世界书局，1934年7月。

作者还讲了实验主义的方法及它在哲学上的地位、人们对于实验主义的误解、实验主义的人生观等。第二章讲生命主义，以柏格森为代表，讲了他的有关身与心之关系、时间空间及时间空间变为生命力、本能智能与直觉、自由意志等一些理论。第三章讲新唯心论，代表人物为鲍莱得雷、鲍桑葵。鲍莱得雷以研究逻辑为出发点，认为凡真的实的都不能自相矛盾，实在是一切东西的总体，那就是绝对。鲍桑葵主张黑格尔的所谓"具体的遍在"，又特别注意于身心问题。这一派被称作新黑格尔派。第四章讲新实在论，介绍了它的重要理论"不倚"，讲了它的根本出发点、目的及难题等。第五章讲突创之进化论，以斯宾塞为代表，介绍了他们的宇宙观、认识论及亚历山大、司马慈等人的学说。第六章为科学的哲学，以罗素、怀悌黑为代表，讲了相对论、罗素学说之三个来源即新逻辑学、新物理学和行为派心理学，怀悌黑的学说如"实有起缘"论等。第七章为简单的结论。阐述了现代思想的几大趋势如传统哲学中讲的"实在"被打破、永久的哲学未丧失其地位，新兴科学之兴起等。

▲同月，张东荪、张君劢等人在天津召开了国家社会党第一次全国代表大会。

会议通过了政纲、党章，并选举产生了中央领导机构。国家社会党组织系统分为中央、支部和分部三级，最高权力机关为全国代表大会，由全国代表大会选举产生中央总务委员会，设总秘书一人，执行总务委员会的决议，并分设文书、财政、组织和宣传四处，主要任务是执行党章、筹划财政以及决定该党对政局的态度。此外，中央还常设有纠察委员会和政务研究委员会，政务研究委员会下，又设政治、军事、外交、经济、文化等组。第一次全国代表大会选举张君劢、张东荪、胡石青、徐君勉、黄炎培、罗隆基、汤住心、梁秋水、陆叙白、诸青来、胡子笏等 11 人为中央总务委员会委员，汤住心兼组织部长，罗隆基兼宣传部长，梁秋水兼财务部长，张君劢兼总秘书，主持中央日常工作。总务委员会设在张君劢居住的石板房甲 23 号。

9 月

张东荪将阐述“多元认识论”主张的代表作《认识论》，收录进“哲学丛书”由世界书局出版，正式形成了“多元认识论”。

《认识论》全书约 6 万字，共分 5 章，前 4 章系作者的学生王光祥根据 Gamertsfelder 和 Evans 的《哲学基础》中的一章写成，分别介绍知识之由来、知识之性质、知识之切否和知识之标准问题上的各种主张。第 5 章《认识的多元论》叙述张东荪多年来的认识论主张，篇幅约占全书的 2/3。该部分的基本思想曾以《条理、范畴与设准》为发表在《哲学评论》4 卷 2、3、4 期合刊上。詹文浒编的《张东荪的多元认识论及其批评》（世界书局出版 1935 年 5 月版）一书收入《认识论》的末章，并补充张东荪的《关于名学之性质》一文，另收入江振声、傅统先、孙道升、谢幼伟的四篇讨论文章。

张东荪对“多元认识论”的阐述，主要包括对“感相”“外界条理”“认识上的先验格式”“名理上的先验格式”以及“经验上的概念”等环节的分别论述和对“结论”的综合论述。他把“多元认识论”的研究对象确定为研究“知者”与“所知”中间那一段。他认为，外界的条理、交界的感觉、内界的范畴与设准、经验上的概念，“本来是一个连环的圈子”，不可强分。他说：“我以为在根本上是五种互相独立的，由感觉不能知外物，由范畴不能知感觉，由设准不能知范畴，由概念不能知设准。”知识乃是由条理、感觉、范畴、设准和概念多种因素综合作用形成的。这就是张东荪的“多元认识论”的基本内涵。

张东荪的“多元认识论”，主要是关于“知者”与“所知”两端中间的认识理论。他反复强调认识的各个环节是相互并列的，并因此反对康德关于从感性到知性再到理性层层递升的观点，这是“多元认识论”的显著特点，也是张东荪自认为发展了康德认识论之处。

10 月

张东荪主编的《唯物辩证法论战》由北平民友书局出版，将唯物辩证法论战推向了高潮。

张东荪将自己撰写的《唯物辩证法之总检讨》与南庶熙等 10 多人批评马克思主义哲学的文章汇集成《唯物辩证法论战》。该书分上下两卷（合一集）共收 14 篇文章，“上编都是新作的，除傅统先君一文外，余皆以交稿先后为次第；下编则已见各杂志。”另有附录 4 篇，张君劢作序，张东荪作“弁言”。在《唯物辩证法论战》的最后，张东荪给叶青回复了一封信。他告诉叶青：“惟通读大作，后，觉有不必答复者；有不能答复者；亦有可答复而近于无聊者。”他批评说：“足下之主张为新物质论，实即唯物辩证法耳，初无个人独创之见解。”①

---

① 张东荪：《答〈张东荪哲学批判〉著者之公开信》，《唯物辩证法论战》附录二。

张东荪认为,在西方文化已输入中国数十年后的今天,“我辈不能有所增益,乃仍盘桓于启蒙时代,斤斤于普通文字之争,不佞实耻之”。他认为真理的胜负,决不能以“答复与否”来判定,“真理之取决,又岂在区区一答辩哉?即使答辩而胜,真理未必即属于我。以此之故,足下倘以不辩即为战败,不佞固亦甚愿足下之有以自慰也。”他劝告叶青:“勿以破为立”,应该“谋百尺竿头更进一步。他日若有叶青哲学出现,非仅为代圣立言之作,则不佞虽破数月或数年之工夫为之批判,亦觉万分值得也”。[①]

12 月

张东荪应光华大学的邀请,撰写《十年来之哲学界》,对欧美哲学界的情况及最新哲学著作作了介绍和评述。

在这篇文章中,张东荪将当时欧美哲学界的最新成就及哲学发展的趋势及时地向中国哲学界作了介绍,对于加深中国人对西方现代哲学发展趋势的把握,有着很大的意义。他指出,英美哲学界虽没有新哲学学说产生,却有许多哲学家的哲学系统是在这十年中完成的。对于罗素从中国回国后出版的《物之分析》、《哲学大纲》等有代表性的作品,张东荪也作了评述。他认为《物之分析》“是他的著述中最精深,最根本的一部了”。此外,他还介绍了怀特海的《自然与历程》,哀丁顿的《物理世界之性质》等在西方哲学界颇有影响的著作。在当时欧美哲学家中,张东荪最佩服的是美国实用主义哲学家刘易斯(张东荪译为“路易

① 张东荪:《答〈张东荪哲学批判〉著者之公开信》,《唯物辩证法论战》附录二。

士”或“路维士”），格外推崇其所著的《心灵与世界——知识论纲要》（张译为《心与世界条理》）。他强调：“详述其内容非本篇的目的，不过我敢十二分诚恳地推荐于国人之前：要知近代认识论是甚么，非读此书不可。并且必须知道了认识论才能讲哲学。”①

张东荪此时敏感地注意到了新兴的维也纳学派，并及时向中国哲学界作了介绍。他认为，该派哲学是当时哲学界“异军突起的”的新兴哲学流派。张东荪此时尚未见到卡尔纳普（张东荪译为“卡那帕”）的代表作，仅仅介绍了他的《科学之统一》一书。他对该派哲学评价说：“他们只知道逻辑的分析。对于一切传统的哲学问题，以逻辑分析为‘剃刀’，倘使分析而无意义，则这个问题即不能成立。他们这样一办，哲学问题中不能成立的可就不在少数。例如唯心与唯物之争，亦就是不能成立的问题之一。唯用论以效用为标准，把哲学问题删汰了一番。现在这个逻辑的实证论却用逻辑的意义为标准另行删汰。所可惜的只是这一派迄今尚未有大部的系统著作出现。”②张东荪在后来所作的《多元认识论重述》、《知识与文化》、《思想与社会》等著中，也提到逻辑实证主义，并对卡氏“取消哲学形而上学”的观点进行了评述。

---

① 张东荪：《十年来之哲学界》，《光华大学半月刊》，第 3 卷 9—10 期合刊，1935 年 6 月。

② 张东荪：《十年来之哲学界》，《光华大学半月刊》，第 3 卷 9—10 期合刊，1935 年 6 月。

是年

张东荪任燕京大学哲学系主任时，制定了一些规定。据张东荪部分手稿显示："一、凡本系一切事物须由本系专任教授开会议决。二、每月须开长会一次，临时会临时召集之。三、本系须举秘书一人，二年一任，但主任不得兼任。四、每次会议须由秘书记录印发，每次会议开会时须将前次记录校正再由各专任教授签名。五、凡本系各教员之进退或添聘教员等事，须由本会议决，并须得校长、校务长及高厚德先生之同意。六、本系课程须订有长期计画，每六年修改一次，在六年期内不得提议修改。七、考试除初年级各课须行当场考试，其余各课由各教授随时酌用其它考试方法，一切考试卷须存本系以便各教授互相参阅，如有特别情形时得交换阅卷。八、每学年召集凡与本系课程有关之他系教授合开联欢会一次，但他系教授并无议决本系政策之权。九、凡重要文件须中英并用。"

1935年（民国二十四年　乙亥）　49岁

【张东荪学术休假期间，出任广州学海书院院长六个月。他出席中国哲学会第一届年会并宣读论文《从我们所谓哲学看唯物辩证法》，发表《现代的中国怎样要孔子》《十年来之哲学界》《关于名学之性质》《孔子论仁》《现代的中国怎样要孔子》《最近社会学研究之趋势》等文，在北平创办《文哲月刊》并在创刊号上发表《发刊词》，与熊十力讨论逻辑及宋明理学之性质。】

1月10日

张东荪在《正风》半月刊1卷2期上发表《现代的中国怎样要孔子》（原题为《从孔子说到中西文化之异同并论民族复兴之途径》），较系统地申明并阐述了他对中西文化问题的主张。他说："我主张必须恢复主体的健全，然后方可吸取他人的文化。"又说："今天决不能讨论中国要近代化或欧化与否的问题。因为只有一个如何欧化的问题。我对于这个问题的答案是：一方面输入西方文化，同时他方面必须恢复固有的文化。"这两段文字表达了相同的意思：必须恢复固有的文化，必须恢复主体的健全。

为什么要"恢复固有的文化"？张东荪认为，这主要是因为中国吸收西方文化的主体资格的丧失。其主要表现在两方面:一是主体消化能力的减退。他明确指出:"须知今天的问题不是中西文化好坏比较的问题,乃是中国吸取西方文化的问题,亦就是一个人吃了东西如何消化的问题。"中国输入西方文化后出现的种种问题,均是由于"消化能力"减退的缘故。二是主体承受能力的衰退。中国失去了对西方文化应有的承受能力和反应能力。"其原因不在西方文化之不适于中国,乃只在中国人已缺少了吸取他族文化的'主体'的资格。"①消化能力的减弱与承受能力的衰退,说明中国丧失了吸收西方文化必须具有的"健全的自主"。

既然自信心的丧失、消化能力和承受能力的衰退,导致了主体资格和自主性的丧失,那么中国首要的任务就是重新恢复民族自信心,重新培植对外来文化的消化能力和承受能力。张东荪公开申明:"我主张必须恢复主体的健全,然后方可吸取他人的文化。"如何"恢复主体的健全"?他认为,首先应当改变对待中国固有文化的态度,承认固有文化的价值,树起人们对民族文化的自信心,克服严重的民族自卑感。他所谓"其实我们固然必须知道自己的短处,但同时亦不妨承认自己有些长处",其用意,即在于此。这便意味着必须对中西文化的根本态度作相应的调整。"一方面输入西方文化,同时他方面必须恢复固有的文化",就是这个调整后的根本态度。

张东荪所谓"恢复中国固有的文化",实际上指恢复儒家强

① 张东荪:《现代的中国怎样要孔子》,《正风》半月刊1卷2期。

调的“人生哲学”、“做人的道理”。他认为“输入西方文化”与“恢复固有文化”是并行不悖、相辅相成的。中国固有的“人生哲学”可以用于现在,但西方许多方面却必须引入中国。“在许多方面,例如政治经济等,是非用欧洲的方法不行。其实中国对于这些方面向来就没有办法。可见凡是采取欧化的方面都是中国本来缺少办法的方面。至于做人,中国本来最多讲求,不妨保留其精华。”这实际上已含有沟通中西文化之意向。张东荪进一步提出:“我们必须发见固有的文化有些地方不但不与新人的文明相冲突,并且可以并存而相辅。换言之,假使我们对于固有的旧文化不能使其再发生新芽,而只是把外来的新种移植过来,则中国的民族性便无法养成。”[①]旧文化之“老树”再发生“新芽”的寓意,是十分深刻的。它包含着中西文化必须沟通、西方文化必借中国文化之老树才能扎根、中国文化之老树必须再生新芽才能生存的思想。

“一方面输入西方文化,同时他方面必须恢复固有的文化”,是张东荪20世纪30年代前期中西文化观的总概述。输入西学与恢复固有文化似乎是两个矛盾的方面,他所努力者,显然旨在调和“输入”与“恢复”的关系。而两方面调和的结合点,便是中国固有的“人生哲学”。他认为,西方文化与固有文化各有其所存在的价值和领域,中国在政治经济等许多方面必须“欧化”,但不是全盘西化,中国在“做人的道理”“人生哲学”方面应当保留,应当“复古”,但决不是全盘复古,这样,“欧化”与“复古”在“人

① 张东荪:《现代的中国怎样要孔子》,《正风》半月刊1卷2期。

生哲学”上沟通了。

2月5日

陈序经读过张东荪的《现代的中国怎样要孔子》后，立即撰写《评张东荪先生的中西文化观》（收入《全盘西化言论续集》），站在“全盘西化”的立场上批评张东荪的文化观。他指责说：“张先生本来是一位主张西化的人，虽则没有主张过全盘西化。这是读过张先生从前的著作的人，总能明白的。张先生在本文里也说：‘我在以前向来主张中国宜充分吸收西方文化’。可是现在他又变卦了。”陈序经讽刺道：“一方保存固有文化，一方要西化，结果当然不易消化，而会生病。若说中国人的胃是生来而不合于西化，那么我们只好守此残余，束手待毙罢。所以问题并不是能否消化，而是我们是否愿意去除固有的窒碍物，诚意地全盘西化。”在谈到民族复兴途径时，陈序经的答案是：“除了我们彻底与全盘的打破所谓固有的文化，我们没有法子去尽量采纳西方文化，所以我的复兴民族的途径，也不外是要我们自动的，或像张先生所说自主的，不要留恋于固有的文化，尽量采纳西方文化。”

4月13日

中国哲学会首届哲学年会在北京大学开幕。

张东荪与胡适、冯友兰、蒋梦麟、张申府、林宰平、贺麟等50多人到会，冯友兰担任会议主席。会议由冯友兰致开会词，其云：“真正的时代哲学，系将过去的思想与当时的事实问题接近，把活的事实问题与思想打成一片，这才是哲学家应有的责任，也是新哲学的正鹄。中国之所以乱，乃是因为思想与事实没有统一起来。此次哲学会年会开会以后,希望能向这方面发展。”①继由北大校长蒋梦麟代表北大致欢迎词,10 时许始开始宣读论文。

张东荪在会上宣读了《从我们所谓哲学看唯物辩证法》一文,认为马克思哲学与“我们所谓哲学”是根本不同的,肯定了马克思在哲学上的贡献:“揭开哲学之社会背景,不再如前人之钻进哲学去研究哲学,而是跳出哲学的范围来看哲学。”②该文是张氏改变对唯物辩证法看法的一个标志。此后,他开始从社会背景、思想范畴来解释哲学问题。

此次会议虽名为“中国哲学会第一届年会”,实际上当时“中国哲学会”并未成立。这次年会的主旨之一,就是通过召开首届年会,将哲学家们聚集起来,讨论哲学会章程,酝酿成立中国哲学会。《大公报》指出:“中国哲学会第一届年会,实为中国思想进展上之重要阶段,即由过去零碎的介绍和个别的研究时期,到集团的检讨,比较与批评时期。各派各家的哲学思想,经这样集团的批判与论争之后,自然可以熔合成长一种新的哲学思潮。”③

整个会议期间出现了“两日来会中空气异常热烈”的学术讨论情景。冯友兰会后感慨地说:“此次会议因时间少,论文多,所以未留讨论时间,但是自然引起的讨论,已很不少,在讨论中大家的精神及态度,都是非常的天真坦白,这也是很可宝贵的。”也正因如此,他肯定地说:“这个会是有真精神的,不是形式的。”④

---

① 《中国哲学会年会昨日在平开幕》,《大公报》1935 年 4 月 14 日

② 张东荪:《从我们所谓哲学看唯物辩证法》,《大公报》1935 年 4 月 16 日。

③ 冯友兰:《哲学年会闭会以后》,《大公报》1935 年 4 月 18 日。

④ 冯友兰:《哲学年会闭会以后》,《大公报》1935 年 4 月 18 日。

5 月

艾思奇在《读书生活》上先后发表《关于〈形式逻辑与辩证逻辑〉》《几个哲学问题》《论黑格尔哲学的颠倒》《关于内因论与外因论》等文，对张东荪哲学和叶青的观点进行了批判。针对张东荪将马克思辩证法与黑格尔辩证法混为一谈的错误，艾思奇认为，马克思主义辩证法与黑格尔辩证法有质的不同，是对黑格尔哲学进行唯物主义改造的结果，既抛弃了他的唯心主义，又要"改正那被压歪在黑格尔哲学里的辩证法"的结果。① 针对张东荪哲学无党派性的观点，艾思奇阐述了马克思主义关于一切哲学都按照对思维和存在的关系问题的不同回答而划分为两大阵营的基本观点，论述了哲学的党派性原则，批判了张东荪把哲学当作"千古不决"的玄学的论点。针对叶青的"哲学消灭论"，艾思奇认为哲学并没有消灭，它永远有自己独立研究的对象和领域，当然也决不会再像以前那样，成为超乎科学以上的玄学。他坚持了哲学与具体科学必将永远存在的马克思主义哲学观。②

是年暑假

张东荪学术休假期间南下广东，担任广州学海书院院长。学海书院是在广东国民党地方实力派人物陈济棠支持下由张君劢等人创办的。经张君劢推荐，张东荪应邀出任院长；张君劢则出任学长兼国际政情调查室主任，并主讲"宋明理学"；谢幼伟、牟宗三等著名哲学家担任导师，并分别主讲"西洋哲学和逻辑"

---

① 艾思奇：《论黑格尔哲学的颠倒》，《新哲学论集》，读者书房，1936 年 5 月。

② 艾思奇：《关于内因论与外因论》，《读书生活》第 4 卷 4 期，1936 年 5 月。

和"哲学"。书院还聘请了朱汝珍、罗文干、吴贯因为名誉导师，张孟劬、孙德谦为通讯导师。

张君劢就书院的精神、宗旨以及办学原则发表过演讲《书院制度之精神与学海书院之宗旨》(《宇宙旬刊》第4卷第7期)，规定书院的精神在学生的人格修养，书院的宗旨是："振起民族文化，参以西学方法及其观点，以期于融会贯通之中重建新中国文化之基础"；办院原则是：(一)学行并重；(二)各科之联络与综合；(三)从民族复兴之需要上研究国故。学海书院《简章》规定课程分为四组：(一)国学组，从民族复兴之需要上整理国故；(二)科学原理与哲学组，彻底了解西方学术的根本观念；(三)社会科学组，包括政治、经济和社会，以学理为根据，而制作关于复兴民族之建设方案。(四)政情组，调查各国国势。学海书院虽然是仿照中国传统书院制度设立的，但更类似于现代学术体制中的研究所。

陈济棠对张东荪、张君劢等人主持学海书院并不放心，派其秘书长陈玉昆出任副院长。陈玉昆掌握学海书院实权，是锋芒毕露而不善于官场迎逢的张东荪所不能容忍的。故张东荪主持学海书院不到半年便与陈玉昆发生冲突，辞院长一职拂袖而去，重返燕京大学教书。

是年夏

张东荪与熊十力通信，主要讨论中西学问的路向问题。熊十力在《大公报》上发表文章，认为欲新哲学产生，必须由治本国哲学与治西洋哲学者共同努力。张东荪非常赞同熊的意见，立即在北平《晨报》副刊"思辨"上发表《中西哲学合作的问题》，将熊之观点发挥。熊十力读后立即给正在广州主持学海书院的张东荪写了一封长函,阐述了自己与张东荪在哲学观点上的异同。

第一,关于中西哲学的合作与分治问题。张东荪主张中西分治,熊主张中西"合作",表面上是对立的,实际上,两人的观点是一致的。"实则与尊意所谓中西分治元是一致也。"①熊也赞同张东荪主张的学问应当"中西兼治"的观点。

第二,中西学术的分歧问题。张东荪认为,中国人求学的动机是求善,而不是求真,西方人则正相反,是求真而非求善;西方人求的是知识,而东方人求的是修养。熊十力非常称赞该观点,"此段话是真见到了中西文化和哲学根本不同处。非精思远识如吾兄者,何能道及此。"②但熊对张东荪依此作为应当中西哲学分治的根据,表示"不必同意"。他说:"吾兄谓中人求善而不求真,弟甚有所不安。故敢附诤友之末,略为辨析。"他认为,中国人注重修养,实际上修养与知识是相互联系的,求善即是求真,"中国人在哲学上,是真能证见实相。"他通过对中西哲学的比较,认为西方偏重知识的路向,中国偏重修养的路向,"一方在知识上偏著重一点,就成就了科学;一方在修养上偏著重一点,就成功了哲学。中人得其浑全,故修之于身而万物备。真理元无内外。西人长于分析,故承认有外界,即理在外物,而穷理必用纯客观的方法。中西学问不同,举要言之,亦不过如此。"③熊十

---

① 熊十力:《十力语要》,中华书局,1996年8月版,第65页。

② 熊十力:《十力语要》,中华书局,1996年8月版,第66页。

③ 熊十力:《十力语要》,中华书局,1996年8月版,第68页。

力对中西学问的见解，对张东荪后来在比较中西哲学、中西思想差异等问题上的观点的形成，无疑有着非常重要的启发意义。

第三、如何治中国学问的问题上。张东荪认为，若以西方求知识的态度来治中国学问，必定轻视中国学问，觉得其中甚空虚，因而看得不值一钱。熊十力对张东荪的这种见解表示赞同："此数语，恰足表示今人对于中学的感想。"①他认为，中国人所以视中学为空虚，是由于中国学问向来不注重逻辑学，而中国学问所以不事逻辑，则是由于"其视逻辑为空洞的形式的知识，宜所不屑从事"。如何治西方学问？张东荪认为，如果用中国修养的态度来治西方学问，必定会觉得人生除为权利之争外，毫无安顿处。对于张东荪的这种观点，熊十力虽表示赞同，"然终嫌太过"，②认为正是因为张东荪将知识与修养视为绝不相容的两种路向，才会有这样的见解。他坚持自己的观点，认为知识与修养可以兼容，注重修养并不一定就不能致知。

张东荪将熊十力的信函在《晨报·思辨》上发表，并致函熊氏继续讨论中西哲学的性质问题。熊复函张东荪，在哲学与科学的性质问题时，对张东荪数年前提出的"东方学问非宗教、非哲学"的观点提出了批评。张东荪提出的这个观点，旨在说明中国哲学与西方哲学的差异，当时熊十力"曾佩服兄之此说，以为东方学问当属此类"。但通经过多年的思考，熊十力改变了看法，表示不能赞同。他认为学问应该分为科学与哲学两个领域，

① 熊十力：《十力语要》，中华书局，1996 年 8 月版，第 69 页。

② 熊十力：《十力语要》，中华书局，1996 年 8 月版，第 70 页。

哲学以本体论为其领域，科学以知识论为其范围，不必于哲学以外另外设立"非宗教、非哲学"名目，"弟坚决主张划分科哲领域"。①

7月17日

张东荪为詹文浒编的《认识的多元论及其批评》一书写跋，重点解释自己的"多元认识论"是否是唯心论的问题。

自从张东荪的《认识论》由世界书局出版后，许多人对他提出的"多元认识论"产生了极大兴趣，并撰文评论，这些文章主要有江振声的《读多元认识论》、傅统先的《认识是多元还是一元》、孙道升的《读张先生认识论所感》、谢幼伟的《读多元的认识论质疑》等。1935年4月，詹文浒将张东荪《认识论》第五章《多元认识论》与这些评论文章汇集起来，以《认识的多元论及其批评》为名，由世界书局1936年5月出版。上海光华大学的姚璋为该书写"序"，詹文浒撰写"编者的话"，并邀请张东荪为该书撰写"跋"。

张东荪为《认识的多元论及其批评》撰写的"跋"云："我因为许多朋友对于我的认识多元论感有兴趣，要作批评。我亦很愿意他们批评一下，所以亦常常去信鼓动他们。结果有了这许多篇，交给詹文浒君在世界书局出此单行本。他们批评我的说，我不想答复。我最感激的就是他们对于我所说十分了解，换言之，即并无误解。虽说我不敢再有多说，但有些似尚应补充。现在只就关于我的主张是否可称为'唯心'一层来讲。"

---

① 熊十力：《十力语要》，中华书局，1996年8月版，第72页。

他认为唯心论与唯物论两个名词均有歧义。哲学有三种型式:“(一)第一式,即以本体论为出发点,由本体论而推出宇宙论,至於认识论乃是宇宙论中的一部分;(二)第二式,即以宇宙论为出发点,把本体论吸收在内,或略去不谈,而认识论依然是由宇宙论引申而成;(三)第三式,即以认识论为出发点,由认识论来推定本体论的性质,以其能否讲得通,至于宇宙论当然吸收在本体论内。这三个式的不同就在于(一)以本体论为最高;(二)以宇宙论位最高;(三)以认识论位最高。要解决我的此说是唯心的与否,当先看我是采取那一个式。如果我采取第一式,则我之唯心论必迥异乎我采取第三式时的唯心论。现在我愿意自白:我是极严格采取第三式。倘使夹杂的第一式或第二式来看我此说,那是不相侔的。所以我此说在认识论上当然是‘唯心论’,不过不是完全的唯心论,乃只是一种温和性质的而已。但我此说若从宇宙论或本体论上来说,则又可以说不是唯心论。因为我只承认每一个能知的‘知’中含有普遍方式。这个普遍方式便可名之曰‘普泛的心’。须知所谓普泛的心并不是一个东西,乃只是一个名词表示各个人心中的普遍方面而已。因此普泛的心不能视为‘宇宙的大心’。从不承认宇宙的大心一点而言,我此说可谓非唯心的。但我这个不承认却不是因为宇宙大心与各人泛心相冲突,乃只是因为我严格恪守第三式,只愿从认识论上推下去,而不愿离开认识论而从宇宙论上来讨论。所以苟有人主张宇宙确是一个大心,这在宇宙论上自可成立其说。然而此说却不能从我这个认识的多元论上推出来。我之所以不承认大心的存在,乃只是由于从我这个认识论上推论不出来。”

10 月 10 日

张东荪在北平创办《文哲月刊》，并在创刊号上发表《发刊词》。

他在《发刊词》中将西方哲学在中国的历程分为三个时代，第一个时代是用蔡元培先生所翻译的井上圆了的《妖怪学》为代表，代表那个时候中国人对于哲学的态度；第二个时代以《哲学评论》的产生为代表，标志着“中国人对于西洋哲学的认识已入了正轨”。然而不幸的是，这个时代尚未走完，便进入了第三个时代，即辩证的唯物论盛行时代。在这个时代，中国人对“本以玄学（即形而上学）与名学为主干”的西洋哲学产生了怀疑。他说：“自从马克思主义侵入了哲学界以来，不屑说玄学成了问题，即名学亦成了问题。于是整个儿的哲学都成了问题。详言之，即在以前哲学是自足的。虽则科学从哲学分出来，抢了大部分哲学的题材，然而终承认科学有及不到的地方。这个及不到的地方便是哲学的领土。科学出来，即自然科学发达了，我们可以说哲学的领域渐渐缩小，却不可以说因此把哲学的性质变化了。因为哲学虽缩小了，却未尝改易其性质。于是哲学与科学依然是对等的。但是马克思主义出来则不然。他不是把哲学缩小，从另一方面看，反可以说他把哲学扩大了。但他所扩大的却不就是我们所谓的哲学。因为他把哲学的性质从根本上改变了。虽则名称未改，而实质却与以前大不相同。”这个不同就在于，“在以前哲学无论如何变化，而哲学自身终只是哲学。迨马派一出，哲学却变为社会思想的产物了，变为代表社会上阶级利益的呼声了，变为经济的结构中自然而然所发出来的东西，好象膀胱分泌小便一样了。”即以社会的“关系”决定哲学的内容。所以，马克思主义哲学“与我们普通所谓哲学不同。”也就是把哲学的性质根本改变了。他指出：“现在哲学变了留声机器，人们唱甚么他方得收进甚么去。这个不同完全起于哲学本身。我实在不懂现在中国一班马迷还要高谈哲学，把哲学捧得高高儿的，而一班研究哲学的朋友亦因为他们重视哲学乃色然而喜。”①

11 月

张东荪在《自由评论》上，发表《结束训政与开放党禁》，对结束训政与实行宪政的涵义作了更明确的解释，公开反对国民党实行假宪政。

是年，国民党在全国各界的压力下，宣布要结束训政，实行宪政。在张东荪看来，结束训政即是取消党治，取消党治就是取消一党专政，取消一党专政就是同时允许他党存在，也就是要取消“党外无党”与“党高于一切”，同时也就是取消“党国”。他在分析了国民党对“结束训政，实行宪政”的解释后指出，国民党制定的宪法草案，“只是由国民党的训政变为国民党的宪政。换言之，即以前是以训政为名而国民党实行一党专政，现在则是以宪政为名国民党实行一党专政。所以训政虽然结束而一党专政则仍如故。”他反对宪法草案规定中华民国为三民主义国家，认为这是“有背于人民言论结社的自由权”，实际上国民党仍是想实行一党专政，根本就不是真正的宪政。他认为，国民党真要实行宪政，就必须首先结束训政。为此，国民党必须在行动上做到两

① 张东荪：《发刊词》，《文哲月刊》创刊号，1935 年 10 月 15 日。

点:“一,由国库支给的党费应该停止。二,在法律上国民党有指导人民运动的特权亦应取消。”他说:“我以为国民党如果真心要结束训政,最好是在这一次的五全代会以后,即把党费由国库支出者完全停止,同时颁布一道命令声明所有民运必须的党部指导的法令一律停止其效力。如此便可算训政真正结束了。”①

年底

正在广州主持学海书院的张东荪连续给熊十力发两封信,讨论宋明理学的性质问题。

在第一封中,张东荪认为宋明儒学实际上是采取佛家修养方法,而实行儒家的入世之道,其思想内容是孔孟的,但其方法则是印度佛教的。熊十力对张东荪的这种观点,表示不同意见。熊氏认为,理学主要来自孔孟,连方法也是孔孟的:“其玄学方法,仍承孔孟,虽有所资于禅,要非纯取之印度。故于尊论微有异议也。”②他强调,东方哲学与西洋科学,各有范围和方法,并行则不悖,相诋终陷一偏,东方之学不是西方科学所能打倒的。在致熊十力的第二封信中,张东荪通过对新唯识论的研读,认为熊十力的《新唯识论》与英国现代哲学家怀特海的哲学颇有相通之处,“嘱某生撰一文以相比较”。熊十力在回复张东荪的信中,不同意他的这种做法,认为某生于怀特海既未知所得如何,其于新论至多不过粗通文句,尚未了解新论,怎能进行比较呢?

---

① 张东荪:《结束训政与开放党禁》,《自由评论》第1期,1935年11月。

② 张东荪、熊十力:《关于宋明理学的性质》,《文哲月刊》第1卷6期,1936年3月。

是年

张东荪与姚璋合编的《近代西洋哲学史纲要》由中华书局出版。

张东荪认识到,不了解近代西方文明的兴起及其在观念形态上的变化,就很难真正把握现代西方哲学上的种种学说,所以,他一直致力于介绍近代西方哲学。当时,中国学者介绍近代西方哲学的著作,多是翻译国外学者作品,如彭基相译的《法国哲学史》(1934 年)和林一新译《近代哲学史》(1934 年,德波林著)等,而中国学者自己编写的关于近代西方哲学史的著作却不多见。张东荪与姚璋合编的《近代西洋哲学史纲要》,是中国学者自己编写的介绍近代西方哲学史的普及性著作。

这部著作原是 1930 年初中华书局委托张东荪撰写的。但因时间仓促,张东荪约请在光华大学哲学系的同事姚璋合写。张东荪实际上仅仅参与了提纲的拟定和终稿的校阅,全书主要由姚璋执笔撰写,1931 年底完成初稿,1935 年由中华书局出版。

在内容上,这部著作虽以近代西方哲学为对象,但由于编写目的和篇幅的限制,该书不可能将近代西方哲学家全部包罗在内。经过一番筛选,张东荪选择了从培根到斯宾塞共 16 个有代表性的哲学家来进行集中论述,通过这些论述反映出近代哲学发展演变的总体面貌。该书分十章:一是绪论,二是近世哲学的诞生(主要论述了培根和笛卡尔哲学),三是三个系统(主要论述了霍布士、斯宾挪莎和莱布尼茨哲学),四是认识论的发展(介绍洛克、柏克莱和休谟学说),五是批判的哲学(论述康德哲学),六是浪漫主义哲学(主要介绍费希特、黑格尔哲学),七是厌世主义的哲学(叔本华哲学),八是实证主义哲学(孔德和弥尔哲学),九是进化主义的哲学(斯宾塞哲学),最后是著者的结论。该书在对近代哲学家和重要学说的评述上,都有许多有精辟的概括,从某种意义上代表着当时中国哲学家对近代西方哲学史掌握和理解的水平。

是年

叶青仿照张东荪所编《唯物辩证法论战》的体例,将反对张东荪哲学的文章收集起来,编成《哲学论战》一书,随后又编辑出版《哲学向何处去》一书,继续批判张东荪哲学,使唯物辩证法论战达到白热化。"唯物辩证法论战"是由张东荪挑起,叶青推波助澜,引起当时哲学界众多人士参加和关注的论战。它是近代中国思想界各种不同的思想阵营和哲学流派继"科玄"论战后的又一次大规模交锋,涉及的问题很多,已经不仅仅是辩证法问题,也涉及到形式逻辑问题、唯物史观问题等,所以被称为"哲学论战"。

这场论战的情况比较复杂,也比较特殊。一方面,张东荪从资产阶级哲学立场出发,抱着抵制马克思主义哲学传播、捍卫"纯粹哲学"的双重目的,对唯物辩证法进行攻击和诘难,这无疑是反动的;但张东荪始终将它视为一场学术上的讨论,是在理论上反对马克思主义,并不是反对共产主义的实际,并不愿使其扩展到政治领域,也反对以政治势力干预这场论战;这是与反共"剿共"的国民党根本不同的。另一方面,既然张东荪所反对的是马克思主义哲学,当然应该是与马克思主义者进行论战,马克思主义哲学家理应成为论战的主角。但是,由于当时国民党在文化上的“白色恐怖”，实行“文化围剿”，在这样险恶的环境中，中共没有可能及时地、公开地、对等地与张东荪论战，所以只是一些倾向于马克思主义的进步哲学家，能够在当时环境中公开露面的马克思主义哲学工作者，在十分困难的条件下对张东荪展开反击。这样，中共领导下的马克思主义者不仅人数上不占优势，而且在论战中虽克服困难发表了一些非常有力的反击文章，但从总体上看，对张东荪的批判还是远远不够的，在较长时间内没有成为批判张东荪的主角。于此同时，叶青在上海创办了《二十世纪》杂志，打着“批判”的旗号，以正统的马克思主义者自居，用所谓“马克思主义真理”，率先批判张东荪的观点，发表了大批的文章，充当了反击张东荪的主角。而实际上，他所谓的马克思主义哲学，只不过是他自己的哲学思想而已，与张东荪一样，也是对马克思主义哲学的另一种歪曲和篡改，只是其手段更加隐蔽和狡猾，更具有欺骗性而已。张东荪似乎有所察觉，故不愿与叶青进行正面的交锋，只是支持南庶熙等人与之对阵。随着马克思主义哲学家的参战并对叶青哲学进行揭露和批判，叶青假马克思主义的面目很快并暴露出来。论战的结果，不仅没有能够阻止马克思主义哲学在中国的传播，反而扩大了马克思主义哲学的影响。

这场论战是张东荪挑起的，从其发动论战的动机上考察，这场论战的结果完全出乎他的预料。张东荪曾认为“俄国无哲学”、马克思辩证法是黑格尔辩证法的颠倒，这显然是由于他对辩证法的误解与偏见所致。论战的结果，正暴露出张东荪对辩证法和唯物史观的无知。当时有人便尖刻地指出：“单就导演而兼主脚的张东荪来说，已经是个不称职的演员。因为他自从开始反对辩证唯物论直到如今还是一个不知辩证唯物论为何物的聪明人。”[1]对此，后来张东荪也是承认的：“我研究过西洋古典哲学，形式逻辑等，1931 年曾经反对过唯物辩证法，那个时候我是为几个资产阶级的学者所影响，其实并不了解唯物辩证法的本质，有所曲解，所批判的话都是对于那个曲解的，今天回想，真是可笑。”[2]

本来，张东荪挑起论战的一个重要目的，是捍卫“纯粹哲学”的生存和发展。通过论战，张东荪认识到，挑起这场论战根本就是多事，因为张东荪所谓的“纯粹哲学”与马克思主义哲学两者根本性质上的差异，互相间都不可能理解对方的学说；当初担心“纯粹哲学”受到马克思主义哲学的侵害，也是“杞人忧天”。他在此后说：“我自信我近来有一个发见：就是我发见马克思派所用的名辞都与我们相同，而其意义都与我们不同。他们所谓哲学不是我们所谓哲学（亦许就正是打倒我们的哲学）。他们所谓唯物论不是我们所谓的唯物论，他们所谓辩证法决不是我们所谓辩证法；他们所谓逻辑不是我们的逻辑。他们所谓认识论亦不是我们及所说的认识论。我们来驳他们，他们来骂我们，实在都是无的放矢，非常可笑。”[3]认为根本就不应该起来对马克思主义哲学进行论战。

---

① 沧白：《〈唯物辩证法论战〉读后感》，《清华周刊》第 44 卷 2 期，1936 年。

② 《张东荪检讨底稿》（1952 年，未刊）。

③ 张东荪：《发刊词》，《文哲月刊》创刊号，1935 年 10 月 15 日。

30 年代的“唯物辩证法论战”，使张东荪开始从学理上正视唯物辩证法，并部分地接受了唯物史观。在论战之前，张东荪将政治与哲学视为互不干涉的两个领域，反对马克思主义视哲学为意识形态的一种并受社会存在影响的观点。他曾说：“我以为马克思派所谓哲学并不是我们所谓的哲学，乃是两个东西。他们的哲学在我们看来可以说并不是哲学。所以他们的哲学可与政治合而为一。我们的哲学却无法办到如此。一班习哲学的朋友千万不可因为马克思派的缘故亦认为哲学与政治能拼成一件事。”[1]但通过这场论战，张东荪接受了马克思主义的这个观点。他说：“故我始终主张哲学只是社会政治思想的假扮出现。中国学者以为谈哲学而可以不涉及政治，在我看来，只是由于无意中想把哲学来作象牙塔。”[2]经过这场论战后，张东荪对马克思主义的态度发生了较大变化，承认其中有许多“真理”的成分，并开始接受唯物史观的部分观点，后来他提出的所谓“唯器史观”、“技术史观”等便是接受唯物史观的证明。

① 张东荪：《我对于哲学与政治的关系之意见——献给习哲学的青年们》，《自由评论》第 35—36 期，1936 年 8 月。

② 张东荪：《知识与文化》，上海商务印书馆，1946 年版，第 65 页。

1936 年(民国二十五年　丙子)　50 岁

【张东荪继续在燕京大学任教。他参加中国哲学会第二届年会并当选第一届编辑委员会委员。他发表《怎样研究哲学》《彭基相译笛卡儿〈方法论〉序》《关于宋明理学之性质》《我亦谈谈梁任公辛亥革命以前的政论》《从言语构造上看中西哲学的差异》《多元认识论重述》等文。在上海中华书局出版《伦理学纲要》。他在《自由评论》第 10 期上发表了《评共产党宣言并论全国大合作》,在北平知识界最早响应中共的《八一宣言》。此后又发表《从教育的意义上欢迎共产党的转向》《关于陶许两封信的感想》,与中共北方局负责人刘少奇(化名“陶尚行”)讨论中共政策转向问题,开始建立与中共的秘密联系。】

是年春

张东荪收到熊十力的信后,立即给他写了回信,对熊的观点进行讨论。张东荪认为,熊氏所论宋明儒学与佛学的关系,与自己的所见并无大的差异。他指出:“弟以为反身成思等,在孔孟本人或有此种体验。但当时并未厘为固定之修养方法。自宋明诸儒出,有见于禅修,乃应用印度传统之瑜伽方法,从事于内省

(由敬与静而得),遂得一种境界。此境界虽同为明心见性,然与佛家不同。……以西方术语言之,则一为玄学的,一为伦理的;一为求见宇宙本体,一为体合道德之法则。潜修以窥破本体,其结果得一寂字。一切皆空,而空亦即有。于是事理无碍。潜修以体合道德(道德二字似太狭,不如直呼为做人,较妥),其结果得一乐字。……故印度之文明,始终不离为宗教的文明;而中国之文明,则始终不失为伦理的文明。"①

熊十力收到张东荪的回信后,再次致函张东荪,对其观点作了补充:"弟以为儒家与印度佛家,同为玄学。其不同者,一主入世,一主出世而已。真如不是一件物事,除却当下合理,又何所谓真如?涅磐经乃最后了义,即于心之常乐,我静而说为如(具云真如),故乐之一字,不必为儒佛之判也。唯佛主出世,故其哲学思想,始终不立宗教。儒主入世,故其哲学思想,始终注重伦理实践。哲学不止是求知,而是即知即行,所谓体神化不测之妙于庸言庸行之中,此儒术所为可贵也。"②在信末,熊十力向张东荪发出了感慨:"遇此衰世,苦无意趣,若有少数同志,随时短简商榷,必不无所解发。朱子诗云:'旧学商量加邃密',至有味也。"视张东荪为研讨学问的知己铮友。

2 月 7 日

张东荪在《自由评论》第 10 期上发表了《评共产党宣言并论

① 张东荪、熊十力:《关于宋明理学的性质》,《文哲月刊》第 1 卷 6 期,1936 年 3 月。

② 张东荪、熊十力:《关于宋明理学的性质》,《文哲月刊》第 1 卷 6 期,1936 年 3 月。

全国大合作》,响应中共的《八一宣言》。

共产国际于1935年7月在莫斯科召开“七大”,制定了建立世界反法西斯统一战线的策略方针。中共驻共产国际代表团立即根据这个精神,起草了《为抗日救国告全体同胞书》,于1935年8月1日在巴黎的《救国时报》上发表,因此也称《八一宣言》。《八一宣言》改变了“左”倾关门主义错误,提出了建立抗日民主统一战线的方针。中共政策的转变,使当时极力主张抗日和民主的张东荪在思想上产生了共鸣,对中共也有了新认识。然而,令张东荪愤慨的是,由于国民党的新闻封锁和高压政策,这样重要的事件竟没有引起社会各界和各党派的应有重视。张东荪稍后在解释为什么自己最先出来响应《八一宣言》时说:“我所以提出这个问题来讨论是因为这件事在思想界有相当的关系。亦可以说,我认为共产党的转向是最近中国思想界上一件大事。但各报各杂志从无论到。这未免是一种卑劣心理的表现。我因为没有人来说话,所以才特别多说几句话。”①

在这篇文章中,张东荪概述了《八一宣言》的内容,对中共在这前后的主张作了比较,认为《八一宣言》是中共政策转变的标志,他明确表示:“一个向来主张除私产的党现在居然说保护财产和营业的自由了。以一个向来主张无产阶级专政的党现在居然说实行民主自由了。以一个向来主张完全世界革命的党现在居然说为国家独立与祖国生命而战了。以一个向来受命于第三国际的党现在居然说中国人的事应由中国人自己解决了。以一

① 张东荪:《关于陶许两封信的感想》,《自由评论》第28期,1936年6月。

个向来主张用阶级斗争为推动力,对于一切不妥协的党现在居然说愿意与各党派不问已往仇怨都合作起来,这是何等转向,这个转向是何等光明!我们对于这样勇敢的转向又应得作何等佩服!"[1]他表示赞同中共提出的建立抗日民族统一战线的主张。

同时,张东荪认为中共政策转变的还不够彻底,建议中共为了与其他党派真诚合作,必须放弃"党团政策"。他向中共提出了三点补充建议:一,共产党必须声明在国难未渡过时期中(至少十年内)放弃共产主义的潜伏运动,以"使一班怕社会革命的人们安心",以减少无数的阻力;二,共产党必须把其军队集中在一个区域,以便万一有事则可担当一面;三,共产党应在其统治区内实行"救灾安定民生""废除苛捐杂税""整理财政金融""加薪加饷""实行免费教育"等政策,应承认只有一个事实上的政府,苏维埃政府应变为地方政府。

最后,他向共产党与国民党进言:"所以我们历来不反对国民党与共产党而只反对一党专政。以为一切罪恶皆由此而生。现在共产党提议合作是显然放弃了专政,这真是一件最可庆幸的事了。并且大家须知共产主义与三民主义以外实在有很多的人们是于经济赞成社会主义,于政治相信民主主义的。这一类人们虽尚未形成具体的大规模组织却是很有潜势力。我相信有许多同情于共产党的人却其实只是这一类的信徒。亦有些挂着国民党党籍的而其心中却只是真赞成这个主张。将来万一能由

① 张东荪:《评共产党宣言并论全国大合作》,《自由评论》第10期,1936年2月7日。

这一些人们在国共两党之间于理论方面将个调停的势力，则未始非中国之福。这虽是我的希望，但亦恐成为奢望。”①

3 月 23 日

张东荪在《再答熊十力先生》中，继续讨论佛学思想对宋明理学的影响问题，并对熊十力提出的“当下合理即为本体的呈现”观点，从西洋哲学的角度作了阐发。他指出：“盖弟始终以为本体论为西方哲学之特色。有人谓认识论为西方所独有，殊不知印度哲学上之认识论实甚精微。印度哲学亦讲本体，但其本体即是所谓‘如’，并不是一件东西。以西方术语言之，乃系以宇宙论代替本体论也。中国思想亦然。”他认为中国哲学与西方哲学有一个明显的不同，就是西方哲学中道德观念、宇宙见解与本体主张是独立的，而中国则恰恰相反。他说：“其道德观念即其宇宙见解，其宇宙见解即其本体主张。三者实为一事，不分先后。……弟则以为中国思想之优点亦正在此。”②

4 月 1 日

张东荪在《东方杂志》33 卷 7 号上发表了《从中国言语构造上看中国哲学》一文，开始从考察言语结构方面“指出中国哲学的特性”，“说明中国思想的特性”，表明他开始从知识社会学角度研究知识问题、比较中西思想差异。

他在《从中国言语构造上看中国哲学》中讲：“本文的目的在

---

① 张东荪：《评共产党宣言并论全国大合作》，《自由评论》第 10 期，1936 年 2 月 7 日。

② 张东荪、熊十力：《关于宋明理学的性质》，《文哲月刊》第 1 卷 6 期，1936 年 3 月。

于指出中国哲学的特性，换言之，就是说明中国思想的特性。而所用的方法乃是比较法。因为唯有用比较法方可从所比较的东西中揭出其特殊性。”张东荪用比较法来进行中西文化比较研究，认为这是“最好方法”。运用这种方法的目的，旨在说明中国思想的特性，即中西文化在思想上的“中外之别”。这个比较法，是他研究、比较中西文化的最基本、最主要的方法，所以张东荪比较中西文化的关注点集中于中西文化的差异上，即借此发现中国文化的特性。正是通过比较中西言语构造的差异，他得出了自己比较中西文化的总见解：“总括以上所论，我以为从中西哲学的异同上比较研究可籍以明白中西的心思有所差别，用言语构造来更为有力的佐证。现在有人主张中西文化之分只是古今之别。所谓有古今而无中外是也。我以为就经济方面的物质生活来说，我是承认此说。但就民族的心思来说，却不是如此简单了。我们不能不承认既有古今又有中外。我们决不能把中国人的心思当作初民心思看待。”①

4 月 4—5 日

中国哲学会第二届年会在北京大学举行。参加年会者约六十人，胡适以北大文学院长的身份任主席并致开会辞，代表北大校方对各参加人员表示欢迎，接着，冯友兰报告会议筹备经过及各方寄来函电，随后年会便直奔主题——宣读讨论论文。这届年会收到学者提交的论文 18 篇，仍以在北平的学者为主。

第二届年会的重要使命，是成立中国哲学会。4 月 5 日晚 7

---

① 《从中国言语构造上看中国哲学》，《东方杂志》第 33 卷 7 号。

时，社务讨论会，“（一）通过《简章》十三条；（二）推选冯友兰、汤用彤、金岳霖、方东美、范寿康、贺麟、胡适、黄理明、张君劢为理事，理事长由理事互推；（三）成立北平分会，推举林宰平为分会干事，10时散会，年会闭幕。”①在这届年会上，中国哲学会对《哲学评论》社进行了改组，张东荪、冯友兰、汤用彤等8人当选为编辑委员会委员。从第7卷第1号开始，改由中国哲学会主办，冯友兰任主编，由上海开明书店出版发行。

4 月

▲张东荪在《自由评论》第19期上发《我亦谈谈梁任公辛亥以前的政论》。

张荫麟（素痴）在《大公报》4月3日之“史地周刊”栏目发表《梁任公辛亥以前的政论与现在中国》一文，引起了张东荪的兴趣。张素痴认为梁启超在政治上得了一个最后失望，在政论上是一场悲剧，在左右夹攻中得此可悲的结果。张东荪根据自己与梁启超的交往和了解，撰写《我亦谈谈梁任公辛亥以前的政论》，着力区分干政治与评政治。他说：

“我以为当把干政治与评政治分开。前者作政论是为了干政治的，后者却只对于政治发言而并不去干。中国人对于这一点向来分不清楚。每看见一个人发政论，总以为他是思登政治舞台。殊不知民主国家所需要的不尽是干政治的人才，即坐而论道的批评家在其本身上亦未尝不是国家一种需要。正好像评戏与评画一样，评戏的人可以不会唱，评画的人可以不会画。为

① 《中国哲学会北平分会成立》，《大公报》1936年4月6日。

什么评政治的人必定自己会干？倘使不会干，便失了批评的资格呢？并且为什么对于不干政治的人就不许他批评？可见有些人责备评政治者，以为是说风凉话，自己上台亦未必干得好，这些都是最不通的议论。即在外国，如萧伯纳何尝不作政论，但人民并不要求他去干；到过中国来的罗素亦喜欢谈政治改革问题，但亦没有人责备他为何不参加实际上政党活动。可见政论作者与政治家原有分别。……不过梁任公本人对于干政治与评政治并没有下分别；他往往以评政治来干政治。这虽是他的美中不足之处，然亦未尝不是因为时代的关系罢。最后说到我个人。我还是对于梁任公这样的知其不可而为之的态度觉得可以十分同情；正是心安理得，不加以下'感慨系之'的惋惜。因为若只限于评政治而不去干，则当然应该言其所信（不赞成暴政就反对，不赞成流血就批评，用不着取巧）；有无左右夹攻，在所不计；即被夹攻，亦当甘之如饴，否则便不是由衷之言了。"

4 月 13 日

刘少奇化名"陶尚行"，给张东荪写了一封长信，阐述中共抗日救国主张。张东荪将刘少奇的信冠以《关于共产党的一封信》的题目发表在《自由评论》第 22 期上。

《自由评论》是由当时在思想文化界影响很大的胡适、罗隆基等人在北平创办的刊物。张东荪的文章发表后，立即在社会上产生较大反响，也引起了中共北方局的重视。刚从陕北到天津担任北方局书记的刘少奇，认真阅读了张东荪的文章并致函张东荪，进一步宣传中共的抗日民族统一战线政策，解释一些被张东荪误会之处。张东荪敏锐地感觉到，"陶尚行"决不仅仅是一般的共产党的同情者，而是一位中共北方地下党的负责人。刘少奇在信末对张东荪说："望先生将这封信在贵刊上发表，并在贵刊上答复我，这或者对于中国民族不是无益的吧！"张东荪认真思考后，决定把此信交给《自由评论》，以《关于共产党的一封信》的题目略作删节，发表在第22期上。

刘少奇在信中首先指出："拜读了贵刊第十期张东荪先生的大文《评共产党宣言并论全国大合作》之后，很感谢张先生以客观冷静的态度，站在中国民族的立场上，来讨论共产党中央与苏维埃政府在去年八月一日的宣言，并在讨论中提出了许多重要的问题和意见。我想张先生提出的这些问题和意见，不只是代表先生个人和贵刊，而且是中国许多人和朝野各党派在实行全国大合作以救民族危亡的运动中所共同感觉到的问题。所以我们必须明白公开的答复先生，并要求先生作更进一步的研讨。我想这对于中国不是无益的。"他针对张东荪的误会，郑重声明："共产党历来就号召全国人民为中国的完全自由独立与领土完整而奋斗到底！素来就反对他国人对于中国民族内部的事情横加干涉。因为中国共产党向来就认为中国目前所需要的是：（一）中国的完全独立自由和统一；（二）肃清一切封建残余。因此就提出了：（一）驱逐帝国主义势力出中国，（二）实行土地革命，作为中国革命目前阶段中的二大任务。而这二大任务的执行与完成，还不是社会主义，更不是共产主义，还是属于资本主义民主革命的范围和性质（资产阶级性的民主革命）。因为中国资本主义的独立发展，也须完成以上二大任务，要达到社会主义，更必须这二大任务的完成。中国共产党向来没有主张过、而且反对在目前阶段中就废除私有财产制度，就禁止营业自由，就实行社会主义与共产主义。”

此外，刘少奇还就中共目前进行的资产阶级民主革命的性质和任务、土地革命的对象和政策、实现各党派全国大合作的方式、“党团作用”等问题作了解释。刘少奇最后在信中表示：欢迎张东荪及愿意研究中国社会制度的人们到苏区参观，“就此可以实地考察苏维埃制度是否适合中国的国情，而加以判断。不管怎样，共产党总算在实地从事一个崭新的社会制度之试验，对于那里的一切作一种不近人情的毁谤是无益的。进行一种客观的冷静的考察和研究是必要的。”[①]

5 月 17 日

张东荪在病中撰写了《从教育的意义上欢迎共产党的转向》，批评刘少奇对中共政策转向的否认和辩护。该文刊载于《再生》第 10、11 期合刊。

张东荪站在民主主义的立场上，既对国民党的专制统治不满，同时也对共产党的理论不满，所以，他对国民党的揭露远远激烈于对共产党的批评。他对国民党侧重于从现实的政治上进行猛烈的揭露和抨击，而对于中共则偏重于理论上的非难和批评。对此，张东荪明确地说：“老实说，我们对于国民党与共产党是这样分别看待的：即对于国民党的理论以为虽不能说怎样好，然而在其中所含的毒汁尚不算甚多；而一切罪恶却都在国民党的行动，因为国民党的行动与其理论本来是两回事。至于共产

① 陶尚行：《关于共产党的一封信》，《自由评论》第 22 期，1936 年 4 月。

党,他的行为尚未大表现,我们不很容易下判断;只就其反对国民党一点而论,我们不但不反对他,却还可以赞成他。独有他的理论则以为其中毒素太重。倘使流毒于下一代的青年人则为可虑,如其道大昌,民族前途便不堪问了。所以我们总想从思想方面纠正他,但除纠正其思想以外却绝不赞成加以任何非人道的待遇。”①

这便是当时张东荪对待国民党与共产党的基本态度,也是他既非难和攻击马克思主义,又猛烈抨击和揭露国民党专制统治的思想根源。

张东荪在《从教育的意义上欢迎共产党的转向》认为共产党的政策是转向了,但批评刘少奇对中共政策转向的否认和辩护。他批评说:“我们在局外认共产党转向了,而共产党的代言者偏要说是向来一贯的,不能不令人觉得这是一种怙恶。换言之,即这是由于一种‘面子’作用在那里作祟。”他坚持认为,中共的转向是随着共产国际方针政策的改变而来的。他尖刻地指出:“因为他们是习惯于生活在指导之下,只知奉命令承教。他们对于上级所发互相冲突的二个使命只可一样去服从,不知其中有矛盾。即使知道有些相反,亦必只好加以强辩,说明其可以联接。这是他们的职务,恐怕亦就是唯一的职务罢。因为不如此,则铁的纪律不能维持。”他将这种现象称为“共产式的思维方式”。张

① 张东荪:《从教育的意义上欢迎共产党的转向》,《再生》第10、11期合刊,1936年6月。

东荪公开声明:“我们反对共产党就只是专在于其思维方法的态度。”①

张东荪虽然对中共提出了批评,但他写作该文的目的,还是促使人们重视中共的《八一宣言》和政策的转向。他向社会各界呼吁:“这个转向在政治上与结果上亦许不十分大,而在思想上与教育上的意义却十分重大。因此我觉得全国教育界对于共产党的这个转向应得重视。”②

6 月

张东荪在《自由评论》第 28 期上发表了《关于陶许两封信的感想》,继续阐述中共政策转向对中国政局的影响。

刘少奇的信发表后,张东荪又收到了署名“许君”的信,对刘少奇信中的一些观点提出了批评。张东荪在《关于陶许两封信的感想》中坚持认为中共的方针是转向了、“忏悔了”。但他强调,中共转向的意义在于纠正了过去的“左”倾教条,表明中共也是赞成民主的。

他再次表示拥护中共提出的建立抗日民族统一战线的方针,表明自己对中共态度的转变:由过去一味的批评和攻击转变为欢迎并赞同中共提出的建立抗日民族统一战线方针。但其中也存在着让中共改变方针政策、接受一些民主思想的意图。他晚年检讨说:“‘九一八’起,有好几个朋友,例如蓝公武,告诉我,

---

① 张东荪:《从教育的意义上欢迎共产党的转向》,《再生》第 3 卷 10、11 期合刊。

② 张东荪:《从教育的意义上欢迎共产党的转向》,《再生》第 3 卷 10、11 期合刊。

共产党也主张民主,北伐以后,压迫我的不是共产党,只是国民党,由此,我对于共产党的看法才有一些改变,可是,我不了解共产党,我还希望共产党吸收一些旧民主,所以,我在自由评论上发表了一篇文章,建议联合抗战。”①

7 月

中国国家社会党在上海举行第二次全国代表大会,决定将中央党部由北平迁至上海,并通过宣言,主张立即抗日,还选出了新的中央领导机构,张东荪、张君劢、罗隆基、汤芗铭、罗文干、陆鼎揆、诸青来等人为中央总务委员,张君劢继续担任中央总务委员会委员兼总秘书,负责处理党务。国社党的地方组织,除陕、甘等省外,均有省党部组织。其中江苏、浙江、安徽、广东、四川等省初具规模。这些人多为分布在教育界的张君劢、张东荪教授过的学生(青年党党员亦有转入者),故有人戏称国社党的代表大会等于学生们在课堂里听讲,他们的活动不能出教室门外。② 国社党的活动范围有限,群众基础薄弱。随后,国社党与民宪党领袖伍宪子商谈两党合并问题,张东荪与张君劢、罗隆基等代表国社党在草约上签字。

8 月 1 日

张东荪在《自由评论》35、36 期上发表《我对于哲学与政治的关系之意见》,阐述了自己对政治与哲学关系的意见,将干政治与“议政治”作了区分。

---

① 《张东荪检讨底稿》(1952 年,未刊)。

② 参见张执一:《抗战中的政党和派别》第 65 页。

张东荪首先解释为什么要着力探讨哲学与政治的关系。他说:“有些朋友尝不以我作讨论政治的文章为然,他们总觉得好好地研究哲学就完了,又何必去谈政治呢?又有些朋友却不以我研究哲学为然,他们觉得哲学是个不急之物;研究哲学和玩古董一样,无补于国家的危亡,在这个时候大家集中精力来谋民族自救尚恐来不及,又何必弄那些玄妙的东西以自骗骗人呢?因为这个缘故,我尝想对于政治与哲学的关系发表一些意见。”他对马克思派主张“哲学是政治的工具”的观点作了批评,认为哲学与政治的关系是松散的。他在研究哲学之际关注政治并发表政论性文章,主要是作为一个公民对于国事发言,这并不是“干政治”,而是议论政治。他说:“我是个民主政治的信徒又是个自由主义者,我希望民主政治实现即无异乎希望人人都取得自由权,并不是我有什么固定的主义强使人家跟着我走。所以民主自由主义者的政论,其性质与口口法西斯主义者的政论根本不同。而况在今天的中国,我们自由主义者的发言与其说是进攻的,毋宁说是防御的;与其说是积极的,毋宁说是消极的;与其说是想有所取的,毋宁说是想有所恢复。质言之,即我们决不是想拿些什么加于人,乃是怕人家拿些什么强加于我。”

10 月 1 日

张东荪在《东方杂志》33 卷 19 号上发表《多元认识论重述》。他通过思考与研究,对“多元认识论”进行了修改补充,发表此文,后又对该文加以修改和充实,将其收入 1937 年 1 月出版的《张菊生先生纪念论文集》中,从而使“多元认识论”思想臻于完善。“多元认识论”基本上沿着康德认识论的思路而来,同时是受路易士认识论影响的结果。他像康德一样，将认识论置于首位，先从认识论入手，建立自己的哲学体系，即由认识论到宇宙论，再由宇宙论导出人生观。此即张东荪所谓的“方法论上的认识论主义”。即研究哲学应以“认识论”为出发点。①

是年

张东荪为友人傅统先《现代哲学之科学基础》（商务印书馆1936年版）撰写序言，评价说：“以时代之需要论，此种书则绝不可少。外国虽有类乎此者，然翻译以后决难合国人的脾胃。此书完全以中国人为立场而说话。叙述之显明，范围之广大皆正适合国人之需要。故我很愿意在此序上广向中国读书人推荐，以为留心现代思想者能人手一编最好。”

① 张东荪：《认识论的多元论》，《大陆》杂志第1卷3、4、5期，1932年9—11月。

1937年（民国二十六年　丁丑）　51岁

【张东荪赴南京参加中国哲学会第三届年并宣读论文《哲学究竟是什么》，当选为中国哲学会第二届理事会理事、第二届编辑委员会委员。他发表《思想自由与文化》《多元认识论重述》及《孔子的思想》等文，并与何其巩等人组织北方救国会，在北平进行秘密抗日活动。北平许多高校南迁后，张东荪收到了大后方许多学校邀请，准备举家南迁。但张尔田体弱多病，不经劳顿，张东荪遂与兄长继续留在燕京大学任教。】

1月20日

张东荪在《文史月刊》1卷10期发表《思想自由与文化》。该文原为《再生》月刊而作，故先在《文史月刊》登载，后以《思想自由与立国常轨》为题在《再生》4卷1期刊印。他在该文发表前加上的案语："本篇是我在青年会的讲演。现在就当时记录下来的加以扩充。我的意思不但要使人们知道思想自由是什么，并且想借此表明我们根据什么理由把这件事视为十二分重要。"张东荪着眼于中西文化的"调和"与"沟通"。他在比较中西文化后得出结论："如何凋和中西文化，使西方文化进来而又不致推翻中国固有的文化，这是一个大问题，决非本篇所要讨论所能讨论。因为言之太长，现在只能说，西方文化既来了，则西方文化之精髓的民主自由即应得随之使其充分进来。”他对中西文化的根本态度和观点是：“我们所应努力的不在顺着自然的趋势以助长一方，推倒他方，乃只在于设法使各得相当的安排，互有界限，不出范围，化冲突而为调和”。[1]

1 月 24 日

中国哲学会第三届年会在南京中央大学举行，参加会议者有来自平、津、沪、粤、济、湘、豫、浙等地的 120 多人。张东荪在会上宣读论文《哲学究竟是什么》，并被选为中国哲学会第二届理事会理事、第二届编辑委员会委员。该文作于 1936 年 11 月 25 日，刊载于《东方杂志》第 34 卷 1 号。

该文是张东荪从“多元认识论”转向“文化主义”知识论之重要环节，主要讨论“哲学究竟是什么”这个多年蓄积于张东荪心中的问题。其云：“讨论这个问题须从三方面着眼。即第一是问：哲学究竟有没有自己独具的方法？第二是问：哲学究竟有没有自己固有的题目 9 第三是问：哲学究竟有没有自己所得的理论？这三个问题其实就是三个方面。”他得出的结论是：“我以为哲学确实是一个奇怪得很的东西，他看上去似与自然科学相类；其实他的本质却真是与社会科学一样，或可以说是向来与社会科学为邻。他向前追求，而作用却是向后而起。他虽是用分析法又善于怀疑，好像是对于已成的文化加以破坏，但经他破坏的

---

① 张东荪：《思想自由与文化》，《文史月刊》第 1 卷 10 期，1937 年 1 月 20 日。

结果却反把文化为之肯定。物理学、生物学、心理学现在都有哲学化的趋势，我希望将来文化人类学亦会趋于哲学化，以证吾说。”

1 月 27 日

中国哲学会第三届年会召开第八次会议，金岳霖任主席。最后，推选金岳霖、冯友兰、宗白华、胡适、方东美、张东荪、黄子通、贺麟、汤用彤、汪奠基、林志钧等 15 人为理事，王慕尊、李振刚、郭本道、张真如、沈有鼎等 7 人为候补理事。[①]

1 月

张东荪将经过修改的《多元认识论重述》收入《张菊生先生七十寿辰纪念文集》中出版。在这篇文章中，张东荪开始用社会文化来解释哲学和逻辑及概念的性质，表明他的思想正在发生着微妙的转变。

在讨论哲学的性质时，张东荪明确表示赞成马克思主义对哲学本质的看法，从社会文化的角度考察哲学的功用问题。他说：“马克思说：哲学的任务在于变更世界。这句话从我的立场来说，亦可讲得通。就是一切社会制度与文化都是人造的，用以自己安慰自己，使其在世上能生活下去……因此一切关系宇宙的哲学都是人生哲学的‘假扮’。所以一切形而上学必须归根到人生问题而后止。而人生问题上却无所谓真与假，合理与不合理。在此没有名学上的问题，而只有价值上的判断。于是最后依然只是诉诸行为的实际。马克思一派主张一切理论必须视其

---

① 《中国哲学会第三届年会闭幕》，《中央日报》1937 年 1 月 28 日。

实行上的结果,原未可厚非。”在张东荪看来,“哲学的任务在于说明文化(即各种文化之相异的基型,以及人类文化之相同的基型)而不在于创造文化。不过往往因说明以往的遂亦可暗示于将来的。此即马克思所谓变更世界之说是也。我因此以为哲学史就是哲学。并且除此外都是不真正了解哲学的本性。”①

如果将此段文字与1931年所作的文字相比较,则不难看出,1937年张东荪对于哲学本性的观点,基本上是沿着1931年的思路继续讨论的结果。由于此时张东荪对于社会之知如何影响个体之知的问题尚没有思考成熟,因而并未重点说明个体之知如何变为社会之知的问题。可以说,张东荪由前期哲学思想向后期哲学思想转变过程中,《多元认识论重述》是承上启下的重要文章。它一端连着多元认识论,一端连着文化主义知识论。

是年春

通过对中共《八一宣言》的评论和与“陶尚行”的信函往来,张东荪与刘少奇领导的平津中共地下党增进了理解。张东荪、何其巩及中共地下党员张德懋(张靖)等人组织了一个主要由平津进步、爱国教授和青年学生参加的“北方救国会”。这是一个秘密的抗日统一战线机构,组织核心是何其巩、张东荪(代表民盟)和北平联络局的负责人王定南(代表共产党)。该会成立时与会者有王之相(无党派,后加入九三学社)、胡海门(代表民社党)、许少坚(代表国民党)、许宝揆(后加入民革)、姚曾广等10

① 张东荪:《多元认识论重述》,《张菊生先生七十生日纪念论文集》,第135—136页。

余人,起草了《驳日本首相近卫声明》。这个声明由燕大英籍教授林迈可交给路透社发到伦敦,引起了一定反响。北方救国会联系了中大、燕京、辅仁三个大学的爱国师生,拒绝日伪政权的控制,掩护保存了抗日力量。

6月

张东荪通过中华民族解放行动委员会(农工民主党前身)的组织委员会书记彭泽湘与共产党联系。彭泽湘从香港到北平视察党务、联络知识界策动抗日。彭泽湘到北平后结识了张东荪、杨秀峰、张友渔等一批教授。彭泽湘在中共地下党安排下于6月下旬赴延安,受到毛泽东接见。毛泽东向彭泽湘询问了上海、北平和两广的情况,彭泽湘向毛泽东介绍了张东荪、杨秀峰、张友渔等北平抗日教授的动向。毛泽东分别给张东荪、郭大中、张友渔、杨秀峰等人写信,托彭泽湘带回北平转交。

7月5日

彭泽湘回到北平,将毛泽东的信函转交给张东荪。北平地下党派王定南(又名王伯高)负责与张东荪进行秘密联系。关于与中共的联系,张东荪后来回忆:“抗战前夕,日本人底侵略一天一天猖狂。我和张申府、许德珩一些人组织了一个救国座谈会。我当时写了一篇文章主张联共抗日,过了几天有一个署名陶尚行的给我一封信,非常赞同我底看法,这位陶君我一直不知道是谁,直到解放后有次和刘少奇先生谈起,他说就是他。这是我与中共关系的开始。那时我们的确希望能与中共取得联系,于是我们救国座谈会派了一位叫彭泽湘的去延安。他回来时给我带来一封毛主席的亲笔信。”①

是年秋

卢沟桥事变后，国共再次合作。张东荪和张君劢领导的国社党改变了对国民党揭露和抨击的立场，表示愿意接受蒋介石的领导，共赴国难。张君劢受蒋介石邀请赴庐山参加国防参议会。随着北平许多高校南迁，许多教授陆续向大后方转移。张东荪收到了大后方许多学校的邀请，准备举家南迁。但此时张尔田体弱多病，不经劳顿，张东荪遂放弃向大后方转移的机会，与兄长继续留在燕京大学任教。

① 《张东荪检讨底稿》(1952年，未刊)。

1938年(民国二十七年　戊寅)　52岁

【抗战爆发后,张东荪形成在中国建立"中间性的政制"的思想。张东荪秘密南下汉口,想借参加国民参政会之机,向国共两党领导人陈述,促成实现。但由于"国共合作并不是建守于诚意之心,政府未必采纳",扫兴返回北平,继续在燕京大学任教,并进行秘密抗日活动。】

1月

张东荪几易其稿,撰成《思想言语与文化》一文,后在《社会学界》第10期上发表。在这篇为其知识社会学理论奠定基础的代表性文章中,张东荪将多年思考的心得公诸于世,集中阐述了他的知识社会学主张。

张东荪撰写该文的目的,是要从知识社会学的角度重新讨论知识问题。多元认识论是按照西方哲学传统,尤其是认识论传统进行探讨的理论结晶。但张东荪很快发现,西洋哲学上的问题与中国哲学上的问题不同,由此他认定东西方在思想的路子上不同。既然思想路向不同,则西方的知识论就有可以修正的必要,便有可能重新建立一套适合东方人思想的知识论。对此，张东荪说："本篇的目的是想对于所谓'理论的知识'做一个比较满意的解释。亦可以说这就是一种知识论。原来我这个意见曾蓄在心中有好多年，最初使我得着一些暗示乃是由于我发见西洋哲学上的问题大半不是中国人脑中所有的问题。我因此乃觉得西方与东方在心理上，换言之，即在思想的路子上，确有不同。根据这一点，又使我不得不承认西方人所有的知识论不能不加以修正。"①

实际上，张东荪力图从社会文化史的角度来讨论知识问题，已经超出了康德知识论的范围，与马克思、曼海姆、斯宾格勒相似。他在该文上所要解决的问题，主要是从文化的观点重新解释知识，这是张东荪此后在哲学上努力的方向。如何从文化的见地来解释知识？他列举了三方面的问题，作为其"文化主义知识论"所要重点讨论的问题："（一）知识论与文化史应该打成一片；（二）不仅具体思想有社会的背景，即名学方式与思想的范畴都有文化的差异性；（三）东方人与西方人在思路上有不同即可以此说明；（四）藉此可以知道西方人的所谓"哲学"究竟是一件甚么东西。"张东荪强调，"必须有这样的一个知识论方能使上述各点的问题得着一个圆满的解决。"②

这篇文章的最后，张东荪对自己的新知识论作了集中概括。这是他对其知识论较完整的概述："我主张人类的知识有四个层次，而却是互相融透为一片。第一层我称之曰在感觉背后的外

---

① 张东荪：《思想言语与文化》，《社会学界》第10期，1938年6月。

② 张东荪：《思想言语与文化》，《社会学界》第10期，1938年6月。

界架构。真的外界只是‘架构’(structure)。我们对于架构只能知其‘数学上的性质’(mathemavical properties 此是罗素的话)。至于其性质上是甚么(即 qualitive nature),则不能知道。但又须知这种数学上的性质不是死板的而有各种变化的可能。所以我主张外界的架构没有‘呆定性’(rigidness)。第二层是所谓感觉,我愿依新实在论者称之为 sensa。我们的感觉是一个奇怪东西:他虽由外物唤起,然在性质上却不与外物相同。可以说是相呼应而不相同一。所以他在其本性上是一个独立的东西。第三层是所谓‘造成者’(construction)……第四层即我在上文所谓的解释。这四层互相合并,彼此不能分离。但前二者比较上属于外,属于客观;后二者比较上属于内,属于主观。由后二者到前二者的过程,我名之曰‘即切’(attachment);由前二者到后二者的过程则名之曰‘腾离’(dettachment)。理论的知识就是腾离。腾离了以后再在暗中左右证实的知识。关于真伪问题,这只是腾离了以后方发生的。在解释一层容许有不同的解释,所以才发生哪一个对哪一个不对,或哪一个合理哪一个不合理的问题。(其实从文化的见地来说,只有不同,并无对不对之可言),这乃是理论知识的特点。哲学社会思想,政治学说,宗教信仰,无一不是属于这一类。”①

3 月底

国民党在武汉召开临时全国代表大会,通过了《抗战建国纲领》,决定成立由各党派、各抗日团体和社会贤达组成的战时民

① 张东荪:《思想言语与文化》,《社会学界》第 10 期,1938 年 6 月。

意机关——国民参政会。张君劢、张东荪、胡石青、罗隆基、梁实秋等国社党代表被聘为国民参政会第一届参政员。正在燕京大学任教的张东荪决定秘密南下参加会议。

4月13日

张君劢以国社党代表名义致书蒋介石、汪精卫，盛赞国民党临时全国代表大会，阐明国社党与国民党主张的一致性，表示拥护《抗战建国纲领》，表示愿与国民党合作抗日。其云："同人等更愿本精诚团结共赴国难之意旨，与国民党领导政局之事实，遇事商承，以期抗战中言行之一致，此同人等愿为公等确实声明者也。更有进者，方全民族存亡，间不容发，除万众一心对于国民政一致拥护而外，别无起死回生之途。"表达了放弃以往政见和恩怨，服从政府，一致对外的态度。蒋、汪回函表示欢迎，国民政府承认了国社党存在的合法性。

4月

▲张东荪在《研究与进步》1卷4期上发表《知识社会学与哲学》。其云：所谓知识社会学就是"从社会环境决定思想上以研究各种思想的内容。换言之，即职在分析人类思想内容以求发见其如何被社会因素所左右。"其云："我个人的宗旨是想把知识学建立为一种独立的科学、而立于'实证主义'之上。换言之，即从各方以研究知识，而不限于用形而上学的观点。详细来说，这个知识学必须不仅限于传统的'认识论'，而必须包括各方面。从逻辑方面以研究知识的格式；从心理学方面以研究思想'作用'；从认识论方面以研究知识的'确实'。这些都须包括在内。而尤必要的就是关于上述的三种制限的研究。因为这个缘故，

我对于知识社会学甚为重视。但我不是专从社会学的立场想把知识尽吸入其中；我乃只是从知识论的立场以为研究知识不能抛弃其社会因素的影响而已。”这个研究趋向就是张东荪后期哲学研究努力的方向。

▲同月，张申府将张东荪和国社党的意见以宣言的形式在报刊上发表。张东荪致函张申府云：“原稿似原不可用，兹另拟一稿，请公再酌改之。不妨大改。但希望勿提国民党事，亦不可有巩固中枢字样也。即请大安。”张东荪拟定发表的文稿为：“自政府决定召集国民大会，从事制宪以来，全国似已公认当共趋于民主统一之途，同人等服务文化界，又复处于国防前线之平津，自当本公民天职，爰依世界常轨之学术独立与思想自由二大原则，拥护统一，团结御侮，分工合作，共赴一鹄，以实现抗战图存之国策，特此宣言，尚望全国同胞鉴此衷曲。”①

5 月

张东荪与叶笃义等人秘密离开北平南下汉口，参加首届国民参政会。

叶笃义是张东荪在燕京大学时的学生，此时恰从天津到北平。在谈到抗日前途问题时，叶笃义强调非同中共合作不能坚持抗战。这一见解与张东荪的观点一致。此后，张东荪便对叶笃义特别信任，并开始介绍叶笃义同中共地下党员联系。张东荪起草《我们所要说的话》时，提出了“修正的民主政治”，初步形

① 《张东荪的〈宣言〉稿》，方继孝著《旧墨记：世纪学人的墨迹与往事》，北京图书馆出版社，2005 年版。

成了折衷资本主义与社会主义两大制度、在国际上调和英美与苏联关系、在国内调和国共两党冲突,走一条“中间性的政治路线”的思想。他后来解释说:“这个思想的最初发端是我们所提出的所谓修正的民主主义,所谓修正的民主主义亦正是指那个与计划经济的社会主义相配合的而言,这样思想的提出乃是在‘九一八’的第二年。”这个思想可以调和资本主义与共产主义,使两者“因为有了这样的中间性制度而渐化为淡薄,或最后致于消灭,亦未可知”。抗战全面爆发后,张东荪更加坚定了这种信念,“把国际方面的外交与国内方面的政制冶于一炉以求解决”,①形成了在中国建立“中间性的政制”的思想。张东荪这次秘密南下,是想借参加国民参政会之机,向国共两党领导人陈述其“中间性的政制”思想,促成国共实现合作抗日。

是年夏

张东荪在武汉与周恩来、董必武等中共领导人就抗日问题进行过会谈。张东荪原来决定留在大后方做一些抗日工作,广西大学校长白鹏飞也邀请他到桂林任教。据张东荪的家属和叶笃义回忆,与周恩来谈话后,张东荪改变了最初的想法,决定利用自己在燕京大学的合法身份,回北平继续与中共合作,以另外一种方式为抗日作贡献。也正是在汉口的几个月中,张东荪与中共高层建立了联系,与周恩来、董必武等人谈得极为融洽。

张东荪在汉口会见到了刚从国民党监狱中释放的老朋友陈独秀。据叶笃义回忆:“在汉口期间,张东荪曾约陈独秀谈过一

---

① 张东荪:《一个中间性的政治路线》,《再生》第118期,1946年6月22日。

此话。约陈的信是我送给陈的，但我并未参加他们的谈话。事后张东荪对我说，他们谈话没有什么重要的内容，不过是彼此叙一叙近况，陈的情绪很低等等。”①

7月6日到15日

第一届国民参政会第一次会议在汉口召开，张东荪与张君劢、胡石青、罗隆基、梁实秋、陆鼎揆等人代表国社党出席了会议。会议通过了《拥护国民政府实施抗战建国纲领案》《改善各级行政机构案》《切实保证人民权利案》《调整民众团体以发挥民力案》等。

8月

张东荪在武汉期间对中国的政局进行了冷静观察。他发现国共之间仍然存在着矛盾和冲突，自己“调和资本主义与社会主义”的意见难以为国民党当局所接受，用他的话说就是“国共合作并不是建守于诚意之心，政府未必采纳”，而留在大后方也无法为抗战作太大的贡献。所以，他在参加完国民参政会后，很沮丧地离开武汉，绕道桂林、香港，然后乘船北上，于8月底回到日伪统治下的北平，继续在燕京大学任教，从事秘密抗日活动。对此，张东荪后来回忆：“原来在南京沦陷后，政府移到汉口的时候，我在汉口与君劢先生商谈。本有再办一个书院的计划。他托我到桂林去看地，以便造屋。迨我到了桂林，白鹏飞先生要请我在广西大学任课。我以为燕京大学如能存在，不如在沦陷区

---

① 叶笃义：《我和张东荪》，《文史资料选辑》增刊第2辑，中国文史出版社，1987年6月。

多照顾几个未能入内地的青年为宜,乃即潜归北平。”①

是年秋

中共派地下党员王定南与张东荪联系。王定南在抗战前在萧明领导下在北平从事情报和上层统战工作。萧明在七七事变后撤回延安,王定南奉命留在北平继续工作。

张东荪介绍叶笃义认识了王定南,并让他作为自己的代表经常与王定南接触,相互交换消息,商谈时局发展。王定南经常出入于北平西郊张家,成为张东荪的常客。张东荪通过自己独特的地位与各方面都保持着联系。叶笃义回忆说:“他一方面和中共地下工作人员往还(参加这一方面的除了我而外,还有另一个燕京的学生名叫陈洁,福建人,当时可能也是中共党员),另方面也和国民党地下人员有联系,主要是通过上面我曾经提到的那个姚曾广;同时还和汉奸王克敏等来往。我当时对于他的这种作风也曾对王定南和陈洁表示过不满,但我认为他的动机可能是为掩护和便利工作的,没有把它提高原则上来考虑。”②

是年冬

张东荪从汉口扫兴地回到北平后,并不甘心放弃自己的政治主张,便将自己的想法告诉了与自己联络的中共地下党负责人王定南。王定南颇感兴趣,鼓励他将这些想法写出来,并愿意设法传送到西南大后方和延安中共中央。于是,张东荪便在燕

---

① 张东荪:《士的使命与理学》,《观察》第1卷13期,1946年11月23日。

② 叶笃义:《我和张东荪》,《文史资料选辑》增刊第2辑,中国文史出版社,1987年6月。

京大学授课之余，将自己的“中间性的政治路线”主张撰成文章并抄写三份，一份托中共地下党通过秘密交通线送到延安党中央，另两份托友人带到西南大后方，分别转交给国民党总裁蒋介石和《再生》杂志社。据张东荪后来说：“这篇文章确实送到重庆了，因为我知道有人见到王芸生先生，他说起有这样的一回事，他说他见到我这篇文章，他很同意于篇中的主张，他并且知道这篇文章被检查员扣去，他很叹息国民党的检查员之无政治常识，同时又得着友人牟宗三的来信，知道我那篇文章确为检查员所扣，那时牟氏是在《再生》杂志社。”①

12月16日

国家社会党的机关刊物《再生》重庆版复刊。张君劢在《再生》第10期上发表《致毛泽东先生一封公开信》，向中共提出：一、“以八路军之训练任命与指挥，全托之蒋先生手中，”二、“以打破割据相号召，更望取消特区”；三、“将马克思主义暂搁一边”，唯“信奉三民主义”。这封公开信立即引起轩然大波，国民党到处翻印散发，中共中央对张君劢这种言论进行了严厉批判，并希望“国社党其他领导者和党员起来纠正张君劢违反抗战国策的谬论和行动”。张东荪看到此公开信后，让人转告张君劢：不要过分批评共产党，不能倒向国民党怀抱。许宝揆回忆：“据我所知，东荪先生是靠拢共产党最早的一个人。抗战时期，有一年我去重庆见张君劢，东荪先生要我给张君劢说，不要向国民党

① 张东荪：《一个中间性的政治路线》，《再生》第118期，1946年6月22日。

靠拢，不要向国民党一边倒，要走中间路线。”[①]罗隆基也说，张君劢的这种意见不能代表国社党，要抗战就要同共产党搞好关系。张君劢受到各方批评后，逐渐改变了对共产党的敌视态度。

① 笔者《访问许宝揆先生记录》(1996 年 12 月 7 日)。

1939年(民国二十八年　己卯)　53岁

【张东荪继续在燕京大学任教。他从武汉回到北平后,张君劢在云南大理筹建民族文化书院,函邀张东荪及其兄长张尔田、邓文如(邓之诚)等人任教。张东荪因张尔田衰老多病,难以跋涉长途,故未赴滇。他为了支持张君劢筹备书院,专门撰写了《士的使命与理学》一文寄去。他在《燕京学报》26期发表《不同的逻辑与文化并论中国理学》,对"文化主义知识论"作了集中阐述。】

7月

张东荪撰成《不同的逻辑与文化并论中国理学》一文,随后在《燕京学报》26期上发表。

这篇文章是《思想言语与文化》的续篇,基本上将自己企图建立独立的知识论的意图表达出来。他还解释说:"本篇是志在提出一个新观点:即把逻辑溶在文化全体中来讲,不拿他当作一个独立的东西。于是从逻辑讲到形而上学;又从形而上学讲到道德；又从道德讲到社会政治；把这些打成一片。”①张东荪重点要说明的问题是：逻辑是文化的产物。他说：“我研究逻辑乃是近六七年来的事，因为我以前从不相信逻辑就几乎等于哲学。现在我研究了以后，乃发见逻辑是由文化的需要而逼迫出来的；跟着哲学思想走的。这就是说逻辑不是普遍的与根本的，并且没有‘唯一的逻辑’（Logic as such）而只有各种不同的逻辑。”②

张东荪讨论逻辑的目的，是为了打通逻辑与哲学、政治、道德、社会的关系。对此，他在分析了四种逻辑的性质后说：从文化的观点来看，“逻辑，形而上学，道德，社会，政治都是在一个需要上打成一片。……即某种政治运动必需要某种道德为基础；某种道德必需要某种形而上学为其保障；某种形而上学必需要某种逻辑为工具。所以文化是一个整个儿的。”③

张东荪对“文化主义知识论”作了集中概括：“我把知识分为二大类。即一类是具象的；一类是抽象的。凡抽象的知识是以所抽的为对象。这一类的知识对于具象的知识不过是一种解释与说明罢了。解释与说明却可有种种不同，不限于一个。其作用不在揭穿外物的真相，而乃在于作这样解释则我们便可这样对付此外物，作那样解释则我们可以那样对付此外物。完全在

① 张东荪：《不同的逻辑与文化并论中国理学》，《燕京学报》第26期，1939年12月。

② 张东荪：《不同的逻辑与文化并论中国理学》，《燕京学报》第26期，1939年12月。

③ 张东荪：《不同的逻辑与文化并论中国理学》，《燕京学报》第26期，1939年12月。

左右我们自己的态度。至于若问这些解释的知识本身是否真理,我则答之曰:只看他对于我们起作用的效力如何。用一个不十分确切的比喻来说,就好像催眠术:凡真能催得眠的即为真理;如催而不眠就不是真理。而逻辑,形而上学,道德,理想,社会思想,政治理论都是属于这一类解释性质的。这些的功用只在于变化我们自己的态度。"①

张东荪在该文中从知识社会学的角度,对宋明理学的性质进行研究,集中阐述了自己对于宋明理学的看法:"第一是我承认宋明理学确系继承孔孟之教。世人多以为理学是受了佛教的影响,把孔孟的真义失了。理学思想经过佛教的影响,当然是事实,不过据我所见,只在方法一方面是受佛家的影响。"②张东荪这种观点,显然与1936年初给熊十力信函中的观点相同。

8月1日

张东荪撰写《士的使命与理学》,阐述中国传统"士"阶级与专制政治的关系,肯定理学的价值。该文后来刊载于1946年11月出版的《观察》1卷13期。

张东荪从武汉回到北平燕京大学任教后,张君劢在云南大理筹建民族文化书院,函邀张东荪及其兄长张尔田、邓之诚等人去大后方任教。张东荪复函说:"家兄近益衰老,万难跋涉长途,来书院任事。"为了支持张君劢筹备书院,张东荪专门撰写了《士

---

① 张东荪:《不同的逻辑与文化并论中国理学》,《燕京学报》第26期,1939年12月。

② 张东荪:《不同的逻辑与文化并论中国理学》,《燕京学报》第26期,1939年12月。

的使命与理学》一文寄去。但张君劢并未收到该文,该文7年后辗转重回张东荪手中,张东荪随即将该文发表于《观察》1卷13期。

张东荪在《士的使命与理学》中详细分析了“士”阶级对中国传统政治的影响,对“士”在中国社会的价值给予高度评价,对“士”所具有的反抗精神给予特别注意。他认为,“士”在社会上发清议,作争谏,才能把一个社会的清明之气唤起来。“士”的使命在历史上结束了,随着“文化下移”,与大众打成一片的“士”仍然应该担负不可推托的责任:“士的使命在历史上已经尽了。今后有一个新时代将要来了。士如果要仍然担任一些使命,则决不能如产业革命者所主张,化为欧美式的中等阶级。我以为只有加入大众中,在大众中除了担任技术知识的需要以外,依然可以行使其提高道德的任务。换言之,即把大众的道德水准设法提高,这就是他们的唯一任务。所以理学不是完全过时货。不过必须有人出来为主大加整理,使其与现代的需要相符合,而删去一切迂腐之谈。这便是我所希望于君劢先生所办的学院的了。”①

是年

张东荪联络知识界爱国师生,与北平中共地下党联系,做了许多有利于抗日的工作。对此,他在1952年回忆:“‘七七’事变以后,中共华北局的王君和我经常联系。后来他们就有地工人员与我联系,一九三八年我去汉口参加参政会,当时因为看到参

① 张东荪:《士的使命与理学》,《观察》第1卷13期,1946年11月23日。

政会并没有大作用，而且又怕后方苦又丢不下家，于是自己觉得还不如回燕京来做一些切实的工作，当时我们通过王君做了两件事情，一是送学生去解放区，一是送医药去”。[1]

此时张东荪一家住在京西王家花园，此花园内有两处相距不远的房子，一处由张东荪夫妇及子女住，一处由张东荪的嫡兄张尔田住。居所比较偏僻，不引人注意，便于与外界联络。这里便成了中共地下党的一个秘密联络点。据张东荪的家属后来回忆，从西山八路军区来的中共交通员，往往是一副土里土气的农民打扮，来到张家后，经过一番化装，便西装革履地进城执行任务。当时地下党进城的主要任务是购买急需的药品和医疗器械。张东荪除了掩护地下党的活动外，还通过自己在北平的关系为八路军购买药品，有时通过向西山送学生将这些药品和器械转给八路军。据说，张东荪与燕京大学的一位叫吴继文的校医关系很好，并且来往密切。吴继文思想比较进步，自己开有一个诊所，购买医药比较方便。张东荪通过他的关系曾为地下党搞到不少药品。

张东荪的甥婿林嘉通，时任燕京大学教务主任，家中有一部高功率收音机，便于收听外界消息。张东荪利用自己与王克敏（华北伪政府头子）、刘玉书（伪北平市长）的特殊关系（早年留日时相识），获取敌伪情报，供给中共地下党。张东荪晚年检讨说："在这时期中，我有资产阶级的民族观，我主观上确是极端抗日的，我曾把蒋介石要与日寇媾和的条件交给中共地下人员。

① 《张东荪检讨底稿》（1952 年，未刊）。

……我与汉奸是有往来的，我当时是以他们为保护自己的用途，同时又在他们那儿取得消息供给中共地下人员。”①

日本占领北平后，燕京大学内集中了许多抗日人士，成为抗日的一个据点。日寇对此非常恼怒，但日美并未宣战，日本宪兵也不敢公开到燕京捕人。他们便设法通过向燕京大学派遣教授和学者的方式慢慢渗透，以此监视和制约燕京的抗日活动。燕京大学校长司徒雷登得知后，便请张东荪出面做王克敏的工作。张东荪为了顾全抗战大局，便出面说服王克敏，通过王克敏迫使日本人放弃这种企图。但张东荪后来却因此被人指责有与王克敏勾结的汉奸嫌疑。张东荪晚年就此事作检讨时说：“汉奸王克敏，我本来就认识，他做汉奸以后，我就不与他往来了。后来，因为日本人要送进日本教官、教授数人，破坏燕京抗日环境，因此，司徒找我去找王克敏，设法阻止。因此，我不能不有些敷衍。”又说：“关于王克敏，还在他做汉奸前，我就认识他，也就是普通认识。至于以后为什么他做汉奸后反而有往来呢？当时因为日本人要送进日本教官、教授数人到燕京来，破坏抗日环境，司徒听吴雷川说我认识王，就请我去找他，设法阻止。这事后来成功了。我与王克敏往来是不对的，但是我之所以这样做，主要是为了要保护燕京特殊环境，来做抗日工作。这是实际。”②

---

① 《张东荪检讨底稿》(1952 年，未刊)。

② 《张东荪检讨底稿》(1952 年，未刊)。

1940年(民国二十九年　庚辰)　54岁

【张东荪继续在燕京大学任教。他在日寇统治北平的险恶环境中撰成《知识与文化》一书。他除了将其托人送到大后方联系出版外,还专门抄录了一份,作为讲义继续在燕京大学对学生讲授。他与北平地下党联系,继续进行秘密抗日活动,并发表《哲学究竟是什么》《不同的逻辑与文化》等文。】

4月

张东荪撰成《知识与文化》一书。该书始作于1937年左右,成书于1940年4月,定稿于1941年10月。他除了将其托人送到大后方联系出版外,还专门抄录了一份,作为讲义继续在燕京大学对学生讲授。张东荪对该书非常看重,认为该书是集中阐述自己新知识论的代表作,并且自信地说:“本书中所说各端都是著者多年所积于心中的,至此可谓一吐为快了。书中没有一句话不是从我心坎中出来的。”①

《知识与文化》是张东荪后期哲学的一部代表作,集中体现

---

① 张东荪:《知识与文化·自序》,商务印书馆,1946年1月版。

了张东荪哲学思想由前期向后期转变的情况。该书主要从知识社会学的角度,重点讨论了知识与文化的关系问题。该书除首尾的《绪论》和《结论》以外,共分三部分:一是从知识说到文化,用以说明知识的性质;二是从文化说到知识,讨论文化如何制限知识的情景,用以说明知识的文化制限;三是专讲中国思想的特征,用以作为例证说明知识与文化的交互作用。前两部分是全书的核心,后一部分是前两者的补充和说明。书后附有张东荪1937—1940 年所作或发表、后经修改的有关知识社会学的 5 篇论文。

在这部著作中,张东荪明确将自己新创立的知识论称为“文化主义知识论”,又称“多元交互主义”的知识论。他在该书的绪论中地解释写作该书的目的:“本书的目的在想建立一种独立的知识论,其所以与文化论相联,乃是由于注重于知识之‘集合性’(collectivity)。详言之,即志在设法对于知识的构造加以详细分析;并志在经过这样的分析之结果得阐明‘理论知识究竟是甚么’。……故本书之目的在使知识论成为一种独立的学问,这个学问不专是为了形而上学作先导,并且亦可与社会科学作伴侣,当然即无所谓居先与不居先了。”①

这表明,张东荪已经改变了多元认识论的立论角度,一方面从社会学立场上讨论知识问题,另一方面要使知识论变成独立的知识论,改变了多元认识论上的“方法论上的多元主义”,即认识论为哲学体系的起首和中心的观点。正因如此,张东荪公开

① 张东荪:《知识与文化》,商务印书馆,1946 年 1 月版,第 1 页。

表示:不同意孙道升先前把自己纳入"纯宗西方哲学"一派,并力图为自己"兼综中西哲学"作解释。他在《知识与文化》中说:"此外孙君对于中国现代哲学分两大派,一派是纯粹西洋哲学出来的,另一派是由调和中西而成的,把我列入前一派中。我自审亦不完全相合。我的主张固然大部分是出于西方哲学,但我主张就是政治思想。同时根本上不讲唯心唯物,这些却又与中国的传统态度相合。并且我要声明:我亦不是最近才有态度的变化。我的态度始终没有变化。读者如肯一读拙作《新哲学论丛》与《道德哲学》二书(都是十年以前出版的),便见本书所言在大体方向上并没有十分和那二书不同。不过论证与叙述有很大的差异而已。"①

是年夏

中国大学教授蓝公武被日本宪兵司令部拘捕。他在狱中坚贞不屈,高声回答:"我既不是共产党也不是国民党,我只是中国人民的一分子。只要你们日本人侵略我的祖国,我就要反对你们!"蓝公武是张东荪的少年挚友,不仅一起留学日本,同入东京帝国大学,而且一起由日回国、同为研究系骨干,加上两家为世交,关系非常密切,故张东荪对蓝公武被捕非常焦急,与中国大学校长何其巩等人积极设法营救。

8 月 29 日

中国哲学会第四届哲学年会在昆明云南大学会泽院第一教室开幕,金岳霖、吴康、贺麟、汪奠基、汤用彤、郑昕、马采、石峻等

---

① 《知识与文化》,第 145 页。

在年会上宣读论文,成立了两个专门委员会,一是西洋名著编译委员会,二是中国哲学研究委员会。张东荪缺席年会,但仍然当选为理事。冯友兰回忆说:"抗日战争期间,只在1940年在昆明开过一次年会,选举中国哲学会第三届理事会理事,名单(以姓氏笔画多少为序)如下:方东美、全增嘏、汪奠基、何兆清、吴康、金岳霖(常务兼会计)、林志钧、宗白华、胡适、范寿康、冯友兰(常务)、张君劢、张东荪、汤用彤、贺麟(常务兼秘书)、黄建中。中国哲学会以《哲学评论》为本会刊物,仍由我主编。解放以后,在北京成立了中国新哲学会,原来中国哲学会的会员转入了中国新哲学会,原来的中国哲学会无形中结束了。"①

是年秋

鉴于北平险恶的环境,张东荪判断日美早晚要开战,燕京大学应尽早做好撤离准备。通过中共北平地下党的关系,张东荪和燕京大学的爱国教授如林嘉通、林迈可、邓之诚等一起,秘密做燕京学生的工作,动员爱国学生到中共和解放区去工作,或者转移到西南大后方去。燕京学生去解放区的路线和方式是:由张东荪或燕京大学其他爱国教授以"郊游"的名义带学生到西山去,决定去解放区(或大后方)的学生都准备好,每次去"郊游"的有七、八个学生,回来时只有四、五个。"留"下的学生由地下党安排并护送到解放区,其余同学都"游玩"后重回学校。1940年以后,向西山送学生的工作更加紧进行。王定南将从北平去西

① 蔡仲德编:《我的学术之路·冯友兰自传》,江苏文艺出版社,1999年版,第223页。

山解放区的路线详细地告诉了张东荪。

12 月

第二届国民参政会在重庆召开。国民政府于 12 月 23 日公布《第二届国民参政会参政员名单》,张东荪与张君劢、胡石青、黄炎培、梁漱溟等人被聘任为参政员。但因张东荪远在北平,并未参加会议。此后 1942 年 12 月,国民政府公布的第三届国民参政会名单及 1945 年 4 月公布的第四届国民参政会名单,均无张东荪。

1941年(民国三十年　辛巳)　55岁

【张东荪继续在燕京大学任教。面对日益恶化的环境,他继续与中共保持联系,向解放区输送北平爱国学生,及急需的药品和医疗器械。他与河其巩积极营救蓝公武出狱,与汤芗铭等人开会追悼胡石青。12月8日,太平洋战争爆发,日本宪兵包围并解散了燕京大学,逮捕了张东荪等有抗日嫌疑的燕京大学教授。】

是年春

经张东荪、何其巩等人多方营救,蓝公武在被关押9个多月后释放。蓝公武出狱后,全家从城内北河沿庚28号搬到城外成府路红葫芦胡同2号,靠典当维持生计,甚至连蓝公武口中的金牙套也拿去换粮食,经济上极端窘困。张东荪为了帮助蓝公武改善经济状况,通过日伪关系将蓝公武的长子蓝铁年改名蓝吉庆,写进了伪北平市政权参议名单中,只拿薪水不做事。但很快被蓝公武发现,并强令张东荪立即从伪参议员名单中抹掉长子的名字。日本投降前夕,蓝公武在中共地下党刘仁、崔月犁的帮助下,全家被接到晋察冀边区,他先后任察哈尔省教育厅厅长、北岳行署民政厅厅长、华北人民政府副主席兼民政部部长。

年初

日美关系逐步恶化，司徒雷登召集张东荪等五位教授代表，开会商讨学校应付事宜。张东荪提出，应该尽早解散燕京大学，将教员和学生疏散到中共控制的解放区，或者撤退到西南大后方。他后来追忆说：

“我在会内与会外曾提出一个主张：就是不必等到正式开战而学校即自己先行解散。把教员与学生依其志愿分别安顿：愿留在北平，则听其留在这里；愿意到重庆去的，设法帮助他们前去；愿意到八路军区去的亦同样设法帮助之。虽然到重庆去的路线比较困难，但到八路军区去却是容易的。”①

3 月

张澜、罗隆基等人在重庆秘密建立中国民主政团同盟。该同盟包括三党三派：张君劢、张东荪领导的国家社会党，曾琦、李璜等人领导的中国青年党，章伯钧、谭平山、张云川等领导的第三党，梁漱溟领导的乡村建设派，黄炎培领导的中华职业教育社和沈钧儒、章乃器、史良等人领导的救国会。张东荪因在日本统治的北平，交通隔绝，较长时间内并不知情，直到 1943 年秋才从来平活动的张云川口中知晓民盟成立情况。

9 月

张东荪与汤芗铭等人在北海白塔菩提学会开会追悼胡石青先生。

---

① 张东荪：《狱中生活简记》，《观察》杂志第 2 卷 13、14、15、16、17 期，1947 年 5 月 24 日至 6 月 21 日。

胡石青是国社党的发起人之一,1941 年 2 月 3 日在重庆病逝。因消息隔绝,直到是年夏天才有人从重庆来北平告知张东荪等人。张东荪与汤芗铭等人决定在北平召开追悼会予以纪念。但在日寇统治下不能公开活动,就由汤芗铭负责秘密召集。此时,汤在北平组织了一个佛教团体叫“菩提学会”,会址设在北海公园永安寺院内,可以公开活动。汤就利用这个名义作掩护来通知大家前往参加。出席追悼会的有张东荪、汤芗铭、胡源汇、罗致坡、戢翼翘、陈班候、王文俊、罗展青、冯亦吾等 20 多人。参加追悼会的冯亦吾后来描述当时情景:

“到了那天我独自前往,从北海前门入园,过了桥就是永安寺正门,再上一层的门前就看见‘菩提学会’的牌子,院内三间东厢房,大概就是学会会址。屋子里很暗,已有二三十人到场,除少数几个人外,有大半我不认识。后来经王文俊告诉,才知道都是国社党的人员,其中著名的有张东荪、胡源汇、戢翼翘、罗致坡、王文俊、陈班侯等。常在胡汝麟家见过的罗展青、马士奇也参加了追悼会。当时由汤芗铭主持开会,张东荪致词。南面桌上放着胡汝麟的相片,像前焚着檀香,大约到了三四十人,屋里既暗,又加香烟缭绕,空气实在有些闷人。记得张东荪致词大意说:‘胡先生是个思想家,他的著作很多,大半没有发表,有待整理。他是大后方国民参政会的委员,这次他在成都逝世,我们不能公开追悼他,将来抗战胜利后,我们还要召集更大的会,公开纪念他。’会后,我就离开了。后来在北海北岸松坡图书馆内整理胡石青遗著,还曾邀请我参加。”①

① 冯亦吾:《汤芗铭与民社党》,《文史资料选辑》第 145 辑,中国文史出版社,2001 年版。

冯亦吾还回忆：追悼会由张东荪致悼词，他说："石青先生是个大思想家，学问书法，卓绝一时，著作鸿富、多未问世，今在抗战期间，不便扩大举行追悼会，当推人整理他的著作，陆续发行。"此后既于北海松坡图书馆成立"石青先生遗著整理委员会"，邀我参与工作，只将他的图书馆为整理，著作尚未加以搜集，而日寇肆虐，到处搜查，事遂不行。[①]

10 月

张东荪在对《知识与文化》作最后定稿工作时，专门撰写《后序》强调："本书以知识社会学为出发点，以讨论一切知识，例如哲学，名学以及政治思想，道德理论等。"[②]这样的研究态度，实际上就是从哲学以外来看哲学，故张东荪认为自己所表述的新知识学，从严格意义上并不是一种哲学学说。他声明："现在所讲的和我以前旧作《多元认识论》（尤其是初稿）颇有不同。有许多地方都是我已经抛弃的了。因为恐怕读者或有误会，所以才写此后序，用以补充之。"[③]

12 月 8 日

日本发动太平洋战争，向美国宣战。早晨，燕京大学英籍教授林迈可得知此消息后，立即骑着自行车逃往西山，进入中共的解放区。日本宪兵包围并解散了燕京大学，逮捕了张东荪及林嘉通、陆志韦、赵紫宸、洪煨莲、邓之诚等有抗日嫌疑的燕京教

---

① 《冯亦吾文集》，测绘出版社，1993 年版，第 322—323 页。

② 张东荪：《知识与文化·后序》，商务印书馆，1946 年 1 月版，第 1 页。

③ 张东荪：《知识与文化·后序》，第 6 页。

授。张东荪后来说："日本宪兵早把我的行为纪录下来了。他们注意我恐怕有二三年之久。要想作漏网之鱼，那是决无可能的。"①

张东荪等人先被关在西苑日本宪兵队，不久被押到设在沙滩旧北京大学红楼的日本宪兵总队。他与赵紫宸关在16号牢房。在这里，日军宪兵安达弘数次审讯了他。关于当时的情景，张东荪后来回忆说："到了第二天，我又被传到审讯室。他首先问我：你讲一讲和陈独秀组织共产党的情形。……我不禁愕然。我遂反问：何以知道我组织共产党？他乃拿一个日本文的杂志给我看。那个杂志上有一篇文章关于中国共产党的起源。幸而我看见其中所列的姓名尚有周佛海。我笑向他说：我和陈独秀确是朋友。在'五四'以后，在上海渔阳里确是常见面。但他后来发起共产党未邀我参加。"此后，张东荪又被审讯过两次。"一次是希望我答应与汪政府合作。我便以狡猾的态度对付之。我说：我一向是个国民党的反对者。汪精卫是国民党。决不能与之合作。他亦明知我的意思，便说道：我知道你还是承认蒋介石的。第二次却更为奇怪。是要求我向在拘留中的中国共产党员加以劝诱，使其感化，可以招供。……我遂回答：共产党不是捉、打、杀所能扑灭的。你们日本军何必来管中国的事，因为共产党是中国政治上的一个问题。他听了似还相信，即此作罢。"②

---

① 张东荪：《狱中生活简记》，《观察》杂志第2卷13、14、15、16、17期，1947年5月24日至6月21日。

② 张东荪：《狱中生活简记》，《观察》杂志第2卷13、14、15、16、17期，1947年5月24日至6月21日。

1942年(民国三十一年　壬午)　56岁

【张东荪与林嘉通、陆志韦、赵紫宸、洪煨莲、邓之诚等11位燕京大学教授被关押。张东荪为了反抗日寇的凌辱,自杀四次而未遂,并与日本看守撕打,不屈服日寇的淫威。6月18日,张东荪以“向学生灌注抗日思想,并选拔学生,资送他们到重庆治下,增加抗日力量”等罪名,被日寇判一年半徒刑,缓期三年后释放回家。为了避免日伪逼迫他出来当汉奸,他萌发了离开北平到中共领导的解放区的想法,但因病没有成行。】

1月10日

日本宪兵将被捕的部分燕京大学师生无罪开释,但张东荪与林嘉通、陆志韦、赵紫宸、洪煨莲、邓之诚等11位燕京大学教授作为重犯仍然受到关押审讯。

2月10日

张东荪及林嘉通、陆志韦、赵紫宸、邓之诚等11人被移到炮局胡同陆军监狱,接受日本军事法庭的候审。在这里,被关了四个月零10天。刚开始时被囚禁于一处,一周后便被隔离,每人单独囚禁一室。

4 月 1 日

日本宪兵将张东荪等人从每人单独囚禁改为 2 人或 3 人一室。“如是自冬至夏，又历 4 月。洪煨莲先生、邓之诚先生、刘豁轩先生首先被释，赵承信先生亦于大病之后相继出狱，陆志伟先生则因重病移养于道济医院，所余张东荪先生、蔡一锷先生、赵紫宸先生、林嘉通先生、陈其田先生、侯仁之先生共 6 人。”①

具有中国强烈民族意识并抱定“士可杀不可辱”信念的张东荪，为了反抗日寇的凌辱，在狱中曾自杀四次而未遂，并与日本看守撕打，不屈服日寇的淫威。对此，洪煨莲在《六君子歌》中称赞张东荪：“张公谩骂如狂癫，溷厕败帚执为鞭，佩剑虎贲孰敢前。”②

赵紫宸亦作赋《虞美人·咏张东荪》云：“论情之子真堪爱，谈笑风流在，只愁孤坐不愁关。拦住白衣胡乱诌温寒。隔墙听去浑如乐，赞美黄金粟，孰知常抱杞人忧，正似乌云重叠满天浮。”③

6 月 18 日

日本宪兵司令部组织所谓军事法庭，对张东荪等 6 人进行“审判”。张东荪以“向学生灌注抗日思想，并选拔学生，资送他们到重庆治下，增加抗日力量”等罪名，被判一年半徒刑，缓期三年。张东荪在写了一份保证书（声明出狱后不离开北平）后，由夫人吴绍鸿女士暂时作保，接回家中。张东荪经受住了日伪的威胁利诱，保持了一个中国知识分子高尚的民族气节。对此，时

① 《燕大双周刊》第 2 期，1945 年 12 月 8 日，第 3 页。

② 洪煨莲：《六君子歌》，《燕大双周刊》第 2 期，1945 年 12 月 8 日。

③ 赵紫宸：《虞美人——咏张东荪》，《燕大双周刊》第 2 期，1945 年 12 月 8 日。

人称赞说：

“日本人的意思是要他和他们妥协，但是‘威武不能屈’是中国自古以来读书人的气节，他预备死在监狱里。日本人没法，终于在监禁了数个月以后，把他放了出来，然而他们暗暗地仍旧派特务监视着他，而他，却也仍旧暗暗和八路军取得联络，供给他们情报，做着他能做的地下工作。并不怕被被人诬为共党分子而不抗日，不争取人民的胜利。这是一个考验，在这个考验中，张先生第一次在人们面前表露了他的庄严的节操。”①

是年秋

张东荪被捕后，在叶笃义的帮助下，张家从王家花园搬到城里大觉胡同，借一个姓刘的房子居住。张东荪出狱后，日本人要求他必须另外找一个正式保人。当时没有人敢为他作保。伪北平市长刘玉书为了拉拢张东荪，便自告奋勇，出面作保。此时，日伪华北政府企图让他出掌北平教育，王克敏、刘玉书经常到张东荪家中劝说，张东荪都以各种借口拒绝了。在未出狱时，张东荪害怕以后日本人逼迫他出来当汉奸，便萌发了离开北平到中共领导的解放区的想法，后来因病没有成行。他后来回忆说：“当时我有一个意念，就是出狱后立即逃上西山，因为王定南已将路径全早告诉我了。孰知出狱时正大病，一病就有一个月之久。以后却不见日本人来十分强迫去做事，所以亦就无须如此了。”②

---

① 陈尉：《革命学者张东荪》，《现代新闻》第 5 期，1947 年 6 月。

② 张东荪：《狱中生活简记》，《观察》杂志第 2 卷 13、14、15、16、17 期，1947 年 5 月 24 日至 6 月 21 日。

在张东荪被捕的同时，负责与张东荪联系的中共党员王定南也被日寇逮捕，但很快王定南便出狱。随后，日本人侦知张东荪与共产党地下党有秘密联系。这对张东荪是致命一击，因为日本人在关押张东荪的半年多时间里，虽指控张东荪秘密向西山送学生，但毕竟没有抓住真凭实据，而此时得知张东荪与中共有联系，也感吃惊。然而，比张东荪更吃惊、更害怕的是替张东荪作保的伪北平市长刘玉书。刘做梦也想不到一贯反对马克思主义的张东荪会与中共秘密联系。为了说服日本人解除这个疑虑，刘玉书将30年代张东荪反对马克思主义的文章和书籍收集起来交给日本人，证明象张东荪这样激烈反对马克思主义的学者无论如何也不可能与中共联系。日本人大概也并没有抓住真实证据，看到刘玉书态度这样坚决地为张东荪作保，也就不再追究。对此，张东荪说："只是由日本华北派遣军参谋长有末出面，邀在日本大使馆一问，我即扶病而去，到时甚为优待。由日本原田翻译官作翻译。并未问及王定南案，只是劝我参加伪政府。我当时以病为推，即此了事。"①

尽管张东荪又逃过了一次厄运，但他对王定南已经失去了信任，与中共地下党的联系也一度中断。叶笃义回忆说："张东荪被捕以后，王定南也被日本逮捕了。王定南在狱里设法送出信来，间接通知我赶紧离开唐山。我以母亲病重为借口，向开滦矿务局辞职，离开唐山，搬往北平。王定南在张东荪释放之后也被释放。王

---

① 张东荪：《狱中生活简记》，《观察》杂志第2卷13、14、15、16、17期，1947年5月24日至6月21日。

定南出狱以后，仍然同张东荪和我联系。他说他在狱里并没有变节，仍然代表党。究竟是真是假，须到解放区去查询。”①

是年

张东荪在《读书通讯》34期上发表《学术统制与自由》。他说：“中国以往所以建立民主政治而始终未成，乃正是由于太缺乏这样的国民。并且在行为方面亦须养成尊重异派存在态度。首先由教师作个表率。不因派别不同而蔑视其思想上的价值；不因思想不同而抨击其人身；不党同而伐异；不先入为主；不视不同的主张为仇敌；容许他人发言，容许他人和我有同样的自由。养成这样的心理与态度，乃是当今教育所最需要的。所以今天的教育决不在灌注任何主义，而在养成民主主义下之公民，使他自己有资格能力以抉择于各种不同的主义。须知从开始即灌注一种主义和养成了批评辨别能力以后自己选择一种主义去相信，乃完全是两件事。灌注一种主义是盲目的，是排他的；自己有了辨别力去选取一种主义是自由的，是出于理性的自觉的。不过以为此种主义在此时此地比较上合用而已，绝不至于一笔抹煞其他的学说。凡事出于理性的自觉便可没有危险。所以民主主义下的教育不反对人们信从何种主义，只是反对那种有己无人的盲信态度而已。”

---

① 叶笃义：《我和张东荪》，《文史资料选辑》增刊第2辑，中国文史出版社，1987年6月。

1943年(民国三十二年　癸未)　57岁

【张东荪出狱后,在北平险恶的环境中撰写《思想与社会》一书,并托人带到大后方交给好友张君劢撰序并联系出版。他派叶笃义秘密赴解放区,与八路军总部签订秘密抗日协定。他与北平爱国人士组织中国青年互助会,作为中国民主政团同盟的外围组织,继续进行默默抗日活动。】

是年春

张东荪撰写完成《思想与社会》,并抄录多套以备不测。张氏托人将书稿带到大后方,交给好友张君劢撰序并联系出版。

张东荪被日本宪兵逮捕关进监狱后,继续对知识与文化的关系问题进行思索,有了一些心得。出狱后半年,即1942年底到1943年初,张东荪着手将这些思索的心得撰写出来,这便是《思想与社会》一书。对此,张东荪解释说:"我在两年以前想把这三种态度合并在一起作一个综合的知识论,遂写成一书,其名是《知识与文化》。写了这部书以后又拿他作讲义在大学讲了一次。当时就觉得尚留下许多问题在那书上未曾提到。后来虽时时想再作一个补充而总是苦于人事碌碌没有工夫。等到入了狱以后,初起精神甚为不振,不能思索,后来经友人劝慰,以为与其枯坐不如择若干哲学问题来加以冥索。于是忽又有一些所见。只是苦于无纸笔,虽时有所思而无法记录下来。出狱以后以致所思者已忘去大半,仅余一个轮廓而已。本书可以说就是那个轮廓而又加以补充与修正始成功的。书中所说几乎完全是增补前作《知识与文化》。亦可说就是《知识与文化》之续编。或称之为姊妹编亦无不可。"①

该著堪称《知识与文化》的姊妹编。《思想与社会》共分九章,外加一个"结论",大致分三部分:一是讨论思想与社会的关系,一方面说明社会文化对理论知识的限制作用,另一方面说明理论知识(思想)对文化(社会)的反作用(1—4 章);二是比较中西道统,实际上是从纵向比较中西思想和文化的差异(5—8 章);三是探讨了中国文化的出路问题(第 9 章及《结论》)。全书的主旨是继续讨论知识与文化的关系,即思想与社会的关系问题,补充其"多元交互主义"的知识论,尤其对理论知识的性质作了非常精辟的阐述。

6 月

张东荪派叶笃义赴解放区与十八集团军总部联系。张东荪在被捕入狱期间,其学生姚继鸣也被捕。张东荪很快得知他也是一位中共地下党员,便想通过姚继鸣重新建立与中共的联系。但姚表示不能代表中共与他联系,只表示可以代为牵线。通过姚继鸣的介绍,张东荪派叶笃义直接与十八集团军总部联系,并

---

① 张东荪:《思想与社会·序论》,上海商务印书馆,1946 年 3 月版,第 1 页。

希望能与中共建立一个书面的协定。对此,叶笃义回忆说:“姚继鸣说他不能代表党同我们联系,但他可以介绍我到十八集团军总部去调查王定南是否仍然代表党,假如他已失去了关系,我可以向十八集团军请求调派一个人来同我们联系。由于姚继鸣的关系,我在1943年6月到了晋冀鲁豫边区十八集团军总部。临离开北平的时候,张东荪对我说,为了同党进一步靠拢,希望和党建立一个书面的协定。”[①]

7月7日

叶笃义受张东荪之命秘密到十八集团军总部,与彭德怀等人会晤,签订合作协议。关于张东荪与十八集团军总部联系的情况,后来回忆说:“到达十八集团军总部,彭德怀副司令员亲自同我接头。彭老总答应可以同张东荪签订一个书面协定,并说王定南已失去了党的关系,没有另派一个人同张东荪联系。我代表张东荪(我用的是‘叶茂荪’的名字)同彭老总签订了一个‘七七’协定——1943年7月7日签的协定。协定中规定抗日战争期间,双方合作配合军事行动,进行瓦解伪军、伪组织;抗战胜利后,双方合作推行和平民主建国方针。”[②]叶笃义回到北平后立即向张东荪作了汇报。

7月20日

张君劢为张东荪《思想与社会》作序,并将其纳入《东西文化

① 叶笃义:《我和张东荪》,《文史资料选辑》增刊第2辑,中国文史出版社,1987年6月。

② 叶笃义:《我和张东荪》,《文史资料选辑》增刊第2辑,中国文史出版社,1987年6月。

丛书》,由重庆商务印书馆于1946年3月正式出版。

张君劢在较长时间内被视为中国现代非理智主义的代表,经过一段时间的思考后,张君劢的思想发生了变化,转向理性主义。他在为张东荪《思想与社会》所作的序言中说:“抗战以来,身处后方,脑中盘旋往复者,为理性乎反理性乎问题。理性中之最可恃者为理智,逻辑之范畴,真理之是非,皆不离乎理智。故理性反理性问题,缩小言之,为理智反理智问题。对此问题,吾人之态度应如何。”他自称此时自己的立场已经转变,改为“理性主义”,赞同张东荪在《思想与社会》中对中西道统的分析,认为无论中国还是西方,都是理性主义的。他说:“东荪于本书中列举欧洲道统,一曰耶教,二曰民主政治,三曰社会主义。余以为后二者有理性主义为背景,”并且认为儒家精神与民主主义和社会主义是相通的。“然则谓儒家之精神,同于民主政治,同于社会主义可也。此非吾人之故意附会,去儒家学说之尘垢,见其精义之蕴藏,则知二者,自出于人心之同然,而非偶然。何也,二者同以理性为出发点故也。”①

是年秋

中国民主政团同盟代表张云川在离开苏北返回重庆之前,来到日寇统治下的北平。他第一次把中国民主政团同盟的“政治纲领”带到北平,与张东荪、王宾荪、王大鲁、许宝揆、杨毓殉等人聚晤,商讨根据“政治纲领”在华北地区开展工作,积极宣传团结抗日,坚定抗战信心等问题。为了便于开展工作,张东荪等人

① 张君劢:《思想与社会·序》,商务印书馆,1946年3月版,第5页。

决定组织一个秘密的青年组织——中国青年互助会，作为中国民主政团同盟的外围组织，吸收那些不愿做亡国奴、急于寻找抗日救国道路的进步青年参加。

1944年(民国三十三年　甲申)　58岁

【张东荪派叶笃义由北平秘密赴重庆,代表自己参加民盟,被选为民盟中央常委,负责筹备民盟华北总支部。他开始撰写《理性与民主》,通过比较中西文化以探索中国的出路。张东荪通过撰写《知识与文化》、《思想与社会》和《理性与民主》三书,从知识社会学角度讨论知识与文化问题,建构了一套以"多元交互主义"知识论为基础和核心、包括文化哲学、政治哲学和社会哲学在内的独特的思想体系。】

是年初

1943年秋,张东荪从张云川处得到了一份中国民主政团同盟的纲领。为了与西南大后方取得联系,张东荪派叶笃义秘密赴重庆,代表自己参加民主政团同盟。叶笃义临行前,张东荪让叶将自己所著的一份《思想与社会》(手稿)带到重庆出版,"并送一个稿给周恩来和张闻天"。①

---

① 叶笃义:《我和张东荪》,《文史资料选辑》增刊第2辑,中国文史出版社,1987年6月。

张东荪将《思想与社会》(手稿)交给叶笃义带到重庆之后,便开始撰写《理性与民主》,通过比较中西文化以探索中国的出路。写完《知识与文化》和《思想与社会》后,张东荪从理论上建立了一套“多元交互主义”知识论。但他并不满足,仍想继承前两书所讨论的问题,从另一个方面作进一步发挥。这样,他便撰写了《理性与民主》。全书分六章:序论、文明与进步、人性与人格、理智与条理、自由与民主、中国之过去与将来。按照张东荪的计划,本来还要写第七章《结论》,但当写到第六章末尾时,抗战胜利了,张东荪便草草收笔。1946 年 3 月,他匆匆起草了一个《后序》,便交付商务印书馆于 1946 年 5 月出版了。

在这部著作中,张东荪一改前两书纯学术的立场,主旨在于通过比较中西文化以探索中国的出路。他特别强调,西方民主主义是一种文化,而这种文化主要由进步、人格、理性、自由等几个核心概念构成的;通过对这几个概念进行比较和分析,他论证了中国如何建立和移植民主主义文化问题。故张东荪将该书的副题定为:民主主义的人生观基础。

是年春

中共改派殷之钺负责与张东荪联系(直到抗战胜利),张东荪与中共地下党重新建立了联系。张东荪此时在大觉胡同的寓所,是一个进出比较方便的多重院落。小殷是一位很精干的上海青年。他经常与张秘密谈论政局、交换情况,与张家关系处得很好。日本投降后,张东荪介绍中共地下党员殷之钺用“殷冷”的名字参加民盟,但不久殷的身份暴露,无法再在盟内工作,被迫调往他处。

日本宪兵虽然假释了张东荪，但仍对他进行秘密监视。日本宪兵安达弘每个月必到张家一趟，主要是劝张东荪出山，为日本人做事；同时，察看张东荪是否逃离北平。张东荪每次都闲谈一番，敷衍过去了事。有时，当中共地下党正在张家时，碰巧日本宪兵安达弘也来，张家人赶快将地下党转移到后院，从另外一个门撤离。在非常险恶的环境中，张东荪与中共地下党保持着稳定的联系。

张东荪与何其巩、张懋德继续领导北方救国会进行秘密集会，经常齐集在北池子何其巩家中，讨论以后的局势。他们确定单独策略是：今后仍必须佯同日伪联系拉拢，以便及时得到一些真实消息，防止受其威胁。

9 月

中国民主政团同盟在重庆召开会议，将名称改为中国民主同盟，张东荪被选为中央常委，负责组织和领导民盟华北总支部。

是年秋

汤芗铭出任了华北合作事业总会理事长。日伪当局此前多请他出任华北伪政权的职务，他都婉言绝了。这次出任理事长，除了日本人利诱和属下的怂恿之外，主要是他认为合作事业总会是经济团体，无关乎政治，担任该职利于与日伪本当局周旋，便于掩护抗日人士的秘密活动。

12 月

叶笃义从重庆秘密返回北平，向张东荪介绍了大后方的情况，并传达了民盟会议的决定。张东荪与叶笃义等人秘密筹备民盟华北总支部。

1945年(民国三十四年　乙西)　59岁

【张东荪年初在北平成立民盟华北总支部。抗战胜利后,他在北平创办《平报》并发表《国民大会与联合政府》,连载《一个提供大家参考的建国方案》,继续并发展了30年代"修正的民主政治"的主张。燕京大学在北平正式复校,张东荪继续担任燕京大学哲学系教授。11月25日,张东荪赴重庆准备参加政协会议,担任民盟秘书长,为战后和平民主而奔走。】

1月

▲张尔田因病逝世,张东荪为其操办后事并将其葬于西郊万安公墓。张东荪被捕后,张尔田骤受惊吓,加上为东荪的安危担心,忧郁成疾。据他的学生张芝联回忆,张东荪被日寇逮捕后,"孟老因受惊发病,不得不从西郊迁居西城,东荪先生夫人要求我与孟老同住,照顾老人,直至翌年端午节前东荪先生出狱,我才移居东城宽街,但每周仍往探视聆教。"①

---

① 张联芝:《从〈通鉴〉到人权研究:我的学术道路》,三联书店,1995年10月版,第6页。

在日寇的监狱中，张东荪也分外挂念着情深意笃的兄长。他回忆当时的情景说："有一次梦见回家，梦境十分清楚。到家时见着家兄孟劬。他虽十分高兴，然却问我：你是鬼罢。我告诉他，我确是人，不是鬼。确是人回家，不是魂回家。不料醒来依旧在监牢里，此时天尚未明，一灯如豆，其凄惨真是可绝人寰了。"[①]当比张东荪先出狱的邓之诚到张家中告知东荪在狱中的生活情景时，"孟劬挥泪听之"，足见其兄弟感情之深。由于张东荪被捕，张尔田忧虑过度，身体日渐衰落。1945年1月，在北平病逝。张东荪悲愤地回忆："余因燕校被封，为敌人逮捕入狱，先兄亦受惊而病，几于危殆沪上，音问遂断。迨余出狱，先兄体力迥不如前，未及睹胜利已溘然长逝。"[②]

▲同月，张东荪交给民盟成员王大鲁一封介绍信，赴南京会同时任中央大学中文系主任龙榆生一起到徐州，与民盟成员张云川一起，策动苏北伪军郝鹏举部。经伪江苏省教育厅厅长张仲锐（次溪）介绍，张云川与郝鹏举进行了会谈（龙榆生、张仲锐两人均以参与此项活动而参加了民主同盟）。王大鲁随后回北平向张东荪汇报，张云川赴苏北解放区向陈毅等人汇报。经过反复的工作，郝鹏举于抗战胜利之际率部投向中国共产党，但这个反复无常的小人后又叛变投向了蒋介石，被新四军消灭。

年初

张东荪在北平成立民盟华北总支部。总支部委员共六人：

---

① 张东荪：《狱中生活简记》（四），《观察》第2卷16期，1947年6月14日。

② 张东荪：《遁堪文集·跋》，1948年7月。

张东荪、叶笃义、曾琪、林可玑（曾、林是青年党）、周鲸文、张云川，张东荪为主任委员，林可玑负责组织工作，叶笃义负责宣传事务。民盟华北总支部的成立，为抗战胜利后民盟在华北的发展打下了一定的基础。

8月15日

日本宣布无条件投降，民盟发表《在抗战胜利声中的紧急呼吁》，提出了“民主统一、和平建国”的口号。它指出：“毫无问题，我们坚决的要求民主，一切反民主的都是我们所不赞成的。毫无问题，我们要求一个完整的国家，凡一切可以制造分裂或引起内战的姿态或措施，也是我们要坚决地排除的。我们现在的口号是民主统一，和平建国。”①

8月18日

燕京大学学生赵明持晋察冀边区司令员聂荣臻的公函，以联络参谋的名义到达北平，拜见张东荪。张东荪让叶笃义陪同赵明到北池子南口何其巩家。赵明将盖有聂荣臻大印的公函递给何其巩，说明来意。何一直不动声色地倾听着赵的谈话，当赵说到华北日军的投降事宜，应由日本侵华军华北司令官下村定派代表至阜平地区接受聂荣臻司令员的命令时，何回答说：“蒋介石由于一时对北平鞭长莫及，所以才给我这个‘代表’的空头衔。至于北平受降和接管的事，恐怕蒋介石早有打算。”但接着说：“八路军如果要进城的话，我一定尽力配合就是。”

---

① 《中国民主同盟历史文献》，文史资料出版社，1983年版，第60页。

8 月 28 日

中共领袖毛泽东赴重庆，与蒋介石进行和平谈判。重庆谈判在军队、国民大会等关键问题上虽未有实质性进展，但国民党答应结束训政，实行宪政，“召开政治协商会议，邀集各党派代表及社会贤达协商国是，讨论和平建国方案及召开国民大会各项问题”。

9 月 1 日

张东荪在北平创办了《正报》，作为自己的舆论喉舌。他在《发刊辞》中说明办《正报》的目的，是使受日寇奴役的华北民众“一吸自由空气”，“目的使其得为大家的公共喉舌”；它的名字“取态度中正、与新闻正确之意”。张东荪认为，抗战是“民主与霸道”之战，抗战胜利是民主的胜利，今后中国应走上民主道路，为此必须特别注重民主习惯的训练，提倡言论自由和理性主义。他说：“今后的中国要在民主中生活，要在民主中竞争为最民主者。所以国人……先从自己造成民主式的生活习惯做起。同人不敏，发起这样的一个刊物，其目的亦就在此，就是同人用此为言论自由的一个练习所。”①

该报有特色处在于“社论”和后来开辟的《社会研究》、《哲思》等副刊。张东荪指出，民主与和平是今后世界发展的潮流，今后中国必须走上这样的道路，中国今后问题完全在于“民主之正假”问题。② 随后，张东荪在《正报》上发表了许多《社论》，指

---

① 《发刊辞》，《正报》1945 年 9 月 1 日。

② 《民主主义是一个道德观念》，《正报》1945 年 9 月 6 日。

出“唯有大家都行民主政治，世界才能有永久和平。”[①]张东荪以《正报》为喉舌，冷静分析了战后中国与世界形势发展的趋势，坚决主张在和平的基础上实现民主，赞同中共提出的联合政府，希望通过国内各种政治势力间的政治协商方式解决战后重大问题。这些主张，触到了国民党一党专制的痛处，在当时刚刚从日伪统治下解放的北平民众产生了很大影响，自然遭到了国民党当局的嫉恨和压制。从 1945 年 10 月 1 日到 12 日，不允许刊发《社论》，甚至 10 月 4 日被罚停刊 1 日。

9 月 12 日

张东荪在《正报》上发表《国民大会与联合政府》，赞同成立联合政府，希望国共双方通过和平谈判解决争端，并提出：“目前政局，应采取以下步骤：（一）各党派联席会议；（二）过渡的联合政府；（三）国民大会；（四）正式民选政府。”

10 月 1 日

燕京大学在北平正式复校，张东荪继续担任燕京大学哲学系教授。

10 月 1 日—12 日

中国民主同盟在重庆上清寺“特园”召开临时全国代表大会（后追认为第一次全国代表大会），张澜、沈钧儒、黄炎培、章伯钧、罗隆基等出席，通过了《政治报告》、《临时全国代表大会宣言》和《中国民主同盟纲领》三个文件，系统阐述了“把中国造成一个十足道地的民主国家”思想。其经典表述是：“从国际的及

---

① 《日本战败的涵义》，《正报》1945 年 9 月 3 日。

国内的形势来说,中国目前迫切的需要是民主。我们了解当前国际的及国内的形势,因此我们中国民主同盟就认定我们当前惟一的责任是:实现中国的民主,是把中国造成一个十足道地的民主国家。”[①]其要旨为:在政治上实行英美式的议会民主政治,在经济上参照苏联的社会主义平等原则,就是所谓的“拿苏联的经济民主来充实英美的政治民主。”这与张东荪主张的“中间路线”颇为相近。

10月10日

国共两党在重庆签订《国共谈判纪要》,表示要在和平与民主的前提下通过协商方式解决战后问题,建立联合政府。1945年下半年,中国各种政治势力把注意力集中在推动政治协商会议的召开上。经过国共两党的反复协商,最后决定政协会议由五个单位38名代表参加。国民党8人,共产党7人,民盟9人,青年党5人,无党派人士9人。张东荪和张君劢以国家社会党领袖的身分,代表民盟出席政治协商会议。

10月18日到11月1日

张东荪在《正报》上连载了《一个提供大家参考的建国方案》,继续并发展了30年代“修正的民主政治”的主张。11月下旬,张东荪赴重庆参加政协会议后,《正报》正式停刊。

11月25日

张东荪向燕京大学请假,赴重庆参加政协会议,住在上清寺特园鲜英家,也就是当时民盟总部所在地。张东荪一到重庆,立

① 《中国民主同盟历史文献》,第74—75页。

即成为舆论界关注的人物。重庆《新民报晚刊》记者浦熙修首先采访了他。张东荪本着对国民党一贯的批评态度，对国民党在接收中改编伪军、大发横财的腐败与无能行径进行了激烈的抨击，指出国民党"中央接收大员在收复区未能得人心"，表示了对国民党政府的失望和不满。他认为，中国目前急需的是实现"政治民主化"与"军队国家化"，为此，国民党与共产党都要调整其方针政策："政府和共产党都应有所修正。今天的政府应真正施行民主。国民党该做个真正的民主国家底下的政党。共产党要修正的是军队国家化。但这要双方同时国家化，如一方说不在军队中设党都是不行的。中国无需太多的军队，该赶紧缩编，将来的国防是建筑在集体安全之上。"[①]这是张东荪到重庆后首次向外界发表自己对于战后政治问题的主张。

从 1945 年 11 月到 1946 年 1 月政协会议开幕的一个多月里，张东荪与在重庆的众多朋友相聚，交换对于时局的意见，并与民盟、中共各领袖讨论了政协会议的若干问题。

12 月

▲张东荪先后参加了中国经济事业协进会、民盟重庆支部茶话会、青年党欢迎会、民主建国会招待会，在与各界人士交流意见的同时，不断阐述民盟及自己对于政局的意见。他指出，目前要实现民主并非易事，要靠各界争取，不能仅靠政协会议。"我们做代表只能如当哨兵，哨兵打死了，要有军队赶上接替！"他表示要本着调停国共关系、争取真民主两个原则，尽到一个政

---

① 浦熙修：《访问张东荪先生》，重庆《新民报晚刊》1945 年 11 月 29 日。

协代表的责任。[①] 他强调："政治协商会议是民主的开端。这是我们争民主的第一阶段，因此我们应予以重视，并表示他们出席政治协商商议是代表盟员的意见，以盟员的意志为意志的。"[②]

▲同月，民盟秘书长左舜生辞职，张东荪被推举为民盟秘书长。云南昆明发生"一二·一惨案"后，张东荪与民盟主席张澜及常委梁漱溟对国民党特务行径给予痛斥，对死难学生给予同情，并撰写了挽联："为反内战而牺牲，真成痛史。试思中国之命运，能勿忧心！"[③]

▲同月，重庆友人及学生为张东荪设宴祝贺六十寿辰。据俞颂华 1947 年春记述："记得他于前年冬季为了参加'政协'会议，由北京赶到重庆，他的好友和门弟子曾为他称觞，庆六十寿诞。"

12 月 19 日

张东荪与张澜、梁漱溟拜会中共代表周恩来、王若飞、叶剑英交换政协会议的若干意见，与周恩来商定：民盟与中共在重大政治问题上，事先交换意见，采取一致步调，建立密切合作关系。回来在开会期间，双方遵守这个约定，民众代表与中共代表遇事磋商，在修改宪法原则问题上达成一致，促成了政协五大决议的通过。

12 月 23 日

美国决定派马歇尔作为总统特使来华调停国共关系。张东

---

① 《新华日报》1945 年 12 月 24 日。

② 《新华日报》1946 年 1 月 7 日。

③ 龙显昭主编：《张澜文集》，四川教育出版社，1991 年版，第 239 页。

荪在谈到国共关系与和平民主的前途时说:“中国的事情复杂得很,民主就可能假造。不过,揭露这种黑幕,使假民主变成真民主,这不能靠外国朋友,还要靠国人自己来揭露,来争取,这是中国人民的责任,是责无旁贷的。”[①]张东荪认为和平与民主是中国政治发展的潮流,但在实行过程中,要防止国民党当局实行假民主,并且真正的民主要靠中国人民自己来争取,不应对美国抱太大希望。

12 月 26 日

马歇尔邀晤民盟代表张东荪、沈钧儒、梁漱溟、章伯钧、罗隆基等,并会晤军政部次长俞大维。

① 《新华日报》1945 年 12 月 23 日。

1946年(民国三十五年　丙戌)　60岁

【张东荪参加了在重庆召开的政协会议,会后辞去民盟秘书长一职回到北平,继续在燕京大学哲学系任教。他在天津青年会做《一个中间性的政治路线》的演讲,正式提出了"中间性的政治路线"的主张。国民党违背政协决议宣布召开国民大会后,张东荪飞往上海劝阻张君劢及民社党参加。张东荪在这场是否参加国民大会的原则问题上没有退让,甚至与挚友张君劢划地绝交,毅然拒绝参加国民大会,经受住了严峻考验。】

1月6日

国民政府公告召开政治协商会议办法,协商范围为和平建国方案,及国民大会召集有关事项,聘请孙科、吴铁城、陈布雷、陈立夫、张厉生、王世杰、邵力子、张群(以上国民党),周恩来、董必武、王若飞、叶剑英、吴玉章、陆定一、邓颖超(以上共产党),曾琦、陈启天、杨永浚、余家菊、常乃德(以上青年党),张澜、罗隆基(以上民主同盟),张君劢、张东荪(以上国家社会党),沈钧儒、张申府(以上救国会),黄炎培(职业教育社),梁漱溟(村治派),章伯钧(第三党),莫德惠、邵从恩、王云五、傅斯年、胡霖、郭沫若、钱永铭、缪嘉铭、李烛尘(以上无党派)38人为政治协商会议会员。

参加政协会议五方代表围绕着政府改组、和平建国纲领、军队国家化、国民大会、宪法修改原则进行了激烈的争辩。在参加政协的五方面代表中,民盟和部分无党派人士信奉西方民主政治理念,与国民党“党治”理念距离甚远,故在要求政治参与的问题上与中共意见一致。民盟组成了包括张澜、沈钧儒、黄炎培、张东荪、章伯钧、罗隆基、梁漱溟、张君劢、张申府等9人在内的政协会议代表团。民盟代表团按照临时全国代表大会确定的民主建国方案,提出了自己的一系列主张。

1月10日

全国各界瞩目的政协会议在重庆国民政府礼堂正式举行,张东荪作为民盟代表参加。

蒋介石以会议主席的身份致开幕词,提出三点希望:“一是要真诚坦白,树立民主的楷模。在巩固国本的共同认识之下,都能充分坦白地提出主张,不必有所隐讳或保留。……唯有坦白,才见得真诚。也唯有牺牲成见,择善而从,才能成立合理而有益的决议。二要大公无私,顾全国家的利益。在国家民族整个利益之前,所有党派或个人部分的成见,应无不可以牺牲,无不可以让步。为了成立有效的决议,有时候撤销我们的提案,比之坚持我们的主张,更有伟大的价值。三要高瞻远瞩,正视国家的前途。要开辟建国的前途,促使我们国家的进步,而决不可以使国家停滞在百事落后的地位,甚而至于造成国家的退步。”并郑重宣布四项政治诺言:(一)人民享有各项自由,司法、警察以外机关不得拘捕、审讯人民;(二)全国各地依法实行自下而上的普选;(三)各政党在法律之前一律平等,并允许在法律范围内公开活动;(四)政治犯除汉奸及确有危害民国之行为者外,分别予以释放。[①]

周恩来代表中共致词:"政治协商会议,就要请各党代表及社会贤达,一起来订出如何实现政治民主化、军队国家化及党派平等合法的方案,并在此过渡期中,我们提议要在共同纲领的基础之上,实现各党派,无党派代表人士合作的举国一致的政府。"他表示愿以极大的诚意和容忍,与各党代表和社会贤达共商国是。

民盟主席张澜在致词中强调民主与和平的重大意义:政协会议是以党派的代表占多数,但他相信这次会议的目的不是党派的利益,而是全体人民的共同利益,"这个会议的目的是:怎样谋求国家自身的和平,以保障远东及全世界的和平;怎样建立中国国内的民主,以奠定远东及全世界的民主";"和平与民主是相辅而行相依为命的两件事,但在步骤上,一定先有和平而后才能有民主。"[②]他提出了三点意见:一,不能违反人民的普遍愿望;二,不可辜负盟友的好意;三,方案实行的时候,必出之以至诚,守之以自信。

1月11日

政治协商会议召开第二次大会,主要议题是讨论军事问题。

---

① 四川大学马列主义教研室编:《政治协商会议资料》,重庆出版社,1989年版,第133页。

② 《中国民主同盟历史文献》,第119页。

孙科任主席，先由国民党代表张群报告国共两党停止军事冲突的商谈经过后，民盟代表梁漱溟提出应首先考虑政治民主化，然后再讨论军队国家化。据当时以政协联络秘书的身份列席会议的国社党人蒋匀田回忆："所有在野人士，都认为必先政治民主化，始有军队国家化的希望。所以讨论及政协大会议程问题时，民主同盟代表梁漱溟先生即强调：将督促实施双十会谈纪要中之人民自由、党派合法、限制特务、释放政治犯等项列于议程中。"

国民党代表张厉生、王世杰、劭力子等反对梁的提议。梁漱溟坚持认为：国民党去年也曾宣布保护人身法令，至今毫无动静。为使宣布之事不至落空，必须督促之。若不实施，政协会议必予以延期，必须看了实施才算。因此确保人民自由问题，而引致政协议程问题之争执。

张东荪支持梁的提议，向国民党建议说："今日议程为国共会谈经过报告，及组织军事考察团人选问题。至于人民自由权利之实施，由政府在一星期内作报告，再定会商议程。"他的建议得到了中共代表周恩来、董必武和无党派代表王云五等人的赞同。①

1 月 12 日

政治协商会议第三次会议，孙科主席，周恩来、邵力子报告中共与政府会谈经过，并推定军事考察团代表 8 人（何基鸿、林

① 蒋匀田：《中国近代史转折点》，香港：友联出版有限公司，1976 年 11 月版，第 11 页。

可玑、王葆真、章元善、李德全、周炳琳、杜斌丞、伍观淇，候补四人，冷遹、林虎、张奚若、任鸿隽）。

1月14日

政治协商会议第四次会议，讨论政府改组问题，王世杰代表国民党提出了改组政府的方案，强调国民党的领导地位及主席否决权与应急权的重要；却回避了各界关注的人民基本权利的保障问题，因而引起了张东荪等人的强烈不满。张东荪起而发言，提出国民党政府必须首先保障人民自由权利，然后才有讨论政府改组的前提。他说：

"为什么要改组政府？是为了要实施宪政，为什么要宪政？为的是实行民主。要实现民主，改革政府是必要的，但是并非有了改组政府就足够的。因此讨论改组政府要有一前提：即是人民要有基本自由权利。如果人民的自由没有，加入政府的人，实在也做不出什么事来。我请政府在本会所宣布的四项，最好在改组政府问题讨论之先来做，做了就有助于改组政府的讨论。请政府在这交换议程的四五天会议之后，或者是本星期六，向大会来一具体报告，报告那些违反人民自由的法令已修改或废止了。报告多少政治犯已经释放了，要有一名单。这些事做起来一点不难，那些特务机关已限制其活动范围或裁撤，希望政府有一明白的报告。王世杰先生说国民党是第一大党居特别地位。这一点如果人民自由权利不给，则一般人对此总不放心。如果政府对此诺言做了，那时政府党提出第一大党，人民就不成问题了。邵力子先生前在会中说要看本会的成绩如何，这意思是要一政治休战。我认为这是周而复始的事，并不是一定要先有政治休战才给人民自由,把圈子来套住。这圈子只要政府有决心应先来做起。决不会有人民得到了自由还要来与政府捣蛋的。说互让也应由强者先让,还是请政府先下决心去办。"①

面对张东荪的质询,国民党代表显得很被动。陈布雷代表国民党回答:"万不可以人民自由为条件,而不商讨其他各案,此非协商之精神。"认为政府近年"确已向保障人民自由之路努力","事情必须慢慢来"。对于国民党代表的辩护,张东荪讥讽他们是"饱汉不知饿汉饥",并坚定地表示:"对于人民自由之保障,愈快愈好;而对政治事件,倒不妨慢慢的商量。故请政府对保障人民自由之诺言的实施,必须予以报告。"②张东荪提出的尽快释放政治犯的建议,得到了中共、民盟和部分无党派代表的赞同。中共代表周恩来向国民党代表表示,希望尽快释放张学良与杨虎城。

对于自己在政协会议上的活动,张东荪后来总结说:"著者在政协会中除为人民争自由外很少发言,后来亦非万不得已不说话,不外乎总想不要因为个人言论而致民盟在国共桥梁的地位受影响。"③

1 月 15 日

政协召开第五次大会,大会分为改组政府、施政纲领、军事、国民大会和宪法草案等五组。张东荪分在军事组,该组成员有

---

① 《中国民主同盟历史文献》,第 120 页。

② 蒋匀田:《中国近代史转折点》,第 19—20 页。

③ 张东荪:《和平何以会死了》,《时与文》第 3 期,1947 年 3 月 28 日。

国民党代表张群、邵力子，中共代表周恩来、陆定一，青年党代表陈启天、杨永浚、民盟代表张东荪、梁漱溟，社会名流代表缪嘉铭、胡霖等共10人。张东荪与胡霖为该组的召集人。同时，张东荪还兼任政协综合委员会成员。分组委员会的委员名单公布后，五项问题协商的重心，便由大会转入小组。

在政协会议所讨论的五项议题中，最重要、争论最激烈的是军事问题。国民党坚持其“军令政令统一”的既定方针；青年党提出《停止军事冲突实行军队国家化案》，表面上主张政治民主化与军队国家化并重，实际上是“军队国家化为政治民主化的必要条件”，与国民党的主张相似。

1月16日

▲张东荪发表《政治协商会议与国防新案》。他本着“政治民主化”、“军队国家化”原则，认为“民主是一个具有程度的东西”，现在中国需要的是“民主之起码的基本条件”，他提出了三条解决军队问题的方案：（甲）寓兵与全民；（乙）取消所有常备的职业兵；（丙）使军队等于专门学者（即科学家），超然于政党以外，而给以最优厚的待遇，使其安心任事。①

▲同日，政治协商会议第六次会议，讨论军队整编问题。张东荪与张澜、沈钧儒、梁漱溟、张君劢等人提出民盟关于军事问题的提案《关于实现军队国家化并大量裁兵案》，梁漱溟在会上就此提案作了说明。该案主张：“全国所有军队应即脱离任何党

---

① 张东荪：《政治协商会议与国防新案》，《民主生活》（重庆版）第2期，1946年1月16日。

派关系，而归属于国家，达到军令政令之完全统一（现役军人脱离党籍）”；大量裁减常备军额。为此，应立即成立整军计划委员会，由国共两党人员参加，可聘美国军事专家为顾问。民盟关于军事问题所提出的方案，与张东荪个人主张基本相同。

周恩来在会上重申了中共在军事问题上的主张，他说：我们同意军队国家化，但是不能“先有军队国家化，然后才能政治民主化”，必须两者同时并进，使军队成为人民的军队。国民党、中共之间的分歧虽很严重，但在小组讨论中并没有发生激烈的论辩，最后在赞同“军队国家化”的原则下，“只是分别提出报告，惟待小组协商时，实现此一目标的程序而已。”[①]最后政协会议勉强达成了《关于军事问题的协议》，通过了“军队属于国家”、“军党分立”、“军民分治”、“以政治军”等原则，但并没有解决实际问题。

▲同日晚，政协军事问题达成协议后，张东荪与郭沫若在沧白堂政协会议讲演会场报告政协会议情况时，受到国民党特务的捣乱，张东荪拍案而起，怒斥国民党特务的无耻行径。当时《新华日报》是这样报道事件经过的：“张东荪先生说，人民太苦了，抗战结束了，要这些军队干什么，我们要大裁兵，全国军队同时公平整编，以后军队要成为国防军，不能再有党军。张先生话还未完，台下忽然跳出了十几条壮汉，指着张先生说：‘政府军队是国军，不是党军。’几十条壮汉对着张先生同声齐喊，他们以打手姿态出现的这种行为，惹怒了张先生，张先生声色俱厉的说：

① 蒋匀田：《中国近代史转折点》，第 27 页。

‘是国民党的党军，不是国军。’在群情激怒之下，特务这才不作声了。……因为国民党特务的挑衅和有计划的捣乱破坏，讲演会就告结束了。”①

1月17日

政治协商会议第七次会议，讨论国民大会问题。军事问题达成原则性协议后，国民大会问题成为政协会议争论的重点问题。争论的焦点集中在1936年所选的旧国民大会代表是否有效问题上。国民党坚持旧有代表有效，只同意增加代表名额；民盟与中共代表意见一致，强调旧代表必须重选。张东荪也坚决反对旧代表有效，主张国民代表重新选举。他在大会发言中声明：“（一）民主同盟主张改选，并非有意破坏政府的信用，而迫使五五国大延期。（二）旧代表如系代表民意，第二次亦能当选，决不反对任何个人。（三）如自由选举后，国民党仍占多数，众皆甘心。譬若赌博，赢家手法高明，输家自然甘心。如做手术，则输家必不甘心。（四）民主同盟主张改选，并非民主同盟想占多数。”②

1月19日

政治协商会议第九次会议，讨论宪法草案问题，孙科说明五五宪草，各方主中央政府五权制应保持其精神，勿拘泥于形式，并有主国会两院制者。协商会议初步讨论工作完成，决暂休会，由分组会续商。

---

① 《新华日报》1946年1月17日。

② 蒋匀田：《中国近代史转折点》，第29—30页。

1 月 21 日

政治协商会议宪法草案分组开始会议。蒋介石特别设宴款待张君劢、张东荪。在政协会议期间，国民党通过各种手段拉拢张东荪，希望他能够改变对国民党的批评态度，赞同和默许国民党的提案。张东荪刚到重庆，国民党中央组织部长陈立夫便宴请张东荪；政协会议期间，蒋介石及国民党要员张群、吴铁城等分别设宴款待张东荪和张君劢。据罗隆基回忆："据我所知，国民党反动派当日不仅对我耍了这套把戏。他对民盟其他代表亦派定专人，分别进行拉拢和联络的工作。举例来说，在政协进行期间，国社党的张君劢、张东荪居然成了宾客盈门，应接不暇的红人，国民党除经常派人个别地同他们保持个别接触外，1 月 21 日，蒋介石特别设宴款待国社党首脑张君劢、张东荪，力图将国社党从民盟中拉拢过去。"

1 月 22 日

政治协商会议会期延长三日。张群、吴铁城设宴款待张君劢、张东荪。据当时报纸报道，在这两次宴会上都进行了长时间的谈话。据罗隆基后来回忆："张君劢、张东荪两人在此以前并不是政治上的红人，特别是张君劢，抗战前在上海的时候是被国民党的特务绑过票的。到了现在，蒋介石以国民党总裁和中华民国主席的身份，居然躬亲其事地盛宴招待他，这岂是毫无目的的寻常应酬吗？"[①]但张东荪并没有被国民党拉拢去，也没有改变一贯坚持的对国民党的批评立场，更没有放弃自己独立的政治

① 罗隆基：《参加旧政协的一些回忆》，《文史资料选辑》第 20 辑。

主张。

1 月 23 日

张东荪参加政治协商会议综合委员会举行的第一次会议(委员为王世杰、吴铁城、周恩来、董必武、曾琦、陈启天、章伯钧、张东荪、王云五、傅斯年,召集人孙科)。

1 月 31 日

政治协商会议举行第十次会议,由蒋介石任主席,由各分组提出报告,通过:(1)政府组织,国民政府委员四十人(半数由国民党人员充任),由主席选任,为最高国务机关,可议决立法原则,施政方针,军政大计,财政预算,任免各部会长官及任用立法监察委员。行政院各部会长官均为政务委员,并设不管部会之政务委员三至五人(此总额中七至八席请国民党以外人士充任之,至担任部会数目会后续商)。(2)施政纲领(总则、人民权利、政治、军事、外交、经济及财政、教育及文化、善后救济、侨务九项)遵奉三民主义为建国指导原则,在蒋主席领导下全力建设统一、自由、民主之新中国,确认政治民主化,军队国家化,党派平等合法,用政治方法解决政治纠纷。(3)军事问题,军队属于国家,军党分立,军民分治,以政治军(将来成立国防部,隶行政院)。军事三人小组应即商定中共军队整编办法,整编完竣,中央军依原定计划于 6 个月内完成 90 师之编制,军事委员会内设整编计划考核委员会。(4)宪法草案组织审议委员会,于两月内完成修正案,并决定修改原则十二项(立法院民选,监察院由省议会选,司法院为最高法院,考试院用委员制,行政院对立法院负责,省为地方自治最高单位)。(5)国民大会本年 5 月 5 日召开，制定宪法，旧代表不动，只增台湾及东北代表150名，各党派700名（国民党220名，共产党190名，民主同盟120名，青年党100名，社会贤达70名），共2050名。

蒋介石在政治协商会议闭幕式上致词，盼守信负责，遵行协议，使和平建国纲领普遍实现。今后各党活动，依法公开组织进行，不应再有暴动秘密行为。军队整编为当前最大需要，军令军制，必须统一。树立守法行法精神，作全国人民楷模。同德同心，共负建国重任。中共代表周恩来致词，愿长期合作，保证遵行协议。民主同盟代表张君劢，青年党代表曾琦，无党派代表莫德惠亦分别致词，拥护实践协议。

会议通过的五项协议，基本体现了中共和民主人士的基本要求；会议再次确定了和平建国方针，否定了国民党的独裁内战方针；确定了国会制、内阁制和省自治制的政治制度。这些政治制度，既不同于国民党的一党专制，又不同于中共的新民主主义政治制度，基本上是资产阶级的民主共和国的政治制度，集中体现了以民盟为代表的资产阶级和小资产阶级民主主义者的政治要求。因为它是对国民党一党专政和蒋介石独裁统治的否定，反映了当时全国人民的要求，加之又与中共的新民主主义相似，所以得到了中共的赞同。张东荪作为参加政治协商会议的民盟代表，为达成五项协议尽了一些努力。

2月6日

政协会议是一次采取合法形式的斗争，在当时特殊的环境和条件下，国民党和共产党都做出了较大的让步。政协决议基本上反映了以民盟为代表的中国第三种势力的政治要求。张东荪在中央大学讲演时强调："现在对于政协会的要求就是希望兑现的问题。"①政协会议达成的五项协议，的确是民主势力的一次胜利，是国民党政治上的一次失败。张东荪清醒地意识到，要把这些纸上的协议付诸实施，还需要加倍努力。

2月10日

政治协商会议陪都各界协进会，民主建国会等团体在重庆较场口举行政治协商会议成功庆祝大会，发生殴打，多人负伤（所谓较场口事件）。

2月中旬

张东荪从重庆回到北平，继续在燕京大学哲学系任教。民盟秘书长改由梁漱溟接任。梁漱溟在《忆往谈旧录》、《我参加国共和谈的经过》中描述：

"1945年12月，左舜生辞去民盟总书记，恰值国社党的张东荪到重庆，大家都推张东荪担任民盟秘书长。但张东荪为人油滑，怕费力气，也不肯干。民盟实际工作无人管。大家推我作，但我一心想搞自己的事情。我态度之坚决，他们实无法勉强我，也就算了。我那时住在重庆特园，鲜特生是主人。有一天吃完午饭，鲜特老进我房间里说：'你没有看见张表老唉声叹气的神情吗？你知道原因在什么地方吗？现在政府要还都南京，民盟也得迁移去。但民盟秘书长无人肯干，他这位主席简直无办法。张东荪2月14日走了，已经二个月之久没有秘书长，表老真是一

---

① 《张东荪说：现在对政协的要求就是希望兑现》，《新华日报》1946年2月7日。

筹莫展。大家公推你干,你坚决不干,一切都落空了。政府还都后,5 月就要在南京开会,你一定不干,岂不是要张表老的老命!表老加入民盟是你拉进来的,你要他的老命对吗?同时,民盟要搞国共两党的和谈,也无人负责主持进行,这又是关系大局的事了。'鲜特老这样一说,我自己再不推辞,只好同意干秘书长这一职务,但言明只干三个月,再多就不干了,张表老说:'只要你干就行。'这样,我就接受了民盟秘书长责任。"①

2 月中下旬

张东荪为燕大学生作了几次关于时局问题的演讲,强调政协会议决议付诸实施的重要性。②

3 月 10 日

张东荪撰写《理性与民主》后序,介绍撰写该书经过及结论。该书由商务印书馆 1946 年 5 月出版。他在《后序》中说:

"本书是前作《思想与社会》写完了以后而继续写的。经过了三四个月的时间,写到第六章的末段尚未完竣,而日本投降了,于是乃把该章的尾段匆匆写完,以致有许多地方本应详述而都改为简略的提及。日本投降以后经过了一个烦闷的时期,著者竟被邀来重庆参加政治协商会议,原来的计划是于第六章以后尚有第七章结论,现在因为政治协商会议既已开成,还有许多由此而生的未了事情,遂决定不再写第七章结论,而以这个短短

① 李渊庭、阎秉华编著《梁漱溟》,群言出版社,2011 年版,第 178 页。
② 见《张东荪先生讲政治协会商议经过》,《燕大双周刊》第 7 期,1946 年 3 月 6 日。

的后序代之。当我在烦闷的时候,最使我不快的是我在本书上关于中国前途与世界大势的推测在现状演变上有被推翻之虞,不过后来却使我觉得我的观察还是大体上不差。须知有两点,我们是可以把握的,即第一是世界必须平和;第二是中国必须民主。在中国的过渡中当然有许多的波折,但可断言,凡想在世界再制造第三次大战的人们最后必失败。同时凡想在中国拒绝民主,或对于民主想打折扣的人们亦最后必失败。……中国今后多多少少必须采取计划经济恐怕是不成问题的。所成为问题的只是如何计划。换言之,即以何为标准,以何为目的而定计划。但又须知凡计划经济必先有统制,没有统制不能实现计划,虽则统制经济与计划经济很有不同,因此我们又可断言中国今后多多少少必须对于经济采取一些统制的办法。根据这一点意思,我在此处提出一个统制与自由之交界问题。这个问题恐怕是任何讨论自由的书籍必须提到的。这乃是现代性的一个问题,在十八世纪便没有这样的问题。我对于这个问题的解答是:统制以不损害自由为限;同时因统制反足以增长自由。所以经济上的统制与文化上的自由主义在根本上并无冲突。我根据此义乃提出最少限制的统制之主张,并不是说只须有此种最少限度的统制即足以达其目的,乃是说要统制,这些限度是起码必要的。同时这些限度中的统制决无害于自由。第一是金融的统制,即是所谓银行改归国有。第二是交通的统制,这不仅是铁路与公路归国家经营,乃必须是运输视全国的需要而自由运用,决不是限制交通,乃反是靠助个人能力所不及的交通,像目前的现状个人旅行都会受了限制,不是交通统制,乃竟是破坏人民的自由,所以交通统制与限制交通完全是两件事,不可误会。第三是劳力的统制,即是人力供给的统制。人力供给与交通有密切关系,此地缺少劳工必须求之彼地,倘交通统制便可解决此种难题。交通统制亦与调节物价有关。凡此常识,既为人所共知,即不必详述了。第四是对外统制,即是进出口货的统制及外汇的统制,限制进口与出口乃是统制经济的根本前提,此点如办不到,则一切不必谈了。所以我把这四项列为最少限度的统制。总之,统制只是手段,而必须有目的。倘使目的在于官僚发财,则一切统制都变为罪恶。所以在官僚资本主义未打倒以前,无法谈经济的统制。"

是年春

张东荪与军调部北平执行部及中共地下党保持密切联系。

抗战胜利后,原来负责与张东荪联络的中共地下党员殷之钺调到他处工作。在停战谈判的一段时间里,由于政治气氛相对宽松,张东荪便直接与在北平军调部的中共代表叶剑英、徐冰等人联系。1946 年初徐冰来到北平参加军调部的工作。在民盟华北总支部召开的一次会议上,张东荪把叶笃义等民盟华北总支部委员介绍给了徐冰,从此,叶笃义与徐冰也建立了联系,成为联系中共与张东荪之间的中间人。据后来叶笃义回忆:

"在此期间徐冰向我提供了中共关于和谈和关于军事调处的情报。关于和谈,徐冰说中共和国民党对旧政协决议的态度大有不同。中共愿意彻底执行这些决议而国民党则是蓄意反对它。关于军事调处,徐冰说中共对国民党和美国有所不同,对国民党采取针锋相对,对美国则是一方面揭露一方面留有余地。"

4 月 13 日

张东荪与张澜、沈钧儒、梁漱溟、张君劢等 15 人联名致电中共中央，悼念“四八”烈士。唁电称：

报闻王若飞、秦邦宪、叶挺、邓发、黄齐生、李少华诸先生专机赴延安失踪消息后，正焦念间，昨闻该机确已失事，全机烧毁，现王先生等均惨烈牺牲，同人惊悉之余，无不痛悼。王先生等为中国和平民主团结统一事业，坚决奋斗，历尽艰辛，此次同机赴延，或商讨宪草修改，或为协商军队统编，关系国家前途尤为巨重。今竟遭此不测，此不仅为贵党之重大损失，亦为国家民族之损失，值兹时局艰危之际，本同盟除向在渝贵党暨王先生等家属致悼唁外，尚希先生等为国节哀，加强领导，以促进和平民主团结统一早日实现，则王先生等虽死犹生矣。”①

5 月

张东荪在天津青年会作了题为《一个中间性的政治路线》的演讲，将自己调和资本主义与共产主义、走中间路线的思想公诸于众，正式提出了“中间性的政治路线”的主张。他认为中国应当折衷“资本主义与共产主义”，建立“一个资本主义与共产主义中间的政治制度”，即“中间性的政制”。他将这样的政治制度的要点归纳为：“在政治方面比较上采取英美式的自由主义和民主主义，同时在经济方面比较上都采取苏联式的计划经济与社会主义。”这样的政治制度，可以兼采双方之长而避免各自的弊端。他说：“采取民主主义而不要资本主义，同时采取社会主义而不

① 《致中共中央悼“四·八烈士”电》，《解放日报》1946 年 4 月 14 日。

要无产阶级专政的革命，我们要自由而不要放任，要合作而不要斗争，不要放任故不要资本家垄断，不要斗争故不要阶级斗争。”①

具体到中国目前的政治状况，张东荪认为，应该在中国两大政治势力——国民党与共产党之间谋求调和，建立一种两者都能接受的民主政体。他说：“姑假定国民党为右，共产党为左，我们决不是主张不要他们，只由中间者来主持，乃是要把他们中偏右者稍稍拉到左转，偏左者稍稍拉到右转，在这样右派向左，左派向右的情形下，使中国得到一个和谐与团结，并由团结得到统一。”为此，他既反对国民党的一党专制和官僚资本，又不赞同中共用革命方式推翻国民党统治及剥夺地主土地重新分配的做法。他公开声明：“我们主张应有一个全国适用的土地改革办法，使耕者有其田之理想由平和方法得以实现。我们同时根本铲除官僚资本，务使工商业依国家所定的全盘计划得由个人努力发展之。”②

6月

张东荪撰写《美国对华政策与中国应有之反应》（刊于《再生》杂志124期）。

他建议中国所有的民主人士，应该向美国表示：我们只反对美国以中国作为反苏基地这一点；徜美国变更了态度，不以中国作为反苏基地，我们对于美国的任何援助都愿欢迎。换言之，即我们决不是无条件的反美，就其反回来说，亦决不是无条件的亲

---

① 张东荪：《一个中间性的政治路线》，《再生》第118期，1946年6月22日。

② 张东荪：《一个中间性的政治路线》，《再生》第118期，1946年6月22日。

美。他在该文中还提议组织一个访美团,其中人士必须包括各种民众团体,尤其要有中共(中国共产党)在内,去访美国的朝野,在美国掀起一个“重新认识中国”的运动,必须让美国朝野人士大多数都知道下列两件事:一,中国的反动派想利用美国的恐苏心理,特别加紧制造美苏的尖锐化,意图自己在东亚替美国担任反苏先锋队,这件事不但于美国有大害,并且亦是无济于事的。二,中国的民主人士愿意以至诚至恳的态度向美国保证:绝对担保中国于和平成立以后不会偏向到苏联一方面去。即无论如何不会投入苏联的怀抱。这个保证的用意,在于使美国真正放心。

7 月

民盟北平市委孙中原被国民党特务绑架,张东荪作为民盟华北总支部负责人向北平治安当局提出抗议,并报请民盟总部向国民政府交涉。据《华西晚报》1946 年 7 月 31 日报道:民盟北平市委孙中原,被国民党特务绑架去后,虽经华北总支部负责人张东荪等向北平治安当局提出抗议,迄今仍无下落。7 月 30 日,民盟总部主席张澜一面致函张东荪,一面致函总部秘书长梁漱溟,向国民政府再提正式抗议。张澜致梁漱溟函云:“昆明血案悲愤无已;北平市委孙中原,又遭绑架,特务暴行,曷有止境?昆案已向政府提出抗议,尚希继续催促,务须彻底查究。对于孙案,总部需应再提抗议,请政府饬北平治安当局,限期破案,早释孙君,并查究凶徒主谋,以申纲纪。”

8 月

张东荪与张君劢领导的中国国家社会党与伍宪子、李大明领导的主要在海外活动的民主宪政党合并,成立了中国民主社会党,简称“民社党”。8月19日,张君劢宣布国家社会党与民主宪政党合组为社会民主党,张君劢为主席,伍宪子为副主席,张东荪为中央常委。民社党成立后,在是否参加国民大会这个重大原则问题上,立即产生了严重分歧。

9月30日

张东荪与张澜、沈钧儒、梁漱溟、张君劢等民盟政协代表为召开国民大会事致蒋介石电。其云:“窃以召开国民大会之唯一目的,乃在制定宪法、实施宪政;以奠定中华民国民主统一之基础。然此种大业,必于全国人民全国党派精诚团结之环境中,始克完成。今者国共两党正在进行中国历史上空前激烈之内战,一地之争,杀人盈野。一城之争,杀人盈城。烽火遍天地,膏血涂原野,虽历年内战,无此规模,更无此残酷。在此兵连祸结之情形下,犹谓国共双方代表能平心静气,共聚一堂,以讨论国家基本大法,宁非幻想。”

复云:“同人以为时至今日,国家必须立即终止内战,立即恢复和平,而后举行全国拥护之国民大会,制定真正民主之宪法,以实现国家之和乎统一民主。东隅已逝,桑榆未晚。倘各党派能及此推诚相与,则十一月十二日之国民大会,犹可为转祸为福之枢纽。凡足以促进国家和平统一民主者,同人当全力追随,共襄大业。反之凡陷国家于长期分裂、永久之内战之举措,见绝于国人,贻祸于子孙,同人不止不敢冒昧从事,且将呼吁国人共起反对而制止之。”

10 月 1 日

张东荪致函胡适，寄赠《思想与社会》一书，并云："拙著《思想与社会》系在沦陷期内所写，门人叶君冒险以原稿携至重庆。乃王云五搁置不印，迟延二年，今始出版。君劢有序牵涉我公，书中论及人权亦提到尊著《人权论集》，故敢寄呈邀。所言或不无与尊旨相出入，倘蒙笑而存之，亦道并行之义也。"①

▲同日，张东荪与民盟政协代表沈钧儒等九人致函蒋介石，提出"一党国大，不能召开。内战正在进行，若国民大会而以当权在位之国民党单独为之，则一党专政之局不改，全国统一之局不成。"并指出必须立即停止内战，立即恢复和平。

10 月

依据政协协议规定的程序，国民大会的召集应在政协各项协议次第付诸实施后，由各党派协商制定宪法草案，确定召开日期。但国民党公然违背政协决议，决定 11 月 12 日召开国民大会，要求各党派速交参加国民大会代表名单。当张东荪闻讯民社党将参加国民大会时，立即与梁秋水从北平飞往上海进行劝阻。

张东荪一到上海，便向张君劢、蒋匀田等人解释参加国民大会的危害。他反复强调："中共不参加，纵能照政协宪草通过，未有制衡的政党力量，亦未必能实行所通过之宪法，而有补于和平建国。况政协闭幕时，蒋主席对政协草案之采仿内阁制，及对无形国大选举总统之规定，皆极表不满，此更不应忘怀。综其过去

① 耿云志主编：《胡适遗稿及秘藏书信》(34)，黄山书社，1994 年版。

往事,不知有多少诺言,皆未实行,一封交换保证信,即可据以为凭吗?未免太天真了!”[①]

张东荪这番诤辩,说服了一些民社党骨干。但以伍宪子、徐傅霖为代表的部分民社党骨干,却坚决主张参加国大,民社党内部便展开了激烈的论辩。张东荪在这个大是大非的原则问题上没有退让。蒋匀田与张东荪进行长谈,解释张君劢的苦衷,希望张东荪能够谅解,并且企图说服张东荪同意民社党参加国民大会。蒋匀田后来回忆:

“当晚我同张东荪先生长谈,详述我所深悉君劢先生对此问题彷徨的筹思,及其心理复杂之痛苦。据知君劢先生之弟妹,确曾苦劝君劢先生参加制宪国大。但他们的用心,非缘于讨好国民政府;而缘于君劢先生已过六旬,不愿他再有以往的遭遇。……其弟妹出于手足之爱,回忆往事,当然不愿他再因反对制宪国大,可能又有以前不幸的遭遇,所以恳劝他参加制宪。此系君劢先生对此问题心理复杂第一因素,但不是主因。主因之所在,即君劢先生于民国十一年曾费过心血,起草国是会议的宪稿,结果成空。此节往事,在其所著《国宪议》中,已有记述。此次政协宪草,系经国共双方之请托,皆由我传达,而又经顿挫草成。此一非同小可的历史因素,促使君劢向成的一面设想,而不愿其所草拟的宪稿,再成废纸。此乃情理之常,而造成党中今日复杂局面。”

张东荪听后慨然地说:“你所叙述的往事,我都知道,所以我

---

① 蒋匀田:《中国近代史转折点》,第169页。

对君劢现在所存之复杂心理设想，虽不敢苟同，然确能予以原谅。不过事关国家前途，不应只因困于个人的成败心理，以定最后之计。”①

▲同月，张东荪与蒋匀田赴南京面见蒋介石，请求推迟召开国民大会。蒋匀田乘机向张东荪建议，请张东荪到南京一趟，面晤蒋介石，“恳劝他缓开国大，因那节往事，或可幸邀其考虑，甚至接受，亦未可知。”张东荪表示同意，随即与蒋匀田一起到南京面见蒋介石。关于赴京与蒋介石会谈情况，蒋匀田回忆：“讵知变更我所要求的个人面谈为茶会招待，蒋主席虽亲到现场与东荪先生握话，并劝东荪先生不必回平；但在会众人多的场面，商谈政事的机会实无，使东荪先生甚为失意。”②张东荪觉得自己既无力阻止民社党参加国民大会，蒋介石更不可能接受自己的建议，推迟召开国民大会，于是悄然北返，重回北平教书。

张东荪虽秘密回平、不再返沪参与民社党是否应当参加制宪国大之争论，但民社党内部关于是否参加国民大会的分歧并未解决。张东荪北返后，梁秋水被伍宪子说服赞同参加，但与张东荪关系密切的叶笃义、郭虞裳等仍然坚持反对参加国大，“结果乃有民社党革新派之分裂组织，而成为党史上悲惨的一页”。③

11 月 5 日

中共代表向第三方面代表提出希望解决之问题及意见。即

---

① 蒋匀田：《中国近代史转折点》，第 170 页。

② 蒋匀田：《中国近代史转折点》，第 171 页。

③ 蒋匀田：《中国近代史转折点》，第 171 页。

转致政府代表(军事方面为停战,召开三人会议,恢复交通,加强执行小组美代表职权;政治方面为国府及行政院同时改组,宪草由宪草审议委员会修改,关内外地方政权依政协商定地方自治原则处理,国大由政协商定,代表名单提交改组后之政府,实行四项诺言)。民主同盟秘书长梁漱溟离开南京赴北平。

11 月 12 日

▲中共代表团人员开始撤退,搭美机离南京返延安,仍然拒绝参加国民大会。民盟发表声明,一切行动以政协决议为依据,暂不参加国民大会。张东荪表示赞成。关于民盟与中共抵制国民大会之事,张澜于 1954 年 9 月回忆:“前一天的晚上,我在重庆打长途电话给南京的中国民主同盟总部,说:‘我们民盟必须在政协决议全部实现后,才能参加国大,否则就失去了民盟的政治立场。希望大家要万分慎重。’民盟终于拒绝了参加御用的伪国民大会。”①

▲同日,蒋介石为了诱使各党派参加,宣布国大延期三日,以待中共及民盟交出参加国大人员名单。青年党公开脱离民盟,宣布参加国民大会;国民党继拉拢青年党脱离民盟后,又企图拉拢民社党脱离民盟,并向民盟施加压力,希望他们参加国民大会,以孤立中共。张君劢自南京回沪召开民社党会议决定是否参会。

11 月中旬

民社党高层围绕是否参加国民大会展开激烈争论。徐傅

---

① 龙显昭主编:《张澜文集》,第 483 页。

霖、伍宪子、蒋匀田等人主张参加国民大会,张君劢一生从事宪法研究,并且是提交国民大会讨论的《中国民国宪法草案》的主要起草者,渴望在中国通过一部真正的宪法。故赞同民社党参加国大,以便通过宪法。以张东荪、孙宝毅、叶笃义等为代表的民社党部分党员(特别是华北地区的党员)坚决拒绝参加,不愿使民社党充当国民党的工具。张东荪的理由是:"中共不参加,纵能保证通过政协宪草,宣布为国家宪法,没有对立的政党,制衡的力量,空凭条文,亦罔有实效。"①

张君劢致函蒋介石,表示了如果张君劢起草的宪法草案能够在国民大会通过,民社党可以考虑参加。蒋介石立即回复张君劢,保证通过宪法草案。在得到蒋介石的书面保证后,张君劢决定民社党参加国民大会。为了坚定张君劢的决心,国民党当局还动员张君劢的弟弟张公权出面做张君劢的工作。11 月 15 日,民社党正式脱离民盟参加了国民大会。张东荪闻讯,气愤地批评说:"简直是胡闹,想做官,想做官罢了!"②当民社党在张君劢主持下通过了《政府保证通过张君劢所提民主宪草》而有条件的参加"国大"的议决案后,就派叶笃义、孙宝刚到北平去劝说张东荪和梁秋水,要求他们亲自出席"国大"。

11 月 18 日

民社党代表叶笃义等人自南京到北平,与张东荪、胡海门、梁秋水等人商谈参加国民大会问题。作为民盟中央常委,张东

---

① 蒋匀田:《中国近代史转折点》,130 页。

② 陈尉:《革命学者张东荪》,《现代新闻》第 5 期,1947 年 6 月。

荪远在北平无法出席民盟中央常会，叶笃义是张东荪在民盟总部的代理人。张君劢为了说服张东荪支持民社党参加国民大会，特派叶笃义等人赴北平，约张东荪到南京商谈参加国民大会事项，“据张君劢说一切尚未决定，专等张东荪来商量。”当叶笃义犹豫不决是否北上劝说时，周恩来劝说叶笃义应该到北平去劝说张东荪不要来南京。对此，叶笃义回忆说：“当时我本来是拒绝去的。后来周恩来到民盟总部去辞行，我顺便告诉周恩来这件事。周当时极力主张我到北平，他这样说：‘张君劢的参加是已决定的了，假如叫孙宝刚一个人去，张东荪一定来。张君劢已经下水了，何必又托一个张东荪？’我于是同孙宝刚一同到北平。在孙宝刚未和张东荪见面之前，我单独去和张东荪谈了上面的情况，劝他不要去南京。”①

11 月 19 日

蒋介石致电张东荪，邀请他赴南京参加国民大会，并表示派专机去接他们。张东荪是否参加国民大会立即成为人们关注的热点。张东荪听了孙宝刚、叶笃义介绍民社党内分歧后，更加坚决地拒绝参加国民大会。当燕大学生特地来探问他要不要参加“国大”时，张东荪坚定地回答：“你们放心，我绝不会使你们青年人失望的，我绝不参加‘国大’”。对于蒋介石的邀请，张东荪复电，借口“燕京课忙，不克分身”，给予拒绝。②

---

① 叶笃义：《我和张东荪》，《文史资料选辑》增刊第 2 辑，中国文史出版社，1987 年 6 月。

② 陈尉：《革命学者张东荪》，《现代新闻》第 5 期，1947 年 6 月。

11 月下旬

叶笃义、孙宝刚在北平住了三天后便回到南京。临行,张东荪托叶转告张君劢信:"民社党交出名单之日,即我事实上脱离民社党之时。"并且致函张君劢的弟弟张公权:"君劢四十年之英名不易,望有以全之。"好友蓝公武发表公开信斥责张君劢"与贼为伍",并劝说:"别矣! 君劢,相见无期,尚望热昏时留一余地,好与世人相见。"但张君劢及其领导的民社党参加国民大会的主意已定。12 月下旬,民盟中央决定将参加伪国大的民社党清除出盟。

张东荪与张君劢自 1907 年在日本相识,有着 40 年深厚的友谊。在从晚清反清、民初倒袁、五四开展文化运动、直到 30 年代组织国社党、反对国民党专制,张东荪与张君劢政治观点相同,兴趣爱好相投,被人并称为"二张"。即使在艰苦的抗战岁月中,二人虽相隔万里,政治立场仍然相同,政治观点也相似,友谊深笃无比。然而,就是在关于是否参加国民大会这个重大政治问题上,二人意见相左,观点相异,终于"划地绝交",各奔东西。对于二人的友谊来说,这是非常不幸的,也是他们晚年的一件憾事。

12 月 7 日

张君劢的弟弟张公权(嘉璈)自南京到北平,会晤张东荪、梁秋水、胡海门等人,解释张君劢及民社党参加国民大会的苦衷。

12 月 18 日

民社党从民盟中分离出来单独参加国民大会,而民盟坚持了政协立场,拒不交出民盟参加伪国大的代表名单,实际上拒绝参加了伪国民大会。面对国民党撕毁政协决议、召开伪国大、民社党退出民盟等复杂情况，民盟中央决定召开一届二中全会。张澜从重庆抵沪时在轮船上发表书面谈话说："关于民社党与民盟今后之关系，应俟民盟二中全会决定，惟无论如何，对于争取民主，彼此意见当无异致。今后不论盟内、盟外，自须通力合作。民盟二中全会开会日期及地点须俟常会开后，始能决定。张东荪先生可能到沪出席，梁漱溟先生暂不东下，但他并不消极，对国事及盟务曾屡次与余研讨，意见都甚相同。"①

12 月 19 日

周恩来为了抗议国民党非法召开伪国民大会，率中共代表团离开南京撤回延安，但还留董必武在南京，表示和谈仍有藕断丝连的机会。面对这种态势，张东荪认为和平之门还有一线机会。他说："我们便要利用这个机会，作调人再想办法，以堂堂正正的姿态，不偏于一方，不开罪两边的立场，促进协商团结。作这个斡旋和平的工作，关系国家整个前途，不是闹着玩的事，要完全保持着'调人的资格'。"②

12 月 20 日

张澜代表民盟谈及民社党时说："民社党与民盟之关系，尚未决定。民社党参加'国大'及张君劢之举措，系属憾事，极表惋惜。闻民社党内近日争执颇烈，若干党员及干部有退党与改组之酝酿。"③

---

① 龙显昭主编：《张澜文集》，第 284 页。

② 陈尉：《革命学者张东荪》，《现代新闻》第 5 期，1947 年 6 月。

③ 龙显昭主编：《张澜文集》，第 285 页。

12 月 24 日

北平发生美军士兵强奸北京大学女学生沈崇事件,激起全国一片强烈抗议之声。张东荪与马寅初等北平爱国教授坚决抗议。据报载:燕京大学教授张东荪说:学生以罢课游行,要求美军退出中国,极为正当。并说:马、司调停声望,所以低落,美国驻华为重要原因。北大教授马寅初说:美军已视中国为殖民地,美军驻华不但助长中国内战,现已污辱我人之人格。政府为维持一己地位,请美军驻华,污辱中国人民,应负极大责任。[①]

12 月 27 日

张东荪从北平南下上海,以民盟中央委员的资格参加筹备民盟第一届中央委员会第二次会议。为了筹备召开二中全会,民盟中央从 12 月 23 日到 1947 年 1 月 5 日前后举行了十次预备会,三次中常会扩大会议,到会中央委员 36 人。会议公推张东荪与张澜、沈钧儒、黄炎培、罗隆基、史良、邓初民、张申府等 9 人组成主席团,为全会作必要的准备。

12 月 29 日

张东荪与在上海的民盟中央负责人张澜、黄炎培、章伯钧、罗隆基等人讨论时局,会商盟务,确定民盟今后的方针政策。

---

① 《马寅初、张东荪、罗隆基、章伯钧、陈家康等发表严正谈话,抗议美军暴行》《新华日报》1946 年 12 月 31 日。

1947年(民国三十六年　丁亥)　61岁

【张东荪继续在燕京大学哲学系教书,开设了三门课程,分别是“民主哲学”,“康德”和“中国哲学史”。他年初在上海参加民盟二中全会,当选秘书主任,赴南京会晤蒋介石和司徒雷登,为实现和平民主进行斡旋。调解国共关系受挫后,张东荪一口气撰写《追述我们努力建立“联合政府”的用意》、《和平何以会死了》和《美国对华与中国自处》三文,鼓吹“中间路线”。是年夏,他再次南下上海,会晤美国特使魏德迈,为恢复国内和平而奔走。他参加民社党革新派成立大会,当选为中央常委。他回到北平后在燕京、清华等校发表演讲,抨击国民党的独裁内战政策。国民党下令解散中国民主同盟,抗战后逐步形成的第三种势力瓦解,张东荪不得不重新调整政治思路。他先后发表《我亦追论宪政兼及文化的诊断》、《敬答樊弘先生》等文,围绕中国出路问题展开讨论。】

1月6—10日

张东荪参参加在上海召开的民盟二中全会。

张澜在会上先后作了《争取政协纲领及决议的实现要注意

迎取同情与加强组织》的开幕词和《要复活被蹂躏了的政协精神》的闭幕词。张澜致开幕词说："民盟并不认为有了宪法，就算宪政；更不承认假宪法之名，行专制之实。""自由民主之政纲，政府迄未兑现，执政党仍处于超法律地位，借此摧毁政协决议，片面制定所谓宪法。故民盟今后的目标与使命，仍是坚守政协立场，争取人权自由，所要求的民主，是和平，团结，统一的真民主，不是战争与分裂的假民主。""民盟决不参加一党独裁之政府，不管其加上任何民主的装饰。"民盟中央的各工作机构也向全会作了报告。全会通过了《中国民主同盟二中全会政治报告》、《目前应采取的政治主张及行动》、《关于政府改组与盟员参加地方政府》等有关政治、组织、宣传、财务一系列决议案。

会议对于政协会议后的时局重点作了分析，认为现在和谈不能立即恢复，国共两党各有盘算，国民党的和谈是以和养战，共产党的自卫是以战求和，在此情况下，国事不能用和平协商方式解决，战争势必扩大与延长；但国共双方战争的结果，只会是两败俱伤，任何一方都没有彻底消灭对方的可能，故迟早必趋于和。正是基于对当时形势的这种认识，二中全会确定的民盟的政治方针是：坚持政协路线，调解国共冲突，恢复和谈。为此，全会提出了恢复和谈的三项先决条件和解决国事的四项政治主张。三项先决条件是：政府应首先切实保障人民的自由；政府应首先终止一切长期战争的准备；政府应切实承认并且尊重党派平等合法的地位。四项政治主张是：努力促成和谈；重新举行政治协商；实行以往的政协决议；成立联合政府。

1 月 10 日

民盟二中全会通过了《拟定现况下的组织原则》、《政治计划委员会组织规程》、《设立巡视团和特派员》等一系列组织决议案。决定本同盟盟员均以个人身份参加,有绝对遵守本同盟纲领及决议的义务。这样,民盟组织由有党派盟员和无党派盟员的联合体,变成一律以个人身份参加的单一性政治团体。这个决定有利于民盟组织的扩大和巩固,有利于民盟在政治上、组织上保持一致。正是依据这个决议,张东荪在民社党退出民盟后,以个人名义仍然留在民盟,并在二中全会上当选为民盟中央秘书主任,华北总支部主任委员。

1 月中旬

张东荪在拒绝参加伪国大时就强调“民社党不参加‘国大’,对国是的前途是较为有利的,好留个余地转圈。”①实际上就是要充当第三种势力,调和国民党与共产党的冲突,使中国重新走上和平民主的道路。民盟二中全会确定的恢复政协路线、实现国内和平的任务,与张东荪所提出的“中间性的政治路线”主张相似,也与他拒绝参加伪国大的思路一致。故二中全会结束后,张东荪以民盟中央秘书主任的身份,致力于调和国共冲突、恢复政协路线、实现国内和平工作。他在上海逗留期间,与中共代表保持了较多的接触,曾与董必武就与国民党进行和平谈判的条件问题进行过商讨。

---

① 陈尉:《革命学者张东荪》,《现代新闻》第 5 期,1947 年 6 月。

1月21日

张东荪与叶笃义赴南京会晤蒋介石和美国驻华大使司徒雷登,致力于调和国共冲突、恢复政协路线。此时,蒋介石请张东荪到南京去晤面。张君劢闻知张东荪在上海参加民盟二中全会后,也托叶笃以转告张东荪,让他务必到南京晋见蒋介石。张东荪认为这是调和国共冲突的一个良机,在与董必武交换意见后便同意了。

对此,当时陪同张东荪一起去南京的叶笃义回忆:"张君劢叫他一定到南京去一趟见见蒋介石,因为在伪国大之前蒋介石曾打电报约张东荪到南京,张东荪推说有病谢绝了,现在到了上海而不到南京去见见蒋,恐怕蒋介石要生气。这次张东荪去南京了,是拉我一同去的。我答应同他到南京,但坚决拒绝同他去见蒋介石。他见过蒋之后,对我说蒋介石曾约他参加蒋政府,他谢绝了。在南京和上海,孙科、雷震、邵力子、孔祥熙等都和张东荪见过面,是在张君劢的招待宴会上见的,这些宴会我都参加了。谈话的大致内容是大家劝张东荪参加政府,张东荪说他最好还是保留一个将来能参加和谈的身份。司徒雷登约张东荪和我吃了一次饭,谈话的内容也大致相同。张东荪对司徒雷登说他还要回到燕京大学去教书。司徒雷登最后说,将来时局发展,希望张东荪再来南京。"①

关于与张东荪会谈情况,司徒雷登在1月23日致国务卿报

---

① 叶笃义:《我和张东荪》,《文史资料选辑》增刊第2辑,中国文史出版社,1987年6月。

告中称:“张东荪被提名接替张澜,任民盟秘书长。他告诉我,他对中共的态度有如下印象:中共正在军事上继续使政府遭受严重损失,以致在最近几个月里,当中共能够提出它自己的条件时,政府将被迫寻求恢复和平对话。中共现已得悉,美国从太平洋岛屿上转售的剩余物资对政府价值不大。政府正在重开它的兵工厂,这表明政府缺乏武器供应。一些政府军队正在使用日本武器也进一步证实了这一点。中共指望以政府的经济困难进一步削弱人民对政府道义上的支持。他们还希望莫斯科的外长会议对他们有利。”

对于与蒋会谈的情况,张东荪后来与其孙子交谈时说:蒋和宋请张东荪吃饭,劝他出席“行宪国大”,参加政府。张东荪拒绝说:“最好还是保留一个将来能参加和谈的身份”。蒋介石听后,非常生气。“蒋脸色铁青,气得踢桌子下的狼狗。对这人印象实在不好。”对于这次与蒋会谈,张东荪1952年在检讨时说:“我后来所以见了蒋匪,是想在中共条件基础上恢复和谈,这事曾与董必武先生商量过”。[①]

1月下旬

随着马歇尔的离华,蒋介石坚定了用武力解决共产党问题的决心,丝毫没有与中共和谈的诚意,更不会听从张东荪的劝告停止全面内战。张东荪在南京呆了三、四天,与国民党的军政要员进行了商讨后,又回到上海,住在永嘉路集益里8号张澜的寓所中。

---

① 《张东荪检讨材料底稿》(1952年,未刊)。

1 月 31 日

民盟总部举行招待会。张东荪与张澜、沈钧儒、章伯钧、罗隆基、马寅初、章乃器、董必武、陈家康、谭平山、马叙伦、施复亮、潘梓年等应邀出席。首由先生报告民盟对当前时局的主张与民盟召开二中全会的经过及收获。

2 月 17 日

张东荪赴张澜在上海集益里寓所，与董必武、黄炎培、华岗等讨论国民政府颁布的“经济紧急措施方案’。

3 月 7 日

蒋强迫中共驻北平、南京、上海、重庆的和谈代表撤回延安。最后一线和谈之门也被国民党关闭了。张东荪眼见调停国共内战无果，被迫重回燕京大学教书。对于张东荪南下斡旋国共关系之事，俞颂华惋惜地说：“他虽是很理智的，可是感情丰富，且又敏感，目击胜利以后的种种经过，实在伤心惨目，那得不感觉到甚深的苦闷！在他今年 1 月间由沪返京之时，他还想等待时机一到，就再来从事和平工作。他虽有此准备，但他所期待的时机，究竟何时到来，却难想像！虽然如此，可是最近政府改组，他还函询其老友张君劢等民社党之参加政府究竟能否促进和平，足见他对于和平，还是念念不忘的。他在学问上做的一切研究工作，原想能大有裨于促社会国家进步。然而假使战事不停，一切的一切日趋倒退，试问他所做的研究工作有何意义！所以他目前所处的环境虽优越，而内心的苦闷却较常人更深。”①

① 余颂华：《论张东荪》，《人物杂志》沪版第 2 年第 6 期，1947 年 6 月 20 日。

和谈破裂后，为什么张东荪还要调解国共冲突？他解释说：“即在政协失败以后，我一个人还奔走宁沪几次，想谋挽回，不外乎想忠告国民党把这个幻想收起来罢，拿出真正的良心来以谋合作，因为破裂的结果，我们早知道国民党并不能得到便宜。几次谈话的结果使我知道他们永远不会有觉悟，于是我乃认定中国非经过一个最悲惨的时期不可了。”①

3 月 14 日

▲回到北平的张东荪在清华大学作关于时局问题的演讲。据听讲的北大学生罗荣渠日记载：“演讲内容分三点：一、美国调停国共内战未尽到责任，若去年 1 月之停战协定能坚持实施，则现在的大局不至如此糟糕；二、我国第三方面人士忽视自己所处地位，青年、民社两党甘为国民党摇旗呐喊，而民盟则不能不倾向共产党，遂使谋求和平的力量为之分解；三、国共双方当事人犹未彻底觉悟。张氏言下怒形于色，指天划地；哲学学者能走出象牙塔面对现实，难得！难得！”②

▲同日，施复亮在《时与文》创刊号上发表《中间派的政治主张》一文，将张东荪提出的“中间性的政治路线”发展成“中间派的政治路线”，简称“中间路线”。这条政治路线，就是一条企图用和平合作的方式来实现政治民主化、军队国家化和经济工业化的政治路线。具体地说，一要建设新的民主主义的政治，在形

---

① 张东荪：《日本投降三周年感言》，《中建》半月刊第 1 卷 4 期，1948 年 9 月 5 日。

② 罗荣渠：《北大岁月》，商务印书馆，2006 年版，第 86—87 页。

式上是英美式的民主政治，但绝不许它成为少数特权阶级所独占的民主政治，必须把它便成为多数政治；二是要建设新的资本主义经济，在发展生产力方面，主张尽量利用资本主义生产方式的各种优点以促进整个国民经济的迅速工业化，在调整生产关系方面，主张尽量革除资本主义生产方式的各种弊端，采用进步的社会政策以保障劳动大众的职业和生活。同时，提高农业的生产力和农民的购买力，主张立即实施进步的土地改革；三是在阶级关系上，主张跟工人贫农合作，共同反抗官僚买办资本家和大地主的压迫；在党派关系上，主张跟左翼党派合作，共同制止右翼党派的反动政策，但需保持自己的独立的政治立场。

3 月中旬

北平军调部结束时，中共代表叶剑英、徐冰等人邀请张东荪、吴晗、关世雄等人吃饭，将一台美国制造的电子管收音机送给民盟。民盟各地支部转入地下之后，张东荪仍任民盟华北总支部主委，在北平利用自己燕京大学教授的身份继续与中共地下党联系。据叶笃义回忆："民盟利用这台收音机作为武器，昼夜收听解放区新华社的广播，然后抄写、复印、散发，进行反对国民党独裁内战的斗争。"[①]同时，为了帮助张东荪领导的民盟华北总支部开展工作，中共地下党还给张东荪留下了一笔活动经费。此后，张东荪与中共地下党的联系转入秘密状态。

---

① 关世雄：《古城黎明之前——民盟北平市临工会活动追忆》，见《我与民盟》，群言出版社，1991 年 8 月，第 95 页。

3 月

张东荪因调解国共冲突失败而“胸中积闷”，恰在此时，施复亮在《时与文》创刊号上发表《中间派的政治主张》一文，鼓吹中间路线的政治主张。这篇文章使张东荪产生“不少的感想”。他认为“施先生此作是目下最能代表大多数人心理的一篇文字”，他也“愿追说一说我们所以这样中间性路线的用意”。于是，张东荪一口气撰写《追述我们努力建立“联合政府”的用意》、《和平何以会死了》和《美国对华与中国自处》三文，鼓吹“中间路线”。他声明：“本人向来在政治上苟有主张，总是独往独来，所以虽隶属于民盟，而所说的话却不代表民盟”。[①] 张东荪、施复亮、傅雷等人成为当时舆论关注的焦点人物。

3 月 28 日

张东荪在《时与文》第 3 期上发表《和平何以会死了》。

张东荪首先对国共两党的性质作了分析。他认为，国民党是代表“豪门资本与官僚资本”利益的政党，是一个充满了专制与独裁的政治特权集团，根本不合乎近代政党的要求。它所建立的政府，是历史上中国“绝对政权”的延续和发展，仍是一个高度专制的政府，是一个“坏人集团的坏政府”，根本就不是近代民主的“职司政权”。所以，国民党的性质决定了它不可能真正理解近代民主的含义，更不会真心地召开政协会议，成立联合政府，与其它政党真诚合作。他同时认为，共产党代表了“农工无

---

① 张东荪：《追述我们努力建立联合政府的用意》，《观察》第 2 卷 6 期，1947 年 4 月 5 日。

产阶级的利益”,是一个按苏联共产党的模式建立的革命政党。其自身的严密组织性、权力的高度集中、革命斗争的坚决性,使它“走上唯武力是信”的道路。这也同样不适合近代民主性政党原则。

为了改变国共两党的性质,必须走政协路线。张东荪将建立联合政府寄望于“第三种势力”:在国内就是以民盟为首的中间力量,在国际上就是美国为代表的调解力量。他认为,在联合政府中对国共两党实施“平衡与钳制”的力量,自然是以民盟为代表的第三种势力。“在国共的中间这徜使有个势力,十分强大,完全独立,却与平和有决定的作用。”张东荪认为,在国共之间,“则必须有中人保人夹在中间。彼此虽不相信而对于中间的保人却是相信的。具有这样的中人保人的资格的,自然是在国际为盟邦,在国内为第三者。最理想的办法是:(一)国际的中保与国内的中保完全配合在一起,形成一个力量;(二)国际的中保亦不限于一国,凡能为国共双方为信任的都可邀约;(三)国内的中保即第三而又务必尽量把国共以外的各方面都包括在内。”①而要使美国来充当调和国共的“保人”,必须在国际上调和美苏关系。

3 月 30 日

张东荪在上海《文汇报》上发表《美国对华与中国自处》。他认为,联合政府是改变国共两党性质的最好方式。一方面迫使国民党民主化,另一方面又可以使共产党改变其革命的偏激性,

① 张东荪:《和平何以会死了》,《时与文》第 3 期,1947 年 3 月 28 日。

使两者逐渐演变为近代真正的民主政党。对此，他坦白地说："须知苟无各党一致参加政府，则国民党一辈子亦不会民主化。不把共产党拉到大都会大城市来，则其性质不会改变，把它留在外边终究不会得到平安。"所以，张东荪强调："今天的问题其核心就在于使国共两党同时变化其性质与作风，使国民党改去其法西斯的独霸性质，使共产党改去其过激党的革命性，则莫妙于创造一个环境，这个环境对于他们双方都有相当的压力，以逼迫其不得不自行改变。环境一天不变，自由分子绝对不会抬起头来，在国民党高压下固然自由分子失了能力，而在国共战争中自由分子尤无法施展；这个环境就是政协所定的联合政府"。

在国际上调和苏联与美国关系，以谋世界的安定与中国的和平。张东荪认为，国共两党冲突的调和，及中国问题的解决离不开美苏关系的调和。战后是苏美争霸，中国夹在两者之间，如果美苏发生战争，牺牲的只能是中国。所以，他坚决反对国共两党采取极端的方式，激化美苏矛盾："本来国民党已趋极端；共产党亦跟着趋了极端；倘再加上一个美国的趋极端与苏联的趋极端，则这个世界便非人所能住的了，中国便成为一大悲剧的导演场所，而人类的末日与文化的沦亡或将从此开始。"他忠告美国说，把共产党拉入联合政府使中国统一而不亲苏，不仅对国民党是有利，而且更有利于美国，美国不必再为国民党从事于长期内战而来做无底的供给。

张东荪提出，中国民主人士不但必须组织访美团，还得组织访苏团，告诉苏联，中国当前唯一的路是在不反苏的条件下亲美，苏联必须谅解这一点。他呼吁，中国一切爱好和平与民主的人们，都要站起来从事于斡旋，“务求美国取消以中国为反苏基地的企图。中国并不要对美苏同等亲善，中国只求不反苏，对美则可作亲善一些，或可说亲美甚于亲苏。”他鼓励中国民主人士，“应该鼓起自信心，不要自己以为渺小，要毅然决然集合力量，冲破这个难关，先从美苏各别疏通与说服入手，采取主动的态度，对于双方作切实的保证。”最后的目标就是“打破美国对苏联的恐惧与猜疑，同时消除苏联对美的不安与防御，”促使美国觉悟，“配合起中国人来，重新拉回政协的老路，自动把英苏两国拉来作共同的担保。”①

4月5日

▲张东荪在北京大学演讲《哲学是什么？哲学家该做什么》，刊登在4月11日出版的《时与文》1卷5期。

据听讲的北大学生罗荣渠日记载：

“张先生是应哲学系之请而来的，是一次比较有学术性的讲演。他走出了传统的圈子，把哲学和社会学结合起来，拆开了哲学是起于时代社会需要而做出的理论，它与真理原是无关的。最后，他指出世间哲学家的两种类型，一种是现状的保守者、维持者，另一种是现状的破坏者、革命者。这暗示每个学哲学的人，要他们去选择自己应该做哪一种人。今天张先生讲的，与我中午同桀国的谈话有百分之八十不谋而合，居然所见略同，使我衷心感到高兴。这次演讲还解决了我的心里一个矛盾，那就是

① 张东荪：《美国对华与中国自处》，上海《文汇报》1947年3月30日。

我们应该认清这两种类型，同时执著于一种类型。”①

张东荪演讲说：今天在座的诸位虽不都是学哲学的，也许都对哲学发生兴趣。哲学是西方的文化，在中国学术中找不出哪一种学问是与它完全相同的。文化是一个整体，就象人体一样，头部手足部互相配合；至于马的躯体，配合就与人不同。西方人的文化也是一个整体，哲学是整体中的一部；在中国，也有过“哲学”这个名称，譬如贵校校长胡适之先生和冯先生都写过《中国哲学史》，从这个名称看，中国似乎也有哲学，但其实这是很勉强的。

他以个人的体会谈哲学的功用：“我是学哲学的，在抗战前感到极大苦闷，时时要问学哲学究竟有什么用？有一次我同金岳霖先生谈，我就说我们对现世界没有一些用处，完全是浪费时间。眼看日本人就要侵略进来，现在最急迫需要的是应当教青年人如何去抵抗，为什么还要研究纸片上的东西？‘九一八’以后，我就主张改订学校课程，把有关抗战的学问拿来学，不关抗战的放在后面。我也要问学哲学的人究竟有什么贡献。但是并无一人认为我的话值得考虑。抗战八年中学校课程一点没有变动，便是明证。我自己仍然一直在怀疑哲学家的贡献。”

他说：“我是研究知识论的，读康德(Kant)最多。后来改从社会学去研究知识论，兴趣渐渐转到社会研究上去，而不再专讲形而上的奥妙的那一套，于是就变为社会学与知识论的合并，把文化发达与社会学配合起来看。我的这种转变，一般人很少知

① 罗荣渠：《北大岁月》，商务印书馆，2006年版，第96—97页。

道,总还根据我以前写的书来研究我。”他从知识社会学的角度,阐述了“哲学是什么”的问题:“理论的产生是基于文化要求,社会要求,时代一变、要求一变,真理也就跟着变了,以前的真理便不再是现在的真理。”他得出的结论是:“所以哲学家应该做的是:文化到了不能不变时,就要出来做思想领导。”

▲同日,张东荪在《观察》第2卷6期上发表《追述我们努力建立联合政府的用意》。

张东荪分析国共两党性质后断定:“其实中国今天一切的困难无不是归根于有这样的两个党。论党团的本身性质,我们可以大胆说,中国如果要真正变为民主国家,则决不能容许有这样的不适于国家的政治集团在国内为所欲为。当前最切要的一个问题就是必须把国民党由特别政党变为普通政党。换言之,即由民主国家所不能容许的组织变为民主国家所能容许的组织。”

为了改变两党的性质,必须建立联合政府,对两党实行“平衡与钳制”。他说:“国民党是代表豪门资本与官僚资本的;共产党是代表农工无产阶级的利益的;民主同盟是代表所有中间阶层,例如大学教授,中学教员,律师,会计师,医生,新闻记者,民营厂家与中产商人等等。社会利益亦只能这样的区分,用不着细分为数百数千的种类。如果把这些党派都能调和在一起,便亦可说所有的人民的社会利益都包括在内了。所以各党协商在表面上好象只是党派的事,而实际上却正是实现民主。”中国要实行真正的民主,必须要通过各党协商的方式。

各党协商,成立联合政府,便造成了一个迫使国民党与共产党改变性质的“平衡与钳制”机制与环境。张东荪认为,变更国民党性质的方法有两种:一是由国民党自动;一是由环境来逼迫。在这种情况下,要改变其性质,“必须先创造一个环境,在这个境况中四面有监督与压力,乃逼迫其不得不自己改行向善。”这个环境就是“平衡与钳制”,“而这个平衡与钳制亦唯由联合政府方能实现。”

张东荪强调,联合政府是改造中国旧式政府、建立民主政治的基础和开端。如果国民党、中共、民盟等各党派参加联合政府,联合政府便成为各阶级各阶层人们的共同政府。用它来代替国民党一党政府,便无形中转变了中国传统的政权更迭方式,即政权由靠武力抢来,一下子变成和平演化而来。这样,也会在无形中改变了中国旧式政府的性质,标志着中国真正走上民主政治的第一步。正因为联合政府是“一石击三鸟”的法宝(改变国民党独霸性质、消弭共产党隐患、转变政权更迭方式),张东荪才会说:“我们的用意虽有这样许多,而其方法只是联合政府一点。所以联合政府是解决一切困难的总匙。”

这样的联合政府应该靠谁来建立?张东荪寄望于“第三种势力”:在国内就是以民盟为首的中间力量,在国际上就是美国为代表的调解力量。民盟为代表的中国第三种势力,应该认清自己的使命,“以广大与强盛并富有独立性的第三者人们作为国共的桥梁。将国共两党各迫使其趋于正轨,同时把他们拉拢起来,得到大合作。”这是中国在内政方面最理想的出路。

在国际上调和苏联与美国关系,以谋世界的安定与中国的和平。张东荪断定,中国在国际上最理想的出路是:“以整个儿的中国作为美苏的桥梁。在亚东方面把美苏冲突调和下来,藉以谋世界的安定。”如何打消美国的疑虑？张东荪认为，关键还在于中国必须建立一个折衷资本主义与社会主义的中间性政治制度，建立令美苏放心的联合政府。他强调，联合政府还是调和国际上美国与苏联冲突的理想方式。他分析说：“盖我们有见于要使中国成为中和性的国家以介乎美苏之间，则必定先把中国的政府变为联合政府。换言之，即用联合政府以表现中国在国际上的中间性。否则如果不幸竟演为一党政府，我们可料定国民党全胜时，苏联必感不安；而共产党执政了，美国亦决不放心。可见联合政府的反面无不引起国际间纠纷与烦闷。”①

张东荪的文章发表后，施复亮接着又在《时与文》上发表了《中间派在政治上的地位与作用》、《中间路线与挽救危局》等文章，在当时舆论界掀起了一股鼓吹“中间路线”的政治思潮。张东荪、施复亮、傅雷等人成为当时舆论关注的焦点人物。张东荪因为致力于呼吁和平，调和国共冲突，与正在欧洲倡议和平的美国副总统华莱士遥相呼应，所以也被时人称为中国的“华莱士”。②

张东荪所倡导的“中间路线”，是张东荪30年代提出的“修正的民主政治”思想的继续和发展，是其“社会主义的民主主义”理论在抗战胜利后特定环境和条件下的具体实施方案。它所要解决的问题实质上是：在战后世界和平与民主的潮流中，如何使中国不失时机地走上“社会主义的民主主义”道路。张东荪猛烈

① 张东荪：《追述我们努力建立联合政府的用意》，《观察》第2卷6期，1947年4月5日。

② 俞颂华：《论张东荪》，上海《人物杂志》第2年第6期，1947年6月20日。

抨击国民党一党专政，揭露其实行假民主真独裁的实质，提出要彻底改变国民党独霸地位和法西斯性质，表现了其坚定的民主主义立场和对大地主大资产阶级反动统治的愤慨。他提出应该建立各党派参加的联合政府、实行阶级合作、铲除官僚资本、保护民族工商业等主张，与中共“新民主主义”有相似和相通之处。这正是其“中间性政治路线”的合理性所在。

4 月 20 日

为纪念五四运动 28 周年，张东荪撰写《中国民族的良心》，刊载于4 月 28 日出版的《燕京新闻》第 13 卷第 23 期“五四纪念”特刊，既反对“亲美反苏”，也不赞成“反美亲苏”，中国既不能依靠苏联，也不能依靠美国，应该走美苏之外的中间路线，实现中国民族的自救。他指出：“至于美国反苏与否，我们管不着；苏联反美与否，我们亦管不着。我们只要自救。我们不要夹在他们的当中，为任何一方所利用。中国没有权力干涉美国的反苏，但确有权力把自己不作美国的反苏基地。我们这种自救，虽好象是利己，但却决不害人。中国如能自拔出来，他们两国至少在东亚便减少了磨擦，便是在利己中，未尝不兼有利他的因素。我名此种出路为‘中国民族的良心’。可惜中国各阶层都已经麻木了，对于这样急迫的危险无所警觉，即使稍有感觉，亦并不立即行动，以图挽救。所以我不能不期望于青年们，希望由青年先唤起一个大运动，然后遍及于各阶层，用以实现全国性的爱国自救运动。”

4 月 24 日

余颂华撰写《论张东荪》，载 1947 年 6 月 20 日《人物杂志》

沪版第2年第6期，对张东荪的政治活动及学术情况进行评述。他评论张东荪当时的言行说：“他的特点贡献：我对于这位老友有一个发见，发见他最大的特点是在‘特立独行’。他无论思想上、行动上、政治上或学问的研究工作上，总是独立不羁，有点与众不同。就政治方面来说，他自辛亥革命以来，虽曾参加过实际政治，做过不少政论，但他在政治上的行动与言论上，总是很理智的，从来不屑为某党某派作宣传。他有骨气，有正义感，这就是他对于政治上的一种贡献。就党的方面来说，他的脱离民社党，完全是行其心之所安，并非立异以鸣高。在明眼人看来，他这一举动，表示该党有人才、有人气，对于党毋宁是一种光荣。现在该党还要提出名单参加政府，他发表其质询张君劢与胡海门的信，问他们参加了政府，当时促成国内和平与保障人权能否有所贡献？这一质询，我认为亦有两大贡献：(一)提醒其老友，不要忘记了政治活动的原来的目的与理想，把以往的努力全功尽弃；(二)将人民的愿望间接告诉新政府人员，使他们有所警觉，而向好的方面前进。华莱士赴英讲演之后，英国都伯林爱尔兰时报称颂他为‘忠实而善意之人’。我觉得张东荪亦当得起这一称颂。”①

是年春

民社党被民盟开除出盟后，而张东荪却仍是民社党中央常委，并且是民盟秘书主任。民社党内部便有人提出开除张东荪民社党党籍。在徐傅霖等人的压力下，张君劢以张东荪、叶笃义

---

① 余颂华：《论张东荪》，《人物杂志》沪版第2年第6期，1947年6月20日。

等违反党纪，遂召开中常会，决议停止他们的党权，实际上已等于变相开除。张东荪等人拒不接受民社党停止党权之处分，也不声明脱党，同时表示将另组“独立民主社会党”，以与之对抗。

张东荪与梁秋水、胡海门等人从北平致函自己在上海民社党总部的代表刘景尧，并转致汪世铭、孙宝刚、郭虞裳等，指出：“张君劢背信弃义，卖党求荣，弟等决另行组织独立民社党，希兄等加入共襄盛举，并已约请伍宪子、李大明两兄取一致行动，以资对抗。”但由于伍宪子对张东荪等提议另组独立民主社会党事表示不满，他致函梁秋水，责其不可轻举妄动，一切应有详密计划，并促梁即行到沪，共策进行。组织“独立民主社会党”的计划未成事实，民社党内的纠纷也一度平静。①

民社党因为参加国民政府问题又产生了分歧，导致了民社党内部第二次分裂。据国民党中央联秘处关于民社党活动情况的报告称：“改组政府声浪，日益增高，为参加政府问题，该党内部的纠纷，又应时而起。最初是参加不参加的问题。张东荪等仍坚决反对参加，张君劢等则在原则上决定参加。而张君劢所领导下之各首要份子，虽对参加政府的原则表示同意，但对参加的限度，又有不同的见解，张君劢主张参加政府四民意机关：立法院、监察院、国民参政会、宪政实施促进会。后又修改为参加到国府委员会及行政院政务委员会，不主持部务。对于参加政

① 《党派活动专报》第 13 号，1947 年 3 月 30 日，见中国第二历史档案馆编：《中国民主社会党》，档案出版社，1988 年 10 月版，第 373—374 页。

府采渐进政策。”[1]

5月21、22日

民社党反对派在上海礼查饭店，召开所谓“党务革新会议”，有党员90余人出席，决定组织“革新委员会”。孙宝刚、叶笃义、卢广声、汪世铭等人支持张东荪的观点，主张必待政府实施政协各项决议后再行参加。而蒋匀田等人，则主张立即参加国民党政府的各种机关，包括国府委员会、行政院、各部会以及地方政权等等。

张东荪派胡海门、梁秋水代表北方民社党党员南下，劝说张君劢。双方经过商讨，虽然胡海门的态度略有改变，但梁秋水仍坚决主张不参加改组后的政府。最后，张君劢以民社党中常会主席资格，决定参加政府，并于1947年4月16日与国民党、青年党签定三党共同施政纲领，提交了参加政府的民社党人员名单，其中有伍宪子、胡海门、徐傅霖、蒋匀田、李大明等。伍宪子表示在党内纠纷未决前不愿就职，徐傅霖不愿做空头国府委员，李大明滞美不回，而孙宝刚、沙彦楷、卢广声、汪世铭、汤住心等，因参加政府未被提名，借口张君劢独裁及所提参加政府名单未经中常会通过，公开加以否认。坚决主张参加政府的蒋匀田也不甘示弱，声言孙宝刚等人违反党纪，应予开除党籍。孙宝刚则请张君劢摒弃宵小（指蒋匀田），纠纷越来越大。在北平的梁秋水与在香港的伍宪子先后到沪负责调解。因双方坚持成见终致破裂。

---

[1] 《国民党中央联秘处关于民社党分裂经过概述》，见中国第二历史档案馆编：《中国民主社会党》，第436—439页。

民社党反对派“党务革新会议”选举梁秋水、万武、卢广声、汪世铭、伍宪子、李大明、孙宝刚、金良本、左林风、卢泽之、罗坚白、姚永劢、徐善祥等15人为委员。当场募集经费5000余万，并通过宣言：（一）张君劢受宵小包围，逞己私图，专制垄断，已失信于国人；（二）召开全国代表大会，检讨过去领导政策错误，决定今后方针与政治策略，并清除党内专断分子；（三）以后凡关于张君劢对党之一切举措，完全属于其私人行动，应由其个人负责。张君劢对孙宝刚等人的公开决裂和对自己的激烈攻击，立即展开反击。

5月28日

民社党在上海召开第三次组织委员会（即中央委员会），通过“信任张君劢主席案”，并议决开除孙宝刚、沙彦楷、汪世铭、卢广声四人党籍，决定于7月25日至30日，在上海召开全国代表大会。

面对民社党内部分裂的公开化，张东荪虽不赞同革新派诸人因争权夺利而导致的分裂，但还是站在革新派一边，支持其活动。革新派为了与张君劢筹备的民社党全国代表大会相对抗，希望张东荪出面领导。张东荪深知自己是不适合党派生活的人，所以，他虽支持革新派，但拒绝领导革新派。

6月13日

张东荪在《时与文》1卷14期发表《答林布君兼论左派理论》。

林布在《时与文》12期上发表《张东荪先生的思想》一文。张东荪读后觉得积蓄在胸中的许多话不能不藉此机会一说，故声明:“本文与其说是答复林布先生,毋宁说是说明我对于今后中国文化思想前途的一种希望。若单就林布先生之文而说,实在无答复之必要。我先声明我是最欢迎有人来批评我的书的。即使反对我的思想,我亦欢迎,决无因为反对而有不高兴的心理。不过我所欢迎的是出于自由思想的批评。而林布先生的态度,我从其字里行间来推测,似乎是一个宗教派主义者,是一个机械性左倾论者,是一个公式主义者。”该文的结论是:“今天中国国内与国外的情形虽确是迫得我们不得不进步,然并不是教我们非走到太左的极端不可。中共的中央对于这一点恐怕是了解的,中共将来如有成功,我敢说就在于他不太左。即站在邻邦苏联的立场,亦并不希望中国变得和她一样。明白了这个情形,我所以说,为了民主团结的广大起见,不得不希望左派论客把他们的宗派性机械性要特别减低,然后方可与大家在一个大合作中推进国运。”他最后警告说:“为现阶段的民主运动起见,我希望左派论客特别体谅这个薄弱的民主阵营与松散的进步集团,千万不要再拿金箍咒向上箍了,万一箍炸了,反为不美。”

是年夏

中共在国统区发起了“反饥饿、反内战、反迫害运动”。张东荪支持北平地下党的活动,并以燕京大学教授的合法身份,掩护燕京大学的进步学生和地下党员。据张东荪的家人回忆,当时张家几乎成了进步学生活动的中心,燕京大学学生领袖经常在这里聚会。张东荪告诫学生们不要做无谓的牺牲,有时也向中共地下党提出,这样的运动应该搞,但不宜搞得太多。当一些学生遭到国民党特务宪警的追捕时,他与燕京大学一些进步教授一起，设法掩护。为此，他也上了国民党特务的黑名单。国民党特务们曾寄来装有子弹头的匿名信，对张东荪和家人进行恐吓。在这期间，张东荪和符定一通过地下党直接致函毛泽东，讨论时局，交换意见。毛泽东收到张东荪的信后，本想回信，但“又怕落入敌手，妨碍他们的安全”，[①]所以，没有机会给张东荪回信。

6 月

陈尉在《现代新闻》第 5 期上发表《革命学者张东荪》一文，称赞张东荪“是一个高风亮节，具有尊贵气质的人。”因为张氏经受住了两次重大考验，一是被日本人逮捕后拒绝当汉奸，二是拒绝参加伪国民大会。他评述道：“日本人的意思是要他和他们妥协，但是‘威武不能屈’是中国自古以来读书人的气节，他预备死在监狱里。日本人没法，终于在监禁了数个月以后，把他放了出来，然而他们暗暗地仍旧派特务监视着他，而他，却也仍旧暗暗和八路军取得连络，供给他们情报，做着他能做的地下工作。并不怕被人诬为共党分子而不抗日，不争取人民的胜利。这是一个考验，在这个考验中，张先生第一次在人们面前表露了他的庄严的节操。”张东荪作为民社党的领袖，拒绝参加国民政府召开请客式的国民大会，经受了第二次严峻考验。“经过了两次考验，他都胜利地走过来了，因此更得到了北方青年的同情和支持。”文章最后透露：“在学校里，他的学生和同事们都相处的很

① 《毛泽东关于请张东荪等民主人士来解放区开代表会议事给刘仁的信》，1948 年 4 月 27 日。中央档案馆编：《中共中央文件选集》第 17 册，中共中央党校出版社，1992 年 10 月版，第 143—144 页。

好,但司徒雷登校长常说:'张东荪什么都好,教书教得好,同事间处的好,只是反对政府这一点有点……'是的,谁叫这个国家弄得这个样子的呢?否则张先生也许根本就不会走出书房一步的。"①

7月20日

美国派魏德迈来华"调查"中国情况后,张东发表了《为中国问题忠告美国》一文,批评美国单方面支持国民党,反对硬要拉中国来作反苏基地,认为美国在中国问题上只有一条光明的路:就是"马歇尔初到中国来的时候所定的那条共同声明。内容包括三点:一是立即停止内战;二是组织联合政府;三是不干涉中国内政。"他警告美国,援助国民党就等于支持国民党打内战,"无论哪一国苟对于中国作战的任何一方有所援助,便是使中国内战延长与扩大。凡使中国内战延长的外国都是中国敌人,到现在为止,据确实调查,苏联并没有以军火供给共产党。而作战的中央军却都是美国装备。所以美国现行的对华政策是助长中国内战,已有事实证明了,中国人民全数是反对的,当然对于助长战争的不能不愤恨。"②

是年暑假

张东荪由北平南下上海,为在国内实现和平而努力,同时参加民社党革新派第一次全国代表大会。他奔走于南京与上海之

---

① 陈尉:《革命学者张东荪》,《现代新闻》第5期,1947年6月。

② 张东荪:《为中国问题忠告美国》,《现代文摘》第1年第5、6期,1947年7月20日。

间，为实现国内和平而呼吁，并在南京会见了魏德迈、司徒雷登，提出调和国共冲突、恢复政协路线的建议和忠告。张东荪、罗隆基等人在民盟总部邀他的随员司布劳司会谈，主张美国应该使用压力迫蒋下野，使战争早停，恢复谈判，并且希望美国不要与中共对立。但张东荪等人的意见并没有起到改变美国对华政策的目的，魏德迈回国后，美国却决定继续扩大对国民党的援助，支持蒋介石打内战。至此，张东荪调解国共关系的希望彻底破灭。

7月29日

魏德迈接见张东荪、黄炎培、罗隆基、章伯钧及青年党曾琦等人，讨论中国时局。魏德迈不仅没有听从张东荪等人的劝告停止援助国民党，反而作出了相反的决策：加大援助国民党内战的力度。这最典型的表明：美国是不会同意走中间路线的。张东荪的“中间路线”主张，虽然在理论上与中共的“新民主主义”有相似处，但在政治、经济等方面却有着根本的差别。张东荪提出的改变中共性质、消除“猜疑”心理的主张，必然遭到批判；在国共和谈彻底破裂、双方展开血战的情况下，还鼓吹和谈、调和等，中共不可能再接受；中共所实行的新民主主义，是中共领导的、以社会主义为前途的，决不允许中国再建立一个资产阶级共和国，也不会赞同走所谓“中间路线”。“中间路线”政治主张受到国民党与共产党的两面夹击。

8月8日

张东荪在上海应中学教育诸公在青年会讲《从事教育及与闻政治》，该演讲后经整理发表在8月24日出版的《国训》周刊沪版第427期上。

这是张东荪第三次来上海,他在演讲中说:“我个人的志趣是教书,我决定自己永远在教育界服务。我在大学教书,与在中学教书诸公是同一行当。个人永远不想抛弃教书这一行,虽是南北跑来跑去,也只是在暑假或年底。我到上海来,连这次是第三次了。在这里,我要说明一下,在假期中,如果对国家有帮助的话,跑跑也算不得什么。我的事业是教育,在今天混乱的状态之下,要离开教育界是不聪明的,就是在将来和平后,我也不愿离开。”

他主张教书的要与闻政治:“我教书数十年,当初没有想到教书的就不能与闻政治。一定有许多人不谅,有许多人责难,有许多人诽谤;受气是预料得到的。有许多教书的,因为谈论政治,许多人就说你不专心教书,学校不敢请,或者说你野心勃勃。我们在教育的岗位上与闻政治,就要打破这种难关!一个人不行,必须教育界全体同人一致起来。我与闻政治,我反对这个无能、贪污、腐败的政治,不反对就没有天良!”

他说自己做了两场梦。第一场梦是抗日的梦:“‘九一八’那时,国民党在洛阳召开国难会议,我没有去参加,因为我看透了这个政党。问你们党外人士能打不能打,把不能打的责任推在党外人的身上,我不上这个当。”他还说:“七七抗战开始时,我看定抗战不会彻底,因为国共矛盾没有清楚解决,我主张联合统一的抗日战线。以后我到汉口去,是带了这种想法去看看能不能团结一致抗日。我到汉口去一看,并不是真正的联合,国共还是猜忌。我就离开那儿,决定燕京存在一天,我就在燕京一天,教育沦陷区的青年,叫他们到后方去。那时做事,尽人事而已。后来敌人向英美宣战,宣战那天即是我被捕那天。这时我想,敌人向英美宣战,反而对我们国家有好处,在牢里,我向朋友说,'国家没有问题了,我们个人可以死矣。'"

第二场梦是政治协商会议的梦。"这梦好像是唐虞三代的好梦,认为从此和平,不再打仗。我碰到的人都带着新希望。专政的国民党从此也可以有别的党逼得他,监督他不能不好。那时觉得有希望呀,但今天回想一场空。这一个梦到今天为止,大家醒了。时代的轮子在那儿转,今天已经把那个时代转过去了。现在的人心,迥非当年。那时是望治,今天我告诉大家,我们要准备明天,准备明天比今天坏,后天比明天还要坏。抗战胜利后,我三次到上海来。第一次来沪,还抱了希望,希望和平协商还有气,没有死。第二次来沪,看到问题是严重了,在这里也有人找我讲话。我说,我们主张和平,但政府说我们捣蛋,其实和平对于政府是有利的。现在的情势只有看'自然变化',看人心向背,人心所向则胜,人心所背则败。这是时间问题。"

他最后说:"国家无论如何变化,教员在国家、民族、社会里头总是有特别的功劳,我们应该团结起来,对政治有一个明确的宣示。一个社会无论变到如何,教育还是要办的。我们应该团结起来,在社会建设上尽责完成所负的使命。教育是长期的事情,在这过渡时期,不要抛弃了本份的工作。我愿意在从事教育事业的立场上,尽可能在这个过渡时期使得人民少牺牲,少受痛苦,当然不是靠我个人,希望教育界人士对文化、教育的本行有所贡献。"

8 月 15 日

张东荪出席民社党革新委员会发起召开的第一次全国代表大会。会议在上海逸园饭店开幕，出席国内代表 40 名，海外代表 25 名，由伍宪子任临时主席。他首先作了开幕词，称："民社党之分裂，系因政治路线不同，并非私人意见之争"。然后由张东荪以民社党顾问资格发言，希望革新派"应把握政治路线，不能见异思迁，投机取巧，"强调："此时代之诱惑性大，犹须注意，党员应对党尽义务，而不能希望由党而猎取地位，应避免党内有派，此乃政党扩大常有之病象，应慎之于始创立民主作风。"会议推选伍宪子、张东荪、梁秋水、万武、孙宝刚、汪世铭、卢广声、唐才质等 9 人为主席团，并决定分组审查委员名单。大会选出中央执行委员 75 名，中央监察委员 35 名，并互选伍宪子、张东荪、沙彦楷、汪世铭、孙宝刚、卢广声、李大明等 15 人为中央常委，伍宪子为主席，沙彦楷为副主席。

8 月 18 日

民社党革新委员会第一次全国代表大会通过了民社党革新派的所谓《党章》、《政纲》和张东荪、孙宝毅、梁秋水等人起草的大会《宣言》，其主要内容为：(1)张君劢被左右三数利欲熏心之徒所劫持，违背党的宗旨与路线，不承认张君劢所领导之民社党；(2)希望和平早日实现，争取人权之保障反对以战争为藉口作反民主之措施；(3)应对目前无限制膨胀之通货及不合理之国营管制等有所修正，根据社会主义之原则，保障最近限度之安全生活；(4)对于美苏两大壁垒之纷争，应抱无所袒依之态度，作美、苏之桥梁，俾对世界有所贡献。[①] 这些主张，基本上体现了张东荪“中间路线”的思想。

民社党革新派成立后，张东荪便与民盟联系，希望革新派加入民盟，以扩大民主势力。但由于革新派内部纷争不断，立场不稳，这个计划没有付诸实现。“民社党革新派加入民盟事，曾由张东荪将加入条件秘密交与章伯钧。章氏当与罗隆基提出讨论，章伯钧认为革新派对民盟有利，而罗隆基则认为革新派之产生非为与张君劢之政治意见不同而分裂，是因争权不均而分裂，革新派思想不稳，恐难与民盟合作，故对章之意见当即表示不赞成，于是革新派加入民盟之议乃暂作罢论。”[②]尽管张东荪未能将革新派拉入民盟，但他极力使它变为反对国民党专制、争取民主权利的政党。他曾致函在香港的负责革新派的伍宪子说：民社党革新派目前时局应采取的方针为：(1)坚定民主立场；(2)确保中间路线政策；(3)如政府须要该派参政时，则须坚持政府应尽量容纳各党派人士为条件。[③] 但革新派内部对于时局的态度并不一致，孙宝刚、孙宝毅等与张东荪等人主张不同，从而导致了革新派内部纠纷不断，没有形成一股民主运动的强大势力。

---

① 《国民党中联处关于民主社会党革新派召开一大经过的报告》，1947 年 9 月 15 日。见中国第二历史档案馆编：《中国民主社会党》，第 469 页。

② 国民党中联处：《党派活动专报》24 号，1947 年 9 月 30 日，见中国第二历史档案馆编：《中国民主社会党》，第 373 页。

③ 《国民党中央联秘处对革新派活动的报告》，1948 年 5 月，见中国第二历史档案馆编：《中国民主社会党》，第 482 页。

8 月下旬

张东荪与张澜、沈钧儒、章伯钧、黄炎培、周新民、叶笃义等会商民盟政治计划委员会及新组织等问题。

9 月 1 日

张东荪从上海回到北平后，应燕京大学学生自治会邀请演讲《南行见闻》。他对民社党分裂情况作了介绍："民社党的分裂是值得注意的，正如梁秋水所说的，是真假王麻子之分，革新派以正统的民社党自居，并公开登报开除张君励及其党徒……他们请我以顾问资格出席革新派代表大会，我去参加了。因为当时另有事情，要求提早说了几句话。我说，今天的革新派应该要有正确的路线，对现在的政府不要再存在任何希望。即使你们在座的七十几位代表全部去参加政府，也绝对不会把这个政府弄好。要有鲜明的政治目标和政治立场，首先就要做到与政府绝缘。"他还介绍："在上海的时候，刚巧碰上文化教育界发生了一件大事：大批解聘教授，大批开除学生。一个大学解聘的教授有多至三十几位的。各学校被开除的学生合起来恐怕有四五百人，尤其最荒唐的是大同大学。成绩最好的，最富正义感的学生，在上海大批的失学了。奇怪得很，这些被开除的学生去转学的时候，不管考得怎样好，无论如何不会取……后来大家研究这是否是教育部的命令，调查的结果，怎么也不能证实这是教育部的命令，但各学校又非如此办不可，可见这个力量比教育部还大……今天，我还在这里演讲，我不怕有人来解聘我。在上海，被解聘的教授，是因为曾经在各种宣言上签名，是因为曾经极力奔走营救被捕学生。谁首先签名的，黑名单上就名列前茅；谁爱护青年,谁就被解聘。工商界为了抗议这一无理举动,准备筹办一个文化机构,聘请被解聘的教授来办理研究或出版工作。我走得太快,详细情况还不知道,但这件事是在进行中的。我也不愿多说,只愿诸位知道,黑暗中还有公理的存在。人心究竟还是人心,暴风雨到来,居然有人挺身而起,表示出正义感,社会也并不是完全冷酷的。”①

9月8日

张东荪应清华学生自治会的邀请,在清华大学作了题为“南行见闻杂感”的演讲。听讲的人很多,吴晗教授也来了。黎南作了笔录并根据讲话内容加了一个标题:《张东荪论华盛顿与南京之间的距离》,刊登在1947年9月17日在上海出版的《时与文》周刊第2卷第2期。

张东荪演讲说:“魏德迈到南京之前,政府为了迎接贵宾,整饰房屋,据说用了好几万万。当魏德迈到了夏威夷,说只调查事实的时候,政府已感到相当失望了。他到南京之后,与司徒大使住在一起,且声明不受招待,政府用以招待贵宾的准备扑了个空。当天晚上,魏德迈就在美使馆里开会,并没有去拜访我们的元首,第二天上午也没有去,直到中午的时候才去,政府是更加的感到失望了。”他接着说:“后来,魏德迈在各地飞来飞去之后,回到了上海。我知道他确实是得到了许多材料,对中国政府许多方面都不满意。同时,中国政府对美国政府也不满意。华盛顿与南京之间是有很大距离的。却没有料到临走的时候,会有

---

① 黎南:《张东荪几次原汁原味的演讲》,《炎黄春秋》1997年第10期。

一个这样的声明。”他分析道:“拿马歇尔和魏德迈的两个声明来比较,显然至少有两点不同。第一,马歇尔说,应该以主席为首领来扩大政府的基础,刷新政治。而魏德迈却说,中国缺乏良好的领导。所以有些外国报纸说,魏德迈的指责是包括 generalissimo(委员长)在内的。第二,马歇尔说,政府里面应该增加些自由分子。这并不难,像民社党、青年党及社会贤达等等不是已经参加政府了吗?魏德迈却说,政府应该去掉一批贪污无能分子。这就太难了。到底怎样去掉法呢?去掉这些人的话,政府里就没有人了。所以说,这两个声明份量上是大大的不同的。”

他指出:“在天上飞的飞机,在地上走的汽车,我们中国也有这些二十世纪的东西。可惜我们官吏的脑子不是二十世纪的。我们的政治是古董,古得比北平的古物都还要古,作风和清朝皇帝没有什么两样,简直一式一样。目前是没有办法绝灭贪污的,政治就是贪污,没有贪污就没有政治,一去掉贪污就是去掉这个政府,可能吗?”他还说:“在座的吴晗先生研究历史是知道的,中国的政治思想几千年来就是被帝王思想所控制,所谓帝王就是土匪头,皇帝用人唯一的条件就是只要忠于我就行,不管这个人坏到一百分也好,二百四十分也好。因为不忠的话,就怕自己的位置保不住了。今天的政府是建筑在贪污之上的,政治不是二十世纪的政治,社会不是二十世纪的社会,以家天下来统治国家,心里想的就是做皇帝,做官的要的就是钱。虽然今天说是已经没有皇帝,其实不过是名称改换罢了,皇帝仍然一样存在。举例来说,阎锡山从前在山西是都督,后来改成将军,现在是主席,变来变去,结果仍然是不变的土皇帝。不久选举之后,不用主席改用总统了，这不过又是名称上多一变，其本质上一点也没有变。君主政治是以君为主，君主高兴怎样办就怎样办，中国几千年的政治就是这样，一直到今天都没有变。要根本解决中国政治问题，就得首先拔去根深蒂固的帝王思想。”①

9 月 15 日

张东荪为黄炎培撰《民主化的机关管理》再版作序，阐述了自己对民主政治的见解。

他首先回顾与黄炎培数十年的交往：“计余与任之先生相识，几及四十年。前年在渝，任之先生赠诗，有句云：吾识东荪三十春。宣南会歃付流尘。且不仅交情，吾二人在思想上亦有甚多相同之处。最相同者为平素主张民主。中经多次磨折与困苦。而未尝改其所信。”他然后阐述了自己对民主的理解：“余自得读泰西书籍以来，即以为所谓民主，非仅一种政治制度，实系一种人生方式。此生活方式，包括政治、法律、社会、伦理、宗教、经济各方面。学者分为狭义之民主与广义之民主，即由于此。狭义者谓一种政治制度，广义则指一种文化之全体而言。但民主之政治制度，必建立于民主之社会文化上。断无尚未养成民主之人生方式，而谓能遽有民主之政治制度树立其上也。此所以自辛亥以来，国人所有欧化之努力，最后皆落空。以致今日所形成之状态，依然为数百年前之中国。”

在张东荪看来，民主运动是打破中国“换朝代”治乱循环的运动，同时也是“复性运动”：“使数百年来埋没于社会政治之歪

---

① 黎南：《张东荪几次原汁原味的演讲》，《炎黄春秋》1997 年第 10 期。

曲组织下之人，皆恢复其本来天性。其事恐非诉诸教育不为功。固非专恃教育，而教育要为不可缺之因素。西方文化上之有民主，实由于其先有个人主义。个人主义一语，国人往往误解为纵欲自恣，实则涵义正相反。乃谓个人自尊、个人自觉、个人自负责任。以此为起点，然后集个人以成社会。于是个人的(为)主体，国家为工具。除为个人谋增加幸福外，政府无存在之必要。”中国处于政治、经济、社会、思想各方面大转变时期，必须顺应这个时代要求推进社会生活民主化。他说：“夫使政治制度变为民主式，使经济结构变为民主式，使社会组织变为民主式，则必同时使人之生活方式变为民主式方可。个人之自处与自视，人与人之相处与相视，运思与办事，在在皆须潜移默化于民主方式之中，如鱼之相忘于水者然。必如此，民主社会乃能成立，有民主社会方有民主政治。”最后，张东荪强调：“任之先生此书，大有助于今日正所需要之人性改造。其所言民主化，自个人之人生观以迄处事、用人、管理机关，无不以本人体验之所得者出之。亲切有味，得未尝有。”①

9 月

▲国民党意图解散民盟，张东荪致函在重庆北碚的梁漱溟出来维护，梁拒绝。梁在《我的努力与反省》中说：“八九月间，反动政府要解散民盟的前夕，张东荪先生从北京写信给我，说民盟是你辛苦创成，你要赶快去南京、上海设法维护。其实我的心理

---

① 张东荪：《民主化的机关管理序》，参见黄炎培：《民主化的机关管理》，上海商务印书馆，1947 年增订版。

恰相反。民盟在我只看作是一个推动全国合作的推动力，此外没有意义。当此两党大战之时，既不能尽其政治任务，亦难发展自己组织，恰且伏有内部分裂之危机，它最好暂入于休眠状态；一旦时局需要它了，再出来还是完整的，但民盟自己却无法宣布休眠，现在反动政府来代我们宣布，岂不更好？我一面以此意答复东荪先生，一面更以此意奉告于上海张（澜）、黄（炎培）诸老。到反动政府命令发布，我投函重庆《大公报》，表示的意思亦是这样。"①

▲同月，梁漱溟在《观察》3卷4、5期上发表的《预告选灾，追论宪政》一文，认为国民党进行的宪政选举是一场灾难，欧美"政党分立的选举竞争之一套"不合中国国情，只有"乡村建设"才是中国政治的出路。此时，国共战争进入白热化，而国民党的统治也日趋专制化，但却打着"宪政"的名义，准备召开"行宪"国民大会，还政于民。面对国民党玩弄的"假民主"，一些思想家除了进行反对和抵制外，更多的是对民主政治能否在中国行得通产生了怀疑。梁漱溟的这篇文章，引发了思想界围绕着中国出路问题的激烈论争。

10月

中国民主同盟被迫解散，说明资产阶级的民主共和国在中国行不通。国民党的分化打击、共产党的批评、第三者人们的软弱、美国"自毁其调人资格"，决定了张东荪等人倡导的"中间路线"主张难以实现。国民党下令解散中国民主同盟，抗战后逐步

---

① 李渊庭、阎秉华编著《梁漱溟》，第190—191页。

形成的第三种势力瓦解，“中间路线”破产。张东荪不得不重新调整政治思路。

10月11日

张东荪在《观察》3卷7期上发表《我亦追论宪政兼及文化的诊断》，提出了与梁漱溟不同的意见。

张东荪看了梁文后“深感共鸣”，“他所提出的问题亦正是我久已蓄在心中的问题。这一些成为问题在我心中已将近二十多年了，不过想来想去总得不着一个最满意的解答。近年以来，自己的思想稍稍成为一个系统，于是对于这些问题乃自然而然遂有了一种看法。”随后，张东荪发表了一系列文章，陆续将这些看法表达了出来。梁文使张东荪“深感共鸣”之处何在？稍后他解释说：“梁漱溟先生那篇文章的要点为我所同意的就在于他能毅然揭穿这个缘故，说明宪政主义式的自由主义不足为今后立国建国之依据。……我们必须承认他在消极方面说穿民初的宪政主义在今天又复活起来是不行的，这一点确有价值。我为文表示共鸣亦只注重在这一方面。”他认为，“梁先生的结论似乎是中国不能走上英美式宪政之路，因而亦就不必勉强去走。”而张东荪得出的结论是：中国不能有真正的选举是由于有“特殊势力在那里利用”，并不是西方民主制度不好，更不能因此放弃走民主主义道路。张东荪该文重点讨论的问题是“今后能不能有真正的选举，和万一永远不能有真正的选举，是不是中国即无法实行民主政治。”

张东荪回顾了民国成立以来所有的选举后指出，如果将政府称为甲橛，人民为乙橛的话，西方近代国家是“把甲乙两橛打成一片,成为一个一元的”;而中国的国家却正与此相反,“可说甲橛完全是坏的”,只注意甲而忽视了乙,因此只是“天下式国家”。如果将“民族国家”所有的制度与办法搬到“天下式国家”来实行,“除了主张天下式国家的政府的权力,使其对人民更高压更榨取以外,没有别的,亦不会有别的。”这便是西方先进的制度和器具到了中国来以后总是害多利少的根源。张东荪得出了结论:“所以外来的东西,如选举制度、警察制度、统制经济的办法,以及飞机铁路等,本来是中性的,无所谓好坏,而毛病还是出于中国本身。这诚如梁先生所说,是患的严重文化失调症。就中以‘政府病’为其主要症候。”①

11 月

张东荪的文章发表后,北大教授樊弘在《观察》3 卷 14 期上发表《与梁漱溟张东荪两先生论中国的文化与政治》,对梁、张的观点作了批评,提出了自己的观点。他认为民主政治在中国所以屡屡失败,“就是因为中国永远停留在农业的阶段,无论任何的阶级都不感在维持土地生产力一点上,有舍君主而取民主的必要”,中国将来如果发展经济,需要由“有计划的集体劳动来领导”。樊弘显然是用马克思主义的观点来说明西方民主政治在中国失败的原因,并认为中国的出路在走苏联社会主义建设的道路。

---

① 张东荪:《我亦追论宪政兼及文化的诊断》,《观察》第 3 卷 7 期,1947 年 10 月 11 日。

12 月

张东荪在《观察》第 3 卷 16 期上发表《敬答樊弘先生》。他首先声明:“我决不是主张采取儒家的无为哲学。我更没有主张过甚么通儒主政之说。”他认为自己与樊先生的观点虽有根本差异点,但“樊先生提出集体劳动,在大体上本和我的主张并不相远。不过我更向细微的方面来看。”他指出,中国的出路,“今天中国非但不能照抄苏联的药方,并且亦不能照抄英国的药方。”中国的真正问题是“如何在中国的这个国情上使这样理想得实现几分”。樊弘主张的苏联式的“集体主义”在中国也不可能完全实行。这样,“集合许多精通中西文化的人讨论一个为中国而特设的制度”便有了根据。各国都有自己的特殊国情,中国将来无论实行何种制度,都不能“照抄人家的制度”中国实行社会主义,也必定有中国的特色。所以,他认为,“今天不是采用那一类的药方之争(无论如何总是民主兼包社会主义),乃是对于这个药方内容如何加减折衷与其轻重界限之问题。”张东荪给出的“药方”是什么?他并没有将自己的观点充分展开,只是说明了一些基本的原则。他强调,工业化是社会发展的必经阶段:“我亦承认中国今天走以前英美资本主义的老路是困难万状的,但我却以为即使采用集体劳动的制度而须再向工业化推进。所以工业化不是第二阶段,不可中间略过。今天的问题只是到工业化的路途之选择。”①

---

① 张东荪:《敬答樊弘先生》,《观察》第 3 卷 16 期,1947 年 12 月。

1948年(民国三十七年　戊子)　62岁

【张东荪继续在燕京大学哲学系任教,并到北京大学、清华大学发表演讲。他发表《关于中国出路的看法——再答樊弘先生》、《政治上的自由主义及文化上的自由主义》、《经济平等与废除剥削》、《告知识分子》等文,继续讨论中国出路问题。7月,张东荪撰《民主主义与社会主义》一书由上海观察社出版,阐述了社会主义与民主主义"同基型"论和新型民主思想。他接着发表《增产与革命》、《〈民主主义与社会主义〉补义》、《知识分子与文化的自由》、《论政治斗争》、《真革命与假革命》等政论文章,系统阐述了"新型民主"思想,改变了对于革命认识的看法,肯定革命的正当性、必然性和合理性。他继续与中共地下党联系,以民盟华北总支部负责人身份做争取傅作义和平起义工作。】

1月4日

张东荪受北京大学自治会之请讲演《西方理性主义与中国理学》,兼评冯友兰《新理学》。

对于这次讲演,北大学生罗荣渠记载道:"他的结论最惊人的地方是认为西洋理性主义是革命的与反抗的,故如中国要复兴理学的话，应该吸收西洋的理性主义。”对于这个结论，罗荣渠深表赞同并对该问题作了一些思考。

1月6日

罗荣渠撰写了一封长达三千字的信给张东荪，讨论西方理性主义与中国理学。他在此前研读张东荪《多元认识论》、《理性与民主》后颇有收获，就想写信向张东荪请教。他在1947年10月19日的日记中记载：“无事上图书馆，准备写一封信给张东荪先生，讨论《理性与民主》的第二章《文明与进步》，但是提起笔来总觉得沉重得很，于是再把这一章的内容细细地读了一遍，益发觉张先生是一个通儒。但是他所得的结论稍有不惬我心者，我想其原因是我们的性格不同，即之不同，或称为类型不同，以及信仰的不同，因此立论虽然符合谨严的逻辑，并且似乎无懈可及，但结论常常是事实与理想的掺杂。在这里，我们得为将来留一箭地或一条去路。因为社会科学都不只说到过去或现在的事，它得筹划或预告将来。因此，我们就异途了。张先生是长者的想法，想拣一条好路走，但是我怀疑以后的路会有什么不同于以前所走的路。”①

1月

张东荪在《观察》周刊第3卷23期上发表《关于中国出路的看法路——再答樊弘先生》，提出了“新型民主”，当时称为“新民主主义”。

他认为，在政治经济制度上，世界上有三种类型，苏联社会

---

① 罗荣渠：《北大岁月》，商务印书馆，2006年版，第187页。

主义类型、英国民主主义和东欧国家的“新民主主义”类型。他认为，战后东欧国家所实行的“新民主主义”政治经济制度，应该引起注意。他主张中国在政治上是“多党并存”，各党联合而实行一个统一的政纲；在经济上是“容纳混合的方式”，即“混合经济”，既有私人资本，又有国家资本，还有合作社经营。对于土地问题，“实行合理的再分配”。这种“新型民主”的政治经济制度，实际上是社会主义与资本主义制度的中间性的制度；而实行这种“新型民主”的国家，正是国际上美苏两霸冲突的中间地带。张东荪分析说，战后世界的种种纷乱，都是美国对外政策的错误所致，美国的对外政策是使全世界不安的唯一原因。要使世界得到和平与繁荣，必须在美苏以外，形成一个由美苏共同承认的中间地带。他强调，今后世界和平的关键，就在于这种“新民主主义”类型的国家能否在美苏两霸的中间存在与繁荣起来。张东荪提出的要实行东欧式的“新民主主义”，实际上仍是从调解美苏关系、折衷资本主义与社会主义两大社会制度出发，仍然坚持了“中间路线”的主张：“一方面提升了资本主义集团的落后性，而另一方面亦可消除共产主义集团的偏差性。在精神上承受资本主义的政治民主而扬弃了其落伍的制度与观念；肯定共产主义的经济平等原则，而却否定了其极权与残暴的思想。”[①]这是张东荪调和社会主义与资本主义两大社会制度的基本思路。

---

① 张东荪：《关于中国出路的看法——再答樊弘先生》，《观察》第3卷23期，1948年1月31日。

2 月 28 日

张东荪在《观察》周刊第 4 卷 1 期上发表《政治上的自由主义及文化上的自由主义》。

张东荪把自由主义分为两种:即政治的自由主义与文化的自由主义。所谓政治的自由主义就是旧式的自由主义,具体而言就是民国初期的宪政论,如制定宪法、进行选举等等。这样的自由主义,在经济方面的放任政策,使资本主义得以发展,从而形成了“贫富不均”、“对外愈趋于侵略”等弊端。他承认:“政治上的自由主义在今天二十世纪已是过去了。”所谓文化的自由主义,在张东荪看来,“只是一个批评的精神与一个忍容的态度”,而不是具体的主张。政治上的自由主义已经过时,而文化思想上的自由主义,是“人类文化发展上学术思想的生命线。中国今后要吸收西方文化,进一步要对于全世界文化有所贡献,更不能不特别注重这个自由。”①

张东荪通过研究历史,发现了一条教训,即“凡社会改革(或革命)而能使生产增长的就能站得住;反之,使生产降低则必会被反革命所推翻。”所以,政治上的自由与经济的平等,都决定于能否促进生产(张东荪称为“增产”)。如何促进生产?张东荪放弃了用资本主义生产方式的观点,主张用社会主义的计划经济方式。他说:“计划经济是社会主义的救命汤。换言之,即社会主义与计划经济相结合乃得到新的生路。”中国为了发展生产必

---

① 张东荪:《政治上的自由主义与文化上的自由主义》,《观察》第 4 卷 1 期,1948 年 2 月 28 日。

须采取计划经济,尤其必须采取进步的计划经济,但如何处理经济方面的“计划”与思想方面的“自由”的关系?张东荪主张,在采纳社会主义计划经济时,同时保留思想文化上的自由;既要促进生产,又不能损害“自由”。他强调:“文化上没有自由主义,在政治上决无法建立自由主义,中国今后在文化上依然要抱着这个自由精神的大统。文化上的自由存在一天,即是种子未断,将来总可发芽。所以使这二者(即计划的社会与文化的自由)相配合,便不患将来没有更进步的制度出现。”如何处理社会的计划性与思想方面的自由的关系?张东荪提出了一个基本原则:“计划是以增加生产,使全体人民生活水准提高为目的的,则凡自由之足以妨害生产提高,凡平等之足以使生产降低,则都应该在限制之列。”①

3月6日

张东荪在《观察》4卷2期发表《经济平等与废除剥削》。他指出,落后国家面临着双重任务:一是如何从封建专制中脱出;二是如何增加生产。要增加生产必须首先“打破封建,推倒专制”,具体而言就是必须先排除官僚资本、豪门资本、地主与放高利贷等阻碍经济发展的障碍。而要从根本上铲除封建与专制的障碍,又必须采纳文化上的自由主义。他说:“对于专制封建的病症要医治莫妙于用个人主义这一剂药。我名此为个人主义的文化。就是养成个人的自尊心,个人的责任感,对于任何权威,

① 张东荪:《政治上的自由主义与文化上的自由主义》,《观察》第4卷1期,1948年2月28日。

无论在思想上或在实力上，不能无故低头，而充分保有精神上的自由。”他强调“必须吃下这一剂药去，方会把整个的民族从专制封建中拉了出来。”在经济等方面采用先进的社会主义计划方式，在思想文化方面保持自由，就是张东荪“调匀”两剂药后的结论。调和计划经济与政治自由，发展生产与增进自由并重，这就是中国的出路。这也正是张东荪提出“新型民主”的理论依据。

3 月 27 日

张东荪为暴春霆《馈米图》题咏。其云：“暴君春霆以友人朱孟实之介，访余于燕园，出示秦散之所绘《馈米图》嘱题。《馈米图》者，纪春霆先人暴方子先生却职角头巡检后，贫不能举炊，村民集米贤赠之事也。余既不能诗，频年以来又习为语体文，顾春霆盛意则亦不敢却，不得已书读后感，固知不足以当跋也。方子先生在吴县角头时，常与曲园老人往还。其去官后犹得曲园函札，谓今之官场无是非可言。其时距清之亡不过十余年，然即此一语已足证清之必亡矣。窃尝读史，每当革命之起，其前必有一黑暗时期，无是非，无赏罚，固不仅贪婪无能而已。方子先生清廉自守，宜其被劾。语云：‘礼失，求诸野。’黑暗时代，是非善恶之辨，只在人民，故一人倡议馈米，各村皆起应之，是公理犹在人心也。此《馈米图》在春霆本以表彰先人品德，而吾以为大有历史价值，即此一事亦已足证清室之必亡。盖未有贪污横行，是非不辨，赏罚不明，而能永临民上者也。春霆以是图遍索人题，余披览之余，感慨或与人不同。当清末季，岌岌可危，士大夫犹欲竭智尽忠以谋挽救，顾终无济，岂非以病已深入膏肓耶？则今日读此图，能不令人感慨系之。”

4 月

樊弘发表《只有两条路》,认为中国只有两条路可走,一是反动的路,二是革命的路。"反动的路,在把政权放在剥削者阶级手内",指出"耶稣、孔子和今日教授们所倡导的第三条路便是这一条路";革命的路就是"在把社会上被剥削的阶层联合起来,向剥削者阶层以和平的或战争的手段,夺取政权,根绝或限制剥削者剥削的权利,于以保障被剥削者的生命、健康与自由。"他强调。"中国只有两条路,更没有第三条路。"[①]这实际上对张东荪继续主张"中间路线"进行了严厉批评。

4 月 23 日

张东荪应北大学生自治会邀请,撰写《从社会学家历史学家的话说起》,发表在 1948 年 5 月 1 日出版的《北大半月刊》第 4 期上。

因政局变动,张东荪阅读的书籍除了哲学之外,也关注政治史著作,思考革命问题。他说:"我近来心情不甚好,哲学书已看得厌了,乃取一些革命史的书来看。法国革命史与俄国革命史都变成了我近来爱读的读物了。"他指出:"原来中国自辛亥以前起,由清末以迄现在,乃只是一个革命。把一个革命分为几次来做,这个革命是隐然代表一个民族的潜伏性的根本要求。不拘有没有人知道这个要求是什么,亦不拘知道的人们究竟有多少。而这个要求本身却始终存在那儿。据我个人的了解,这个根本要求是下列两点的合一:第一点可说是造成一个国族(nation-

① 樊弘:《只有两条路》,《观察》第 4 卷 7 期,1948 年 4 月 10 日。

making)，因为中国迄未完成为一个独立的民族；第二可说是产业革命(industrialrevolution)，因为中国人今天的生活还在原始时代。二者合一，便是现在流行的术语所谓反封建反帝。反封建就是经济解放，反帝就是民族独立。而所以致此却必用一种方法或途径：那就是民主。所以可以说，自辛亥起，中国的根本要求是民主，而民主即含有反封建反帝在内。”

4 月 27 日

毛泽东专门给北平市委书记刘仁一封指示信，请刘仁转告张东荪。此时，张东荪仍然保持着与中共北平地下党的秘密联系，并设法与中共高层联络。当中共决定筹备召开新政协会议后，毛泽东专门给北平市委书记刘仁一封指示信，请刘仁转告张东荪等人：“去年张东荪、符定一两先生有信给我，我本想回信给他们，又怕落入敌手，妨碍他们的安全，今年张东荪先生又想和我们联络，现在请你经过妥善办法告诉张、符两先生，我很感谢他们的来信，他们及平津各位文化界民主战士的一切爱国民主活动，我们是热烈同情的。”同时转告张东荪和符定一，请他们参加筹备新政协，“我党准备邀请他们两位及许德珩、吴晗、曾昭抡及其他民主人士来解放区开各民主党派各人民团体的代表会议讨论：(甲)关于召开人民代表大会成立民主联合政府的问题；(乙)关于加强各民主党派各人民团体的合作及纲领政策问题。我党中央认为民主党派及重要人民团体(例如学生联合会)的代表会商此项问题的时机业已成熟，但须征求他们的意见，即他们是否亦认为时机业已成熟及是否愿意自己或派代表来解放区开会。会议的名称拟称为政治协商会议。会议的参加者，一切民主党派及重要人民团体均可派遣代表。会议的决议必须参加会议的每一单位自愿同意不得强制。开会地点在哈尔滨。开会时间在今年秋季。上述各点请首先告知张东荪先生,并和他商量应告知和应邀请的是什么人。"①"

5 月 1 日

中共中央在《纪念五一劳动节口号》中,发出"各民主党派、各人民团体、各社会贤达迅速召开政治协商会议,讨论并实现召集人民代表大会,成立民主联合政府"的口号。这一号召,与过去以民盟为代表的第三方面的主张一致,所以,立即赢得了中间阶层人士的拥护,他们纷纷通电全国,响应中共筹备召开新政协的号召,发起了新政协运动。

5 月

张东荪参加北平文化界"知识分子"问题座谈会,在《展望》2卷4期上发表《告知识分子》一文,《观察》4卷14期作了转载(5月29日)。他首先对知识分子的特性作了考察,然后对造成恐慌的原因作了分析:"当知今天中国的问题所以致使知识分子不安,只是由于在经济分配上,直接生产者反弄得穷困到无法维持生活。这是最不公平,最违反人道的。今后必须使直接生产者提高其生活水准,使其能过'人的生活',却并不需要因此反把一切非直接生产者都打倒。"他说:"知识分子如有自信,不应怕打

---

① 《毛泽东关于请张东荪等民主人士来解放区开代表会议事给刘仁的信》,1948年4月27日。中央档案馆编:《中共中央文件选集》第17册,中共中央党校出版社,1992年10月版,第143—144页。

倒,且亦决不会被打倒。这个问题只在知识分子自己是否有信心。第一,要检查自己生活基础,倘使不建筑在他人的剩余价值之上,一切全无问题。著者没有一亩田,一间屋,一张股票,所以常常对于论坛上的左派提出异议;第二,要看对于将来的变化是否相信道理。如果以为有一个道理,使将来的变化不得不依着以进,则在这个道理上,社会变为合理的,我个人则在此合理中生存得更有意义。倘使以为将来可能变到坏,变到不合理,则凡不合理必定变不成功。谁要成功谁必合理,既不会成功又有什么可怕呢!著者在国民党北伐时代即持此态度,当时即以为国民党如要成功,我们不会没有对国家贡献的机会;如其不然,决不会成功。现在国民党果有今日,遂使我对于道理的信心更为坚定。"

7 月

张东荪撰《民主主义与社会主义》一书由上海观察社出版,系统阐述了社会主义与民主主义"同基型"论和新型民主思想。

他指出,民主主义的概念是自由、平等、理性等,而社会主义的概念基型也同样是这些概念。他说:"民主主义的概念基型是这些概念,而社会主义的概念基型亦正是这些概念。并非有两个不同的概念基型。正因为民主主义与社会主义同依据于同一的概念群为其基型,所以二者在本质上,就是一个东西。"正是从这样的意义上,张东荪把"社会主义"与"民主主义"同视为西方文化之"道统"。他研究了西方民主运动史后说:"民主主义的运动与社会主义的运动系抱着同一目的,向着同一方向而运动的。换言之,即西方文化上,历史所表现的亦只有这样的一种运动。"

他认为，在西方文化史上，很早就有了作为后来民主主义和社会主义的“概念基型”的自由、平等、理性等观念，但这些在当时只是“理想”而已。一部西方文化史，实际上就是努力使此“理想”变成现实的历史。这种努力，就是后来所谓的“民主主义运动”或“社会主义运动”。一部西方文化史，“就是西方人们对于天上飘着的这些概念拉到地上来的不断的努力之纪录，亦可以说是这样努力的失败之纪录，正表明他们的血与汗的成绩。”①

通过对马克思主义的分析，张东荪断定，马克思主义实际上就是真正的彻底的民主主义。马、恩在《共产党宣言》中说：“劳动阶级的革命第一步是使无产阶级升到统治者的地位，以建立民主”。② 张东荪从“建立民主”(to estailist democoracy)一语上发现，“马氏原意是认为共产主义在范畴上与民主主义大体相同，换言之，即民主主义决不会完全在共产主义以外。亦可以说，他的意思是唯有把无产阶级唤起方能办到真正的民主。可见，无产阶级的解放，正是民主主义的必然涵义。”民主主义与社会主义实际上是一回事。故他公开倡明：“我敢说倘使今后而能造有一个新文明，且为人类之真正起见，则只有由我们起来把真正的民主主义与真正的社会主义合而为一。”此处所谓“我们”当然是指中国，把真正的民主主义与真正的社会主义合而为一，正是“社会主义的民主主义”的真正内涵。

---

① 张东荪：《民主主义与社会主义》，上海观察社，1948 年 7 月，第 27—28 页。

② 今译为：“工人革命的第一步就是使无产阶级上升为统治阶级，争得民主。”见《马克思恩格斯选集》第 1 卷，第 272 页。人民出版社，1972 年 5 月第 1 版。

张东荪改变了对革命的看法，公开承认革命有其客观性。革命的爆发，不是一个理论问题，而是与实际境况密切相关的问题。革命是否使用暴力，是否使用无产阶级专政，乃由革命的实际境况决定。他认真研究了中西历史上的革命运动后，指出："凡革命以前必先有比较温和性质的改革，等到这样温和的改革失败了方会有革命。这几乎是一条普遍公例，甚少例外。所以革命必须用暴力不是一个理论上的问题，即连与革命是否不可避免亦不是一个理论上的问题。我们决不能凭空讨论人类进化要不要革命；同时亦决不能抽象来讨论革命要用暴力与否。这些问题都是实际上一时境况的需要所决定。"①由此，马克思主义的无产阶级专政与暴力革命学说，是有实施条件的，应依据"各国各时各地而有不同"。他警告人们说："倘以为这是一个不拘何地何处的必然办法与人可少的过程，这显然是一个大错误。一切争执与纷纠皆从这个错误而起，不可不加以警惕。"他虽然并没有放弃对中共理论的批评，但已经承认了无产阶级专政和暴力革命的合理性。

7月20日

张东荪在《中建》半月刊3卷4期发表《增产与革命——写了〈民主主义与社会主义〉以后》，明确地表达了他所主张的"新型民主"观点，并且断定中国只有"新型民主"一条路可走。

张东荪早就表示，今后一段时间不再写政论性质的文章，因为国民党当局已经没有再劝说的希望，知识分子又不足为社会

① 张东荪：《民主主义与社会主义》，上海观察社，1948年7月版，第39页。

的中坚，已经没有向他们“说话”的必要。然而，张东荪还是在《中建》3卷4期上发表《增产与革命——写了〈民主主义与社会主义〉以后》。他写这篇封笔之作的目的，显然是向中共陈述自己对于革命问题的见解，向中共提出自己的忠告：千万不要将“革命”变成“换朝代”。张东荪说：“故主张只有一条路。如果有些人以为必须加以一个总括的名辞，则不妨姑名之曰新型民主”。

张东荪通过比较和分析，认为“东欧式的民主”制度与苏联社会主义制度是不同的，这些制度，正体现了他所主张的“新型民主”的理论原则。“新型民主”，除了在国际上主张中立外，主要偏重于内政。他在政治上主张实行多党并存，在经济上保留私有财产制度，废除剥削，但“对于剥削关系亦只是废除其足以阻碍生产发展的那一部分，至于对于奖励生产尚有一些用处的另一部分则并不要一并加以废除。”他主张只把农村的地主、工业上的官僚资本、政治上的官僚阶层等严重阻碍生产发展的封建残余势力作为革命对象，除此之外，“实在丝毫无立刻改革的必要”。因此，张东荪强调，新型民主“只是一个大类的共名而已，各国情形不同，必须按照其本国国情自定适宜的办法。”

张东荪在该文中肯定了革命的正当性，并对革命与“增产”的关系作了深刻阐述。他分析了中国历史上“革命”的性质后认为，历史上的农民革命只是“换朝代”而已。这种换朝代式的革命“都是由于军或匪之蹶起”。它之所以对中国不起进步作用，是因为这样的革命并未与社会发展的总目标：发展生产（增产）相联系。也正是没有与生产相联系，没有从根本上解决生产力，所以中国历史上的革命又只能流于“换朝代”,成为政权更易的工具。他极力反对、并力求改变的,便是这种“换朝代”式的革命。他主张的革命,乃是与解放和发展生产力密切相连的革命。他忠告中共说,革命乃是当生产关系阻碍生产力发展,阻止人类不断增进生活的客观要求下不得不为的:“我的意思是说,一个社会或国家到了生产不能再有发展,而救济之法是改变其生产的社会关系中之足以阻碍生产再发展的那一部分。千万不要连累或波及其他本来没有问题的部分,这便是我所谓改革需要的天然界限。”

张东荪经过“深长思之”后认为,“为凡能为开辟新生产天地的,便是成功的革命,否则就是失败的革命。”失败的革命就是所谓“换朝代”。中国要避免换朝代式的革命,自然应当把革命与增产、革命与建设相联系。他反复强调:“凡能办到开辟新生产天地的,便是成功的革命,否则就是失败的革命。革命必须与建设相连接,革命是指冲破旧有生产关系中之阻碍其发展的部分而言,亦就是消除这些障碍。建设是指废除了阻碍以后自由发挥本身含有的生产力而言,亦就是从事于生产的开拓,以使人人满足其增进福利的天然要求,所以革命要成功必须紧接着建设,在革命中必须把建设开其初端。初端一开即进为和平,在和平中建设顺利发展下去。”[①]这些便是张东荪反对“换朝代”式的革命,而赞同真正革命的根本原因,也是解决中国仍走“换朝代”革

① 张东荪:《增产与革命——写了〈民主主义与社会主义〉以后》,《中建》半月刊3卷4期。

命问题的关键所在。张东荪不厌其烦地阐述这样的道理，实际上就是劝告中共一定不要将目前正在进行的革命变成“换朝代”，一定要在革命之后将主要精力放在经济建设上来。革命仅是手段，增产才是目的。

7月20日

张东荪在《北大半月刊》第8期上发表《纪念闻李二先生——民主与革命之关系》。他将革命与民主结合起来考察，认为民主主义与革命是密不可分的，表示了对革命斗争的同情。他认为“民主主义与革命就是一件事，换言之，即民主主义本来有革命性的”，所以，西方的民主运动根本是一个革命运动。他强调指出：“须知民主与革命分开这不是民主的原义，乃只是后来的态度”。他劝告那些反对革命的知识分子说：“须知历史上所有革命期前都有平和改革的尝试，只是因为不能成功，所以才迫得不能不走革命的路，并不是开始即主张革命。民主不易由平和而得，历史早告诉人们了。其实这些知识分子实在是根本不了解民主何由长成，只拿民主的后来变态当作唯一的正态，亦未尝不是由于太忽略历史了。”他断定，“历史上所有民主的实现没有不是由于流血所换的。不流血的革命只是革命的例外，而不是常轨”。[①]

7月

▲张东荪与张尔田的学生王钟翰、张联芝等人，经过多年的

---

① 张东荪：《纪念闻李二先生——民主与革命之关系》，《北大半月刊》第8期，1948年7月20日。

努力，将张尔田部分未刊文稿编成《遁堪文集》在上海刊印发行。张东荪作《跋》专门记述此事，以表示对兄长的怀念。

▲同月，张东荪在《观察》周刊第5卷1、2、3期上连载《〈民主主义与社会主义〉补义》。

9月26日

张东荪在《观察》周刊第5卷第11期上发表《知识分子与文化的自由》一文，继续阐述《告知识分子》的观点，对学术自由及思想自由问题发表意见。他说："我深知今天的大学教授群中大部分人抱着一种忧虑，即恐怕将来的变动会使学术自由与思想自由完全失掉。这种忧虑在我看来，确对于知识分子创造光明前途是一个障碍。我们必须剖解而廓清之。"故张东荪撰写该文的目的，不仅在劝告民主言论家，不要无故惹起旁人的疑虑，劝告自命为前进的青年学生们，不要造成一种小胸襟的印象，令人见而生畏，而且乃尤在于劝告一些真正酷爱自由的学者们："你们如果真视自由如生命，应该团结起来，用自己的力量保全已有自由的萌芽，开拓未来自由的田地。但千万不要以为反动势力可以保护你们所倚为生命的自由。这是缘木求鱼，亦是白昼见鬼。必须把这个梦想幻灭了，方有前途。否则便不是真正的自由主义者，而是上述的伪装自由主义。"

他认为，中国事实上已早没有政治性的自由主义存在的余地，但建立于精神独立上的思想自由与学术自由是必须坚持的。其云："中国自接受西方文化以来，为时虽然不太长，幸而对于这个精神却已植了一些根基。虽尚有待于将来的更发扬光大，却不能不说已经有了萌芽。为了将来发展科学计，为广中国在世界文化有所贡献计,这一些萌芽却是必须保全下去,千万摧残不得的。”[1]他对中国实现民主主义是抱乐观态度的:“我个人对于中国学术自由的前途不是悲观的。因为我始终相信人类的知识一经开放,便无法退回到蒙蔽的状态。中国在这数十年中既然已养成这样的自由思想的风气,谁也无法再压倒下去。所以我们的任务还是如何把它发扬光大,总要比现在更自由些。对自由风气的不能保全,却不必担忧。我个人在生活方面虽愿意在计划社会中作一个合乎计划的成员,但在思想方面却依然嗜自由不啻生命。所以今天爱自由的学者们如有觉悟,用自己的力量,不存依傍的心理,而要对于自由的保存与开拓有所尽力,区区小子愿为执鞭之士。”[2]

是年秋

刘仁领导的北平地下党立即向张东荪转达了中共中央的邀请,请他到哈尔滨参加新政协的筹备工作,并建议尽快准备离开北平,到东北解放区去。张东荪感到此时自己在燕京大学的课程还没有结束,突然离去,比较困难,希望等到学校放暑假时前往。不久,中共北平地下党通知张东荪与共产党秘密交通员李才接头。为了不引起国民党特务的注意,张东荪让夫人吴绍鸿女士前去。张夫人与李才在东华门附近接头。李才向张夫人交待了中共地下党的指示。李刚走出不远,便被国民党特务发现,

---

① 张东荪:《知识分子与文化的自由》,《观察》周刊第5卷第11期,1948年9月。

② 张东荪:《知识分子与文化的自由》,《观察》周刊第5卷第11期,1948年9月。

枪声大作，李才受了轻伤，但还是机智地逃脱了。张夫人吓得半天才缓过劲来。回到家中，将此事告诉了张东荪。在此后一段时间里，张东荪与中共地下党的关系一度中断。暑假时，他也没有能够离开北平赴哈尔滨。此后不久，中共北平地下党总学委负责人崔月犁(化名李大夫)负责与张东荪秘密联系。

10 月 10 日

张东荪在《国讯》第 1 卷第 1 期上发表《论政治斗争》，改变了对“斗争”理论的看法。

张东荪在《理性与民主》中提出，不相信斗争是与人类文明相终始的。而到 1947 年 10 月所作的《论政治斗争》中，他却说：“但我现在来讨论斗争，却亦十二分承认斗争是一个铁样的事实。斗争的由来是由于有个斗争的对象。人类社会所以不能达到理想境界就是由于有人或一些人甘心作斗争的对象，来和全社会的福利挑战。”[①]这显然是张东荪观点的一个变化。在该文中，张东荪对中共进行善意的忠告。他说，“我们既承认斗争是一个不可免的事实，则我们便不得不同时讲究斗争的技术。”即必须坚持一条原则：“在一个斗争中，对象最好只限于一个。换言之，即在某时某地，一个斗争中，千万不可把对象变为多个。”张东荪作此文的目的，是劝告中共不要将那些倾向中共的党外民主人士作为斗争对象，“必须把目标简单化，凡与对象有关的在可能范围内尽量争取过来”，以便孤立国民党。为此，张东荪不满意中共对民盟在内的民主人士的批评态度，认为这是“感情

---

① 张东荪：《论政治斗争》，《国讯》第 1 卷第 1 期，1947 年 10 月 10 日。

太冲动的缘故”,是“太不讲求斗争的方法”的表现。他向中共发出了善意的劝告,强调“斗争不限于表示,有时沉默的力量大于多言。”①希望中共对民主人士反对国民党的这种独特斗争方式谅解。

10 月 11 日

张东荪在清华大学作演讲《论真革命与假革命》,进一步阐述了革命问题。该文由学生文琪记录整理,刊载于《展望》2 卷 24 期。

他指出:“今天,以双十为例来与诸位谈谈,何谓成功的革命与失败的革命。双十可以说是失败的革命,否则三十七年后不会还有今天的这个样子。”革命有真假之分,“换朝代”的革命、没有促进生产发展的革命都是“假革命”。他说:“历史上的革命都是失败的,我们要使整个历史翻过来,在这个过程中每个人都得站在自己的地位上,用自己的能力负起自己的责任。”为此,他号召:“要打倒假革命才有真革命,革命就是要使中国走上一条崭新的路,决不是历史上任何的旧路。”②主张“新型民主”,赞同中共的新民主主义,对中共进行革命的同情与理解,加上他很早就与中共保持秘密联络,从而使张东荪与中共合作的政治基础和思想条件基本具备。

10 月 6 日

张东荪致上海《舆论》半月刊的发行人兼主编余宗范信札两

---

① 张东荪:《论政治斗争》,《国讯》第 1 卷第 1 期,1947 年 10 月 10 日。

② 张东荪:《论真革命与假革命》,《展望》第 2 卷 24 期,1948 年 10 月 30 日。

通。余宗范在《舆论》创刊号(9月1日刊行)上发表《展开革命与革命的竞赛》一文,张东荪不赞同,并在10月6日致余宗范的信中,对"革命竞赛"观点提出严厉批评:"执事倡革命竞赛之论虽甚新颖,然按诸实际恐难实现。盖此方所有者只戡乱集团耳,非革命集团也。无集团即无所凭籍。"这就从根本上否定了余宗范的"革命竞赛"之说。他建议余宗范:"执事与其作双方竞赛革命之空谈,不如挺身出而呼吁和平。"并进而打消其顾虑,且借英国首相丘吉尔"功成身退"之例,呼吁蒋介石引退:"或虑此方罢战彼方不罢将奈何,此乃幼稚见解。果以人民为重,但求有益于国,自己不恤引退,则何事不可了耶?丘吉尔以战胜之功退而在野,未闻有怨言,足见天下事,苟有广大心胸未尝无解决之道。"[①]

10月19日

张东荪再次致函余宗范,谈论时局。其云:"顷奉复书,蔼然仁人之言,敢不一掬同情之泪!今日之事,鄙人于两年前固已早料之矣。政协未协,犹复奔走宁沪者凡三度,终冀得挽回破裂,乃不幸竟无成。而旅居所费多借自友人,迄今犹有负债。自信对国家、民族,在良心上无愧也。以执事亦关心此局,故敢以下情渎闻。来书谓双方做长期打算,实则恐是宣传。据有人确知,政府军队之数量,已小于对方约为二与三之比;且对方补充亦同样困难,俘虏居百分之九十。似此情形,双方皆难以持久,加以经济已近崩溃,此方更不易维持。故长期化之说,殆为主观愿

① 李甡:《从两封旧札看张东荪的"中间路线"视角》,《北京日报》2010年1月25日。

望，不可轻信也。执事与其作双方竞赛革命之空谈，不如挺身出而呼吁和平。或虑此方罢战彼方不罢将奈何，此乃幼稚见解。果以人民为重，但求有益于国，自己不恤引退，则何事不可了耶？丘吉尔以战胜之功退而在野，未闻有怨言，足见天下事，苟有广大心胸未尝无解决之道。特此义鄙人不敢倡，以正处嫌疑之地位。足下超然似不妨一试。以尊函言之恳切沉痛，遂引起吾之感想。此系私函，幸勿在刊物上发表。至嘱至托。”①

11 月 18 日

解放军发动了平津战役后，傅作义通过彭泽湘、符定一到石家庄接洽与中共谈判问题。12 月 17 日，傅的代表崔载之、李炳泉与解放军平津前线司令部代表苏静进行谈判。由于双方条件相差甚远，谈判很快陷入僵局。

致力于调和国共关系、促进和平早日实现的张东荪，一直关注着平津时局的发展。他主张国共谈判，以和平方式解放北平。为了打破谈判僵局，中共方面也希望能找一位有影响的民主党派人士参加谈判作为缓冲，并可居中调停。他们首先考虑的人选就是民盟中央常委、秘书主任兼民盟华北总支部主任委员张东荪。因为一方面张东荪数年来一直在国内倡导和平，反对内战，是非常有影响和号召力的民主领袖，另一方面张东荪很早就与中共建立了联系，并在抗战时期为中共做过许多事情，加之思想逐步倾向中共，很受毛泽东的信任。这样，中共便决定让张东

① 李甡：《从两封旧札看张东荪的“中间路线”视角》，《北京日报》2010 年 1 月 25 日。

苏出山。中共地下党立即劝说张东荪出城谈判。

12月24日

傅作义的老朋友侯少白推荐张东荪作为傅作义的代表出城与中共谈判，傅也感到派张东荪这样一位在社会上有影响的民盟领袖出面，有利于调解双方关系，便于打开谈判僵局，对张东荪寄予厚望。有人回忆："此时傅作义心情沉重，郁郁不乐，急于寻找出路，他感到非谈不可的时候到了。于是接受高级政治顾问刘厚同（辛亥革命参与者，解放后任天津市政协委员）的建议，派政工处长周北峰少将与中共接触，他还对刘表示希望找一位民主党派的领导人一起去谈。中共地下党得知这一消息后，认为中国民盟华北总支部主委、燕京大学教授张东荪是一位合适人选。张东荪与我党原来就有来往，经中共地下党动员后表示愿意出城谈判。傅作义也认为民盟是一个大党，有声望、有威信，谈判时民盟作为中间人可起协调双方关系的作用。"①

---

① 关世雄：《古城黎明之前——民盟北平市临工会活动追忆》，见《我与民盟》，第93页。

1949年(民国三十八年　己丑)　63岁

【张东荪继续在燕京大学任教,1月初,他与傅作义会晤后,作为傅作义和中共双方信任的代表与傅作义的代表周北峰赴河北蓟县八里庄,与林彪、聂荣臻等人谈判,促成了北平和平解放的成功。1月中旬,张东荪到河北平山西柏坡会见毛泽东,双方在召开新政协、建立联合政府、进行新民主主义经济建设等重大内政方针上意见一致,但对新中国外交方针产生分歧。张东荪主张走"中间路线",不能实行"一边倒"。回到北平后,张东荪一方面作为民盟代表参加了新政协筹备会议,另一方面与司徒雷登有信函往来,力图与美国方面保持联络渠道。9月,他参加了中国人民政治协商会议,并当选为中央人民政府委员和政务院文教委员会委员。】

1月1日

中共中央军委致电平津前线司令员林彪,提出了与傅作义谈判的六点方针,并指示说:"惟我们希望傅氏派一个有地位的、能负责的代表,偕同崔先生及张东荪先生一道秘密出城谈判。"同时为了保证张东荪的安全,又特别强调:"如张东荪出城不能保守秘密，则张可以不出来。”当李炳泉向傅作义秘密传达了中共中央“军委六条”后，出现了打破谈判僵局的机会。中共方面要求派一名“能负责任、有地位的人”出城去谈，傅作义立即想到华北“剿总”民事处长周北峰和极力主张和平的张东荪是最佳人选。

1月5日

傅作义约张东荪在中南海居仁堂谈话。傅作义开门见山地问：“张教授，宜生想与共党言和，你意如何？”张东荪回答：“言和是大势所趋，人心所向。傅总司令当机立断，不受他人甚至南京方面的干扰，实在令人敬佩。言和乃光明之途，不走和谈之路，古都危矣，傅总司令也危矣！”

张东荪教授的一番直言，使傅作义很痛快地下了决心。傅作义说：“张兄所言极是，我想请张兄作为我的代表，代我辛劳一趟。如果张兄谈和成功，我傅宜生将感激万分！”张同意向中共方面转达傅的意见，但因为是民盟成员，不便作为傅作义的代表，请再派一名正式代表，与自己一起出城。傅作义答应了张东荪的要求，并提醒张东荪说：这事十分机密，“千万不能向外透露半点分声，否则，不但事情办不成，张先生的安全也将受到威胁，或带来不必要的麻烦！”①

据后来张东荪向子女讲，当时会见场面很紧张，傅作义打着裹腿，全副戎装；当张向傅申明利害，表示愿意代他出城与解放

① 董世桂、张彦之：《北平和谈纪实》，文化艺术出版社，1991年版，第175—176页。

军进行谈判时，傅的脸色才逐步缓和下来。

1月6日

清晨，华北"剿总"秘书长王克俊，乘车首先来到府右街西侧的穿堂门胡同，接上周北峰，尔后来到李阁老胡同张东荪家。王克俊告诉张东荪："昨天您对傅先生所表示的意见，周北峰先生也赞成，您们现在就乘车出城去谈，路线及联络记号已约定好。出西直门，沿途有人告诉您们怎么办！"王克俊交待完后，匆匆忙忙离去了。此时，负责与张东荪联系的崔月犁走进来对周北峰说："傅先生派您代表他去商谈和平解放北平的事情，解放军平津前线司令部表示欢迎。"然后告诉张东荪和周北峰说："您二位这就走吧！我们也为您们的行动安排好了，出西直门直奔海淀，在那里有我们的人接，联络口号是'找王东'。我接到我党的指示，叫我和你在这里见面，希望您们这次出城，能很好地完成这一历史使命，路上要小心，请张先生用白布缝一个小旗，绑在棍子上，通过火线时摇晃着白旗，就安全了。"①

据崔月犁回忆："我约好与他们在李阁老胡同张东荪家见面。我和周北峰先生是第一次见面。他想先和我谈谈，因为出去的路线、时间、暗号都用电报与城工部联络好了，不能耽搁，我让他们马上就动身。周北峰说：'我们这方面路过的军队关卡好说，到解放军那边怎么办？'我让他们带上一面白旗，准备过火线时用，并告诉了他们要走的路线和联络暗号。很快周北峰和张

① 董世桂、张彦之：《北平和谈纪实》，第175—176页。

东苏一起出发了。”①

周北峰、张东苏乘车出发，出李阁老胡同西口，经西四、新街口、西直门、直奔万牲园（即动物园）。在白石桥拐弯处，下车步行，他们打着白旗，对上了暗号，通过火线后，由解放军派吉普车送到西山。

1 月 7 日

张东苏与周北峰抵达蓟县八里庄。中央军委对此次谈判非常重视，继早晨 5 时向林彪、聂荣臻电告关于与傅作义代表周北峰谈判方针后，下午 3 时又致电林、聂：“周北峰、张东苏到后，你们先要他们对我们六点意见表示态度，并与他们商谈具体办法，随即以他们态度及商谈意见电告我们，并留他们住几天”。②

1 月 8 日

聂荣臻向二人讲述了全国战局及平津前线的形势后，便分别与张东苏、周北峰进行了晤谈。

聂荣臻直接了当地问张东苏：“出城前，傅作义向您交了哪些底，他对这次和谈诚意如何？”张东苏向聂荣臻转达了傅作义的四项要求：“1. 平、津、塘、绥一齐解决；2. 平津以后能否有其他报纸，不只是中共一家的报纸；3. 政府中要有进步人士；这两条都是傅作义冠冕堂皇的陪衬话，实质是他要保留他的报纸，他

---

① 崔月犁：《忆争取傅作义将军起义的经过》，《北平地下党斗争史料》，北京出版社，1988 年 12 月版，第 535 页。

② 《中央军委关于对傅作义代表周北峰应严正表示的四点意见的电报》（1949 年 1 月 7 日），北京档案馆编：《北平和平解放前后》，档案出版社，1988 年 12 月版，第 56 页。

要参加新政府。4. 军队不要用投降或在城内缴械的方式，采取有步骤的办法，即调出城外，分驻各地，用整编等方式解决。如贵军同意此方针，双方派代表协商拟定具体办法。”

当聂荣臻继续询问傅作义的思想动向时，张东荪坦率地谈了自己的看法：“傅称中下级军官多为傅的人，能控制，能保证。如有不遵令者，傅可解决他。依我本人看，基本问题是军队问题，我是外行，请您们仔细考虑！”聂荣臻又问：“傅究竟是什么打算？能否永远站在人民解放军方面来，还是跟蒋介石殉葬，或者还幻想第三条路线？”张东荪回答：“我的观察，傅是决不能打下去了，其原因是主力被歼，美援无望，前不久有一批美援经上海时被国防部换了一批坏货，傅很不满意；城内粮食不能持久。傅一脑子旧东西，不愿在中共下面做事，第三条路线曾经有人活动过，我曾竭力阻止和破坏，现在傅打消了这一打算。我看傅还是要点面子下台，我把他这种下台称之为‘光荣的交待’。”①

张东荪的分析，使聂荣臻基本摸清了傅作义的思想动态和谈判的底牌。随后，聂荣臻又与周北峰进行会晤。周北峰表示：“我是奉命来谈全面问题的，包括平津、塘、绥的一揽子和谈。”同时，想弄清“解放军对和平解决的条件”。聂回答说：“条件很简单，我们要求他停止抵抗。”周说：“这次叫我出城商谈，我看是有诚意的。这是大势所迫，人心所向，只有走这一条路。当然在具体问题上，还可以费些周折。”聂荣臻以十分严肃的口吻警告说：“傅先生不能取骑墙态度，只能站在人民解放军一方面，其军队

---

① 董世桂、张彦之：《北平和谈纪实》，第180页。

只能编为人民解放军，不能有其他名义。平津问题要迅速解决，否则我军即将举行攻击。”

聂荣臻与张东荪和周北峰分别会谈后，立即将会谈情况向中央军委作了汇报，请示谈判方针。毛泽东收到林彪、聂荣臻的电报后，经过反复研究，于1月9日凌晨2时，以中央军委名义致电林、聂：

“（一）因为傅作义派人出来谈判，具有欺骗人民的作用，并有张东荪在场，故我们应注意运用策略。你们应回答如下几点：（甲）平津塘绥均应解决，但塘绥人民困难尚小，平津人民困难甚大，两军对峙，军民粮食均有极大困难，故应迅速解决平津问题。（乙）为避免平津遭受破坏起见，人民解放军方面可照傅方代表提议，傅方军队调出平津两城，遵照人民解放军命令开赴指定地点，用整编方式根据人民解放军的制度改编为人民解放军，并由双方代表于3日内规定具体办法，于1月12日下午1点开始实施。平津两处办理完毕后，即可照此办法解决塘绥问题。（丙）政府中有进步人士。平津报纸不只中共一家，是中共民主纲领中原来就有的，故不成问题。（二）估计傅作义对于乙项是不能实行的。如果他能实行将军队开出城外，我们亦有办法将其缴械，故可大胆答应傅方提议，表示仁至义尽，你们即应与周北峰讨论实行此条的具体办法，例如军队出城所取道路、驻地及其他事项，逼傅在12日开始实行，使张东荪看了认为我方宽宏大量，完全是为保全平津人民的生命财产而出此。（三）对于要傅开口子、扣军官，实行里应外合这一点，现在不要提，待攻克天津后再说。（四）如张东荪不愿久待，即可派车送他来中央所在地，并派人妥为照料。”[1]

1月9日

上午9时，双方进行正式谈判。周北峰首先代表傅作义提出了和谈条件：(1)平津塘绥问题一齐解决；(2)傅作义所属部队以团为单位出城整编；(3)对于新保安、张家口、怀来作战中被俘的人员一律释放，不作战俘对待；(4)文职人员都吸收到新的工作单位继续工作，对傅的军队、行政、文教等人员予以安排，给予生活出路；(5)政治民主、经济平等、言论和信仰自由，《平明日报》继续发行；(6)对傅作义的所属军政人员已往罪过不要追问。

林彪根据中央军委的指示，提出了中共方面的谈判条件，作为对傅作义方面条件的答复：

“(1)所有军队一律解放军化，所有地方一律解放区化，即把傅作义军队调出平津两城，遵照人民解放军的命令开赴指定地点，用整编方式改编为人民解放军；(2)只要傅作义让解放军和平接收平津，允许傅部编一个军，对傅作义不作战犯看待，在政治上给他一定的地位，并允许保存私人财产；(3)对张家口、新保安、怀来战役被俘人员可以一律释放，对傅部的起义人员一律不咎既往，凡愿继续工作的都可以留下来安排适当的工作，不愿工作而要还乡的人员，都可以资遣，并发给资遣证明书，令其返乡，并嘱咐地方政府，对其返乡后也不予歧视。”聂荣臻分析了当前形势和平津战局后也说：“傅先生除了放下武器，把文化古都北

---

① 《中央军委关于在与傅作义谈判中应注意的问题的电报》(1949年1月9日)，北京档案馆编：《北平和平解放前后》，第58—59页。

平和工业城市天津保全下来，为人民做些好事外，别的再无出路，希望傅先生早下决心，当机立断！”①

张东荪听后，非常高兴，连声称赞：“把驻守平津的国民党军队全部调出城外，开到指定地点，按照解放军编制、制度，改编为人民解放军，这个办法好，傅先生一定能接受。”②

由于谈判双方都有诚意，意见也基本一致，谈判暂行休会。

1月10日上午

双方就军队如何改编、城市如何接管、人员如何安排等具体细节问题，又进行了一次会谈磋商，并由中共代表苏静根据谈判内容整理了一个《谈判纪要》。林彪、聂荣臻和周北峰都在“纪要”上签了字，张东荪却谢绝在《纪要》上签字，他说：“我是民盟成员，代表不了傅作义将军，只能在你们双方之间当个调解人和见证人。”③当林、聂转达中央军委让他到中共中央所在地会晤毛泽东时，张东荪表示要先回燕京大学一趟，做些必要的准备，然后再启程去会晤毛泽东。苏静赠送张东荪和周北峰每人一双军靴作为纪念。④

对北平和平谈判，很多人都尽了力。张东荪在关键时刻出城，不仅打开了双方和谈的僵局，而且也取得了实质性进展。这主要得益于傅作义方面和中共方面都有和谈的诚意及双方对他

---

① 董世桂、张彦之：《北平和谈纪实》，第184—185页。

② 董世桂、张彦之：《北平和谈纪实》，第185页。

③ 董世桂、张彦之：《北平和谈纪实》，第186页。

④ 据张东荪的家属讲，当时林彪赠送给张东荪一件狐皮大衣，但在文革前派人又取走了。

的高度信任。毛泽东事后在颐和园一次会议上当着许多人的面，竖起大拇指说，北平和平解放，“这是张先生的功劳！”张东荪也认为，这是他一生中所做的最得意的一件事情。1950 年，友人纷纷写诗赞扬张东荪在和平解放北平的功绩，他把这些诗以《围城题记》为标题，亲手抄录下来，并写了《自识》，准备留给子孙。他写道：“戊子冬，北平围城。余与刘厚同、赵少伯、彭岳渔、张丛碧倡议罢兵，以保全人民古物。以余为双方信任，使出城接洽。当时虑或不成，栗栗为惧，乃幸而一言得解。事后友人义之，有此题咏。余亦自谓生平著书十余种，实不抵此一行也。因装成幅，留示子孙。”

1 月 10 日晚

张东荪在解放军的保护下乘车返回北平燕京大学。他在燕京大学作了一个讲演，是解释为什么坚决主张与中共进行和平谈判。他形象地用“老鼠与花瓶”比喻傅作义的部队与文化古城北平：老鼠是可恶的，人人都想消灭它，但它却躲在一个精美的花瓶中；既要消灭老鼠，又要不打碎花瓶，就不能不采取和平方式、用和谈的办法解决。张东荪的讲演获得了广大师生一片支持和喝彩声。

1 月中旬

张东荪与费孝通（代表民盟），雷洁琼夫妇（代表民进）在中共地下党的安排下，到华北解放区出席中共中央召开的民主党派的会议。他们先到石家庄，然后再到中共中央驻地西柏坡。张东荪一到西柏坡，便送给毛泽东一本自己的封笔之作——《民主主义与社会主义》，毛泽东也回赠他一套东北解放区出版的

《毛泽东选集》。

据张东荪后来对家人说，当时他出发去石家庄时神情非常兴奋，想向毛泽东和中共阐明自己关于即将成立的联合政府内外方针问题的意见。

张东荪向毛泽东所陈述的，实际上仍是所谓“新型民主”的主张。对于毛泽东提出的新民主主义的许多内政方针，张东荪发表了自己的见解。如对于中共正在实行的土地改革，张东荪承认有其合理性，但仍劝中共应该迅速把重心放在发展农业生产上；对于以暴烈方式对付反动派的破坏，张东荪对中共用严厉方式镇压虽表示理解，但仍不是非常赞同。但总体上看，双方在召开新政协、建立联合政府、进行新民主主义经济建设等重大内政方针上是一致的。

但在讨论新中国的外交方针时，两人产生了巨大分歧。毛泽东认为新中国的外交方针只能是一边倒向苏联，必须实行“一边倒”。张东荪则主张应该走“中间路线”，在国际上不亲近美国也不亲近苏联，或者可以比较亲近苏联，但也要与美国建立良好关系，不能反美。因为一方面中国的建设需要美国的支援，另一方面如果中国倒向苏联一边，会刺激美国，导致美苏关系恶化，导致中国与美国直接对抗，中国可能成为苏美冲突的牺牲品。

毛泽东坚决不同意张东荪的主张，认为很多知识分子都存在着严重的“亲美”“恐美”思想，张东荪不同意“一边倒”向苏联，就是这种思想的反映。张东荪坦率地提出：“中国不能一边倒。”毛泽东问道：“美国那边欺负我们，苏联这边支持我们，我们怎能不一边倒呢？”张东荪认为：“一方面中国的建设需要美国的支援；另一方面，中国如果偏向苏联，就会刺激美国，导致中国与美国的对抗，成为大国争斗的牺牲品。”毛泽东声言：“我们不怕外国人！”张东荪坚持认为：“美苏之间各有短长，中国应该融合美国政治与苏联经济，铸造新型民主国家。”“你张先生的新型民主不过是美国式民主。”毛泽东严肃地说，“在西方政治中，总是分为执政党、反对党。而中国即将建立的革命政权是共产党和第三方面共同的成果，为何要自己反对自己？”

张东荪与毛泽东双方各执己见，谈话的气氛一度非常紧张。同时，毛泽东对张东荪的“中间路线”主张和“亲美”思想进行了委婉的批评。他说：“国民党正在策动中间力量，企图使民主阵营半途拆伙。共产党希望，在新政协与新政府中，共产党与民主党派求同存异，真诚合作，不要建立反对派和中间路线。”张东荪承认：”党派之间合作而非对抗，确实是一种新的政治思想。”民进成员雷洁琼表示：“民主党派现在不再是中间派，民主党派坚决拥护共产党”，气氛缓和下来。

2 月

当张东荪回到北平时，情绪比较低沉，显出一副较失望的样子。

张东荪与毛泽东这次会谈时的分歧，实际上是中共“新民主主义”理论与张东荪“新型民主”主张的冲突。对于国内问题，中共主张召开新政协、成立联合政府、实行新民主主义的经济政策等，都与张东荪所主张的多党合作、混合经济、保留私有财产等相似。对于国际问题，张东荪从 30 年代起便形成了调和资本主义与社会主义的思路，数年来一直思考着如何调和美苏冲突。

他所谓“中间性的政治路线”和“新型民主”的重要内容,就是主张既不亲美,又不亲苏,对双方保持同等的距离,反对美国把中国当作反苏基地,但欢迎美国对中国的经济建设给以援助;不亲近苏联,以免刺激美国,从而导致美苏冲突,爆发第三次世界大战,给中国带来巨大灾难。而毛泽东对于美帝国主义的本质有着深刻的认识,对于它支持国民党打内战、阻碍和干涉中国革命的野蛮行径有着切身的体会,对于它与苏联对抗、破坏国际共产主义运动的阴谋有所了解,断定美帝国主义与国民党一样,是中国人民凶恶的敌人,是革命的对象。新中国的外交方针,自然不能与这样的帝国主义结盟,而必然倒向苏联为首的社会主义阵营一边。

5 月 31 日

张东荪与沈钧儒、章伯钧、黄炎培、周新民暨临工会全体同志名义,致函张澜:“上海市政府潘副市长转张主席表方暨罗隆基、史良、郭则沉诸同志:史电谅达。诸同志久困沪滨,领导盟务,殊为敬佩。上海现告解放,请即联袂北来,主持四中全会,商订本盟今后决策。特电欢迎,并盼告行期。”张澜等 4 人复电:“各电敬悉。盟员中有数人遭难,弟等平安脱险。”①

5 月

张东荪通过美国驻北平总领事柯乐,致函美国驻华大使司徒雷登,商谈中美关系。21 日,司徒日记载:“由柯鲁伯(Clubb,美国驻北平总领事)把消息转达张东荪。”27 日其日记载:由柯鲁伯转来张东荪的回信。

---

① 龙显昭主编:《张澜文集》,第 361 页。

5 月 28 日

司徒雷登请柯乐博转交致张东荪回函,邀请 7 月 20 日南下面谈,希望与张东荪进行一次长谈。据其日记载:“由柯乐博转交回复张东荪的信,请他在 7 月 20 日前到来,我再三地把他信里提到的消息报告国务院。”司徒对于张东荪这次南来原寄望甚高,在同日致国务院电说:“我已要求张前来,并深信他所掌握的情况将来我带回华府甚为有用。”张东荪安排妥当准备前往南京。在同一电文所附北平总领事柯乐博的报告中称:“张说他已向周(恩来)提出,在占领上海之后,他需要前去看看。周已批准张的建议,因此张暂定 5 月底或 6 月初动身。他……要求我告诉你,如果他去上海的话,随后会去南京看望你。”①

6 月 9 日

北平总领事柯乐博致电国务卿称:“张宗炳告知,主要关于周恩来最近对教授们的演讲中,说到中国共产党人不会走铁托主义路线。张说此番解释不符合情况,而据他父亲的看法,事实上共产党人正在走这条路线。”②

6 月 15 日

新政协筹备会在北平正式成立。毛泽东在中南海勤政殿召开第一次全体会议。张东荪以民盟中央常委的身份与张澜、沈均儒等人代表民盟参加了新政协筹备会。负责起草政府组织大纲的政协筹备会第四小组成立后,张东荪与张志让、滕代远、阎

① 林孟熹:《司徒雷登与中国政局》,新华出版社,2001 年版,第 173 页。

② 林孟熹:《司徒雷登与中国政局》,第 174 页。

宝航、雷洁琼、陈其尤、林厉儒等7人被推举为委员，负责讨论提纲，张志让为召集人。

6月18日

司徒致电国务院称：“我推测陈铭枢及其他人已北上参加北平之政协筹备会议，在返回华府之前我将设法取得有关之第一手资料。张东荪也将是代表，他仍会经上海来南京看望我。”但张东荪与罗隆基商量后，罗坚决反对南下。张东荪致函司徒，以“妻子有病无法远行”而婉言拒绝了南下。①

司徒雷登致国务卿电中所附柯乐博报告称：“张昨天见到周恩来，后者特别在与外国的贸易问题上显示出能够接受的姿态。他说像毛泽东、刘少奇和周恩来这样的人，已意识到重建贸易和对外关系的需要，但尚未达到足以将他们的观念和判断加到比较下层的头上的地步，那些人是受另一条路线教育出来的。他强调他的信念：目前在如何对待美国的问题上，已存在一种向调整位置发展的趋势，但共产党人行动来得很慢。”②

6月25日、8月19日

张东荪两次参加新政协筹备会议关于政府组织大纲的起草和修改讨论会，修正通过了《政府组织法草案》。

7月17日

张东荪、罗隆基、周鲸文与美国驻北平总领事柯乐博在张宗炳家会谈。

---

① 林孟熹：《司徒雷登与中国政局》，第166—167页。

② 林孟熹：《司徒雷登与中国政局》，第174页。

张东荪的长子张宗炳亦是民盟成员，与美方人士素有交往。在这次会谈中，罗隆基谈得最多，包括对毛泽东和中共的认识，对马歇尔使命的评价、中美未来关系的考虑等。他在谈论到毛泽东时说："作为一个共产党的领袖，他必须保持适当的位置以面对苏联，因此毛作为中国领导人，可以讲的一套做的又另一套，端视实际要求而定。"张东荪、周鲸文和张宗炳都谈了自己的看法。柯乐博不时插话或提问。柯乐博认为此次晤面毛泽东是事先知情的，并立即向司徒和华府报告。据次日柯乐博致电美国国务卿报告谓："昨日与张宗炳简单研究解决此事，我要求他对张东荪是否准备向共产党当局转达一事给予答复，张东荪现在本市。今晨八时送给了张（宗炳）备忘录，内容如同国务院来电所陈述，但略去倒数第二段之评论，他说其父会转达。"①

8月2日

北平总领事柯乐博致电国务卿："昨日与张宗炳商讨并交给他未签署之备忘录，内容为大使希望他或他的父亲转达给周或毛的讯息中的重要情况和事实……张今天去看望父亲，之后将会通知我有什么可能的作为。"②

8月5日

美国政府发表了《美国与中国的关系》的白皮书，公布了若干反对中国革命的真实材料。中共中央认为，白皮书的发表是教育那些对美国抱有幻想的所谓"个人民主主义者"的反面教

---

① 林孟熹：《司徒雷登与中国政局》，第178页。

② 林孟熹：《司徒雷登与中国政局》，第172页。

材，新华社接连发表了六篇对白皮书的评论，除了《无可奈何的供状》外，其余都是毛泽东亲笔所写。毛泽东对白皮书的评论，与其说是针对美国的，还不如说是针对那些要走“中间路线”、对美国抱有幻想的“个人民主主义者”。而所谓中国“民主个人主义者”，实际上就是张东荪、罗隆基等为代表的资产阶级知识分子。对此，罗隆基似乎做了肯定的回答。

罗隆基在新华社发表《六评白皮书》后，托人转达以下意见给司徒雷登。他说：“美国如不先放弃蒋而续予支持，则中美关系很难改善。美国必须决定放弃一边。但即使美国放弃蒋，与中共恢复外交关系，欲立刻或一、两年内，使中共与美国关系超过与苏联关系，仍不可能。最好美国先以一部分救济物资，无条件送给中国，同时放弃麦克阿瑟派的援蒋活动，则在相当时期后，自有转圈的机会”。“民主人士不会有力量，只是陪衬而已。白皮书指出民主个人主义者是最不聪明的举动。所谓民主个人主义者，自不是指的胡适与李宗仁，而是罗隆基、张东荪。但一经美国指出，中共对所有民主人士都怀疑了，特别于我和张东荪。所以，有的地方我都没出来。”此后，张东荪对中共的态度明显地消极起来。

9月20日

新政协筹备会常委会第8次会议，决定新政协一次会议于21日下午7时在怀仁堂举行。确定参加的单位15个，正式代表510人，候补代表77人，特邀代表75人，共662人。张东荪与张澜、沈钧儒、章伯钧、罗隆基、史良、周新民、楚图南、丘哲、周鲸文、费孝通、李相符、李文宜、胡愈之、辛志超和刘王立明等16名民盟正式代表及叶笃义、罗子为两名民盟候补代表参加。

9 月 21 日

新政协第一届全体会议开幕，张东荪被选为大会主席团成员。次日，大会决定设立 6 个分组委员会，张东荪分在“国旗、国徽、国都、纪年方案审查委员会”。

9 月 29 日

张东荪与彭真、陈铭枢、章乃器、周恩来任执行主席，讨论并通过了《共同纲领》；

9 月 30 日

新政协第一届全体会议选举产生了中央人民政府委员会。毛泽东当选为中央人民政府主席，朱德、刘少奇、宋庆龄、李济深、张澜、高岗为副主席。张东荪与周恩来、陈毅等 56 人当选为中央人民政府委员会委员，同时还选举产生了由 180 人组成的第一届政协委员会。民盟分配到 5 个名额，张东荪表示自己不担任政协委员。张澜、罗隆基、周新民、楚图南和曾昭抡等 5 人当选为全国政协委员。

据说，第一届中国人民政治协商会议 576 名代表，选举中央人民政府主席，毛泽东以 575 票当选主席。据戴晴考证，时任燕京大学教授的张东荪是唯一没有投赞成票的代表，此事还需更多证据说明。

10 月 19 日

张东荪被毛泽东任命为政务院文化教育委员会委员。从此，张东荪开始了与中共合作建设新中国的历程。

11 月 4 日

美国务卿致北平总领事柯乐博，想通过张东荪向中共高层传递相关信息。该电称:司徒大使要求你将下述内容口头转达给张东荪:“我个人向你呼吁,因为我关心我们两国之友好关系,目前它由于安格斯·华德及沈阳总领馆之成员受到空前的粗暴对待而遭到严重损害……除非尽早获得合理解决,否则难以再抑制美国公众之愤慨。”

11 月 23 日

张东荪与美国驻北平总领事柯乐博会谈,交换对时局看法。据柯乐博致电国务卿谓:“11 月 23 日和张东荪见面时,他说原计划之函件已于‘数天之前’送交周恩来……”“张没有给我该函件之文本。”“我告诉张目前对沈阳之谴责以及表达我对他给予的帮助的赞赏。”还称:“11 月 23 日与张东荪进行交谈过程中,张表示了对最近政治局势的严重关注。我说看来目前经济问题可能更为迫切,张同意近来经济形势之严重性,但回到政治方面时,他表示恐怕国际政治问题在某种情况下,会对中国的领导人构成沉重的国内问题……他说最重要之问题是中国究竟是自己解决问题和处理事务,抑或仅仅听从外面的指挥。”

12 月 1 日

张东荪与北平总领事柯乐博会谈,谈及向周恩来转交相关信函之事。柯乐博于 12 月 3 日致电国务卿称:“12 月 1 日与张东荪见面,他说他在 11 月 30 日的会议上见到周恩来,周告知已收到函件,但‘没有提及’沈阳事件。张仍未收到对该函件的回复,张对沈阳事件感兴趣,认为问题的解决会有进展。”①

---

① 林孟熹:《司徒雷登与中国政局》,第 173 页。

是年秋

民盟内部形成张东荪、罗隆基、曾昭抡、潘光旦、刘王立明、周鲸文、范朴斋、叶笃义等人为主的小集团，排挤救国会的沈均儒、史良及第三党的章伯均等人。他们经常在刘王立明家、罗隆基家中聚会。张东荪平时住在城外燕京大学，而一旦进城开会，不便赶回，就住在外交部街1号长子张宗柄家。罗隆基等在城里住的民盟领袖便在这里聚会，这里俨然成了“罗隆基小集团”的活动据点。

张东荪由于与罗隆基、叶笃义等人的历史关系，自然属于该集团的重要成员，但他的态度非常消极。与他相知甚深的叶笃义回忆：“在小圈子以内，罗隆基注意的是人事和职位的安排，而张东荪表面上看来对这些问题兴趣很不大。但遇到谈国内外时事，尤其是谈国际形势，他的劲头就来了。张东荪随时预计世界大战何时爆发，打起来以后美国纵不必胜也能弄到两败俱伤。当时在‘变天’这一点上，罗隆基的态度同张东荪有所不同。有一次罗对张说：‘我们是没有退路的，将来如果真会变天，左舜生、蒋匀田这一般人来了以后也会杀我们的。’”还说：“罗隆基重视人事安排，而张东荪却不感兴趣。他对政府和国家中的名位都无所谓，而想的是可能变天和第三次世界大战。”①

12月7日

民盟一届四中全会在北京召开。民盟内部“罗隆基小集团”

① 叶笃义：《我和张东荪》，《文史资料选辑》增刊第2辑，中国文史出版社，1987年。

与章伯均等人的矛盾逐渐公开化。楚图南回忆当时矛盾说:“当时民盟内也确有一些争论,而且对某些问题,特别是对一些历史事件的责任,以及有些民盟领导人想走中间路线的政治倾向问题,意见相当不一致。此外,罗隆基当时还力图在民盟领导层中排斥救国会的同志。”[①]这样,双方在民盟一届四中全会上展开激烈争论,当时一批盟内一些领导,如刘王立明等都想撂挑子。“由于对这些问题争论得十分激烈,这当然会引起中共领导的关心。当时李维汉同志,特别是周恩来同志对民盟内部出现的意见分歧十分重视,”他们出面调解章伯均与罗隆基的矛盾。

12 月中旬

周恩来陪毛泽东赴苏联访问前夕,张东荪和罗隆基请周恩来在中南海办公地点约集民盟领导人谈盟内团结问题。由于有人从中挑拨,张东荪与罗隆基并没有到会。周恩来为此对张东荪和罗隆基进行了严肃批评,并表示:“你们的团结问题解决不好,我出国都不放心。”毛泽东在访问苏联前夕邀请参加民盟四中全会的负责同志谈话。据楚图南回忆:“毛主席在谈话中十分幽默,很有风趣地讲了《三国演义》上古城会的故事。毛主席微笑着说,当时在古城的三弟张飞,看见从敌人营垒回来的二哥关羽,对他提出种种疑问,是张飞有警惕性的表现,是完全正确的。但关羽一旦斩了蔡阳,有行动表示了与敌人划清了界限,张飞于是向关羽开门迎接,又兄弟团结共同对敌。毛主席就是用这样

---

① 楚图南:《民盟工作的片段回忆》,《我与民盟》,群言出版社,1991 年 8 月版,第 5 页。

通俗的故事,化解了民盟内部的争论。”[①]

由于中共的调解,民盟一届四中全会很快转变到对罗隆基亲美路线的批评上。在新成立的民盟中央机构中,张澜为主席,沈均儒为副主席,张东荪与章伯钧、罗隆基、黄炎培、马叙伦、史良、彭泽民、周新民等人为中央政治局委员。民盟实现了以张澜、沈钧儒为核心的团结,内部的矛盾暂时得到缓和。

12 月

张东荪在《燕京学报》第 37 期发表《公孙龙的辩学》一文。他解释撰写此文目的说:“每年讲授中国哲学史,都因为时间不够分配,把公孙龙一派仅略略一提而已,没有细讲。今年因为有外国学生旁听,使我对于名家特别感到兴趣。除了参阅近人多种著述以外,又把原书细读了一下。乃恍然觉得意义可通。不禁窃喜,遂成此文。”他研究后的结论是:“公孙龙在当时可算是很奇特的一派。只因为他用以作辩论之题材的与他派相同,遂被後后人混入于一些辩士中,而掩没其奇特性。这是一件很可惜的事。我今特别标而出之,以明公孙龙既非墨学的旁支,亦非诡辩学派的正宗。他的学说在表面上虽富有诡辩色彩,而其内容却不尽然。恐怕因为当时流行诡辩的风气,他便利用之,以明其所主张之分析之重要性。他十分注重分析,不恤以诡辩的姿态来助威。即不恤说得过分些,使人更容易注意。至其主张内容却亦未尝不朴实平浅。此所以异于其他诡辩的辩士们。”

---

① 楚图南:《民盟工作的片段回忆》,《我与民盟》,第 5 页。

1950年(庚寅)　64岁

【张东荪继续在燕京大学任教。他以中央人民政府委员和政务院文教委员会委员身份参与政治活动,但表现非常消极,主要思考中国与美国、苏联之间的国际关系问题。他希望通过王志奇建立与美国的联系。朝鲜战争爆发后,他坚决反对中国参战,并表示要力劝毛泽东放弃这种打算。中国政府决定出兵朝鲜后,他对战争前途表示悲观并对中国前途忧虑。他在《现代佛学》创刊号和《燕京学报》第38期上分别发表讨论佛学的文章——《本无与性空》、《中国哲学史上佛教思想之地位》。】

2月5—6日

张东荪出席中央人民政府政务院文化教育委员会举行的第二次全体会议。会议通过了政务院文教委员会1950年工作计划的草案。

2月25日

张东荪出席中国民主同盟第三次中央常务委员会议。会议通过追认宣传、妇女等委员会委员人选及增聘文教委员会委员人选,通过东北、西北两总支部人选及重庆市支部临工会人选。

关于中苏友好同盟互助条约及有关协定，决定邀请该盟在京中委、候补中委、各委员会委员、市支部委员暨工作同志，及总部工作同志举行座谈会。

4月1日

张东荪与柯乐博会晤，交换对时局看法。此时，美国政府训令驻北平总领事柯乐博在返国之前，设法在北京接触到中共领导人，故柯乐博找到张东荪会谈此事。对此，柯乐博于4月9日致电国务院称："4月1日就我与高层中共领导人接触以便对突出之中美问题进行非正式探讨一事之可能性与张东荪商讨，张极其怀疑共产党领导人肯见我，并认为此种接触不会有任何成果。他并说如今他自己也从不去找共产党人，与他们没有接触，除非他们找到他。"①

张东荪在内政方针上与中共并没有很大的矛盾。而他与中共的最大分歧，就在于根本不赞同中共执行的"一边倒"外交方针。建国后的张东荪，主要关注的是国际上美苏冲突及对中国的影响问题。由于他具有强烈的"亲美"和"恐美"思想，所以极力避免中国与美国直接对抗。中国与苏联结成了社会主义阵营，并以和平相号召，但张东荪仍却认为事实只会导致中国与美国的对抗，引起战争。他认为，世界大战一旦爆发，世界大半毁灭，人类前途极为危险，中国受到的灾难更大。根据他的分析，世界大战结果可能有三：一是苏联、中国等和平阵营全胜，张东荪认为此种可能性很小；二是帝国主义阵营全胜，这是张东荪所

---

① 《司徒雷登与中国政局》，第175页。

害怕的，但这种可能性也不大，因为苏联的力量也相当强大；三是两败俱伤，这是最有可能的。所以，他始终不能理解毛泽东及中共中央为什么要实行反美亲苏、实行“一边倒”的外交方针。

自1949年初与毛泽东因为“一边倒”问题发生争论以来，张东荪已经感到不可能说服中共改变外交方针，便本着其一贯坚持的中间路线思路，企图冒险向美国方面表示，中国并不想与美国对抗，希望美国不要将战火烧到中国来。张东荪认为，假如真的如此，中间人士或许有活动的余地，他所倡导的“中间路线”也有复活的希望。如果能与美国先拉上关系，劝说美国不要进攻中国，这是对中国有利的；万一不幸中国与美国发生冲突，则张东荪还可以保持中立立场，以“调人”资格调解中共政权与美国政府的关系。正是靠着这种调和立场和主张，他在和平解放北平过程中立了大功，为什么就不能在国际上再次运用，调解中美关系呢？假如不幸而成功了，这岂非是自己晚年政治上的一大成就？正是在这样的情况下，张东荪与美国驻北平总领事保持联系。在1950年4月柯回国线索中断后，他开始与美国方面有联系的王志奇接触，希望通过王志奇来建立与美国的联系。

是年春

张东荪与王志奇有所接触，力图通过王氏与美国方面联络。

王志奇是张东荪的学生姚克殷介绍给张东荪的。他告诉张东荪，自己本和苏联方面有关系，后与美国方面也取得了联系。1950年初，他从天津来告诉张东荪：美国决心打第三次大战，并正在进行计划。张东荪听后，认为自己对世界形势的分析是正确的，惧怕世界大战果真要起来了，便说，“我想多知道一些，以后如有重大的消息,你能不能告诉我一些呢?”王随后向张东荪强调:仗是绝对打了,美帝正在加紧准备,半年后随时可以发动。张东荪听后,感到世界大战必起,战争一起,中国便是牺牲品。张东荪从其一贯坚持的中间道路立场出发,便想充当调解中共政权与美国冲突的中间人。他对王说:“能不能把一个意见传达给美国,就是打起仗来千万不要打中国,留着中国,且看将来。”王志奇表示同意。这样,张东荪以后又与王志奇会过几次面。张东荪曾问他是不是已经将自己的话传达给美国国务院,而王只回答保证传达到。这样,张东荪便很轻易地相信了王志奇,也引起了他的在外交上走“中间路线”的政治希望。当王志奇问民主人士的态度如何时,张东荪为自抬身价,也想让王知道自己的神通广大,便拿出一个政协名单给他,其中可以与张东荪合作的若干人用笔勾出。有一次谈到国家建设,张东荪说:“在国家预算的收入总数中,工商税占百分之三十几,你们的商业还有前途。农业税占百分之四十几,可见国营企业还不行。”

作为中央人民政府委员,与美国特务接触本身就是不允许的;而张东荪却幻想依靠他作为媒介,打开与美国的联系,为将来自己再次充当“调人”来缓解美苏关系,化解中国与美国的冲突,现在看来是何等的幼稚与可笑。数十年来一直没有直接干政治的张东荪,即使再没有行政经验,也会明白,他所讲的这些情况在当时应该是国家的机密,它出自一位中央人民政府委员之口,可能会被王志奇收集起来,作为情报送给美国的。但张东荪在调和美国与中国关系、避免中国受到第三次世界大战灾难的思想指导下,看来并没有想这么多。他根本就不认为自己的活动是“叛国”，更不会认为自己是“美国特务”。后来，张东荪因这些罪证被指控为“叛国”、“美国特务”时，虽然他对自己表示对无意中泄露国家机密负责任，并请求处分，但却从不承认自己真的叛国，更不承认自己充当美国特务。

4月12日

张东荪出席中央人民政府委员会第六次会议。会议的主要议程是批准中苏友好同盟互助条约和同时签订的两项协定。

6月14日

张东荪出席中国人民政治协商会议第一届全国委员会第二次会议。出席此次会议的有全国委员会委员一百四十九人，及不兼全国委员会委员的中央人民政府委员二十五人。会议接着听取了全国委员会副主席陈叔通的会务报告，和全国委员会常务委员、中央人民政府副主席刘少奇《关于土地改革问题的报告》。

6月19日

张东荪写完《中国哲学史上佛教思想之地位》一文，发表在《燕京学报》第38期上。他开篇指出：“在中国哲学史的课程上，学者们都承认魏晋南北朝隋唐是一个阶段，亦就是思想史上的一个变化较多的时期。在这一阶段的时期中有好几个不同的征候。第一是儒学的式微。所谓式微，并非衰亡。儒家思想始终不绝如缕存在着，但没有大盛起来。第二是老庄思想的抬头。第三是印度佛教思想的大量输入。此外还有道教的兴起。可以说是一个比较难以叙述的时期。”

张东荪作此文的目的是很明确的：中国人如何接受和消化

外来文化。他说:“本篇的真正目的在于想用佛教输入来为例证,表明中国人对于外来文化在吸收了以后,经长期消化,暗中仍能把自己固有的潜伏能力与特殊性格变相地发展起来。中国人对于外来文化如认为真正我不如人时无不虚心接受。但接受以后却能潜移默化吐露其本来的民族心性以为抵抗。这是一种无形的抵抗。在这样情形上充分证明中国这个民族确有‘活力’(Vitality)的。我今用佛教为例,已经证明了此点。我今证明中国人有其潜伏的心性,却不是主张中国人的心性今后不会改变。我们大家都知中国在最近数十年在历史上已渐渐换了新的一页。中国以往与外来文化接触当然要算印度的佛教为最大。佛教到了中国以后,却在本土的印度反而衰落了,以致佛教在中国几乎成为土产,亦可称为准土产。可惜中国后来始终不离传统的观点,不象日本能作比较的研究。日本人中如木村泰贤、宇井伯寿贡献尤伟。今后中国要与之发生的却是另一种文化。自鸦片战争以来,中国人逐渐认识了西方文化。西方文化对于中国乃竟有其压迫性。中国人对于这个另外一种文化的接触是否亦如和印度佛教打交道一样,先是接受,后又潜移默化作了一些无形的抵抗,这我不敢预言。很可能其结果完全不同(关于技术,恐怕只能吸收,模仿,在他方面确有活动余地。)。不过倘使中国这个民族已经证明是有充分活力的,则将来无论如何变化决不会令人悲观,似可以断言了。”

他最后声明:“本文是专以思想史为立场。凡一种思想在历史上总有其影响,读者如以为著者赞成佛教或反对佛教,那便都是误会(篇中涉及儒家,我对于儒家的态度亦如此)。盖因西方的科学变为世界文化以后,传统的哲学问题,例如宇宙本质为何,已移交于物理化学来研究。哲学乃真有断港绝潢之虞。一部分人不得已改为专作哲学史的工作(即以哲学史为哲学),著者亦未能免焉。”

6月25日

美国发动朝鲜战争,国际形势正如张东荪所预料的那样严重起来。中国也在酝酿出兵参战问题。张东荪坚决反对中国参战,并表示要力劝毛泽东放弃这种打算。对此,叶笃义回忆:“1950年8月里,美帝发动侵朝战争之后,我偶尔一次看到梁漱溟,梁对我说,‘东荪先生准备面见毛主席,在外交上有所进言。’我马上跑到张东荪那里问他是怎么回事,他说:‘我现在还不准备去见他,等到大战打起来以后,打一个时期打不下去的时候,我才去说。’他的这个所谓‘进言’,就是建议放弃‘一面倒’的外交方针。我当时极力阻止他,我说那是绝对不能谈的。”①

6月28日

张东荪出席中央人民政府委员会第八次会议,会议议程为听取周恩来总理兼外交部长关于目前国际形势的报告,讨论和通过《中华人民共和国土地改革法》,《中华人民共和国工会法》,《中华人民共和国国徽》等。

7月1日

张东荪与张澜、沈钧儒、章伯钧、罗隆基、史良、周新民等人

---

① 叶笃义:《我和张东荪》,《文史资料选辑》增刊第2辑,中国文史出版社,1987年。

代表民盟与其他各民主党派一起，联名致电毛泽东和中共中央，祝贺中国共产党成立29周年并表示：

“我们愿在今天中国共产党诞生的纪念日，竭诚相誓，昭告天下，中国人民坚决拥护你和中国共产党的领导，万众一心，共同奋斗，以达到驱逐美帝，收复台湾和一切属于中国领土的目的。谨以这样一个誓愿，作为庆祝你的党第二十九次寿辰的礼物。”

8月10日

张东荪出席北京市第二届第三次各界人民代表会议举行大会，讨论并通过市政府与市协商委员会工作报告以及提案审查委员会审查结果报告。通过《关于政府工作报告的决议》，《关于在全市召开区各界人民代表会议的决议》以及《关于失业工人和失业知识分子救济工作报告的决议》。

8月

美国介入朝鲜战争后，梁漱溟告诉叶笃义：“东荪先生准备面见毛主席，在外交上有所进言。”叶笃义马上去问张东荪。张东荪回答：“我现在还不准备去见他，等到大战打起来以后，打一个时期打不下去的时候，我才去说。”叶笃义认为他的“进言”，就是建议放弃“一面倒”的外交方针。

9月

张东荪在《现代佛学》创刊号上发表《本无与性空》，阐述自己对于佛教研究的心得。他在卷首云：“本篇原系旧作之一节，本为中国哲学史讲义，后又加以扩充成为《中国哲学史上佛教思想之地位》一文已登燕京学报。现代佛学社主编索稿，苦无以应，乃将文中关于本无与性空一段节成此篇，明知有一稿两登之病，尚望读者有以恕之。著者在全文末尾有下列的声明：本文是专以思想史为立场，凡一种思想在历史上总有其影响，都可从历史观点来加以研究，至于读者如果以为著者是赞成佛法或反对佛教那便都是误会了，这个声明愿在此处重述一下。希望读本篇的人们不要以为作者有所赞成反对，作者只是从历史观点作一个叙述而已。”

11 月初

当中国政府决定出兵援助朝鲜，直接与美国对抗时，张东荪感到此时没有调解中美关系的希望，便劝王志奇：“时局紧了，我劝你离开此地，从此不再干这种事，还是只在政治方面努力，设法使美国不毁灭中国，则我们大家都有前途。”这样，王志奇便离开北京到香港去了。

1951年(辛卯)　65岁

【张东荪在燕京大学任教,继续担任中央人民政府委员和政务院文教委员会委员,但仍然想保持其独立的思想和自由。】

年初

张东荪听说三子张宗颖在天津的家中存放有法国人离华时留下的电台后,命他到公安部找罗瑞卿主动交代,并将电台上交。这件事当时虽未引起较大波折,但为日后怀疑张东荪与海外有秘密联系埋下了隐患。叶笃义回忆:"1951年春天,在他的儿子张宗颖天津家里搜出美帝的电台来,我当着罗隆基的面问他知不知道这个事情的内幕。他坚决否认同这件事情有任何关系。我当时引用了一句西洋人在法庭上作证时常用的话追问他:'你敢赌咒你说的句句是实话,并且除了实话知外没有其他东西吗?'他当时说'敢。'我叫他在报上或者盟的会上公开表示态度,他拒绝了。他这样说:'反正共产党是知道我的,至于盟里的人怀疑不怀疑,由他们去好了。'后来,罗隆基对我说,我当时逼张东荪太过分了。"

是年春

王志奇再次出现在北京。他告诉张东荪刚从香港来,住在张申府家,得到政府特许,做进出口生意。他探询张东荪对朝鲜战争的看法,并暗示仍有渠道把民主人士的意见转达给美方。张东荪感觉到王志奇可能是个骗子,便断绝了与他的联系。然而,张东荪做梦也没有想到,他与王志奇这几次谈话,不仅没有达到利用王打开与美国关系的目的,反而被王利用:王将张东荪的话作为难得的"情报",提供给美国。这些此后给张东荪带来了毁灭性的灾难。

6 月

中共建党30周年大庆之前,各民主党派领袖们都在报刊发表一些回忆和庆祝文章。而张东荪解放后从来没有发表过一篇文章,此时更是拒绝写这种"庆贺"性的官样文章。叶笃义劝他在这个机会写一篇,表示自己对中共拥护的态度。但张东荪声称要保持自己的"沉默的自由"。他又说:"燕京大学里骂司徒雷登的所有东西,司徒雷登都会知道的。"在叶笃义的再三相劝下,张东荪勉强在《光明日报》上发表了四句七言打油诗来搪塞:"卅年艰苦忆长征,抗暴援邻举世惊;今日万方齐颂祷,献辞我亦为苍生。"①

是年

张东荪虽然担任中央人民政府委员后,但仍然想保持其独立的思想和自由。为了工作方便,中央专门政府决定给他一些

---

① 《光明日报》1951年6月26日。

较优厚的待遇，他基本上拒绝了。他坚决表示不再担任其它行政职务，但仍然保留燕京大学教授，他仍住在城外燕京大学朗润园 178 号，不搬进中南海居住，考虑到既要在燕京大学上课，又要经常参加在城内召开的中央人民政府会议，他同意中央给配备小车和司机，但拒绝中央派给他的秘书和警卫人员。所以，有一次毛泽东宴请张东荪和张溪若，又劝他们说："中南海里盖了房子，是不是搬进来住？"二人均辞谢。毛泽东开玩笑说："你们是要自力更生呀。"

建国初年，民盟与其它民主党派走上了与中共合作、共同建设新中国的道路。而张东荪的思想却逐步消极起来，他不满意民盟内一些人对中共的亲近态度，经常私下里发些牢骚，认为国家政治生活和思想文化还很不民主和不自由。

1952 年(壬辰)　66 岁

【张东荪年初在燕京大学接受思想改造。夏季,燕京大学撤销并入北京大学,他在北京大学哲学系任教并接受思想改造。他在思想改造运动中多次检讨仍然未能过关,并因“叛国罪行”被民盟中央开除盟籍,被迫辞去中央人民政府委员和政务院文教委员会委员并被剥夺公民权,仅保留北京大学教授头衔,但不得授课。张东荪全家从燕东园 34 号搬到校内朗润园 178 号。】

年初

全国开展反贪污、反浪费、反对官僚主义运动,北京各高校也展开了思想改造运动。作为燕京大学哲学系教授、民主同盟中央政治局委员,张东荪参加了在燕京大学的思想改造活动。当时,燕京大学重点批判的对象,是校长陆志韦、宗教学院院长赵紫宸和哲学系主任张东荪。对于这场运动,张东荪开始便存在着一个错误认识:他从旧民主的观点,对于检讨很有反感,以为这是中共控制思想、破坏人权的运动。所以,他对运动采取了消极抵抗的态度,也有蒙混过关的想法。

2月8日

张东荪在燕京大学文学院师生大会上作第一次公开检讨。他一方面检讨了建国前自己反对马克思主义的认识,同时也讲了自己与中共的合作关系。其检讨分三部分:第一,作为哲学系主任,没把哲学系办好,有做客思想;第二,对校务不大关心,开会不到;第三,对"骂人团"不理睬,让他们闹得自己翻船。他承认自己受到资产阶级学说的影响,是唯心主义的俘虏,喜欢马克思,但反对辩证法。他检讨后,便有人指责他检讨不老实,企图欺骗群众,向他提出了许多意见。这样,张东荪被迫在燕京大学全校师生大会上作第二次、第三次公开检讨。他检讨的内容,主要是历史上反苏、反共、反马克思主义的事实与思想动机;亲美思想及抗战时期在北平与日伪、解放战争时期与司徒雷登的关系;同时也讲述了自己支持革命、与中共联系的事实。但每次检讨后,他的态度都被群众指责为不老实、不诚恳,被指责隐瞒了自己反革命活动。

是年春

民盟燕京大学分部将张东荪的历史问题定为"一亲四反",即亲美,反苏、反共、反人民、反马列主义,结论是封建买办、投机的政客。他们收集许多张东荪在解放前及建国后思想上、经济上、行动上的历史材料,如他给人题书面引用西方一位作家的话"如果在共产主义与绞刑之间,叫我有所选择,我宁愿选择绞刑"之类,并在《燕京校刊》出版专号,公布于众,供人们批判时参考。在这种情况下,民盟燕京大学区分部委员会决定:通告全盟揭发张的罪行,并与其进行斗争。随后,北京市支部、燕京大学区分部全体盟员，致函民盟北京市支部，转报民盟总部，要求撤销张东荪一切职务，并责令其认真反省，向人民低头认罪。

4 月

张东荪致函张澜和沈均儒，表示自己已经在检讨思想问题，如果群众不满意，愿意再作一次更深刻的交代。随后，张东荪在张澜家与沈均儒、章伯均及中共中央统战部部长李维汉及徐冰等人进行了一次谈话。张东荪表示深自悔悟，认为燕大发表材料也有不是事实，如单独见魏德迈等。沈均儒同意张东荪请假反省。这样，民盟中央召开第 25 次中央常委会议，决定停止张东荪盟内一切职务，认真反省，彻底检讨问题。

8 月

在张澜、罗隆基和梁漱溟的劝说和帮助下，张东荪作第四次检讨，主要是关于他与美国的关系，如与司徒雷登的关系等。但民盟许多人仍不满意，认为张东荪仍不老实交代历史问题，还是多方面掩饰其反革命罪行。张东荪面对如此激烈的批判，颇为疲惫，思想压力很大。

民盟主席张澜亲自与中共中央统战部正副部长李维汉、徐冰去中南海见毛泽东，向毛泽东说明了张东荪在燕京大学数次检讨都未通过的情况。毛泽东告诉张澜："这样的人——坏分子张东荪，我们不能坐在一起开会了。"张澜说："东荪先生的问题，还是从缓处理为是。"李维汉告诉张澜："我们不能和这样的坏人合作，他出卖了国家情报。"张澜听后顿然感到问题的严重性。原来，与张东荪有过联系的王志奇此时已被国家公安机关逮捕，并且很快承认自己是美国特务，对自己的罪行作了交代，咬定张东荪向自己提供了国家机密。这样,对张东荪的批判,便由“思想改造”一下子转变为“叛国罪行”的控诉。批判焦点也由检讨政治和思想问题,转变为交代建国后与美帝特务“勾结”问题。当向王志奇提供“情报”的情况揭露出来后,张东荪也真正感到问题的严重性。

8 月 7 日

梁漱溟与张东荪关系密切,往来次数仅逊于民盟主席张澜。他得知张东荪给美国特务提供情报的罪行后受张东荪之托,专门面见毛泽东为张东荪求情。梁漱溟在《追记在延安、北京迭次和毛主席的谈话》云:“张的为人聪明特出,久在学术思想界享有高名,与我相熟数十年。北京城的解放,张亦是奔走内外之一人。1949 年建国,组织中央人民政府,列居 60 名委员之一,殊不料他亲美,惧美(这时他是美国人办的燕京大学教授),竟受一特殊间谍的诱惑,甘心为美国务院作情报,窃以政府会议文件密授之。此特务被捕,供出其事,张内心慌乱,如醉如狂,寝食俱废。我对张‘既恨之,又悯之’,虽无意为之求情,亦愿探悉主席将如何处理。”毛主席回答说:‘此事彭真来向我详细报告了。彭真要捉起他来。我说不必,这种秀才文人造不了反。但从此我再不要见他,他再不能和我们一起开会了。想来他会要向我作检讨的,且看他检讨的如何吧。”①

9 月 6 日

张东荪在民盟内部写了一个书面检讨,即第五次检讨,开始

---

① 李渊庭、阎秉华编著《梁漱溟》,第 230—231 页。

承认了一些自己“勾结美帝国主义的叛国罪行”，坦白交代了与王志奇认识的过程，对自己坚持走“中间路线”的错误进行了批判，表示“用他来联系美帝的媒介，我自己应负全责。不管他是什么样的人，我对于我所做的危害人民的事，我是有完全责任的。”到了此时，张东荪忽然间发现自己犯了一生中最不能原谅、也最荒唐的政治错误。他感到无地容身，屡想自杀。但想到自杀更对不起人民，不如听候处理，受应得的处分。

是年秋

张东荪通过人请求此时任中央人民政府最高检察院副检察长的蓝公武说情，毛泽东也征求蓝公武对处理张东荪的意见。蓝公武说：“张东荪是我的朋友，对他的问题处理，我应当回避。”并没有替张东荪说情。

10 月

民盟召开中央常务委员会第 33 次扩大会议，决定撤销张东荪盟内一切职务，令其彻底交代，听候处理。指定章伯钧、罗隆基、史良、胡愈之、许广平、曾昭抡、吴晗等人组成审查小组，审查张东荪叛国罪行。同时让张东荪进修学习，进一步作检讨。这种宽大处理，出乎张东荪意料之外，他“不知如何才能报答此宽大的恩惠，我决定老老实实学习，以我的余年报答毛主席。”张东荪事件揭露后，罗隆基对叶笃义说：“张东荪真不够朋友，办这种事而瞒着我。幸亏李维汉保我过了关，不然我是跳进黄河洗不清了。”

12 月 3 日、10 日

张东荪先后作了《补充检讨》及《补充检讨再补充》的书面交

代，后再作《补充检讨事实部分再补充交代一个事实》，对自己与王志奇会谈的详细情况作了交代，并对自己犯这样错误的动机和思想根源作了深刻检查。张东荪除承认关于预算是故意透露的、是犯了“大罪”外，坚定认为没有为王志奇提供情报。他承认自己发过一些不满于现状的牢骚，这些可能被王整理为所谓“情报”，但他决不认为这些是自己主动提供了情报。他只承认自己被王志奇利用了，但绝不承认自己与美国特务合作，更不承认自己是“美国特务”。

是年秋冬

自张东荪“叛国罪行”被揭发并在民盟内部传达后，各地方组织大都举行了座谈会，并要求严惩张东荪。民盟中央常务委员会召开第41次会议，以“出卖1950年国家总预算详细数字的情报”、“出卖我抗美援朝的重大政治军事机密”、“出卖有关国防资源情报”、“替美帝国主义找政治市场”、“掩护美帝特务活动”、“与美帝公开挂着使领名义的特务人员经常保持着联系”等罪名，被指控为“严重的叛国问题”，被定为“中国人民的敌人”、“美帝国主义派在我们新中国的特务”；同时以“领取汪逆伪组织津贴”、“与国社党、汉奸头子共提卖国提案”、“未与反动的民社党割断关系”、“解放之后，还企图帮助战犯张君劢混入新中国进行其阴谋活动”等罪名，被定为“汉奸”。会议决定开除张东荪盟籍，并提请政府依法处理。

张东荪被民盟中央开除出盟后，当时，有人主张应将他逮捕法办。但毛泽东主张让张东荪辞职后既往不咎。据说，毛泽东指示：按人民内部矛盾处理，养起来。这样，张东荪在辞去中央人民政府委员和政务院文教委员会委员后，结束了政治生命。张东荪虽然还保留北京大学哲学系教授，但此后再无登上大学讲台的机会。此后的张东荪，真正是闲赋在家。张东荪全家也从燕东园34号搬到校内朗润园178号。

“张东荪案件”内幕目前尚不十分清楚，有待挖掘更多档案材料加以揭示（详见戴晴《张东荪和他的时代》）。张东荪虽通过王志奇与美国方面联系，同时也向王提供了一些“情报”，利用王作中间人来与美国建立联系，但他的动机显然是要开辟一条与美国和谈的渠道。在当时全国抗美援朝运动如火如荼的背景下，张东荪居然想与美国联络，并企图以“调人”身分来调解中国与美帝国主义的冲突，这种行为被认为是“反革命”活动，这些活动被被指控为“叛国”，他也因此被认为是“美国特务”，这在当时是很正常的事情，也是易于为人接受的。无论出于何种动机，他泄露国家预算机密，总是犯了重大的政治错误。张东荪虽然在1952年对自己的所谓“叛国罪行”作了交代，承认自己犯了“大罪”，但他拒不认为自己是美国特务，更不认为自己是卖国或叛国分子。相反，张东荪自信自己这番努力决不是为了个人，而是为了中国免受灾难，是爱国的。事实真相究竟怎样，恐怕还需进一步探讨。至于指控他在抗战期间与日伪合作，是“汉奸”，则显然是没有充分根据的。

1954 年(甲午)　68 岁

【张东荪虽然在北京大学哲学系挂名,实际上不再授课。他在北京大学朗润园 178 号居住,闲赋在家,闭门谢客,以吟诗填词安度晚年,并与友人研讨唐宋诗词。】

8 月 19 日,张东荪致函龙榆生,阐述自己对辛稼轩《摸鱼儿》词的理解。其云:"日前得复书,慰甚,慰甚。闲中颇多杂想,兹为陈之。

一、来书谓将修订旧辑《宋词选》,此乃盛事。弟有臆见,可否一供参考。原书三百余页,即增至六百页亦不为过多,一也。每一人似可仿胡选之例,增加公历纪元之生卒年月,二也。不必限于词家,如岳武穆之《满江红》,王荆公之《桂枝香》似宜选入,二人虽非词家而词亦绝作,三也。女性作家之朱淑真宜选数阕,四也。重刻时,似词之本文可用较大之字模,而注及其他皆用较小字,五也。于比较最为初学不易解之典,宜仿笺注《东坡乐府》之例,略加注释,但不必过多,六也。所选之词,仍可略加增益。如半词所选,似偏于沉痛一路,他如'不恨古人吾不见,恨古人不见吾狂耳'之旷迭一路,似可再增一二阕,七也。

二、关于比兴之说，公既与弟所见相同，弟以为此事只能承认其有而止，却不可刻舟求剑，硬指其为某人某事。否则诚如尊论，即流于穿凿附会矣。弟近来读辛启秦之《稼轩年谱》，发见尊辑《宋词选》中（174 页）所录王湘绮语，云半词《摸鱼儿》‘算只有’三句是指张浚、秦桧一班人云云，显然错误。……

三、弟之所以欲看清词，实因近始知清人确有超过宋人处。以古微论，即高过梦窗垣。弟因希望公能于余暇再续辑《清词选》，以朱之《词徵》太简略，而谭之《箧中》又太单调。不知公其有意否乎？此事恐非公莫属也。半塘之词只能略近于湖而不逮稼轩远甚。此言不知公亦首肯否。”①

---

① 《关于对稼轩摸鱼儿词的理解致龙榆生信》，常大麟、李焱编选：《精神嘶鸣》，广西师范大学出版社，2003 年版。

1955年(乙未)　69岁

【张东荪仍闲居在北京大学朗润园178号。从1952年到1955年三年间,他自号“独宜老人”,吟诗填词,竟作了200首诗词。他将这些诗词结集,命名为《草间人语》。】

张东荪一生以哲学兴趣为主,同时又不能忘情于政治。1952年后,他结束了政治生涯,没有可能再关注政治了。他早就抱定要以教书终其一生,即使在政治上最得意时也不愿脱离教育界,但此时也失去了教书的资格。政治上的错误,对张东荪晚年是刻骨铭心的打击;而失去教书的资格,使张东荪晚年的精神受到了严重的损伤。过去的老朋友也不敢、或不便见他,昔日门庭若市的热闹景象已成过眼烟云。张东荪内心感到从未有过的孤独和伤感。

“百年豪气向谁倾,倒海空尊亦数擎;厌世攀天无一可,但将诗境慰此生。”[①]这样,张东荪开始重新作诗赋词,借以自遣。

春风秋雨,夏虫冬雪,这些本来美好的自然景物,此时都随

---

① 张东荪:《自题》,见《草间人语》(未刊)。

张东荪孤独与伤感的心境变得那样萧杀与凄凉。夏雨是苦的，如心一般的苦，“点点顿成泥潦势，丝丝何啻泪珠莹”；夏叶是凉的，似情一般的凉，“无端叶落惊秋早，不尽萧萧万里情”。①

眼望一汪秋色，徒增满目伤感：“风来如水折余谑，凉到人间亦暗惊。天际晚霞绕旖旎，野封秋色太分明。湖边丛荻枯犹战，床下幽蛰咽不鸣。偶欲登高颦倦眼，长空无际白云横。”②

政治上自认为得意之事，此刻竟颇显荒唐。数年前还引以自豪的出城和谈，此时竟是那样的令人可笑：“深感清诗记我狂，梦回犹自对苍茫；书生谋国直堪笑，总为初心误鲁阳。”③

张东荪年底编成《草间人语》后自撰跋文云：“行年六十有七，始学为诗，继而又勉为词，乃竟忘老至，不自量力，妄欲与诗伯词宗抗手，亦良堪发也。三年间积稿，词得一百三十阕，诗七十首，录而存之，以诗附词后，共二百首，颜曰《草间人语》，仅为自览之便而已。”④

到了此时，张东荪由于对佛学义理有了较深体悟，孤独与伤感之意渐消，心境趋于平静，对于世间炎凉、身世沉浮看得也深，

---

① 张东荪：《苦雨》，见《草间人语》（未刊）。

② 张东荪：《秋感》，见《草间人语》（未刊）。

③ 张东荪：《追题文如围城四章诗后》，见《草间人语》（未刊）。

④ 张东荪编定的《草间人语》及后来所作的大部分诗词，在文革初期已被烧掉。但他所写诗词有些留有底稿，现在所能见到的《草间人语》，只有 70 首诗，130 首词已经无从查找。张东荪后来所写的诗词的底稿，也多是题在所读书籍的封底或页内。这些书籍与其它被抄物品，在文革后大多又归还回来，所以保留了一些诗词。

因而自笑当初情绪的消极。他为《草间人语》自题曰:“本来万物俱潜迁,烦恼只因道未坚;寂寞料知千古笑,诗成却作自家禅。”

作完《草间人语》,张东荪表示:“今七十已届,遂不复再作矣。虽不必如疆村所云理屈词穷,然亦精力就衰,宜不再有作也。”[①]然而,诗词毕竟是晚年张东荪排忧解难的最好方式,他能放弃的了吗?

---

① 见张东荪著《草间人语》(未刊)。

1958年(戊戌)　72岁

张东荪被迫辞去北京大学哲学系教授,人事档案从北京大学转到北京文史馆,改由北京文史馆发放工资。全家从北京大学朗润园178号迁出,搬到成府路城坊37号一座大杂院里。大杂院内数家共用一个厕所,生活用水要从远处的胡同汲取。张家向北大校方提出在大杂院内安装自来水的要求,得到学校允诺。

1959年(己亥) 73岁

张东荪继续居住在成府路城坊37号,以吟诗填词度日。他入城就医,偶遇旧友梁漱溟,亦面带病容。数年不见,骤然相视,同病相怜,自是感慨万千。张东荪回家后忍不住作诗曰:“病中一笑忽相逢,雅量休将早熟同;独剖拙书融孔氏,谁翻芜史梦田丰;空花佛魔原平列,奇迹人天岂互从;车走雷声何可语,归来杂念似云峰。”

张东荪早年与梁启超关系密切,晚年时有所想。友人赠梁启超撰写的对联给他:“风波旧忆横身过,事今归袖手看。”这引起张东荪之共鸣。他撰《谢大钟兄惠赠梁联》云:“不厌车尘过我频,论交得识胆轮囷。昔同挽手风云会,今羡抽身卷帙亲。阳九后前联似谶,畏三日夜眼翻新。安期谭笑朝朝晤,敢望他年更结邻。”

张东荪撰《书梁任公联后》云:“劫馀遗墨供摩挲,卅载人天眼已磨。袖手吾今观世事,风波回首几经过。冷雨连宵自忍寒,一朝凄对忆南冠。千秋寂寞如椽笔,只伴孤灯掩泪看。”他随后撰《题新刊梁任公诗稿墨迹》两首诗稿,其一:“寥落乾坤几师友,沸腾肝胆有诗词。文章四海孤波起,心事千年片石知。共业风雷殷地发，群蜚河汉束身司。浪浪夜听空山雨，除是思公百不思。”其二：“亦儒亦侠是吾师，衰梦犹能想见之。马角偶生原可畏，尘羹重睹更何思。文章四海孤波起，心事千年片石知。手上遗编灯畔影，浪浪夜雨倚窗时。”该诗稿末句注：“东坡诗：闲掩陈编吊兴废，窗前山雨夜浪浪。此用其意。”

张东荪闲来借得《梁启超近著》第1辑，重读《复张东荪论社会主义运动》，顿生感慨，挥毫题诗：“寒夜千披旧赐书，乱丝谁可共爬梳？激风料定千波涌，邀局输由一子疏。昔日徒忧今日事，何方能按此方图？独怜隔界难通语，欲问先生笑我无？”表达了对梁启超的追思和怀念。

1960年(庚子)　74岁

张东荪继续居住在成府路城坊37号,陆续撰写了50首“哲学诗”。他回忆起以前有人两度以北京大学校长向自己游说,一是抗战时在日寇监狱,一是1949年初在石家庄时。1952年批判张东荪时,又有人诬称他“以不得部长为憾”。张东荪一生不图功名,自然认为这是对自己人格的极大侮辱。张东荪乃填《贺新郎》词,以记述此事,表明自己的清高的志向。其中有云:“但扪方寸,算天涯知我者,莫须置问。在世是非依势转,死后屡翻更案。已惯看剧场打诨,岂谓枭鸾从古判,只掉头一啸余何恨,惟两耳,欠全顺。故吾未益今吾损,任吹唇名牛名马,自来无愠。俗眼视人皆类己,安敢吠尧同论。”

张东荪自留学日本起,便接触和研究西方哲学,此后数十年中,他对西方哲学各家各派哲学思想有了深刻的了解和体认。从他1930年到燕京大学讲授西方哲学史到脱离教坛,也有20年的历史。晚年的张东荪,有见于佛学义理可以用诗的形式表达出来,也尝试用诗这种简单明了的形式表达西方哲学史上各哲学家的思想。于是,他反复思考,撰写了50首“哲学诗”。

对于写作的动机和内容,他在序文中说:“因念讲授西洋哲学史垂二十年，今老废困居，一灯回忆，不无可记。盖佛家义谛之入诗者，由来久矣，独西方哲理迄今阙如，有之请自哙始。爰取其说，一鳞半爪，稍加私评得五十首。始悟诗适于言情言景，而艰于言理，诚不免有削足适履之诮也。”①

这些“哲学诗”，基本上是一位哲人一首诗，也有二个人合为一首，或一个学派一首的。希腊哲学家主要有：泰勒斯、阿那克西曼德、阿那克西米尼、毕达哥拉斯、赫拉克利特、巴门尼德、芝诺、苏格拉底、柏拉图、亚里士多德等，近代哲学家有培根、笛卡尔、斯宾诺莎、洛克、休谟、康德、黑格尔等等，现代哲学家有叔本华、尼采、詹姆士、杜威、柏格森、怀特海、萨特等等。张东荪的“哲学诗”，不仅将哲学家的思想要点概括出来，而且叙述了该哲学家在西方哲学史上的地位，或者讲了自己对该哲学家的评价。如关于泰勒斯：“万物虽殊倘一源，同从水出可复还；斯人翻到诸行底，引得千夫更汲泉。”关于柏拉图：“以理为型万物模，智人执柄世方苏；公妻共产何堪问，岛上稚君未可扶。”关于洛克：“心如白板印痕留，有产方能有自由；法订人权出天赋，泰西奉此似传邮。”关于康德：“虚式时空限感官，便知外物异其源；自家立法成通则，学派重开一纪元。”关于杜威：“逻辑只应作探求，心由群造旧争休；育才留得遗风在，此土何人视若仇。”关于罗素：“乾坤虚构事居先，曾向中邦亦进言；一度北游真巨眼，多年膜拜此君贤。”

---

① 张东荪所作50首“哲学诗”大概在文革初期被烧掉。现在重新辑录，仅得46首。

用诗的形式概括哲学家的观点并作评价，这的确是一种尝试。这些“哲学诗”的价值还有待于研究后评估，但它的确反映了张东荪自己晚年对于这些西方哲学巨子们的观点，对研究张东荪的哲学思想是难得的材料。

1962 年(壬寅年)　76 岁

张东荪继续居住在成府路城坊 37 号,偶为诗词。11 月 24 日,张东荪在北京文史馆的同事胡稷咸撰写诗预祝其寿辰。《寿东荪前辈先生七十六祝庆》云:“七六老翁犹矍铄,蟠胸万卷足扶衰;精深著述多沾被,易简功夫自之;化雨春风常唑我,怨天悯物忧能谁? 称斛太息无佳馈,搜索枯肠吐拙辞。”

张东荪写完《民主主义与社会主义》后表示要写一部自传。他当时说:“我自辛亥革命之前一年起,即直接间接多多少少与所有几件政治上的大事都有关系。虽未直接干政治,却亦从未离远。我要把这些经过作一个回忆录,即等于自传,命名为《我与政治》。但现在还未写,即写也尚未到发表之时。因为我愿意将来到一个适当时候,即退出现实政治上的一切关系,绝口不再谈象本书上这些问题。到那时即发表此文,以为结束活动的一个纪念!”[①]他退出现实政治活动后,按理应该着手撰写自传。但经历了建国初期巨大刺激的张东荪已经对此不感兴趣,故迟迟没有动笔。他的长孙张饴慈劝他不妨将自己的回忆录写出来,

① 张东荪:《民主主义与社会主义》自序,上海观察社,1948 年 7 月版,第 2 页。

似乎对他产生了影响。经过一段时间的思考后，张东荪决定撰写回忆录《我与政治》。此前，他在作长诗《三叹事》时已经表示："胡为今述之，自传补断片"，说明写作该诗、回忆旧事，是为撰写《我与政治》作基础的。据当时常伴在他身边的张饴慈介绍，张东荪撰写自传是在非常秘密的情况下进行的，因为他不想因为这部自传再带来不必要的麻烦。到"文革"爆发时，他已经写出了《我与政治》的《序》和部分手稿。[①]

---

① 左玉河：《采访张饴慈记录》，1995年10月12日。

1963 年(癸卯)　77 岁

张东荪继续居住在成府路城坊 37 号。张东荪之孙(张宗炳之子)张鹤慈,此时为北京师范学院学生,他与几位中学同学结社写诗并议论政治,被公安部门发现后逮捕。经过审讯关押后,张鹤慈被送往京郊茶淀劳改农场“劳动教养”三年。三年期满后被戴上“反革命分子”的帽子继续劳教,共在劳改农场待了 16 年。

1964年(甲辰)　78岁

张东荪继续居住在成府路城坊37号。为祝贺自己八十岁(虚岁)生日,张东荪填写了一阕《沁园春·预作明年八十自寿词》,将人生历程作了简单回顾:

"弹指光阴,八旬将届,愧此昂藏。
叹早年失怙,壮年游学,晚年锢党,几(独)阅炎凉。
虏狱刑还,围城劝解,应笑书生不自量。
休回首,似泥中曳尾,亦曰荒唐。
彷徨,更异寻常。
问何事洪炉冶我狂!
喜今方抛却,耗神理窟,早曾毁弃,憎命文章。
去日空过,来朝且乐,有酒聊浇铁石肠。
知衰矣,顾天留老眼,犹见和祥。"

1965年(乙巳)　79岁

张东荪继续居住在成府路城坊37号。张东荪八十寿辰之时,张东荪的门前早已冷清,亲朋好友也难得来走动,与1945年12月在重庆举办六十寿辰的隆重场面相比,直若天壤之别。

张东荪不知道、当然永远也不可能知道,他在万里之外的老友张君劢没有忘记他的八十寿辰,默默作词遥祝。张君劢怀念旧友,撰《张东荪先生八十寿序》,其云:“大陆沦陷,极权虐政,毒流人神,而余颠沛海外,皤然已老。既伤祖国,复念故人。缅怀昔游,都如隔世,是为余与东荪一散不可复聚,将且人天永隔,长无见期,黯然喟叹之始。”张君劢引杜甫送孔巢父诗以怀念张东荪:“南寻禹穴见李白,道甫问讯今如何?”其感慨言:“今日谁复能为余之巢父,足任问讯之劳者耶?而余与东荪当年携手一堂,上下议论之乐,宁可再得于今生耶?”张君劢叹其与张东荪均为政坛失败者,因言:“抑余与东荪者,皆使命失败之人也,则于兹东荪览揆之辰,安忍复辞文正之诮,不一吐余二人生平之素,失败之哀,与夫东荪今则荆天棘地无所告诉之苦,於以诉之人类理性,诉之正义公道,诉之后世史家,一共评其是非曲直耶!悠悠苍天,曷其有极!”以此怀念与张东荪相知数十年的友情。

1966年(丙午)　80岁

张东荪继续居住在成府路城坊37号。文化大革命爆发后,张东荪看到过去中共的一大批老干部陆续被打倒后,便将自己晚年撰所写未完成的自传《我与政治》、一部快完成的小说手稿及诗词集《草间人语》烧掉了。但他写《自传》的消息还是为人所知,并很快被抄家。抄家者对张东荪家进行了非常认真的搜查,并将张东荪保存的手稿、字画及晚年所写的文字统统抄走。抄完家后,有一摞张东荪所写的诗词因裹在几张旧《人民日报》中,没有被抄走,张东荪夫人吴绍鸿立即将它烧掉。据张东荪的孙子张饴慈回忆:"凶徒前来翻抄的时候,祖父站在一旁一动不动。骂他反共、反革命,他任凭他们骂去。唯当那些人骂他'汉奸',81岁的老人猛扑过去,用头撞他们,要和他们拼命。"①

张东荪之三子、社会学家张宗颖与妻子吕乃朴在遭到批判后双双自缢天津。张宗颖的儿子张佑慈此时在天津当工人,因"企图给父母报仇"等"反革命罪行",被判刑15年(1978年平反释放)。

---

① 左玉河:《采访张饴慈记录》,1995年10月12日。

1968年(戊申)　82岁

1月23日

张东荪和他的长子、北京大学教授张宗炳被捕,入北京昌平秦城监狱。逮捕张东荪父子,可能与揭发批判中共北平地下党负责人之一、时任公安部副部长的徐冰有关。这似乎可以从叶笃义的被捕与审讯内容中看出些端倪。1月初,中央统战部有人到民盟找叶笃义调查材料,除了调查张东荪与蒋介石、司徒雷登会谈的情况外,还反复询问了张东荪在北平与军调部中共方面的人接头的情况,并问有没有关于徐冰的事情。4月上旬,这些人逼叶笃义写下"张东荪是一个美国特务,我在解放前曾长期为他服务,因此我同张东荪也是一种特务关系。"接着连续五次审问叶笃义并告知:"张东荪已经逮捕入狱,对你进行了揭发。从你同张东荪的关系来看,他对你的揭发当被认为是有分量的。"

4月26日

叶笃义正式被捕,押到秦城监狱。经过反复的审讯,叶笃义被屈打成招,他后来回忆说:"承认了我同徐冰之间的特务关系是张东荪介绍的;我把徐冰提供的情报转报给司徒雷登和张东荪;我们之间形成了一条特务线。最后写为'张东荪把我的政治身分告诉了徐冰,接头后我和徐冰发生了特务关系'。"[1]张东荪被捕后的情况现在还无从知晓,但从叶笃义在狱中的审问情况看,张东荪的被捕显然主要是由于徐冰案件的牵连,是有人想让张东荪和叶笃义等人揭发徐冰做"特务"的黑材料。

① 叶笃义:《虽九死其犹未悔》,北京十月文艺出版社,1999 年版,第 143 页。

1969年(己酉)　83岁

张东荪父子继续被关押在北京昌平秦城监狱。年底,在“清理阶级队伍”中,他的次子、著名物理学家、中科院学部委员张宗燧在北京中关村中国科学院宿舍服安眠药自杀。

1973年(癸丑)　87岁

张东荪的家人在很长时间内不知他们父子的下落。但张东荪夫人吴绍鸿女士始终没有放弃寻找他们的努力,并终于打听到张东荪父子被关在秦城监狱。当吴绍鸿与张宗炳夫人刘拙如女士一起去秦城监狱探望时,只见到了张宗炳,而没有见到张东荪。此时,张宗炳因无法忍受孤独的监狱生活,精神已经失常,患有严重的精神病,根本不认识自己的母亲和妻子。她们两人伤心而回。[①] 后来,张东荪的家人了解到张东荪父子被捕后,并没有关在一起,张东荪一直关在北京复兴门铁道医院,一面审问,一面治病,生活上也没有受太多的苦。

3月,吴绍鸿女士在北京复兴门铁道医院见到张东荪见面。张东荪神态自若、情绪平静,见到吴绍鸿后,内疚地说:"你受苦了。"考虑到张东荪此时的身体状况已经很差,看守人员经过批准,同意其家人经常来医院看望他,并轮流负责他的生活起居。一年前,美国总统尼克松访华,中美发表上海《联合公报》,对峙

---

① 张东荪病逝后,张宗炳被接出监狱治疗,后来病情好转。文革结束后平反,继续任北京大学哲学系教授。

了20多年的中美关系终于得到缓和。当家人告诉他这一消息时,张东荪竟激动不已,喃喃自语:"中美不能对抗,还是我对。"似乎仍然坚持自己不同意"一边倒"的立场。[1]

6月2日晚11时,张东荪因病不治,逝世于北京第六医院,以"张得胜"名字焚化。

① 左玉河:《采访张饴慈记录》,1995年10月12日。

跋

在《民盟历史文献》丛书付梓之际，掩卷回首，民盟先贤们的音容笑貌挥之不去，不绝如缕，久久难忘。在编辑此丛书的过程中，我们每每被他们为信仰、为理想奋斗的坚定精神所感召和感动。

人不能没有理想和信仰，一个民族也不能没有自己的理想和信仰。我们的先辈们，正是怀揣民族富强、人民福祉的赤诚之心，身先士卒、鞠躬尽瘁；凭借自身高尚的人文品格和社会良知，与中国共产党团结合作，为中国社会的前途和命运探索了一条新的宪政之路；和平、民主是人类社会的两大主题，也是中国共产党人和各民主党派所共同追求的理想。

如今，面对着他们的拳拳之心和丰功伟绩，我们感叹！赞叹！怀念！更要继承！

《民盟历史文献》在整个创作和出版过程中，得到了来自社会各界人士的关注和厚爱。我们要特别感谢为此丛书孜孜不倦地考证、核实、梳理、完善的各位专家、学者，是他们的认真严谨，才使此丛书能够客观地展现历史的真貌；更要特别感谢中共中央统战部与民盟中央给予我们的鼎力支持和重视，没有他们的指导和帮助，我们不可能完成如此厚重的出版工作任务；还要感谢各省、市、地区的民盟组织，为搜集、挖掘、抢救民盟的历史文献资料做出的不懈努力和贡献；感谢每一本书的作者，是他们的辛勤笔耕和一点一滴的忠实记录，才集成了民盟历史的全貌；感谢为此丛书付出辛劳的编辑以及所有工作人员，感谢你们辛勤的劳动和无私的奉献。

谨以此丛书献给所有伟大的民主革命先驱者；献给为共和国诞生抛洒了智慧和热血的先贤们；献给那一段筚路蓝缕、以启山林的峥嵘岁月。

《民盟历史文献》编委会